REINHARD BARTH

Von Petrus bis Benedikt XVI.

Alle PÄPSTE

Vorwort

»Mein Reich ist nicht von dieser Welt.« Jesu Wort wurde oft bemüht, wenn es darum ging, das Machtstreben der Kirche und ihre Prachtentfaltung anzuprangern. Und der Vorwurf entzündete sich vor allem an Person und Position des Papstes, der nicht nur unfehlbares geistliches Oberhaupt seiner weltweiten Gemeinde, sondern bis heute auch absoluter Herrscher im Kirchenstaat ist. Ob Kirchenspaltung zwischen Ost und West im Jahr 1054, ob Reformation im 16. Jahrhundert oder ob Abtrennung der Altkatholiken nach dem Ersten Vatikanischen Konzil 1870 – ein, wenn nicht *der* Stein des Anstoßes waren stets der Papst und das Papsttum mit ihrem Absolutheitsanspruch. Ja, nicht wenige gingen sogar so weit, im Papst den personifizierten Antichrist zu sehen.
Das hatte selbstverständlich auch mit konkreten Personen zu tun, die das Amt mit Verbrechen besudelten und das Gebot der Nächstenliebe mit Füßen traten. Selbst manch ernster Katholik mag sich beim Lesen in der Kirchengeschichte verzweifelt fragen, wie Christus den Aufstieg solcher Menschen in seiner Kirche hat dulden können. Hier nun heißt es den eingangs zitierten Satz Jesu beim Wort zu nehmen: Auch die Kirche ist Menschenwerk, wenn auch zum höheren Lob des Herrn und im Bemühen um eine Nachfolge Christi, so doch eine Organisation von Menschen für Menschen. Ihre höchst weltliche Geschichte legt beredt Zeugnis davon ab. Das Reich Gottes aber, das im Neuen Testament unermüdlich beschworen wird und das in Christi Wirken auf Erden gegenwärtig ist, darf nicht mit irdischen Mächten verwechselt werden, wie es etwa zur Zeit des christianisierten römischen Weltreichs oft geschah.
Dagegen wandte sich schon der Kirchenvater Augustinus (354–430), nach dem zu allen menschlichen Einrichtungen, und seien sie noch so mächtig, immer das Merkmal der Befristung und die Möglichkeit der Wahl des Bösen gehören. Das Reich Gottes hingegen sei ewig wie seine Schöpfung und wachse in den Herzen und Seelen, die sich für Christus und das Gute entscheiden. Auch die Päpste bleiben mithin Individuen, die sich vor dem Jüngsten Gericht werden verantworten müssen. Und so wenig das tausendjährige Römerreich mit dem Gottes zu identifizieren war, so wenig geht die Gleichung kirchlich auf, auch wenn es diese Institution schon auf die doppelte Dauer gebracht hat. Eine solche Stabilität erstaunt zwar in einer Welt des rasanten Wechsels, lässt sich aber auch nur durch diesen, also irdisch erklären: Die Kirche konnte nicht die der Apostel bleiben, sondern nur als eine sich wandelnde überdauern, die sich den Herausforderungen der jeweiligen Epochen gestellt hat.
Als bleibende, schier unerschütterliche Säule freilich hat sich das Papsttum erwiesen. Und auch die häufig aufgetretenen Doppelwahlen und Gegenpäpste haben das System nicht zu untergraben vermocht. Katholische Kirchengeschichte ist daher nicht zuletzt Papstgeschichte. Anhand der Biografien der Nachfolger Petri lässt sich die Entwicklung von den Anfängen im römischen Untergrund über die Zeiten der Verfolgung und den Aufstieg zur Staatsreligion bis hin zur modernen Weltkirche nachzeichnen. Daher sind die Lebensbilder in diesem Buch nicht alphabetisch, sondern chronologisch angeordnet, wobei das Register jedoch auch die lexikalische Suche ermöglicht. Die wichtigsten Fachbegriffe zum Papsttum und zur Kirchengeschichte sind in einem im Anhang befindlichen Glossar aufgeführt.

Hamburg, im Sommer 2008
Reinhard Barth

Der Engel mit dem Gewand Christi ist eine von zehn Engelstatuen, die im Auftrag Alexanders VII. nach Entwürfen Gian Lorenzo Berninis (1598–1680) für die Tiberbrücke Ponte Sant' Angelo in Rom geschaffen wurden.

GHESIVS·R

»Christus übergibt Petrus die Schlüssel« (1481/82). Das Fresko von Perugino (eigtl.: Pietro Vannucci, 1448–1523) in der Sixtinischen Kapelle zeigt den im Matthäusevangelium überlieferten Auftrag Christi an Petrus, die Geburtsstunde des Papsttums.

Petrus

† Rom (?) zwischen 63 und 67 (?); hl., Fest (mit dem hl. Paulus) 29.6.

Der Menschenfischer

»Du bist Petrus, und auf diesen Felsen will ich bauen meine Gemeinde, und die Pforten der Hölle sollen sie nicht überwältigen. Ich will dir des Himmelreichs Schlüssel geben, und alles, was du auf Erden binden wirst, soll auch im Himmel gebunden sein, und alles, was du auf Erden lösen wirst, soll auch im Himmel los sein.« Dieser im Matthäusevangelium überlieferte Auftrag Christi an Petrus bedeutet die Geburtsstunde des Papsttums und die Einsetzung des Apostels als erster Papst. »Petrus« ist die lateinische Übersetzung des griechischen Wortes kepha = Fels.

Der so vom Heiland Angesprochene hieß eigentlich Simon und betrieb zusammen mit seinem Bruder Andreas das Fischerhandwerk am See Genezareth, bevor der Ruf Jesu an die beiden erging: »Ich werde euch zu Menschenfischern machen.« Mit Johannes und Jakobus stand Petrus an der Spitze der Urgemeinde. Missionsreisen führten ihn u.a. nach Antiochia und Korinth. Gemeinsam mit dem Apostel Paulus wirkte er in seinen letzten Lebensjahren in Rom. Wie dieser erlitt er nach der Überlieferung während der Christenverfolgungen unter Kaiser Nero (54–68) den Märtyrertod. Nur zwei der unter seinem Namen erhaltenen Briefe sind echt.

Über der überlieferten Grabstätte auf einem Friedhof am Fuß des Vatikanhügels erbaute Kaiser Konstantin 324 die Peterskirche. Bei Ausgrabungen, die 1939–1949 an der von der Tradition genannten Stelle, der Confessio im heutigen Petersdom, vorgenommen wurden, fand man Gebeine einer männlichen Person von kräftigem Wuchs und vorgerücktem Alter. Papst Paul VI. erklärte sie am 26.6.1965 zu den sterblichen Überresten des Apostels Petrus.

vorherige Doppelseite: Statue des hl. Petrus vor dem Giebel des Petersdoms, Rom.

Linus

†Rom (?) 78 (?); hl., Fest 23.9.

Von Petrus und Paulus ins Amt eingesetzt

Nach der Papstliste des Lyoner Bischofs Irenäus (um 185) wurde Linus von den Aposteln Petrus und Paulus in sein Amt eingesetzt. Da sich das monarchische »Einmann-Episkopat« noch nicht durchgesetzt hatte (dies war erst um die Mitte des 2. Jahrhunderts der Fall), lässt sich über Linus' tatsächliche Funktionen und seine Amtsführung nichts Bestimmtes sagen. Sein Bischofsamt soll zwölf Jahre gedauert haben. Ein ihm nachgesagtes Ende als Märtyrer ist Legende.

Anenkletos (Anaklet I.)

†Rom (?) 91 (?); hl., Fest 13.7.

Der Untadelige

Im Griechischen ist Anenkletos »der Untadelige«. Weil nach dem Apostel Paulus Untadeligkeit Voraussetzung für das Bischofsamt war, haben sich lange unfruchtbare Diskussionen um die Frage entwickelt, ob es einen römischen Bischof namens »Untadelig« überhaupt habe geben können. Das dürfte sich erledigt haben; Anenkletos war ein gebräuchlicher Sklavenname, vielleicht ist damit auch über die Herkunft des Mannes einiges gesagt. Der in einigen Papstlisten getrennt geführte Cletus (Fest 26.4.) dürfte identisch mit Anenkletos sein. Im Geschichtswerk des Eusebius (ca. 260–ca. 340) ist als Todesdatum das zwölfte Jahr der Regierungszeit Kaiser Domitians (81–96) angegeben.

Das Fresko Anenkletos' I. in S. Paolo fuori le Mura (Sankt Paul vor den Mauern) in Rom ist eines von insgesamt 265 Medaillons mit den Porträts der Päpste. Erst seit dem 16. Jahrhundert dienen realistische Porträts als Vorlage.

Aufgrund des von ihm verfassten sogenannten Ersten Klemensbriefs wird Klemens I. zu den Apostolischen Vätern gezählt. Russische Ikone mit Szenen aus dem Leben des hl. Klemens (2. Hälfte 17. Jahrhundert).

Klemens I.

†Rom (?) 101 (?); hl., Fest 23.11. im Westen, 24. oder 25.11. im Osten

Patron der Steinmetzen

Möglicherweise war Klemens ein jüdischer Freigelassener. Eine spätere Legende setzt ihn in eins mit dem Konsul Titus Flavius Clemens, einem Vetter des Kaisers Domitian, eine andere behauptet, er sei auf die Krim verbannt worden, habe dort erfolgreich das Evangelium verbreitet und sei dann mit einem Anker um den Hals ertränkt worden. Größere historische Sicherheit gibt es indes nur über ihn als Autor des sogenannten Ersten Klemensbriefes, des bedeutendsten Dokumentes des nachapostolischen Christentums im 1. Jahrhundert. Der Brief richtet sich an die Gemeinde von Korinth, wo schwere Meinungsverschiedenheiten ausgebrochen waren, und fordert die Wiedereinsetzung der vertriebenen Priester – erstes Beispiel eines Eingreifens der römischen Kirche in Streitigkeiten andernorts, aus der Autorität heraus, die die Nachfolger Petri für sich in Anspruch nehmen. Die Kirche San Clemente in Rom soll auf dem Platz errichtet sein, wo früher Klemens' Wohnhaus stand. Der Heilige ist Patron der Steinmetzen, nach der Legende ließ er für die verdurstenden Arbeiter im Steinbruch auf der Krim eine Quelle entspringen.

Evaristus

† Rom (?) 109 (?); hl., Fest 26.10.

Grieche oder Jude?

Der Name Evaristus legt eine griechische Abkunft nahe. Es gibt aber auch Hinweise auf eine jüdische Abstammung. Die frühen Quellen sind sich nicht einig über die Länge seines Episkopats, die Angaben schwanken zwischen acht und 13 Jahren – allerdings ohne genauen Beleg. Unhistorisch vermutlich der ihm zugeschriebene Märtyrertod und sein Begräbnis nahe der Peterskirche. Die unter Evaristus' Namen herausgegebenen Briefe und Dekretalen sind nicht von ihm verfasst.

Alexander I.

† Rom (?) 116 (?); hl., Fest 3.5

Mit einem Märtyrer verwechselt?

Außer dass er eine führende Position in der römischen Kirche innehatte, ist über Alexander I. nichts Sicheres bekannt. Dass er den Märtyrertod erlitten haben soll, ist Legende und beruht wahrscheinlich auf einer Verwechslung mit einem Märtyrer gleichen Namens, dessen Grab 1855 an der Via Nomentana entdeckt wurde.

Alexander I., Fenster in der ehemaligen Abteikirche Saint-Denis, Paris (19. Jh.).

Sixtus I.

† Rom (?) zwischen 124 und 126; hl., Fest 3.4.

Das Bischofsamt beginnt

Mit Sixtus I., dessen eigentlicher – griechischer – Name Xystus (der Glatte, Feine) war, begann das Bischofsamt in Rom Kontur zu bekommen. Bis dahin spricht man nur von Presbytern, Gemeindevorstehern. Die neue Würde brauchte allerdings noch etwa 20 Jahre, um sich dauerhaft zu befestigen. Spätere Traditionen feiern ihn als Märtyrer, wofür es jedoch keine Bestätigung gibt.

Telesphorus

† Rom (?) zwischen 135 und 137; hl., Fest 5.1.

Märtyrertod

Was die Legende über seine Vorgänger behauptet, nämlich, dass sie alle den Tod für ihren Glauben gestorben seien, scheint wenigstens auf Telesphorus tatsächlich zuzutreffen: Die früheste Papstchronik, die des Irenäus von Lyon (um 185), gebraucht für ihn als ersten die Formel für das Märtyrertum: Er habe ruhmvoll Zeugnis abgelegt. Das Ereignis seines Märtyrer-Todes fällt vermutlich in die letzten Regierungsjahre Kaiser Hadrians (117–138).

Nach dem »Liber pontificalis« war Telesphorus Grieche, was auch der Name nahe legt. Ihm wurde die Einführung des siebenwöchigen Fastens vor Ostern und die Übung des »Gloria in excelsis« in der Weihnachtsmesse zugeschrieben, womit sich die Legende allerdings um einige Jahrhunderte vertat.

Über Hyginus ist kaum etwas überliefert, sein kirchliches Wirken ist nicht fassbar. Das Fresko in S. Paolo fuori le Mura, Rom, zeigt sein (fiktives) Bildnis.

Hyginus

†Rom (?) zwischen 139 und 141; hl., Fest 11.1.

Griechischer Philosoph

Nach dem »Liber pontificalis« war Hyginus ein Grieche aus Athen, der früher als Philosoph gewirkt hatte. Ein Schlaglicht auf das intellektuelle Klima in Rom zur Zeit seines Episkopats wirft die Angabe in der Papstchronik des Irenäus von Lyon (um 185), dass Valentinus und Cerdo, zwei Lehrer der Gnosis aus Ägypten bzw. Syrien, zur Zeit des Hyginus nach Rom gekommen seien. Der ihm zugeschriebene Tod als Märtyrer dürfte auf Legenden beruhen.

Pius I.

†Rom (?) zwischen 154 und 156; hl., Fest 11.7.

Bischof im engeren Sinn

»Bischof im engeren Sinn« nennt ihn der Historiker R.A. Lipsius: Unter Pius I., einem Italiener aus Aquileja, der 15 bis 16 Jahre der römischen Kirche vorstand, gewann das monarchische Prinzip des Episkopats Konturen. Pius dürfte die Synode geleitet haben, die im Juli 144 Marcion von Pontus aus der Glaubensgemeinschaft ausstieß. Er soll S. Pudenziana, nach der Überlieferung die älteste Kirche Roms, erbaut haben.

Anicetus

†Rom (?) 166 oder 167; hl., Fest 17.4.

Gegen den Montanismus

Nach dem »Liber pontificalis« stammte Anicetus aus Homs in Syrien. In seine Amtszeit, die elf oder zwölf Jahre gedauert haben soll, fällt der Besuch Polykarps von Smyrna (um 70–155/156 oder 167/168) in Rom, bei dem die sogenannte Osterfrage erörtert wurde. Die römische Kirche kannte bis dahin kein besonderes Osterfest, sondern feierte Christi Auferstehung jeden Sonntag, während die Kirche im Osten den Brauch eines jährlichen Osterfestes am 14. Tag des jüdischen Monats Nisan, dem Passahfest, pflegte. Anicetus bezog gegen den Montanismus Stellung. Dessen Begründer Montanus hatte in Phrygien eine prophetisch-eschatologische Bewegung ins Leben gerufen, die das nahe Ende der Welt verkündete und strenge Weltentsagung verlangte. Wahrscheinlich war es Anicetus und nicht, wie im »Liber pontificalis« angegeben, Anenkletos, der den Gedenkschrein für den heiligen Petrus auf dem vatikanischen Hügel errichtete. Der Schrein wurde bei den Ausgrabungen 1939–1949 aufgefunden.

Soter

†Rom (?) 174 oder 175; hl., Fest 22.4.

Liebesgaben an Not leidende Gemeinden

Soter, ein Italiener aus Kampanien, verfasste einen Brief an die Korinther, den diese zugleich mit bedeutenden Liebesgaben erhielten. Auch von weiteren Zuwendungen an Not leidende Christengemeinden wird berichtet. In Soters acht oder neun Jahre wäh-

Thronender Christus mit den Aposteln und den Heiligen Pudentiana und Praxedis, S. Pudenzia in Rom, Apsismosaik (Ende 4. Jahrhundert). Pius I. soll der Überlieferung nach diese älteste Kirche Roms erbaut haben.

render Amtszeit fand die Einführung eines jährlichen Osterfestes am Tag des jüdischen Passahfestes statt – was bisher nur in den Kirchen Kleinasiens üblich gewesen war. Eine spätere Überlieferung nennt Soter als Verfasser von Streitschriften gegen die asketisch-apokalyptische Bewegung der Montanisten. Für den ihm nachgesagten Märtyrertod gibt es keinen Beleg.

»Der heilige Eleutherius segnet die Gläubigen«, Jacopo Bassano (um 1510/18 – 1592), Öl auf Leinwand, um 1577.

Eleutherus

† Rom (?) 189; hl., Fest 26.5.

Grieche aus Epirus

Die Diskussion um den Montanismus hielt auch während der 15 Jahre an, die Eleutherus (oder Eleutherius), ein Grieche aus Nikopolis im Epirus, der römischen Kirche vorstand. In der alten britischen Chronistik (u.a. Beda Venerabilis, 7./8. Jahrhundert) wird von einem Briefwechsel zwischen Eleutherus und einem bekehrungswilligen Britenkönig namens Lucius berichtet. Möglicherweise beruht das auf einer Verwechslung mit Agbar IX., König von Edessa (Syrien), der auch den Namen Lucius trug und dessen Übertritt zum Christentum bekannt ist. 177/178 empfing Eleutherus in Rom den Bischof Irenäus von Lyon, von dem die erste Papstliste (um 185) stammt. Während die Angaben zum Datum seines Amtsantritts schwanken, hat sich die Überlieferung auf das 10. Jahr der Regierungszeit des Kaisers Commodus (180–198) als Sterbejahr des Eleutherus festgelegt.

Viktor I.

† Rom (?) 198 oder 199; Papst seit 189, hl., Fest 28.7.

Machtvolle Erscheinung

Hatten bislang griechisch-orientalische Einflüsse in der römischen Kirche dominiert, setzte sich mit dem Afrikaner Viktor I. das lateinische Element durch. Unter den Päpsten des 2. Jahrhunderts ist er sicher die machtvollste Erscheinung. Viktor bezog deutlich Position in dem seit den Zeiten des Papstes Anicetus ausgefochtenen Osterfeststreit: Er exkommunizierte die Gemeinden in Kleinasien, die Ostern am Passahfest selbst feierten, gleich auf welchen Wochentag dieses fiel. Mit dem Bannfluch, der nicht im Namen der römischen Gemeinde, sondern der Kirche im Allgemeinen erging, bekundete Viktor den Anspruch Roms auf Führung der Gesamtkirche. Noch blieb das allerdings Proklamation. Angesichts des Entrüstungssturms ließ sich Viktor von Bischof Irenäus von Lyon bewegen, die Osterbräuche der Gemeinden in Kleinasien zu tolerieren. Die Gefahr eines Schismas wurde so vermieden. Gleichen Eifer wie in der Osterfrage zeigte Viktor auch beim Kampf gegen den Adoptianismus, eine Lehre, die Jesus als von Gott adoptierten Menschen sah. Er exkommunizierte den Führer einer adoptionistischen Gruppe, einen Lederwarenhändler aus Byzanz namens Theodotus. Viktor war der erste bekannte Papst, der Beziehungen zum Kaiserhof unterhielt: Mit Hilfe der Marcia, einer Christin und Geliebten des Kaisers Commodus, gelang es ihm, Christen, denen Zwangsarbeit in den sardinischen Bergwerken drohte, freizubekommen. Unter den Glücklichen war auch ein künftiger Papst, Kalixt I.

Zephyrinus

† Rom (?) 217; Papst seit 198 oder 199, hl., Fest 26.8.

Erste Erklärung zur Trinität

Nach dem vernichtenden Urteil des späteren Gegenpapstes Hippolyt war Zephyrinus ein schlichtes Gemüt, ungebildet, unfähig, die Kirche ordentlich zu lenken, und habgierig obendrein. Ob das auf Wahrheit beruhte oder nicht, die Geschichtsschreibung konstatiert immerhin, dass Zephyrinus, nach dem »Liber pontificalis« ein Römer, die Geschäfte weitgehend dem fähigen Archidiakon Kalixt (später Kalixt I.) überließ. In seine Amtszeit fallen die Auseinandersetzungen der jungen Kirche mit der apokalyptisch-asketischen Bewegung der Montanisten, die durch den Übertritt des angesehenen Kirchenschriftstellers Tertullian (um 160–nach 220) gerade Aufschwung erhalten hatten. Schwerer noch war der Kampf gegen den Adoptianismus, die Lehre, die Jesus bis zur Taufe als einen gewöhnlichen Menschen erklärte. Obwohl von Viktor I. gebannt, gaben die Adoptionisten so schnell nicht auf, zeitweilig finanzierten sie sogar einen eigenen Bischof. Bedrohlich war auch die Lehre des Modalismus, der Christus nur als Erscheinungsform Gottes galt. Zephyrinus formulierte dagegen die erste erhaltene Erklärung zum Dogma der Trinität. Wenn auch die Terminologie noch fehlte, um das zentrale Glaubensmysterium begrifflich klar darzustellen, war wenigstens die Göttlichkeit Christi sowie die persönliche Trennung vom Vater eindeutig festgehalten. Zur Zeit des Zephyrinus machte der berühmte griechische Theologe Origenes (um 185–um 253) einen Besuch in Rom, »begierig, die so sehr alte Kirche in Augenschein zu nehmen«.

Kalixt I.

† Rom (?) 14.10.222; Papst seit 217, hl., Fest 14.10.

Von der Verschleppung verschont

In seiner Jugend diente Kalixt (Calixtus, Callistus) als Sklave bei einem Christen, der ein Bankgeschäft unterhielt. Als die Bank zusammenbrach, wobei die christlichen Anleger schwere Verluste erlitten, floh Kalixt, wurde aber von seinem Herrn aufgegriffen und kam in die Tretmühle, wo die Sklaven in harter, stumpfsinniger Arbeit Schöpf- oder Mahlwerke in Gang halten mussten. Die Gläubiger, die über ihn wieder an ihr Geld zu kommen hofften, erreichten seine Freilassung.

Kalixt (Calixtus) I. wurde noch als Diakon mit der Verwaltung der später nach ihm benannten Katakomben an der Via Appia betraut, die er unter seinem Pontifikat noch erweitern ließ. »Der Gute Hirte«, Mittelmedaillon eines frühchristlichen Deckenfreskos (Mitte 3. Jahrhundert) in der sogenannten Krypta der Lucina.

Es folgte aber eine Anklage wegen Störung der Sabbatruhe in der jüdischen Synagoge und die Verurteilung zu Zwangsarbeit in den Bergwerken von Sardinien. Da griff Papst Viktor I. ein. Er besaß über die Geliebte des Kaisers Commodus, eine Christin namens Marcia, einigen Einfluss bei Hofe und nutzte ihn, um die Listen für den Häftlingstransport, der gerade zusammengestellt wurde, zu korrigieren: Christen, so auch Kalixt, blieben verschont. Versehen mit einer monatlichen Rente, verschwand Kalixt erst einmal in Anzio bei Rom und begann, als Viktor starb und Zephyrinus die Nachfolge antrat, eine Laufbahn als rechte Hand des neuen Papstes. Zu seinen Aufgaben gehörte die Aufsicht über die niedere Geistlichkeit und die Verwaltung des christlichen Friedhofes an der Via Appia (heute Katakomben von S. Callisto).

Holzstich mit dem imaginären Bildnis Kalixts I., um 1900.

Nach Zephyrinus' Tod ging die Leitung der römischen Kirche, die er tatsächlich längst ausübte, nun auch rechtmäßig an ihn über. Die Entscheidung blieb allerdings nicht unangefochten: Der Presbyter Hippolyt trat als Gegenkandidat auf und ließ sich gleichfalls zum Papst wählen. So war die Amtszeit des Kalixt überschattet von Auseinandersetzungen mit dem Gegenpapst, der ihm vorhielt, Anhänger des Modalismus zu sein. Die anderen Vorwürfe erhellen interessante Details aus dem Leben der Christengemeinde im Rom der späten Kaiserzeit: Kalixt, so die Beschwerden des Gegenpapstes, ordinierte Priester, die schon zwei- oder dreimal verheiratet waren, unternahm nichts gegen Eheschließungen im Klerus, duldete Verbindungen zwischen Frauen der Oberschicht und Männern von niedriger Herkunft und nahm ehemalige Mitglieder von häretischen oder schismatischen Sekten ohne weitere Bestrafung wieder in die Kirche auf. Die Legende schreibt Kalixt einen gewaltsamen Tod (mit einem Stein um den Hals in einen Brunnen gestürzt) bei einem Volksaufstand zu. Sein Grab wurde 1960 an der Via Aurelia entdeckt.

Hippolyt

* vor 170, † Rom (?); Gegenpapst 217–235, hl., Fest 30.6. (im Osten), 13.8. (im Westen)

Erster Gegenpapst

Ein scharfer, kritischer Geist: Vermutlich aus dem griechischsprachigen Osten stammend, brachte Hippolyt, der zur Zeit Viktors I. in Rom zum Priester geweiht wurde, die Schulung der griechischen Philosophie mit. Bald gewann er in der römischen Kirche eine Führungsposition und wurde deren Chefintellektueller. Was von seinem umfangreichen schriftstellerischen Werk erhalten ist, weist ihn als Meister auf dem Gebiet der Exegese, der Dogmatik, der Liturgie und der Geschichtsschreibung aus. Gleichzeitig war er Traditionalist und strenger Sittenwächter; erbarmungslos zog er gegen moralische Laxheit des Klerus zu Felde.

Als der ehemalige Sklave Kalixt I. zum Papst gewählt wurde, in Hippolyts Augen ein Sektierer und Mann ohne feste Moralgrundsätze, trat Hippolyt als Kandidat einer Minderheit gegen ihn auf – der erste Gegenpapst der Geschichte. Das Schisma hielt über die ganze Amtszeit des Kalixt und auch noch die seiner Nachfolger Urban I. und Pontianus an. Unter denen, die ihm folgten, führte Hippolyt ein straffes Regiment. Wie er die Kirche grundsätzlich für eine Versammlung von Heiligen hielt, entschied er auch bei der Besetzung von Posten nach dem Grad der persönlichen Heiligkeit eines Bewerbers.

Hippolyt wurde Opfer der Christenverfolgungen unter Kaiser Maximinus Thrax (235–238). Zusammen mit Papst Pontianus wurde er in die römische Strafkolonie Sardinien,

Das nach 1394 entstandene Fresko von Lippo Fiorentino (um 1354 – nach 1410) aus dem Zyklus mit Szenen aus dem Leben der Heiligen Caecilie zeigt Papst Urban I. in der Grotte der Märtyrer, Florenz, S. Maria del Carmine.

die »Insel des Todes« verbracht, wo beide Päpste unter den grausamen Lebensbedingungen starben. Vorher sollen sie sich noch ausgesöhnt und durch gemeinsamen Verzicht die Einheit der Kirche wiederhergestellt haben. Die Leichen wurden nach Rom überführt und feierlich beerdigt.

Urban I.

†Rom (?) 19.5. (?) 230; Papst seit 222, hl., Fest 25.5.

Schutzheiliger des Weines

Wie sein Vorgänger Kalixt I. und sein Nachfolger Pontianus musste sich Urban I. mit dem Schisma des Hippolyt von Rom auseinandersetzen. Nähere Nachrichten darüber sind jedoch nicht erhalten. Ein dem Urban zugeschriebenes Martyrium dürfte auf Legenden beruhen, sein Pontifikat fällt in die Regierungszeit des römischen Kaisers Severus Alexander (222–235), in der keine Christenverfolgungen stattfanden. Eine Überlieferung besagt, dass er angeordnet habe, beim heiligen Messopfer Gefäße aus Silber zu benutzen; daher der Kelch als Urbans Attribut. Das führte wiederum zu seinem Patronat als »Weinheiliger« in Deutschland und Österreich. Die Bauernregel sagt: »Hat Urbanstag viel Sonnenschein, verspricht er viel und guten Wein.« Der Urbanstag war nach altem deutschen Recht ein »Stichtag« für den Abschluss von Geschäften.

Pontianus

†auf Sardinien nach 235; Papst seit 21.7. (?) 230, hl., Fest früher 19.11., jetzt mit Hippolyt 13.8.

Opfer der Christenverfolgung

Nach Angabe im »Liber pontificalis« war Pontianus ein gebürtiger Römer. Mit seinem Pontifikat verbunden ist das erste gesicherte Datum der Papstgeschichte: Am 28.9.235 legte Pontianus sein Amt nieder. Zu dieser Zeit befand er sich, zusammen mit dem Gegenpapst Hippolyt, als Opfer der Christenverfolgung unter Kaiser Maximinus Thrax in der römischen Strafkolonie Sardinien oder wartete im Gefängnis auf den Transport dorthin. Mit der Abdankung des Pontianus und dem gleichfalls ausgesprochenen Verzicht des Hippolyt auf das Bischofsamt endete das Schisma, das die römische Kirche seit der Wahl des Kalixt I. im Jahr 217 belastet hatte. Pontianus und Hippolyt starben bald darauf unter den grausamen Lebensbedingungen in den sardinischen Bergwerken. Ihre Leichname wurden im Jahr 236 oder 237 auf Anordnung des Papstes Fabianus nach Rom überführt und dort beigesetzt. 1909 wurden in den Katakomben von S. Callisto Fragmente einer Grabtafel mit dem Namen des Pontianus und seinem Titel als Bischof in griechischen Buchstaben entdeckt.

Anteros

†Rom (?) 3.1.236; Papst seit 21.11.235, hl., Fest 3.1.

Bestattet in der Papstkrypta

Sein Pontifikat dauerte nur einen Monat und 12 Tage: Anteros, wie der Name nahelegt, ein Grieche, soll als Märtyrer gestorben sein. Zwar fand zu seiner Zeit die Christenverfolgung unter Kaiser Maximinus Thrax statt, aber auf den älteren Märtyrerlisten fehlt sein Name und eine Überlieferung (im »Liber pontificalis«) besagt, er sei »eingeschlafen«, was die gebräuchliche Umschreibung für einen natürlichen Tod war. Anteros war der erste Papst, der in der neuerrichteten Papstkrypta im »coemeterium« (Begräbnisplatz) von S. Callisto bestattet wurde. Von der Inschrift über seinem Grab haben sich Teile in griechischen Buchstaben erhalten.

Die Miniatur zeigt die beiden Märtyrer Fabianus mit Tiara, Papstkreuz und Schwert (links) und Sebastian, mit Pfeil und Bogen in Händen (rechts), 19. Jahrhundert.

Fabianus

†Rom (?) 20.1.250; Papst seit 10.2. (?) 236, hl., Fest (mit dem hl. Sebastian) 20.1.

Tod nach Misshandlungen

Nach der Legende war Fabianus ein Papst, den Gott selbst der Kirche gab: Als ein Nachfolger für den früh verstorbenen Anteros gesucht wurde, flog eine Taube herbei und setzte sich auf das Haupt des Fabianus, so den Mann bezeichnend, der die Geschicke der Kirche künftig leiten sollte. Fabianus erwarb sich hohes Ansehen, an ihn wandten sich afrikanische Gemeinden mit ihren Streitfragen ebenso wie der berühmte griechische Theologe Origenes. Er reformierte die Kirchenverwaltung, Rom wurde in sieben Diakonatsbezirke mit je einem Diakon und sechs Presbytern eingeteilt. Damit schuf er eine fest gefügte Struktur, die zur Grundlage für die späteren Kardinalstitelkirchen wurde. Auch um den Ausbau der christlichen Begräbnisplätze machte er sich verdient. Die 14 Jahre seines Pontifikats fallen zusammen mit der Regierungszeit der Kaiser Gordian III. (238–244) und Philippus Arabs (244–249), die beide dem Christentum wohlgesonnen waren. Am Ende jedoch stand eine Katastrophe: Unter Kaiser Decius (249–251) setzten scharfe Christenverfolgungen ein. Fabianus war eines der ersten Opfer. Er wurde ins Gefängnis geworfen und starb vermutlich an Misshandlungen. Eine Grabplatte mit seinem Namen in griechischen Lettern und dem Zusatz »Märtyrer« wurde 1854 in den Katakomben von S. Callisto gefunden. Seine Überreste gelangten später nach S. Sebastiano, wo man 1915 einen Sarkophag mit seinem Namen entdeckte.

»Der Heilige Papst Cornelius«, in der Darstellung des sogenannten Meisters von Messkirch. Altartafel aus der Stiftskirche St. Martin in Messkirch, um 1500/43.

Cornelius

† Civitavecchia Mitte Juni 253; Papst seit Anfang März 251, hl., Fest (mit dem hl. Cyprian) 16.9.

Auseinandersetzungen mit dem Gegenpapst

Nach dem Märtyrertod des Fabianus im Januar 250 blieb der Stuhl Petri für 14 Monate unbesetzt. Unter den Bedingungen der Christenverfolgung durch Kaiser Decius war eine Neuwahl nicht möglich. Wie viele andere Christen saß auch der Mann mit den größten Chancen, der Priester Moses, im Gefängnis. Als im Frühjahr 251 die Drangsal weniger wurde, konnte die Gemeinde zur Wahl schreiten. Da Moses inzwischen gestorben war, entschied sie sich für Cornelius, einen Römer möglicherweise aus dem alten Geschlecht der Cornelier. Gegen ihn trat jedoch ein Kandidat namens Novatian auf, der sich von seinen Anhängern gleichfalls zum Papst weihen ließ. Vor allem über die Frage, wie mit Gemeindemitgliedern umzugehen sei, die während der Christenverfolgung vorübergehend ihren Glauben verleugnet hatten, kam es zu scharfen Auseinandersetzungen. Cornelius wollte Milde walten lassen und die »Abtrünnigen« nach angemessener Bußleistung wieder aufnehmen. Der Gegenpapst beharrte auf ihrem dauerhaften Ausschluss.

Mit Unterstützung der Bischöfe Cyprian von Karthago und Dionysius von Alexandria vermochte sich Cornelius in Rom durchzusetzen. Im Herbst 251 sprach er den Bann über Novatian aus. Cornelius soll eine umfangreiche Korrespondenz unterhalten haben, zwei seiner Briefe, adressiert an Cyprianus und den Streit mit Novatian betreffend, sind erhalten. In den Werken des Eusebius finden sich dazu Fragmente aus Cornelius' Feder, die Aufschlüsse über die zahlenmäßige Zusammensetzung des römischen Klerus geben. Im Juni 252 begannen neue Christenverfolgungen unter Kaiser Trebonianus Gallus (251–253). Cornelius wurde verhaftet und nach Centumcellae (heute Civitavecchia) verbannt. Er starb dort ein Jahr später, ob als Märtyrer, ist ungewiss. Sein Leichnam wurde nach Rom zurückgebracht und in den Katakomben von S. Callisto beigesetzt. Die Inschrift auf seinem Grab ist zum ersten Mal in der Papstgeschichte in Latein gehalten; zuvor war Griechisch üblich.

Novatian

†258 (?); Gegenpapst März 251–258 (?)

Gegen die Wankelmütigen

Ausgestattet mit glänzenden Geistesgaben, spielte Novatian um die Mitte des 3. Jahrhunderts eine bedeutende Rolle in der Kirche in Rom. Seine Schrift über die Trinität trug ihm den Titel eines Begründers der römischen Theologie ein. In der Sedisvakanz nach dem Tod des Fabianus (Januar 251) wurde er allgemein als Führer und Sprecher der Kirche anerkannt, konnte sich auch auf eine Ordination durch Fabianus berufen. Dennoch wählte der Klerus im März 251 mit großer Mehrheit nicht ihn, sondern den Presbyter Cornelius zum Papst. Der schwer enttäuschte Novatian ließ sich von drei Bischöfen aus dem Süden Italiens zum Papst weihen und nahm den Kampf gegen Cornelius auf.

Die stärksten Differenzen gab es in der Frage, wie sich die Kirche dazu stellen sollte, dass viele ihrer Mitglieder in der Zeit der gerade stattgefundenen Christenverfolgungen (die auch die Sedisvakanz erzwungen hatten) vom Glauben abgefallen waren. Novatian plädierte für Härte: Solche wankelmütigen Geister sollten auf Dauer aus der Kirche ausgeschlossen bleiben. Cornelius dagegen wollte sie wieder aufnehmen, sofern sie angemessen Buße täten. Den gleichen moralischen Rigorismus zeigte Novatian auch gegenüber seinen eigenen Anhängern. In der religiösen Gemeinschaft, die er parallel zur offiziellen Kirche begründete und die mit Ablegern im Westen bis nach Spanien und im Osten bis nach Armenien reichte und sich mancherorts bis über das 5. Jahrhundert hinaus hielt, galt, dass schwere Sünden einem Getauften nicht mehr vergeben werden könnten. In Rom jedoch vermochte sich der Gegenpapst nicht durchzusetzen. Papst Cornelius brachte auf einer Synode im Herbst 251 das Votum von 60 Bischöfen zusammen: Novatian wurde exkommuniziert. Als 252 wieder Christenverfolgungen einsetzten, verließ er Rom. Unter Kaiser Valerian (253–259) soll er den Märtyrertod erlitten haben.

Lucius I., Kupferstich, aus: G. Pinadello, »Invicti Quinarii«, Rom 1589.

Lucius I.

†Rom (?) 5.3.254; Papst seit 25. (?) 6.253, hl., Fest 4.3.

Verbannt aus Rom

Kurz nach seiner Wahl wurde Lucius, ein gebürtiger Römer (so die Angabe im »Liber pontificalis«), im Zuge der Christenverfolgungen unter Kaiser Trebonius Gallus aus Rom verbannt. Er konnte aber, gemeinsam mit vielen vertriebenen Gemeindemitgliedern, nach dem Regierungsantritt des – zunächst – christenfreundlichen Kaisers Valerian wieder in die Hauptstadt zurückkehren. Über Lucius' Amtsführung ist nichts bekannt, es gibt allenfalls mittelbare Zeugnisse darüber, dass er gegenüber den »Abtrünnigen«, d.h. den Christen, die unter dem Druck von Verfolgungen ihren Glauben aufgegeben hatten, dieselbe Nachsicht zeigte wie auch sein Vorgänger Cornelius. Insofern erbte er auch die Gegnerschaft des Novatian, der Cornelius' Wahl angefochten hatte, nach wie vor als Gegenpapst agierte und von einer Aufnahme der vom Glauben Abgefallenen in den Schoß der Kirche nichts wissen wollte. Lucius soll durch Enthauptung zu Tode gekommen sein; im Katalog des Liberius (Mitte 4. Jahrhundert) ist jedoch nichts davon erwähnt.

Stephan I.

† Rom (?) 2.8.257; Papst seit 12.5.254, hl., Fest 2.8.

Die kleine Eichenholztafel aus der Zisterzienserklosterkirche Maulbronn zeigt Papst Stephan I. bei der Lektüre. Unbekannter Ulmer (?) Meister, um 1442.

Berufung auf Petrus

Das Pontifikat Stephans I. stand im Zeichen von Auseinandersetzungen mit dem einflussreichen Bischof Cyprian von Karthago. Zum einen ging es um die bereits unter Lucius I. und Cornelius erörterte Frage, wie mit Christen zu verfahren sei, die unter dem Druck von Verfolgungen ihren Glauben verleugnet hatten. Zum andern um den Fall des Bischofs Marcian von Arles, der sich den rigorosen Prinzipien des Novatian angeschlossen hatte. Drittes und bedeutendstes Problem war der sogenannte Ketzertaufstreit: Konnte die von einem Häretiker vorgenommene Taufe gültig sein? Cyprian und mit ihm die afrikanische, syrische und kleinasiatische Kirche bestritten die Gültigkeit und sprachen sich für eine Wiederholung der Taufe aus. Stephan, hinter dem auch die Kirchen von Palästina und Alexandria standen, hielt die Wiedertaufe für den falschen Weg; der Makel, von einem Ketzer getauft zu sein, ließe sich durch einfaches Handauflegen tilgen.

Cyprian hielt 255 und 256 zwei Synoden ab, die seine Lehre bestätigten. Ein Bruch zwischen Rom und großen Teilen der Christenheit drohte. Durch den Tod Stephans 257 und Cyprians ein Jahr später kam es jedoch nicht dazu. Deutlich aber war die herausragende Stellung, die die römische Kirche inzwischen erreicht hatte, zum Beispiel als unbezweifelte Appellationsinstanz für die Kirchen in Gallien und Spanien. Papst Stephan war dann auch, soweit erkennbar, der erste, der als formale Basis für den römischen Primat den Auftrag Jesu an den Apostel Petrus (Matthäus 16,18) anführte: »Du bist Petrus, und auf diesen Felsen will ich bauen meine Gemeinde.«

Sixtus II.

† Rom 6.8.258; Papst seit 24. oder 31.8.257, hl., Fest 7.8.

Ein besonders verehrter Märtyrer

»Gut und friedliebend« soll er gewesen sein: Sixtus (Xystus) II. sorgte dafür, dass der Ketzertaufstreit, der zu Zeiten Stephans I. ausgebrochen war, an Schärfe verlor. Obwohl Sixtus prinzipiell die Ansicht seines Vorgängers teilte, dass die von einem Häretiker vorgenommene Taufe gültig sei und nicht wiederholt werden müsse, ließ er doch stillschweigend die Kirchen in Nordafrika und Kleinasien bei ihrer Praxis der Wiedertaufe gewähren.

Sixtus blieb allerdings nicht viel Zeit, sein friedliches Regiment auszuüben. Kaiser Valerian, ursprünglich tolerant gegenüber dem Christentum, ging gegen Ende seiner Regierungszeit auf deutlich antichristlichen Kurs. Er forderte die Teilnahme an den staatlichen religiösen Zeremonien, verbot jegliche Zusammenkünfte der Christen in den Katakomben und gab schließlich den Befehl zu summarischen Exekutionen und Massenverhaftungen.

Am 6.8.258 unterbrach ein kaiserliches Mordkommando den Gottesdienst auf einem privaten christlichen Begräbnisplatz. Papst Sixtus, der der Versammlung auf dem Bischof-

Raffaels (eigtl. Raffaello Santi, 1483–1520) Sixtinische Madonna wurde 1513/14 für den Hochaltar der Klosterkirche San Sisto in Piacenza geschaffen, wo u.a. die Gebeine von Papst Sixtus II. (links im Bild) und der Heiligen Barbara (rechts) als Reliquien verehrt wurden. Sixtus soll übrigens die Züge Papst Julius II. tragen, dem Stifter des Altarbildes, das sich seit Mitte des 18. Jahrhunderts in der Galerie Alter Meister in Dresden befindet.

stuhl vorsaß, wurde enthauptet, mit ihm vier Diakone. Die übrigen drei der insgesamt sieben römischen Diakone fielen in den nächsten Tagen den Häschern zum Opfer. Sixtus' Leichnam wurde später in der Papstkrypta von S. Callisto beigesetzt, der blutbespritzte Bischofstuhl bekam einen Platz hinter dem Altar.

Sixtus II. gehört zu den von der Kirche besonders verehrten Märtyrern, sein Name wird bei den Fürbitten während der Messfeier täglich genannt. Raffael verewigte den Papst zusammen mit der heiligen Barbara auf dem berühmten Gemälde der »Sixtinischen Madonna« (1513/1514).

Papst Dionysus, Kupferstich, aus: G. Pinadello, »Invicti Quinarii«, Rom 1589.

Dionysius

†Rom (?) 26.12.268; Papst seit 22.7.260, hl., Fest 26.12.

Reorganistion der Verwaltung

Unter den anhaltenden Christenverfolgungen Kaiser Valerians kam es nach dem Märtyrertod des Sixtus II. zu einer längeren Vakanz in der Leitung der römischen Kirche. Da auch die Diakone ermordet worden waren, lagen die Geschäfte für fast zwei Jahre allein in der Hand der Presbyter. Erst auf die Nachricht vom Tod des Kaisers in persischer Gefangenschaft hin trauten sich die Christen, einen neuen Papst zu wählen: Dionysius, einen Presbyter vermutlich griechischer Herkunft, der bereits unter Sixtus Führungsfunktionen ausgeübt hatte.

Sein Pontifikat war geprägt von der Auseinandersetzung mit dem Bischof Dionysius von Alexandrien († 264/265) um dessen Subordinationslehre (Gott-Sohn dem Gott-Vater untergeordnet). In einem Schreiben an den Amtsbruder in Alexandrien stellte Dionysius von Rom in eindrucksvoller Weise die Auffassung der römischen Kirche von der Trinität dar; erstmals wurde der Begriff »homousios« im Sinne der Wesensgleichheit von Gott-Vater und Gott-Sohn formuliert.

Energisch nahm sich Dionysius auch der inneren Angelegenheiten der römischen Kirche an. Er drang gegenüber Valerians Sohn und Nachfolger Gallienus (259–268) auf die Herausgabe des beschlagnahmten Kirchenbesitzes und brachte eine durchgreifende Reorganisation der Verwaltung in Gang.

Die seit langem geübte Tradition der Unterstützung Not leidender Gemeinden setzte er fort, indem er den verfolgten Christen in Kappadokien (Zentraltürkei) aufmunternde Briefe und Geld schickte, damit sie ihre Glaubensbrüder aus der Gefangenschaft freikaufen konnten.

Felix I.

†Rom (?) 30.12.274; Papst seit 3.1.269, hl., Fest früher 29.5., jetzt 30.12.

Dunkelheit über Leben und Werk

Leben und Werk des Papstes Felix I. liegen weitgehend im Dunkeln, selbst die Daten seines Pontifikats sind nur errechnet. Der »Liber pontificalis« nennt ihn einen gebürtigen Römer. Möglicherweise wirkte er mit bei der Absetzung des Kirchenlehrers und Bischofs von Antiochia, Paulus von Samosata, als Häretiker. Die Legende schreibt ihm einen Märtyrertod zu, was Erfindung sein dürfte, da zu seiner Zeit keine Verfolgungen in Rom stattfanden.

Eutychianus

†Rom (?) 7.12.283; Papst seit 4.1.275, hl., Fest 7.1.

Pontifikat in einer ruhigen Epoche

Ein Mann aus der Toskana, so die Angabe im »Liber pontificalis«. Von seiner Person und seinem Wirken gibt es keine gesicherten Nachrichten. Festzuhalten ist immerhin, dass sein Pontifikat in die ruhige Epoche zwischen den Kaisern Valerian (253–259) und Diokletian (284–305) fiel, in der keine Christenverfolgungen stattfanden und die Kirche in Rom sich konsolidieren und ausbreiten konnte, worauf u.a. die Erweiterung der christlichen Friedhöfe in dieser Zeit hindeutet.

Flügel eines Polyptychons mit dem Heiligen Cajus und dem Engel der Verkündigung, um 1395, Lorenzo Monaco (eigtl. Piero di Giovanni, um 1340 – um 1425).

Cajus

†Rom (?) 22.4.296; Papst seit 17.12.283, hl., Fest 22.4.

Begraben auf dem Friedhof von S. Callisto

Nach dem »Liber pontificalis« stammte Cajus (oder Gajus) aus Dalmatien und war mit Kaiser Diokletian verwandt. Eine Legende des 6. Jahrhunderts bezeichnet ihn als Onkel der heiligen Susanna. Auch in der Passion des heiligen Sebastian spielt er eine Rolle. Diese Angaben sind alle ungesichert, ebenso wie diejenige, die einen Märtyrertod behauptet. In Cajus' Amtszeit gab es keine Christenverfolgungen, vielmehr fand die Kirche in Rom Gelegenheit zu Festigung und weiterer Ausbreitung. Cajus wurde auf dem Friedhof von S. Callisto neben der Papstkrypta begraben, möglicherweise weil in dieser inzwischen kein Platz mehr war. Fragmente seines Epitaphs in griechischen Buchstaben wurden im 19. Jahrhundert entdeckt.

Marcellinus

†Rom (?) 25.10. (?) 304; Papst seit 30.6.296, hl., Fest 2.6.

Vom Glauben abgefallen

In das Pontifikat des Marcellinus fällt der Beginn der großen Christenverfolgungen unter Kaiser Diokletian: Am 23.2.303 erging das erste Edikt, das die Zerstörung der christlichen Gotteshäuser, Auslieferung der heiligen Schriften und Opferhandlungen vor den alten Göttern befahl. Es scheint, dass Marcellinus den Anordnungen gehorchte, den Behörden Abschriften der heiligen Bücher aushändigte und Brandopfer vollzog. Die »Apostasie« des Papstes spielte eine bedeutende Rolle beim Streit mit den Donatisten, der das Papsttum im 4. und 5. Jahrhundert beschäftigte. Die Donatisten, eine radikale, auf strenge Einhaltung der Kirchenzucht pochende Sekte, behaupteten Beweise für das Versagen des Marcellinus zu haben. In der offiziellen Papstliste wurde sein Name deshalb getilgt, Damasus I. lässt ihn bei seinen Lobpreisungen früherer Päpste gänzlich aus. Spätere Legenden versuchten das Bild des abgefallenen Papstes zu retten; Marcellinus gehorcht zwar dem kaiserlichen Befehl, widerruft aber bald darauf und wird zusammen mit drei anderen Christen enthauptet. Für einen Märtyrertod des Marcellinus gibt es allerdings keinen zeitgenössischen Beleg. Marcellinus scheint weder abgedankt zu haben noch abgesetzt worden zu sein. Nach seinem – wahrscheinlich natürlichen – Tod wurde er in den Priscillakatakomben beigesetzt.

Marcellus I.

† 16.1.308; Papst seit November/Dezember 306, hl., Fest 16.1.

Papst Marcellus I., Fresko von Bernardino Lanzani (um 1490–1526). Pavia, S. Salvatore, um 1507.

Starrer Moralist

Nach dem Tod des Marcellinus blieb, bedingt durch die diokletianischen Christenverfolgungen und innere Zwistigkeiten der Kirche, der Stuhl Petri für mehrere Jahre leer. Erst Ende 306, nach anderen Lesarten sogar erst am 27.5. oder 26.6.307, konnte ein neuer Papst gewählt werden: Marcellus, ein früherer Mitarbeiter des Marcellinus, der vermutlich auch während der Sedisvakanz leitende Funktionen ausgeübt hatte. Nach den Versen, die ihm Damasus I. in seinem Papst-Memorial widmet, war Marcellus ein starrer Moralist; mit seinen Bußforderungen (für den »Abfall« vom Glauben während der Verfolgungen) brachte er die Mehrheit der Gemeinde gegen sich auf, Unruhen und sogar Blutvergießen waren die Folge. Als Friedensstörer wurde Marcellus schließlich von Kaiser Maxentius (306–312) aus der Stadt gewiesen. Er starb an unbekanntem Ort, sein Leichnam wurde nach Rom überführt und in den Priscillakatakomben beigesetzt. Eine spätere Legende erzählt, Maxentius habe, um Marcellus zu demütigen, dessen Kirche in einen Pferdestall umgewandelt und den Papst selbst darin zum Frondienst gezwungen. Daher die Verehrung des Marcellus als Patron der Stallknechte und Postboten.

Eusebius

† in der Verbannung auf Sizilien 26.9.309 (?); Papst seit 16. oder 23.4.309 (?), hl., Fest 17.8.

Deportiert zusammen mit dem Gegenpapst

Das kurze Pontifikat des Eusebius war erfüllt von den Unruhen, die Marcellus mit seiner Unnachsichtigkeit gegen die in den Verfolgungen schwach gewordenen Gemeindemitglieder heraufbeschworen hatte. Eusebius dachte über die Verfehlungen allerdings anders als sein Vorgänger und war bereit, die »Abgefallenen« nach gehöriger Bußleistung wieder in den Schoß der Kirche aufzunehmen. Gegen ihn stand jedoch als eine Art Gegenpapst ein Verfechter der harten Linie namens Heraklius auf. In den Streit griff Kaiser Maxentius ein und ließ beide, Papst wie »Gegenpapst«, nach Sizilien deportieren, wo Eusebius bald starb. Sein Leichnam wurde nach Rom zurückgebracht und auf dem Friedhof von S. Callisto beigesetzt.

Miltiades

† Rom (?) 10. oder 11.1.314; Papst seit 2.7.310, hl., Fest 10.1.

Unter dem Toleranzedikt

Mit dem Pontifikat des Miltiades (oder Melchiades) ist ein entscheidendes Datum der Kirchengeschichte verbunden: der Erlass des Toleranzedikts von Mailand (Februar 313), mit dem Kaiser Konstantin (306–337) dem Christentum eine gleichberechtigte Stellung neben allen anderen Kulten verschaffte. Schon zuvor hatte Miltiades von der Veränderung der politischen Konstellationen profitieren können: Unter Kaiser Maxentius war mit der Wiedergutmachung des in der diokletianischen Christenverfolgung angerichteten Unheils begonnen worden. Die römischen Behörden gaben das konfiszierte Eigentum der Christen zurück, Miltiades konnte das Osterfest 312 ungestört und in vollem Besitz des Kirchengutes feiern. Vermutlich ist Miltiades mit Konstantin nach dessen Triumph über Maxentius in der Schlacht an der Milvischen Brücke (28.10.312) zusammengekommen; Konstantin hielt sich danach in Rom auf, die Entscheidung, den Papstsitz in den Palast der Kaiserin Fausta auf dem Monte Celio, den Lateran, zu verlegen, dürfte dabei gefallen sein.

Folgende Doppelseite: Apsismosaik in der Lateransbasilika, Rom.

Im Pontifikat des Miltiades bildete sich in Nordafrika die Bewegung der Donatisten. Ihr Begründer, Donatus Magnus, ein numidischer Bischof, warf der Kirche in Rom Versagen während der diokletianischen Verfolgungen vor. Zentraler Punkt der Anklage war, dass die heiligen Bücher übergeben worden waren. Weiter spielten Fragen der Kirchenzucht eine Rolle. Die Donatisten verlangten, ähnlich wie die Anhänger des früheren Papstes Novatian, von allen Amtsträgern der Kirche Reinheit und Heiligkeit und machten die Gültigkeit der Sakramente abhängig von der persönlichen Würde desjenigen, der sie gespendet hatte. Sie exkommunizierten grobe Sünder und nahmen sie nur nach erfolgter Wiedertaufe in ihre Gemeinschaft auf und verbaten sich Einmischungen des Staates in Kirchenangelegenheiten. Papst Miltiades wurde von Kaiser Konstantin aufgefordert, die Donatistenbewegung zu zügeln – ein Novum in der Geschichte, solche Anträge hatte es bis dahin nicht gegeben –, aber weder eine Synode in Rom noch eine in Arles vermochte das Problem zu lösen. Die Donatisten mit ihrer Basis in Afrika sollten bis ins 5. Jahrhundert eine ständige Beunruhigung der Kirche bleiben.

S. Giovanni in Laterano ist die offizielle Bischofskirche des Papstes in Rom. Bereits unter Miltiades (311–314) wurden eine Basilika und ein Baptisterium errichtet. Der heutige Bau trägt ein vorwiegend barockes Gesicht, sein Inneres (Bild) wurde 1650 von Francesco Borromini, die Fassade 1733–1736 von Alessandro Galilei neu gestaltet.

LEO·XIII·CELLAM·MAXIMAM·VETVSTATE·FATISCENT
VETVS·MVSIVVM·MVLTIS·IAM·ANTEA·PARTI
ET·IN·NOVAM·ABSIDEM·OPERE·CVLTVQVE·MA
LAQVEARI·ET·CONTIGNATIONE·REFECTIS·EX

NTI·MOLITIONE·PRODVCENDAM·LAXANDAMQVE·CVRAVIT
STAVRATVM·AD·ANTIQVVM·EXEMPLAR·RESTITVI
O·EXORNATAM·TRANSFERRI·AVLAM·TRANSVERSAM
VSSIT·ANNO·CHR·MDCCCLXXXIV·SACRI·PRINC·VII

Silvester I.

†Rom (?) 31.12.335; Papst seit 31.1.314, hl., Fest 31.12.

Zähmung des Drachens

Sein Pontifikat dauerte mehr als 20 Jahre, und es fällt weitgehend zusammen mit der Regierungszeit des für die Entwicklung des Christentums höchst wichtigen Kaisers Konstantin, aber Silvester I. scheint an den bedeutenden Ereignissen dieser Epoche wenig Anteil gehabt zu haben. Von der Synode von Arles (314), die das Problem des Donatismus zu lösen suchte, erfuhr er nur brieflich, beim Konzil von Nicäa (325), das den Arianismus verurteilte und das erste offizielle christliche Glaubensbekenntnis formulierte, ließ er sich von zwei Presbytern vertreten. Allenfalls als Bauherr wird er sichtbar: Die Basilica Constantiana (später S. Giovanni in Laterano) wurde zu seiner Zeit errichtet.

Die Konstantinische Schenkung: Kaiser Konstantin (um 280–337) überlässt Papst Silvester I. die kaiserlichen Herrschaftszeichen Phrygium und Baldachin sowie den Lateranspalast. Fresko (Ausschnitt) in der um 1246 durch Papst Innozenz IV. errichteten Kapelle des Heiligen Silvester in der Basilika Santi Quattro Coronati, Rom.

Die eigentümliche Leere seiner Biografie füllte die Legende mit malerischen Details: Während der Christenverfolgungen Kaiser Diokletians soll sich Silvester auf dem Berg Soracte bei Rom aufgehalten haben und von Kaiser Konstantin persönlich zurückgeholt worden sein. Er zähmt mit der Kraft des Gebets einen Drachen, der in den Römertrümmern auf dem Forum haust, und heilt den vom Aussatz befallenen Kaiser durch die Taufe. Konstantin schenkt Silvester dafür die Herrschaft über Rom und geleitet ihn, das Pferd des Papstes am Zügel führend, zum Lateran, wo er vor ihm niederkniet und ihm die Tiara überreicht. Der Silvester-Legende bedienten sich die Fälscher, die im 8. oder 9. Jahrhundert jene Urkunde herstellten, die als »Konstantinische Schenkung« Geschichte machen sollte. Der Primat des Papsttums und seine Rechte auf eigenen Besitz in Italien werden darin als von Kaiser Konstantin verbrieft dargestellt – zum Dank für die Heilung durch Silvester.

Papst Markus, Kupferstich, aus: G. Pinadello, »Invicti Quinarii«, Rom 1585.

Markus

†Rom (?) 7.10.336, Papst seit 18.1.336, hl., Fest 7.10.

Einführung des Palliums

Der »Liber pontificalis« bezeichnet Markus als gebürtigen Römer; über seine Herkunft ist indessen nichts Genaueres bekannt. In sein kurzes Pontifikat (nicht einmal neun Monate) fällt der Tod des beim Konzil von Nicäa (325) verurteilten Theologen Arius (336). Papst Markus scheint aber an dem großen Streit, ob Christus Gott wesensähnlich (so Arius) oder wesensgleich (so der Konzilsbeschluss) sei, nicht teilgenommen zu haben. Auf Markus wird die Verleihung des Palliums, eine um die Schulter gelegte weiße Binde mit sechs schwarzen Kreuzen als Amtszeichen eines katholischen Erzbischofs, zurückgeführt. Auch soll er die Kompilation der »Depositio episcoporum« und der »Depositio martyrum«, eine Aufstellung der Gedenktage römischer Bischöfe und Märtyrer, veranlasst haben.

Julius I.

†Rom (?) 12.4.352; Papst seit 6.2.337, hl., Fest 12.4.

Parteigänger des Athanasius

Volle 15 Jahre lenkte Julius I., ein Römer von energischer Wesensart, die Geschicke der Kirche. Er ergriff Partei für den Patriarchen von Alexandrien, Athanasius (um 295–373), dessen Lehre von der Wesensgleichheit Christi mit Gottvater beim Konzil von Nicäa (325) anerkannt worden war. Die dort unterlegene Partei der Arianer hatte Athanasius 335 aus Alexandrien vertrieben.

Julius I. hielt im Herbst 340 eine Synode in Rom ab, bei der er die Wiedereinsetzung des Athanasius in sein Amt verlangte und die Entscheidungsgewalt der römischen Kirche betonte. Als eine Gegenversammlung in Antiochia den Papst aufforderte, die Sache zu überdenken, berief Julius ein neues Konzil nach Serdica (Sofia) ein. Dies fand 342 oder 343 statt. Die Differenzen zwischen Ost- und Westkirche konnten jedoch nicht ausgeräumt werden, im Gegenteil, die Arianer verließen das Konzil und sprachen den Fluch über die westlichen Bischöfe sowie den Papst als »Ursache des ganzen Streits« aus. Das Konzil wurde ohne die Vertreter aus dem Osten fortgesetzt, es erneuerte seine Unterstützung für Athanasius und betonte noch einmal das Recht der römischen Kirche, bei Absetzung von Bischöfen in anderen Orten zu intervenieren. Athanasius, der in Trier untergekommen war, konnte 345 nach Alexandrien zurückkehren. In Rom gründete Julius I. mehrere Kirchen, u.a. S. Maria in Trastevere und die Basilica Julia (heute SS. Apostoli).

Liberius

†Rom 24.9.366; Papst seit 22.5. oder 21.6.352, hl.

Papst Liberius gründet die Basilika Liberiana mit dem Patronat der Maria zum Schnee (heute S. Maria Maggiore, Rom). Tafel eines Triptychons von Masolino, um 1423/25.

Aufwind für die Arianer

Während des Pontifikats des Liberius flammte der Streit mit den Arianern wieder auf. Die Anhänger des Arius, beim Konzil von Nicäa noch unterlegen, befanden sich inzwischen im Aufwind, da sie von Kaiser Konstantius II. (337–361) unterstützt wurden. Vom Kaiser erzwungene Synoden in Arles (353) und Mailand (355) verurteilten den Patriarchen Athanasius von Alexandrien, der die Lehre begründet hatte, die in Nicäa zur Diskussion stand: Gottgleichheit Christi (Athanasius) gegen Gottähnlichkeit (Arius). Liberius, der weiter zu Athanasius hielt und sich auch durch Bestechung und Drohungen nicht beirren ließ, wurde nach Beroea in Thrakien verbannt.

Im Exil verlor er seine Festigkeit. Es sind mehrere Briefe überliefert, in denen er seine Seelennöte fern der Heimat schildert. Schließlich war er bereit, sich dem Kaiser zu unterwerfen und eine Glaubensformel zu unterschreiben, nach der der Gott-Sohn dem Gottvater »ähnlich in allem, auch im Wesen« sei. Auch der Exkommunizierung des Athanasius stimmte er zu. Nach drei Jahren Exil durfte er zurück nach Rom. Dort hatte sich inzwischen einer seiner Archidiakone als Felix II. zum Oberhaupt der Kirche wählen lassen. Der Gegenpapst besaß jedoch wenig Rückhalt in der Gemeinde. Zwar verlangte Kaiser Konstantius, dass Liberius und Felix gemeinsam regieren sollten, aber das Volk nötigte den unbeliebten Gegenpapst vehement dazu, sich aus der inneren Stadt zurückzuziehen.

Es kam dann zu einem Modus Vivendi – Liberius im Lateran, Felix in den Vororten Roms. Nach dem Tod des Konstantius und dem Amtsantritt des, wenigstens zunächst, toleranten Julian Apostata (361–363) konnte Liberius wieder seine Rolle als Protagonist der Nizäner Orthodoxie einnehmen. Liberius ließ die große Basilika auf dem Esquilin (später S. Maria Maggiore) errichten. Auf ihn geht auch der »Chronograph« von 354 zurück, eine für die Geschichtsschreibung wichtige chronologische Aufstellung von Kaisern, Konsuln, Päpsten und Märtyrern.

Felix II.

†Rom (?) 22.11.365; Gegenpapst seit 355, hl.

Postumer Sieg für den Gegenpapst

Als Papst Liberius im Oktober 355 von Kaiser Konstantius II. nach Thrakien verbannt wurde, schwor der römische Klerus feierlich, zu Lebzeiten des Liberius keinen anderen Bischof in Rom zu wählen. Noch im selben Jahr indes wurde der Schwur auch schon gebrochen. Der Kaiser verlangte eine Neuwahl, und der Klerus gehorchte. Liberius' früherer Mitarbeiter, der Archidiakon Felix, ein Sympathisant des Arianismus, trat das Amt des Bischofs von Rom an. Das Volk mochte ihn nicht, es gab Unruhen und Demonstrationen, Damen der Gesellschaft bestürmten den Kaiser, Liberius wieder einzusetzen. Als dieser tatsächlich zurückkehrte, sollte er sich eigentlich mit Felix die Leitung der Kirche teilen – so jedenfalls die Absicht des Kaisers. Aber die Bürger wollten es anders. Mit lauten Sprechchören »Ein Gott, ein Christus, ein Bischof« warfen sie Felix hinaus. Liberius residierte fortan im Lateran, Felix sah sich auf die Herrschaft in den Vororten beschränkt. Der Stadtpräfekt passte auf, dass die verfeindeten Parteien nicht

aneinandergerieten. Das ging so bis zu Felix' Tod. Zwar überlebte Liberius den Gegenpapst noch um fast ein Jahr, aber postum trug dieser den Sieg davon. Die Chronistik nämlich reihte ihn unter die regulären Päpste ein, durch Verwechslung mit Märtyrern gleichen Namens bekam er auch noch einen Platz in der Liste der Glaubenszeugen und einen Festtag: den 29.7.
Schließlich hielt man ihn sogar für einen aufrechten Verfechter der nizänischen Orthodoxie. Sein Widersacher Liberius, auf den das viel eher zutraf, bekam die Rolle des Verräters und Verfolgers der Rechtgläubigen zugewiesen.

S. Maria Maggiore ist eine der vier Patriarchalbasiliken Roms. Die Grundsteinlegung der ersten Marienkirche erfolgte 352 durch Papst Liberius. Der heutige Bau stammt im Kern aus dem 5. Jahrhundert und wurde unter Sixtus III. errichtet. Das Äußere, hier die Chorfassade von Carlo Rainaldi (1611–1691), erstrahlt im Stil des Barock.

Damasus I.

* Rom um 305, † ebd. (?) 11.12.384; Papst seit 1.10.366, hl., Fest 11.12.

Mit Hilfe von Schlägern auf den Papstthron

Beim Tod des Liberius (24.9.366) brachen in Rom heftige Unruhen aus, die Partei des ein Jahr zuvor verstorbenen Gegenpapstes Felix II. formierte sich aufs Neue. Und während Liberius' Anhänger in der Basilica Julia den Diakon Ursinus wählten, entschieden sich ihre Gegner für Damasus. Dieser setzte sich mit Waffengewalt durch: Eine Bande von angemieteten Schlägern stürmte die Kirche und wütete drei Tage unter den Ursinianern. Am 1.10.366 besetzte der Haufe die Laterankirche, und Damasus wurde zum Papst geweiht. Danach ersuchte Damasus den Stadtpräfekten um Hilfe (ein Novum in der Geschichte des Papsttums), und dieser vertrieb Ursinus und seine Anhänger aus Rom. Auch hierbei kam es zu Blutvergießen. Nach dem Bericht des römischen Geschichtsschreibers Ammianus Marcellinus (um 330–um 395) kosteten die Kämpfe 137 Menschen das Leben. Außerhalb Roms wurden die Ereignisse mit Schrecken aufge-

Das Fresko von Giulio Romano (1499–1546) in Zusammenarbeit mit Francesco Penni (1496–1528) und Raffaellino del Colle zeigt Papst Damasus I. zwischen zwei Tugenden. Sala di Costantino, Vatikan, Rom, um 1525.

nommen, es dauerte Jahre, bis sich Damasus' Stellung bei den Bischöfen Italiens gefestigt hatte.

Einer Klage, möglicherweise wegen Ehebruchs, die von den Ursinianern gegen ihn im Jahr 371 erhoben wurde, entging der Papst nur durch Intervention des Kaisers. In den höheren Gesellschaftskreisen war Damasus dennoch sehr beliebt, besonders die Damenwelt schätzte ihn, »Ohrkitzler der Matronen« hieß er im Volksmund. So gnadenlos, wie er gegen seine Gegner in Rom vorgegangen war, verfolgte er auch abweichende christliche Lehren, etwa den Arianismus, den Priscillanismus (eine esoterische Bewegung in Spanien) und den Apollinarismus, und scheute sich dabei nicht, staatliche Hilfe in Anspruch zu nehmen. Zu den Ostkirchen hielt er wenig Kontakt, er nahm auch nicht teil am Konzil von Konstantinopel (381), das die arianische Lehre, der Heilige Geist sei ein Geschöpf Christi, verurteilte und die Trinitätslehre endgültig definierte. In Rom dagegen bewirkte Damasus entscheidende Weichenstellungen für den Ausbau des römischen Primats. Er erreichte, dass der Heilige Stuhl als Gerichtsinstanz in Glaubens- und Sittenfragen anerkannt wurde.

Die Erklärung des Christentums zur Staatsreligion (27.2.380) durch Kaiser Theodosius (379–395) stand im Einklang mit den Vorstellungen des Papstes. Der bedeutende Mann hinterließ auch Spuren als Erbauer von Kirchen (u.a. S. Lorenzo in Damaso), er ließ die seit den Verfolgungen Diokletians geschlossenen Katakomben restaurieren und die

Märtyrergräber mit kunstvoll eingemeißelten Versen aus eigener dichterischer Produktion versehen. Er stellte den heiligen Hieronymus (um 345–420) als Sekretär an und beauftragte ihn mit einer Revision der lateinischen Bibelübersetzung, der »Vulgata«.

Ursinus

† nach 384; Gegenpapst September 366–16.11.367

Aus Rom vertrieben

Bei der Doppelwahl nach dem Tod des Liberius im September 366 als Gegenkandidat gegen Damasus aufgestellt und gewählt, musste der Diakon Ursinus mit seiner Partei dennoch bald den Schlägern des Damasus weichen. Kaiser Valentinian I. (364–375) erlaubte ihm und seinen Leuten ein Jahr später die Rückkehr nach Rom – unter der Bedingung, dass die Parteien Frieden hielten. Die Kämpfe aber brachen gleich wieder aus. Sie endeten mit der Verbannung des Ursinus nach Gallien. Seine Anhänger setzten sich in Norditalien fest und versuchten auf dem Gerichtswege die Sache des Gegenpapstes voranzubringen, allerdings erfolglos. Nach dem Tod des Damasus meldete Ursinus abermals Ansprüche an, diese wurden jedoch durch die Wahl des Siricius endgültig hinfällig.

Siricius

† Rom 26.11.399; Papst seit Dezember 384, hl., Fest 26.11.

Während seines Pontifikats setzte sich Siricius erfolgreich für die Vorrangstellung des Bischofs von Rom ein (Kupferstich, 19. Jh.).

Von der Staatsmacht unterstützt

Gebürtiger Römer, wurde Siricius trotz der Umtriebe des Ursinus einstimmig gewählt. Er stand sich gut mit der Staatsmacht, Kaiser Valentinian II. (375–392) bestätigte die Wahl und stellte bedeutende Mittel für den Kirchenbau, u.a. die Erweiterung der Paulsbasilika (S. Paolo fuori le mura), zur Verfügung. Und genau wie sein Vorgänger war auch Siricius darauf bedacht, den Primatsanspruch der römischen Kirche zu festigen. Von ihm stammen die ersten Dekretalen, d.h. Verordnungen zur Kirchendisziplin, mit denen das Papsttum die Sphäre der bisher üblichen Mahnbriefe halb privaten Charakters verließ. Siricius verlangte, dass die Dekretalen wie Beschlüsse einer Synode anzusehen seien und überall bekannt gemacht werden müssten. Im Januar 386 bekräftigte er gegenüber der Kirche in Afrika, ohne Einvernehmen mit dem Apostolischen Stuhl in Rom dürfe nirgendwo eine Bischofsweihe abgehalten werden. Ins Pontifikat des Siricius fällt die Taufe des hl. Augustinus durch den hl. Ambrosius (387) und die Wahl des Kirchenvaters zum Bischof von Hippo Regius in Nordafrika (394).

Anastasius I.

† Rom (?) 12.3.417; Papst seit 21.12.402, hl., Fest 28.7.

Streit um die Lehre des Origines

Das nur zwei Jahre dauernde Pontifikat des Anastasius I., eines Römers aus der Familie der Massimi, war bestimmt vom Wiederaufflammen des Streits um die Lehre des Origenes. Anastasius berief eine Synode ein, die die Irrtümer des griechischen Theologen verurteilte.

Innozenz I.

† Rom (?) 19.12.401; Papst seit 27.11.399, hl., Fest 19.12.

Der »erste Papst«

Man nimmt an, dass er der Sohn seines Vorgängers Anastasius I. war: Innozenz I. führte die Kirche in einer Zeit, da das Weströmische Reich die Invasion der germanischen Völker erlebte (Eroberung Roms durch Alarich 410). Er nahm jede Gelegenheit wahr, den Primat in der Gesamtkirche zu betonen. Durch ihn wurden die römischen Vorstellungen erweitert und erstmals voll umrissen. Nicht von ungefähr trägt er den Titel eines »ersten Papstes«, mit ihm vollzog sich die endgültige Umwandlung der römischen Bischöfe zu Päpsten. Innozenz forderte, die abendländische Kirchendisziplin nach römischem Vorbild auszurichten und die »causae maiores« vor den Apostolischen Stuhl zu bringen. In der Auseinandersetzung mit den Häretikern, u.a den Donatisten und den Anhängern des Pelagius, beanspruchte er die oberste Lehrentscheidung. Als der hl. Johannes Chrysostomos von seinem Metropolitensitz Konstantinopel verjagt wurde, griff Innozenz I. auch in die Verhältnisse der Ostkirche ein. Es kam dadurch zeitweise zum Bruch mit den östlichen Patriarchen, ohne dass allerdings für Chrysostomos etwas gewonnen wurde.

Ein Schock ging 410 um die gesamte Mittelmeerwelt, als auch die Aurelianische Stadtmauer die Westgoten unter Alarich nicht aufhalten konnte, Rom zunächst erobert, dann geplündert wurde. »Der Einzug Alarichs in Rom«, Holzstich, um 1890, (koloriert), nach Zeichnung von Hermann Knackfuss (1848–1915).

Zosimus

† Rom (?) 26.12.418; Papst seit 18.3.417, hl., Fest 26.12.

Taktlos und starrsinnig

Er war nicht lange Papst, nur eindreiviertel Jahre, aber er schaffte es, in dieser kurzen Zeit viel Unheil anzurichten: Zosimus, ein Grieche, besaß wenig Einfühlungsvermögen, er war taktlos und starrsinnig, so urteilt die Geschichtsschreibung. Sofort nach seinem Amtsantritt setzte er den Bischof Patroclus von Arles, einen Abenteurer, zum Metropoliten von Vienne und Narbonne ein – was dort für böses Blut sorgte. Die Auseinandersetzung mit dem Häretiker Pelagius, nach dessen Verurteilung durch Anastasius I. eigentlich schon abgeschlossen, machte er zur Chefsache. Beeindruckt durch die ausgefeilte Argumentation des irischen Mönchs, erklärte Zosimus den Pelagius für rehabilitiert – um ihn schließlich ebenso schnell wieder fallen zu lassen, als sich wütender Protest von allen Seiten erhob.

Eine unglückliche Hand bewies er auch im Fall eines afrikanischen Priesters, der von seinem Bischof exkommuniziert worden war. Ohne weiter die Rechte der Kirche in Nordafrika zu beachten, forderte Zosimus die Wiedereinsetzung des Verstoßenen. An den Vorgang knüpft sich die Redensart »Roma locuta, causa finita« (Rom hat gesprochen, die Sache ist zuende). In den letzten Monaten seines Pontifikats formierte sich der Widerstand gegen Zosimus, die Gegner schwärzten ihn am Kaiserhof von Ravenna an. Der Papst war drauf und dran, alle mit dem Kirchenbann zu belegen, als ihn eine Krankheit niederwarf, an der er bald darauf starb.

»Der heilige Zosimus«, Antonello da Messina, um 1457.

Bonifaz I.

† Rom 4.9.422; Papst seit 28.12.418, hl., Fest 4.9.

Verteidiger der Rechte der Kirche

Die Probleme der Kirche dauerten auch nach dem chaotischen Pontifikat des Zosimus noch an: Als ein Nachfolger gesucht wurde, entschieden sich die Presbyter in großer Mehrheit für ihren Kollegen Bonifaz, einen gebürtigen Römer, die Diakone dagegen wählten den Archidiakon Eulalius. Beide wurden – an verschiedenen Plätzen der Stadt, aber am selben Tag – geweiht. Bonifaz besaß über Galla Placidia, die Schwester des Kaisers Honorius (393–423), gute Beziehungen zum Hof in Ravenna. Mit staatlicher Unterstützung setzte er sich schließlich gegen den Rivalen durch, der im April 419 in die Verbannung geschickt wurde. Hochbetagt und kränklich, vermochte Bonifaz doch einiges wieder gutzumachen, was unter dem groben und taktlosen Zosimus verdorben worden war, vor allem den Frieden mit den Kirchen in Gallien und Nordafrika wiederherzustellen. Als der oströmische Kaiser Theodosius II. (408–450) versuchte, das päpstliche Vikariat Thessalonike dem Patriarchat von Konstantinopel zu unterstellen, verteidigte Bonifaz energisch und erfolgreich die Rechte der römischen Kirche. Von ihm ist ein Ausspruch überliefert, der den Primat des Papstes klar umreißt: »Es hat niemals dem Gesetz entsprochen, Entscheidungen anzuzweifeln, die der Apostolische Stuhl getroffen hat.«

Eulalius

† 423; Gegenpapst 27.12.418–3.4.419

Im Machtkampf unterlegen

Chaotisch wie das Pontifikat des Zosimus verlief nach seinem Tod (26.12.418) auch die Wahl des Nachfolgers: Kaum war Zosimus begraben, wählten die Diakone einen der Ihren, den Archidiakon Eulalius. Am nächsten Tag präsentierten die Presbyter einen eigenen Kandidaten, Bonifaz I. Am dritten Tag wurden beide geweiht, Eulalius im Lateran, sein Konkurrent in S. Marcello. Der anschließende Machtkampf ging zugunsten des populären Bonifaz aus, der zudem die besseren Beziehungen zum Kaiserhof in Ravenna besaß. Am 3.4.419 musste Eulalius die Stadt verlassen, in Anzio, 60 km von Rom entfernt, nahm er Quartier. Als Bonifaz im September 422 starb, glaubten die Anhänger des verbannten Gegenpapstes die Stunde für eine glorreiche Rückkehr nach Rom gekommen, aber Eulalius versagte sich allen Plänen auf Wiedereinsetzung und blieb, wo er war.

Der hl. Cölestin I. machte sich während seiner Amtszeit vor allem um den Bereich der Mission, auch der innerkirchlichen, verdient. (Historienbild, um 1900).

Cölestin I.

† Rom (?) 27.7.432; Papst seit 10.9.422, hl., Fest 6.4.

Vertreter der altkirchlichen Primatsidee

Nach dem Urteil der Geschichtsschreibung gehört Cölestin I. zu den bedeutenden Vertretern der altkirchlichen Primatsidee, wenn auch seine Bemühungen nicht immer von Erfolg gekrönt waren. Die nordafrikanischen Kirchen etwa beharrten auf ihrer Autonomie und wollten von einer päpstlichen Mitsprache bei ihren Problemen nichts wissen. Cölestin trat entschieden gegen den Pelagianismus auf und unterstützte den hl. Augustinus in seiner Auseinandersetzung mit dem Semipelagianismus. In den letzten Jahres seines Pontifikats wurde Cölestin in die christologische Debatte zwischen dem Patriarchen Nestorius von Konstantinopel (428–431) und Kyrill von Alexandrien (412–444) hineingezogen. Nestorius bestritt die gottmenschliche Natur Christi und weigerte sich, Maria als Gottesgebärerin (»Theotokos«) zu verehren. Auf einem Konzil in Ephesus im Juni 431 wurde die Lehre des Nestorius verurteilt. Im selben Jahr schickte Cölestin den Diakon Palladius als Bischof nach Irland, womit die Missionierung auf der »grünen Insel« begann.

Sixtus III.

† Rom 19.8.440; Papst seit 31.7.432, hl., Fest 28.3.

Klostergründer

Sixtus (auch Xystus), ein gebürtiger Römer, setzte die Politik seines Vorgängers Cölestin I. fort. Das betraf sowohl die Bekämpfung des Pelagianismus, den nestorianischen Lehrstreit als auch die Verteidigung des päpstlichen Vikariats Thessalonike gegen die drohende Einverleibung durch das Patriarchat von Konstantinopel. Sixtus gründete das erste Kloster in Rom, S. Sebastiano, und entfaltete eine rege Bautätigkeit in der seit dem Gotensturm (410) noch schwer darnieder liegenden Stadt, u.a. ließ er das achteckige Baptisterium der Laterankirche erbauen und die Liberiusbasilika restaurieren

(heute S. Maria Maggiore). Der Schmuck an diesen beiden Bauwerken nimmt Bezug auf die Streitfragen der Zeit: Am Baptisterium preisen Inschriften die göttliche Gnade und die Theologie der Taufe – das ist gegen den Pelagianismus gemünzt, der die Erbsünde und die Notwendigkeit der Gnade leugnete. An der Marienkirche feiern Mosaiken die Gottesmutter – darin manifestiert sich der Sieg der Kirche über den Nestorianismus.

Sixtus III. ließ zahlreiche der während des Gotensturms beschädigten Kirchen wieder herstellen. Der Laterankirche, hier auf einem Gemälde Guillaume Frédéric Rauys (1784–1854), ließ er ein achteckiges Baptisterium hinzufügen.

Leo I.

† Rom 10.11.461; Papst seit August 440, hl., Fest 10.11. (im Westen), 18.2. (im Osten)

Zu Recht »der Große« genannt

Neben Gregor I. ist Leo I. der einzige Papst, dem der Beiname »der Große« beigelegt wurde. Leo entstammte einer toskanischen Familie. Archidiakon unter Cölestin I. und Sixtus III., übte er bereits vor seinem Pontifikat bedeutenden Einfluss auf die Politik der römischen Kirche aus. Die Wahl fiel auf ihn, während er im Auftrag des Kaisers zu einer diplomatischen Mission in Gallien unterwegs war. Nach seiner Rückkehr wurde er am 29.9.440 geweiht. Diesen Tag pflegte er jährlich als »Geburtstag« zu begehen. Die Ansprachen, die er dabei hielt, spiegeln die Auffassung Leos von der höchsten und universalen Autorität der Kirche, die auch nicht leide, wenn das oberste Hirtenamt einmal

Siebeneinhalb Meter breit ist das Fresko Raffaels (1483–1520) »Die Begegnung Leos I. mit Attila« (1512/14) im Vatikan. Der mit der Tiara geschmückte Papst, ein Herrscher ohne Truppen, reitet dem Hunnenkönig und seinen schwer bewaffneten Reitern furchtlos entgegen.

schlecht verwaltet werde. Die Würde des Petrus gehe auch in einem unwürdigen Erben nicht verloren, so die klassische Formulierung, mit der Leo die päpstliche Tradition mit ihren Wurzeln im Auftrag Christi an den Apostel Petrus als einen Wert an sich darstellte, der von der Person des jeweiligen Amtsinhabers unabhängig sei.

Das bischöfliche Wirken Leos in Rom beleuchten 97 überlieferte Predigten und eine Sammlung von 173 Briefen (davon 30 an ihn). Er ging scharf gegen die Irrlehren der Manichäer, der Pelagianer und anderer vor und erließ zahlreiche Dekretalen zu Disziplinarfragen in den Kirchen des Westens. In einem berühmten dogmatischen Schreiben von 449, dem »Tomus Leonis«, gerichtet an den Patriarchen von Konstantinopel, verteidigte er die zwei Naturen – die göttliche und menschliche – in Christus gegen den Monophysitismus. Der Tomus Leonis wurde auf dem Konzil von Chalkedon 451 zur Grundlage der Glaubensdefinition. Leo konnte jedoch nicht verhindern, dass Konstantinopel dieselben kirchlichen Vorrechte eingeräumt wurden wie Rom. Indes sorgte er durch Einrichtung einer ständigen päpstlichen Gesandtschaft am Kaiserhof in Konstantinopel dafür, dass das gute Verhältnis zu den weltlichen Machthabern Ostroms erhalten blieb.

Im Westen, wo der Niedergang des Imperiums weiter fortschritt, wuchs dem Papst unmittelbare politische Autorität zu: 452 bewog er die in Italien eingefallenen Hunnen unter Attila zum Abzug, 455 erreichte er beim Wandalenkönig Geiserich nach der Besetzung Roms eine milde Behandlung der Bevölkerung. Besonders das Auftreten des Papstes gegen die Hunnen wird von der Legende liebevoll ausgestaltet: Als Attila das Land verwüstet, bittet der Kaiser in seiner Not den Papst um Hilfe. Drei Tage und Nächte liegt Leo auf den Knien im Gebet. Dann erhebt er sich und sagt: »Wer mir folgen will, der tue es!« Begleitet von einigen Würdenträgern, zieht er dem Attila bis nach Mantua entgegen. Wie der Hunnenkönig ihn sieht, fällt er auf die Knie. Der Papst fordert ihn auf, mit seinen Scharen Italien zu verlassen. Das tut Attila. Später von den Seinen befragt, warum er, der mächtigste Mann der Welt, ohne Weiteres dem Wunsch eines Priesters nachgekommen sei, antwortet er: »Das geschah mir und euch zum Heil, denn ich sah zur Rechten des Papstes einen fürchterlichen Ritter stehen mit bloßem Schwert. Der kündigte mir und meinem Volk das Verderben an, wenn ich nicht gehorchte.« Auf einem Gemälde von Raffael in den Stanzen des Vatikan ist die Szene festgehalten. Nach seinem Tod wurde Leo in der Vorhalle von Sankt Peter beigesetzt, im Jahr 688 brachte man die Gebeine ins Innere der Kirche. Wegen seiner Verdienste um die Kirchenmusik ist Leo Patron der Sänger und Musiker.

Hilarus

† Rom 29.2.468; Papst seit 19.11.461, hl., Fest 28.2.

Der Lynchjustiz entkommen

Der gebürtige Sardinier Hilarus (oder Hilarius) diente unter Leo I. als Archidiakon und war dessen Legat auf der sogenannten Räubersynode von Ephesus (August 449), wo er gegen den Monophysitismus auftrat und um ein Haar ums Leben kam. Er entging der Lynchjustiz nur, indem er sich in der Grabkammer des Evangelisten Johannes außerhalb von Ephesus versteckte. Zeitlebens verehrte er danach Johannes als seinen besonderen Schutzheiligen. In seinem Pontifikat folgte er ganz der Politik seines Vorgängers. Er betonte den Primat der römischen Kirche und trat den Irrlehren entgegen, besonders dem Arianismus, der in Italien, begünstigt durch den germanischen Heermeister Ricimer († 473), den starken Mann dieser Zeit, wieder Fuß gefasst hatte. Auf der Synode vom 19.11.465 in S. Maria Maggiore (der ersten römischen Kirchenversammlung, deren Akten erhalten sind) ordnete er die Verhältnisse in der spanischen Kirche. Nach dem »Liber pontificalis« hat Hilarus der Kirche bedeutende Schenkungen gemacht, mit denen die Verluste an kostbarem Kultgerät seit der Plünderung der Wandalen (455) ausgeglichen werden konnten. Er stiftete auch ein Kloster bei S. Lorenzo fuori le mura; dort ruhen seine Gebeine.

Papst Simplicius, Kupferstich aus dem 18. Jahrhundert. In die Zeit seines Pontifikats fiel der Untergang des Weströmischen Reiches.

Simplicius

† Rom 10.3.483; Papst seit 3.3.468, hl., Fest 10.3.

Um den Kirchenbau verdient

Ins Pontifikat des Simplicius, eines Italieners aus Tivoli, fällt ein weltgeschichtliches Ereignis: die Absetzung des Romulus Augustulus durch den Germanenfürsten Odoaker und damit das Ende des Weströmischen Reiches (476). Simplicius trat entschieden für die Glaubensdefinition des Konzils von Chalkedon (451) ein, vermochte sich aber gegenüber dem Monophysitismus der Ostkirche nicht durchzusetzen. Simplicius machte sich um den Kirchenbau in Rom verdient, u. a. errichtete er S. Stefano in Rotondo auf dem Monte Celio und ließ eine Halle auf dem Esquilin zum Gotteshaus umbauen (das erste Beispiel für die christliche Umwidmung eines öffentlichen Gebäudes). Er starb nach langer Krankheit und wurde neben Leo I. in der Vorhalle von Sankt Peter beigesetzt.

Felix III.

† Rom 1.3.492; Papst seit 13.3.483, hl., Fest 1.3.

Gegen die Akakianer

Mit ihm gelangte erstmals ein Mitglied des römischen Senatorenstandes auf den Stuhl Petri: Felix III. (so die offizielle Nummerierung, der frühere Gegenpapst Felix II. wurde mitgezählt) war Vater von mindestens zwei Kindern. Er wurde erst nach dem Tod seiner Frau Priester. Bei der Papstwahl spielte der Germanenfürst Odoaker, der neue Herr Italiens nach dem Ende des Weströmischen Reiches, eine bedeutende Rolle.

Felix' Pontifikat stand ganz im Zeichen christologischer Auseinandersetzungen mit der Ostkirche. Diese hatte auf der sogenannten Räubersynode von Ephesus den Monophysitismus gebilligt, die Lehre, dass es in der Person Jesu Christi nur eine Natur gebe und bei der Vereinigung des göttlichen Logos mit dem Menschen Jesus die menschliche Natur von der göttlichen absorbiert werde. Dagegen bekannte sich die Westkirche zur Zwei-Naturen-Lehre, wie sie beim Konzil von Chalkedon (451) formuliert worden war.

Gelasius I., Kupferstich, aus: G. Pinadello, »Invicti Quinarii«, Rom 1589.

Felix III., ein harter, unbeugsamer Mann, bezog vehement Stellung. Als Kaiser Zeno I. von Ostrom im Jahr 482 das »Henotikon« erließ, das dem Monophysitismus Zugeständnisse machte, forderte der Papst den Kaiser auf, sich nicht in die Angelegenheiten der Kirche einzumischen. Den Autor des Erlasses aber, den Patriarchen Akakios von Konstantinopel, ließ er auf einer Synode in Rom 484 exkommunizieren. Damit begann das sogenannte Akakianische Schisma, das bis 519 dauern sollte. Die schriftliche Ausfertigung des Synodenspruches wurde übrigens von einem Spezialkurier nach Konstantinopel gebracht; übereifrige orthodoxe Mönche hefteten sie dem Akakios ans Gewand, während er die Messe las. Akakios seinerseits strich den Papst aus den Diptychen, dem Verzeichnis all derer, mit denen man Glaubensgemeinschaft pflegte.

Auch nach Akakios' Tod (489) trat keine Besserung im Verhältnis zwischen Ost und West ein, Felix lehnte alle Vermittlungsversuche seitens der oströmischen Kaiser bzw. des germanischen Herrschers Odoaker ab. Unter dem Wandalenkönig Guntamund (484–496) hörten die Verfolgungen auf, denen zuvor die zu Rom haltenden Christen durch die arianischen Wandalen in Nordafrika ausgesetzt waren. Das stellte den Papst vor ein Problem, das auch schon frühere Generationen von Päpsten beschäftigt hatte: Wie verfahren mit denen, die schwach geworden und vom rechten Glauben abgefallen waren? Felix zeigte hier die gleiche Unnachgiebigkeit wie in anderen Dingen: Wer von den »Abgefallenen« ein heiliges Amt bekleidet hatte, wurde erst wieder in seiner Sterbestunde zur Gemeinschaft zugelassen, die übrigen mussten sich langjährigen Bußstrafen unterziehen.

Gelasius I.

† Rom 21.11.496; Papst seit 1.3.492, hl., Fest 21.11.

Lehre von den zwei Gewalten

Unter den Päpsten des 5. Jahrhunderts war Gelasius I. nach Leo I. der bedeutendste. Nach der unsicheren Überlieferung des »Liber pontificalis« ein Afrikaner, stieg Gelasius im römischen Klerus auf und nahm bereits unter seinem Vorgänger Felix III. eine dominierende Position in Rom ein. Als Papst bekämpfte er die religiösen Bewegungen

der Manichäer und der Pelagianer und die letzten Reste des Heidentums in der Ewigen Stadt (Unterdrückung des Festes der Luperkalien). Er unternahm bedeutende Anstrengungen zur Behauptung der römischen Observanz auf dem Balkan (Dardanien, Illyrien) und griff mit vielfältigen disziplinarischen Einzelentscheidungen in das Leben der Kirche in Italien und Gallien ein. In der Auseinandersetzung mit Ostrom verteidigte Gelasius den römischen Primat; das unter Felix III. ausgebrochene sogenannte Akakianische Schisma dauerte an, Kompromissangeboten gegenüber zeigte er sich so unnachgiebig wie sein Vorgänger. Er konnte sich dabei auf den Schutz des Ostgotenkönigs Theoderich (493–526) verlassen, der zwar religiös nicht mit dem Papsttum übereinstimmte (er war Arianer), aber Ansprüchen Ostroms auf die Herrschaft in Italien entgegentrat.

Von Gelasius stammt die klassische Formulierung der Zweigewaltenlehre, die anknüpfend an Gedanken des Kirchenvaters Augustinus das Verhältnis von Staat und Kirche aus der Sicht des Apostolischen Stuhls beschrieb und die später von den Päpsten des Hochmittelalters aufgegriffen und ausgebaut wurde. Gelasius legte sie in einem Schreiben an den oströmischen Kaiser Anastasios I. (491–518) dar: »Zwei sind es, erhabener Kaiser, von denen vornehmlich diese Welt regiert wird: die geheiligte Autorität der Bischöfe und die königliche Gewalt. Von diesen Ämtern ist das der Bischöfe von um so größerem Gewicht, weil sie auch für die Könige der Menschen im göttlichen Gericht werden Rechenschaft ablegen müssen.«

Die 4. Ökumenische Kirchenversammlung in Chalkedon entschied 451 den lange erbittert geführten Streit um die wahre Natur Jesu Christi: Die Trinität wurde zum Dogma. »Concilium Chalcedonense«, Kupferstich von Matthäus Merian d.Ä. (1593–1650), um 1630.

Folgende Doppelseite: Das 1148 entstandene Apsismosaik »Christus Pantokrator« (Allbeherrscher) im Normannendom von Cefalù (Sizilien) zeigt den Heiland überlebensgroß. Das Motiv des Christus Pantokrator ist seit dem 4. Jahrhundert gebräuchlich und findet sich vor allem in der byzantinischen Kunst.

FACTUS HOMO FACTOR HOMINIS FAC

REVS.COR PORA.CORDA.DEVS
ΕΓΩ ΕΙΜΙ ΤΟ ΦΩϹ
ΤΟΥ ΚΟϹΜΟΥ Ο Α
ΚΟΛΟΥΘΩΝ ΕΜΟΙ
ΟΥ ΜΗ ΠΕΡΙΠΑΤΗϹ
Η ΕΝ ΤΗ ϹΚΟΤΙΑ ΑΛ
ΛΑ ΕΞΕΙ ΤΟ ΦΩϹ ΤΗϹ ΖΩΗϹ
EGO SVM LVX MVNDI QVI
SEQVITVR ME NON AM
BVLAT IN TENEBRIS
SET ABEBIT LVME
VITE +
ΓΑΒΡΙΗΛ

Anastasius II.

† Rom 17.4.498; Papst seit 24.11.496

Plötzlicher Tod als Gottesgericht

Versöhnlicher eingestellt als seine Vorgänger Gelasius I. und Felix III., bemühte sich Anastasius II. das bei seinem Amtsantritt noch andauernde Akakianische Schisma zwischen Ost- und Westkirche zu beenden. Damit brachte er aber einen Teil des römischen Klerus gegen sich auf, was wiederum sein Bild bei der Nachwelt verdunkelte. Sein plötzlicher Tod nach anderthalb Jahren Amtszeit wurde als Gottesgericht empfunden. In den älteren Martyriologien fehlt sein Name, es scheint ihm auch keinerlei Verehrung zuteil geworden zu sein. Als Ketzer und Verräter zu Recht in der Hölle schmorend, erscheint er schließlich in Dantes »Göttlicher Komödie« (1313–1321). In das Pontifikat des Anastasius fällt die weltgeschichtlich bedeutsame Taufe des Frankenkönigs Chlodwig (481–511). Wieweit der Papst daran beteiligt war, ist ungewiss, sein angebliches Glückwunschschreiben zu diesem Ereignis jedenfalls hat sich inzwischen als Fälschung des 17. Jahrhunderts herausgestellt.

Der hl. Remigius tauft den Frankenkönig Chlodwig. Darstellung auf einem Wandteppich des 16. Jahrhunderts. Das folgenreiche weltgeschichtliche Ereignis (um 500) fällt in das Pontifikat Anastasius'.

Symmachus

† Rom 19.7.514; Papst seit 22.11.498, hl., Fest 19.7.

Vom Ostgotenkönig gestützt

Die Papstwahl von 498 stand ganz im Zeichen des Akakianischen Schismas: 484 hatten sich Ost- und Westkirche über der Frage entzweit, ob es in Jesus Christus zwei Naturen – die göttliche und die menschliche – gäbe (so die Auffassung im Westen) oder nur eine (so die »monophysitische« Lehre im Osten). Während Päpste wie Gelasius I. und Felix III. den Zwist tatkräftig am Leben hielten, hatte ihr Nachfolger Anastasius II. zum ersten Mal versucht, die Gegensätze auszugleichen – und sich damit den Zorn eines Teils des römischen Klerus zugezogen.

Der hl. Symmachus, Ausschnitt des Apsismosaiks in S. Agnese Fuori le Mura, Rom, um 630.

Nach seinem Tod brachen die Fronten richtig auf. Die Partei, die auf Versöhnung mit Byzanz setzte, zahlenmäßig die kleinere, aber von der Aristokratie und dem Senat gestützt, wählte den Archipresbyter Laurentius zum Papst, die andere, die auf Konfrontation beharrte, erkor den aus Sardinien stammenden Diakon Symmachus. Beide Seiten riefen darauf den Ostgotenkönig Theoderich als Schlichter an. Der entschied sich für den Mann mit den meisten Anhängern: Symmachus. Am 1.3.499 hielt dieser eine Synode in Sankt Peter ab, auf der das Verfahren der Papstwahl in seinem Sinne geregelt wurde; künftig sollte der Papst seinen Nachfolger selbst bestimmen, und nur wenn er durch vorzeitigen Tod daran gehindert würde, sollte der Klerus, ohne dass sich Laien daran beteiligten, die Wahl vornehmen.

Die aristokratischen Parteigänger des Gegenpapstes ließen nicht locker. Sie erhoben im Jahr 501 Klage gegen Symmachus wegen Abhaltung der Osterfeier am falschen Datum, wegen unsittlichen Lebenswandels und wegen Veruntreuung von Kirchenbesitz. Im folgenden Jahr lehnte eine Synode der italienischen Bischöfe die Verurteilung des Symmachus ab mit der Begründung, dass der Papst keinem menschlichen Gericht, sondern nur dem Urteil Gottes unterworfen sei. Das wurde von den Anhängern des Symmachus mit den »Symmachianischen Fälschungen« untermauert, mit plump zusammengeschusterten Akten erfundener Papstprozesse, die einen ähnlichen Ausgang wie das Verfahren des Symmachus gehabt haben sollten. Mit dem Spruch der Synode war allerdings Theoderich nicht einverstanden, er gewährte Laurentius die Rückkehr nach Rom. Vier Jahre lang war die Stadt erfüllt von den Kämpfen zwischen den Anhängern der verfeindeten Päpste, die sich beide, der eine im Lateran, der andere in Sankt Peter, verschanzt hatten.

Schließlich machte ein Machtwort Theoderichs den Wirren ein Ende. Inzwischen selbst in Konflikt mit Byzanz, favorisierte der Gotenkönig nun wieder Symmachus; der byzantinerfreundliche Laurentius musste Rom verlassen. Symmachus verlieh dem Bischof Cäsarius von Arles das Pallium (das erste Mal, dass ein Bischof außerhalb Italiens das Amtszeichen vom Papst erhielt). Arles erhielt die Primatialrechte (Vorrang vor anderen Bistümern in der gallischen und spanischen Kirche). Im Jahr 514 beschloss Kaiser Anastasios I. angesichts von Revolten in Konstantinopel und Thrakien, ein Konzil zur Beilegung des Akakianischen Schismas einzuberufen. Die Einladung erreichte Symmachus nicht mehr. Als sie in Rom eintraf, war er gerade gestorben.

Laurentius

† 507 oder 508; Gegenpapst 22.11.498–Februar 499

Vier Jahre lang Straßenkämpfe

Nach einem wilden Wahlkampf, in dem Bestechung eine bedeutende Rolle spielte, hatte die römische Kirche im November 498 zwei Päpste: den vormaligen Diakon Symmachus, in der Lateranbasilika von einer großen Anzahl Kleriker gewählt, und Laurentius, einen früheren Archipresbyter, den eine Minderheit, hinter der aber beträchtliche Teile der römischen Aristokratie und des Senats standen, in S. Maria Maggiore zum Oberhirten bestimmt hatte.

Mit jedem der beiden Kandidaten verband sich ein bestimmtes kirchenpolitisches Programm. Laurentius wollte das seit 484 andauernde Akakianische Schisma mit der Ostkirche beilegen. Symmachus dagegen repräsentierte die Richtung, die der Ostkirche keineswegs nachzugeben gedachte. Von beiden Parteien als Schiedsrichter angerufen, schlichtete der Ostgotenkönig Theoderich den Streit. Symmachus wurde als rechtmäßiger Papst anerkannt, Laurentius mit dem Bistum Nuceria in Kampanien abgefunden. Als Symmachus 501/502 in einen Prozess verwickelt wurde, der sein Ansehen ziemlich beschädigte und ihn auch die Gunst Theoderichs kostete, kehrte Laurentius nach Rom zurück. Vier Jahre lang lieferten sich seine und Symmachus' Anhänger blutige Straßenschlachten, bis Theoderich wiederum eingriff, abermals zugunsten des Symmachus, der seiner antibyzantinischen Politik nützlicher war als der auf Ausgleich mit der Ostkirche bedachte Laurentius. Dieser zog sich auf ein Landgut bei Rom zurück, lebte dort als Asket und starb bald.

Hormisdas

† Rom 6.8.523; Papst seit 20.7.514, hl., Fest 6.8.

Wiedervereinigung mit der Ostkirche in Aussicht

Geboren in Frosinone (Kampanien), Italiener trotz seines persischen Namens, war Hormisdas Parteigänger seines Vorgängers Symmachus und wurde wahrscheinlich auch von diesem nominiert. Ihn traf es, das seit 484 andauernde Akakianische Schisma zu beenden. Zwar ging die Initiative dazu von Ostrom aus, Kaiser Anastasios I. verhandelte dann aber mit so vielen Vorbehalten, dass zu seinen Lebzeiten nichts aus der Wiedervereinigung wurde. Erst unter dem Nachfolger auf dem Kaiserthron in Konstantinopel, Justin I. (518–527), konnte der Durchbruch erzielt werden. Die Ostkirche trennte sich vom Monophysitismus und nahm die Zwei-Naturen-Christologie des Westens an. Der »Urheber« des Schismas, der 489 verstorbene Bischof Akakios von Konstantinopel, wurde verdammt. Im Einklang mit seinen Interessen im Osten beauftragte Hormisdas den Mönch Dionysius Exiguus, eine lateinische Übersetzung der Regeln der griechischen Kirche anzufertigen. Er selbst unterhielt eine Korrespondenz mit den führenden Bischöfen Galliens, Cäsarius von Arles und Avitus von Vienne. Kurz vor seinem Tod erreichte ihn noch die Nachricht, dass mit dem Tod des Wandalenkönigs Thrasamund (Mai 523) die Verfolgung der römisch orientierten Kirche in Nordafrika aufgehört hatte und eine Wiederherstellung der katholischen Hierarchie in Aussicht stand. Hormisdas wurde in Sankt Peter beigesetzt, sein Epitaph trägt Verse, die von seinem Sohn, dem späteren Papst Silverius, verfasst wurden.

Das byzantinische Mosaik aus dem 10. Jahrhundert in der einst größten und bedeutendsten Kirche Konstantinopels, zeigt die »Jungfrau Maria mit dem Kind«, Hagia Sophia, Istanbul.

ΜΡ
ΘΥ

Mit der Hinrichtung des Staatsmanns und Philosophen Boethius, ein Freund Johannes I., starb nicht nur der »letzte Römer«, sein Tod markiert auch das Ende der spätantiken Kultur im Westen. »Boethius bei der Lektüre«, Buchmalerei, 15. Jahrhundert.

Johannes I.

† Ravenna 18.5.526; Papst seit 13.8.523, hl., Fest 18.5.

Ende des Osterfeststreites

Das Pontifikat des Johannes, eines früheren Diakons aus der Toskana, war ganz von der Politik des Ostgotenkönigs Theoderich geprägt. 524 wurde auf Theoderichs Befehl der Philosoph Boëthius hingerichtet, ein Freund des Johannnes, dem er auch mehrere seiner Werke gewidmet hatte. 526 musste Johannes die Reise nach Byzanz antreten – was vorher noch kein Papst getan hatte –, um bei Kaiser Justin zugunsten der arianischen Goten zu vermitteln, deren Kirchengüter vom oströmischen Staat eingezogen worden waren und denen Zwangsbekehrung drohte. Johannes wurde zwar in Konstantinopel mit allen Ehren empfangen und mit den höchsten Auszeichnungen bedacht, vermochte aber nur die Rückerstattung der Kirchengüter zu bewirken. In der Frage der Zwangsbekehrungen blieb Kaiser Justin fest.

Mit nur halbem Erfolg zurückgekehrt, zog sich Johannes prompt das Misstrauen Theoderichs zu, der geheime Absprachen zwischen dem Papst und der Regierung in Ostrom argwöhnte. Folglich verordnete der Ostgotenkönig dem Papst eine Art Hausarrest in seiner Residenz in Ravenna. Johannes war schon zum Zeitpunkt seiner Wahl alt und kränklich gewesen, die rigorose Behandlung durch Theoderich gab ihm den Rest. Er erlitt einen Zusammenbruch und starb. Sein Leichnam wurde nach Rom überführt und im Kirchenschiff von Sankt Peter beigesetzt. Schon bald entwickelte sich ein Kult darum, man schrieb ihm Wundertätigkeit zu. Für die Kirchengeschichte bedeutsam ist der Auftrag des Johannes an den Mönch Dionysius Exiguus, den Ostertermin für die kommenden Jahrzehnte zu berechnen. Mit den Ostertafeln, die Dionysius mit dem Jahr 532 beginnend aufstellte, hielt die Alexandrinische Osterfestberechnung Einzug im Westen und die lange Kontroverse um das richtige Osterdatum kam zu einem Ende.

Felix IV.

† Rom 20.9.530; Papst seit 12.7.526, hl., Fest 22.9.

Gute Beziehungen zu den gotischen Machthabern

Der aus Samnium stammende Felix IV. (so die offizielle Nummerierung, der Gegenpapst Felix II. wurde mitgezählt) wurde auf Befehl des Königs Theoderich zum Nachfolger des Johannes I. bestellt und gehörte wohl zur gotenfreundlichen Partei in Rom.

Er unterhielt nach Theoderichs Tod (30.8.526) gute Beziehungen zum designierten Nachfolger Athalarich (526–534) und zur Regentin, der Königinwitwe Amalasuntha. Diese erlaubte die Umwandlung zahlreicher Tempel und öffentlicher Gebäude in christliche Gotteshäuser. Unter anderem entstand auf diese Weise die Kirche SS. Cosma e Damiano, deren Mosaiken ein Bildnis Felix' (das erste zeitgenössische Papstporträt) überliefern. Weitere Frucht des engen Verhältnisses zum Königshof war ein Gerichtsprivileg für die römische Kirche, das Zivilklagen und Strafverfolgung, soweit sie den Klerus betrafen, ausschließlich in die Hände des Papstes legte.

Felix IV. unterstützte Cäsarius, den Bischof von Arles, im Kampf gegen den zu dieser Zeit in Gallien stark verbreiteten Semipelagianismus. Die Beschlüsse der 2. Synode von Orange (Juli 529) zur Frage der Gnade und des freien Willens tragen die Handschrift des Papstes. Dass sich Felix IV. auch auf Personalpolitik verstand, zeigt schon die ungewöhnlich hohe Zahl von Ordinationen (55), die er vornahm; er schuf sich damit ergebene Anhänger. Auch für seine Nachfolge trug er rechtzeitig Sorge. Als er sein Ende nahen fühlte, versammelte er seine Mitstreiter um sich und trug ihnen auf, seinen Archidiakon Bonifaz (später Bonifaz II.) als künftigen Papst anzuerkennen. Eine entsprechende Verordnung ließ er in Rom veröffentlichen und an den Hof in Ravenna schicken. Der Handstreich stieß allerdings beim römischen Senat auf Widerstand. Dieser verbat sich jede Diskussion um die Nachfolge, solange der gegenwärtige Papst noch lebte. Nach Felix' Tod kam es dann prompt zu Auseinandersetzungen zwischen den Anhängern des Verstorbenen und der Senatspartei, die mit Dioskur einen Gegenkandidaten zu Bonifaz präsentierte.

Dem Schicksal so vieler antiker Bauten, ihrer Zerstörung durch Nutzung als Steinbruch, entging der sogenannte Tempel des Romolus auf dem Forum Romanum nur, weil er Mitte des 6. Jahrhunderts unter Felix IV. in die Kirche SS. Cosma e Damiano miteinbezogen wurde.

Bonifaz II.

† Rom (?) 17.10.532; Papst seit 22.9.530

Versuche, die Nachfolge zu regeln

Felix IV. hatte mit einem Überrumpelungsmanöver seine Nachfolge sichern wollen: Auf dem Totenbett designierte er seinen Archidiakon Bonifaz, einen reichen Römer aus gotischem Geschlecht, und übergab ihm sogar das Pallium, das Amtszeichen des Bischofs. Entsprechend wurde Bonifaz nach dem Tod des Felix zum Papst erhoben. Es stellte sich aber heraus, dass große Teile des Klerus und des Senats von Rom das Spiel nicht mitmachen wollten. Sie wählten in der Lateranbasilika einen Gegenpapst, Dioskur.

Das Schisma sollte indes nicht lange währen, der frühe Tod Dioskurs (er starb 22 Tage nach der Doppelwahl) machte die Bahn frei für Bonifaz' Alleinherrschaft. Der Sieger gestaltete seinen Triumph nach Kräften aus. Er zwang auf einer im Dezember 530 in Rom abgehaltenen Synode 60 Kleriker, die nicht für ihn gestimmt hatten, ihren Fehler einzubekennen und das Andenken Dioskurs zu verfluchen. Eine Urkunde darüber ließ

er in den päpstlichen Archiven niederlegen. Danach war er ganz Milde und Nachsicht und tat alles, um den Frieden in seiner Herde wiederherzustellen.
Das »Liber pontificalis« führt zahlreiche Schenkungen des Papstes an geistliche Würdenträger auf. Wie sein Vorgänger versuchte auch Bonifaz, die Nachfolge bei Lebzeiten mit einer Nominierung des Diakons Vigilius auf der Synode in Sankt Peter (531) zu regeln, stieß aber auf solch energischen Widerstand, dass er den Plan wieder fallen ließ. Er bestätigte im Januar 531 die Beschlüsse der 2. Synode von Orange, womit die Kontroverse mit den Semipelagianern über die Gnade ein Ende fand. Gegenüber der Kirche in Konstantinopel verteidigte er die päpstliche Jurisdiktion über die Provinz Illyricum (Teile des heutigen Griechenland). Bonifaz liegt in Sankt Peter begraben, eine eigene Verehrung wurde ihm offenbar nicht zuteil.

Dioskur

† Rom (?) 14.10.530; Gegenpapst 22.9.–14.10.530

Kandidat der antibyzantinischen Partei

Bereits unter Symmachus und Hormisdas bekleidete Dioskur, ein Diakon, der wegen Meinungsverschiedenheiten mit den Monophysiten aus Alexandrien geflohen war, wichtige Posten in der römischen Kirche. Die Kenntnis des Griechischen und der Verhältnisse im Osten machten ihn zur führenden Figur bei den Verhandlungen in Konstantinopel 519 zur Beilegung des Akakianischen Schismas mit der Ostkirche. Die guten Beziehungen zu Byzanz empfahlen ihn auch als Kandidaten zur Papstwahl im September 530, als die antibyzantinisch eingestellte Minderheit den vom verstorbenen Papst Felix IV. nominierten Goten Bonifaz II. auf den Apostolischen Stuhl setzen wollte und die Mehrheit des Klerus damit nicht einverstanden war. Dioskur wurde am selben Tag wie Bonifaz gewählt. Das Schisma währte allerdings nur kurz, ein früher Tod raffte Dioskur bereits 22 Tage nach der Doppelwahl dahin. Bonifaz verpflichtete auf einer Synode im Dezember 530 die Kleriker, die sich zuvor gegen ihn entschieden hatten, ihren Fehler einzugestehen und das Andenken des Dioskur zu verdammen. Er ließ darüber eine Urkunde ausstellen, die allerdings 535 von Papst Agapet I. feierlich verbrannt wurde.

Unter seinem ursprünglichen Namen Mercurius, dem Namen eines heidnischen Gottes, wollte er sein Amt nicht antreten. So wurde er zum ersten Papst, der seinen Namen änderte: Johannes II., Kupferstich, aus: G. Pinadello, »Invicti Quinarii«, Rom 1589.

Johannes II.

† Rom (?) 8.5.535; Papst seit 2.1.533

Ende der wüsten Wahlkämpfe

Als Johannes II. (anknüpfend an die Tradition Johannes' I., der in Rom als Märtyrer verehrt wurde) ist Mercurius, so sein ursprünglicher Name, in die Papstlisten eingegangen. Seine Erhebung auf den Stuhl Petri beendete eine Zeit wüster Wahlkämpfe. Zweieinhalb Monate lang hatten mehrere Aspiranten mit allen Mitteln, inklusive Schmiergeldern (wozu sogar die kirchliche Almosenkasse geplündert wurde), einander auszustechen versucht, bis man sich endlich auf Mercurius, einen schon älteren Priester an S. Clemente, als Kompromisskandidaten einigte. Ein Dekret des römischen Senats, übrigens das letzte, das dieser erließ, legte danach fest, dass unlautere Methoden bei der Wahlwerbung verboten seien und Geldspenden ein bestimmtes Maß nicht überschreiten dürften.

Der neue Papst unterhielt enge Beziehungen zu Konstantinopel, er billigte ein Glaubensdekret Kaiser Justinians I. (527–565), womit der Theopaschitenstreit (um die Frage, ob Gott gelitten habe) beigelegt wurde. Dem guten Verhältnis mit Ostrom opferte Johannes auch eine Gruppe orthodoxer Mönche, die in Konstantinopel ansässig waren und »die Schlaflosen« (Acoemetae) hießen. Als sie gegen das Kaiserdekret opponierten, das nach ihrer Ansicht monophysitische Elemente enthielt, wurden sie vom Papst gemaßregelt, wofür sich Justinian überschwänglich bei der »besten aller Kirchen« bedankte, und als die Mönche mit der Opposition nicht aufhörten, wurden sie exkommuniziert.

Agapet I.

† Konstantinopel 22.4.536; Papst seit 13.5.535, hl., Fest 22.4. (im Westen), 17.4. (im Osten)

Mann der Bildung

Ein Mann aus aristokratischer Familie, vermögend und kultiviert: Agapet besaß in seinem Haus auf dem Monte Celio eine Bibliothek der Kirchenväter, er förderte die Bibelstudien und plante zusammen mit dem Staatsmann und Schriftsteller Cassiodor (um 490–um 580) die Gründung einer theologischen Hochschule in Rom – woraus allerdings wegen der Gotenkriege nichts wurde. Agapets Pontifikat war ganz von einem heiklen diplomatischen Auftrag bestimmt: Der Papst sollte den oströmischen Kaiser Justinian I. davon abbringen, das Gotenreich in Italien anzugreifen. Nachdem der kaiserliche Feldherr Belisar 534 das Wandalenreich in Nordafrika zerschlagen hatte, standen seine Truppen zur Invasion Italiens bereit; einen Vorwand zum Eingreifen bot das Hilfegesuch der Regentin Amalasuntha, die sich gegen den rebellischen gotischen Adel nicht hatte durchsetzen können. Alarmiert von den Rüstungen der Oströmer, nötigte der neue Gotenkönig Theodahad (534–536) Agapet zur Reise nach Konstantinopel. Der Papst musste die Überfahrt selbst bezahlen, er verpfändete dazu heilige Gefäße – so schlecht stand es um die Finanzen der Kirche in jener Zeit. Politisch erreichte er nichts, Justinian behauptete, seine Militärmacht sei bereits unterwegs und zurückbeordern könne er sie nicht. Der Aufenthalt Agapets am Bosporus zeitigte jedoch wichtige kirchliche Ergebnisse. Auf Betreiben des Papstes wurde der den Monophysiten nahestehende Patriarch von Konstantinopel, Anthimus, ein Günstling der Kaiserin Theodora, seines Amtes enthoben. Agapet weihte den Nachfolger Menas und bestätigte die Gültigkeit des Glaubensdekrets, mit dem der Theopaschitenstreit beigelegt worden war. Agapet starb in Konstantinopel, sein Leichnam wurde nach Rom gebracht und in Sankt Peter beigesetzt.

Das Mosaik aus S. Vitale in Ravenna zeigt Kaiser Justinian mit seinem Gefolge (v.r.n.l.: zwei Diakone, Erzbischof Maximian, Kaiser Justinian, zwei Patrizier, Leibwache). Justinian führte das Prinzip ein, dass jeder neu gewählte Papst vor der Weihe die Bestätigung des Kaisers einzuholen habe.

Silverius

† auf der Insel Ponza oder Palmaria im Golf von Gaeta 2.12.537; Papst seit 8.6.536, hl., Fest 20.6.

Sein Pontifikat währte nicht lang und war zudem nicht unproblematisch; Papst Silverius, Kupferstich, aus: G. Pinadello, »Invicti Quinarii«, Rom 1589.

Von seinem Konkurrenten verschleppt

Sein Pontifikat fällt in die Zeit der Besetzung Italiens durch die Byzantiner: Silverius, ein Sohn des Papstes Hormisdas, wurde unter dem Druck des Gotenkönigs Theodahad erhoben. Im Dezember 536 übergab er Rom kampflos an den byzantinischen Feldherrn Belisar. Trotzdem war er bei den neuen Herren bald als Hochverräter und heimlicher Anhänger der Goten angesehen. Belisar ließ ihn im März 537 verhaften und absetzen. Silverius verschwand ins Exil nach Patara (Lykien), statt seiner wurde Vigilius, ein Günstling der Kaiserin Theodora, zum Papst geweiht.

Durch den Bischof von Patara wurde Kaiser Justinian I. auf den Fall aufmerksam gemacht. Gegen den Wunsch seiner Gattin entschied er, Silverius nach Italien zurückzubringen und ihm ein faires Gerichtsverfahren zu gewähren. Das wusste Vigilius, im Bunde mit Belisar, zu hintertreiben. Er erreichte, dass ihm Silverius ausgeliefert wurde. Unter Bewachung wurde der abgesetzte Papst auf eine Insel im Golf von Gaeta gebracht, wo er am 11.11.537, wahrscheinlich nach Gewaltanwendung, den Verzicht auf sein Amt aussprach. Er starb drei Wochen später, ein Opfer der schlechten Behandlung, die er erlitten. Sein Grab auf der Insel wurde vielbesuchte Wallfahrtsstätte, seit dem 11. Jahrhundert verehrte man Silverius als Märtyrer.

Vigilius

† Syrakus 7.6.555; Papst seit 29.3.537

Um die Drei Kapitel

»Zwielichtig«, »wankelmütig«, »charakterschwach« sind die wenig schmeichelhaften Beiwörter, mit denen die Geschichtsschreibung Papst Vigilius belegt. Der gebürtige Römer, aus einer Senatorenfamilie stammend, wurde nach der Absetzung des Silverius auf Druck des oströmischen Feldherrn Belisar zum Papst erhoben. Der Gotenkrieg tobte, byzantinisches Militär hielt zu dieser Zeit Rom besetzt. Vigilius war ein Günstling der Kaiserin Theodora, die durch ihn dem Monophytismus wieder zum Durchbruch zu verhelfen hoffte. Der neue Papst enttäuschte sie jedoch, er bekannte sich zur Glaubenslehre, wie sie auf dem Konzil von Chalkedon (451) formuliert worden war.

547 wurde Vigilius von Kaiser Justinian I. nach Konstantinopel zitiert und gezwungen, das kaiserliche Edikt gegen die Drei Kapitel anzuerkennen. Das kostete Vigilius die Gefolgschaft eines großen Teiles der Kirche im Westen, eine Synode in Nordafrika exkommunizierte ihn. Aber auch der erzwungene Aufenthalt in Konstantinopel zehrte an Vigilius' Nerven. 551 floh er nach Chalkedon. Unterwegs wurde er misshandelt. Als 553 ein Konzil in Konstantinopel zur endgültigen Klärung des Dreikapitelstreits einberufen wurde, verweigerte Vigilius zunächst die Teilnahme, stimmte dann aber einer Teilverurteilung der Drei Kapitel zu. Das genügte dem Kaiser nicht. Er stellteVigilius unter Hausarrest und veranlasste, dass der Name des Papstes aus den Diptychen (dem Verzeichnis aller, mit denen man Glaubensgemeinschaft hielt) gestrichen wurde.

Isoliert, krank und gebrochen, war Vigilius Ende 553 schließlich bereit zur Kapitulation. Im Februar 554 bestätigte er die Ergebnisse des Konzils, die auf gänzliche Verurteilung der Drei Kapitel hinausliefen. Zum Dank erhielt er von Kaiser Justinian die sogenannte Pragmatische Sanktion, mit der die Verhältnisse in Italien nach dem Untergang des Gotenreiches geregelt wurden und die bedeutende Rechte und Privilegien für die Kirche vorsah. Vigilius starb auf der Rückkehr nach Rom in Syrakus an einem Gallenleiden, das ihn lange schon geplagt hatte. Er wurde in seine Heimatstadt überführt, aber nicht in Sankt Peter beigesetzt (dafür war er zu unbeliebt gewesen), sondern in S. Marcello an der Via Salaria.

Pelagius I.

† Rom 3.3.561; Papst seit 16.4.556

Abhängig von Konstantinopel

Aus dem römischen Stadtadel stammend, stand Pelagius schon früh in Diensten der Kirche. Er nahm 536 an Agapets I. Reise nach Konstantinopel teil und blieb dort als Apokrisiar (Gesandter) des Vigilius und Berater Kaiser Justinians I. Zeitweilig in Rom (während Vigilius in Konstantinopel unter Arrest gehalten wurde), kehrte Pelagius 551 an den Bosporus zurück Nach Vigilius' Tod wurde er auf Befehl Justinians zum Papst erhoben. Der oströmische Herrscher führte das Prinzip ein, dass jeder neugewählte Papst vor seiner Weihe die Bestätigung des Kaisers einzuholen habe. Darin kommt zum Ausdruck, wieweit die politischen Ereignisse dieser Zeit (Byzanz war durch die Siege über die Wandalen und die Goten zur Vormacht im Mittelmeerraum geworden) sich auf die Stellung der römischen Kirche auswirkten: Rom befand sich in Abhängigkeit

Das Fresko aus der 2. Hälfte des 13. Jahrhunderts zeigt die Überführung des Leichnams des heiligen Stephanus († um 35/40 n. Chr.) nach Rom durch Papst Pelagius, San Lorenzo fuori le Mura, Rom.

von Konstantinopel. Zu Hause fand der neue Papst zunächst keine Sympathien, man lehnte ihn in Rom wie auch sonst im Westen, in Afrika und Gallien, ab. Erst seine Maßnahmen zur Linderung der Not im kriegszerstörten Italien verschafften ihm einige Anerkennung bei der Bevölkerung.

Johannes III.

† Rom 13.7.574; Papst seit 17.6.561

Vor den Langobarden geflohen

Er war der Sohn eines römischen Senators und Provinzstatthalters, sein ursprünglicher Name lautete Catelinus. Als Papst nannte er sich Johannes III. Möglicherweise ist er identisch mit jenem Subdiakon Johannes, der die von Pelagius I. begonnene Übersetzung griechischer theologischer Texte zuende führte. Wie sein Vorgänger Pelagius war auch er ein Mann Ostroms, vier Monate musste er allerdings warten, bis nach seiner Wahl die Bestätigung durch Kaiser Justinian I. eintraf. Während seines Pontifikats ereignete sich die Invasion Italiens durch die Langobarden (568). Als König Alboins Heer auf Rom marschierte, zog sich Johannes nach Neapel zurück, wo er Hilfe bei dem byzantinischen Feldherrn Narses, dem Sieger der Gotenkriege, zu finden hoffte. Sein Paktieren mit dem Führer des kaiserlichen Heeres machte Johannes allerdings bei der römischen Bevölkerung so verhasst, dass er es nach Narses' Einmarsch vorzog, außerhalb Roms bei der Kirche SS. Tiburtius und Valerian an der Via Appia Quartier zu nehmen. Hier nahm er auch seine päpstlichen Amtshandlungen vor. Johannes starb im selben Jahr wie sein militärischer Schutzherr. Er wurde in Sankt Peter beigesetzt.

Benedikt I.

† Rom 30.7.579; Papst seit 2.6.575

Tondo mit der Darstellung Benedikts I., S. Paolo fuori le Mura, Rom.

In Rom belagert

Nach seiner Wahl vergingen fast elf Monate, bis die Bestätigung aus Konstantinopel eintraf – ein Symptom für den zerrütteten Zustand, in dem sich Italien damals befand: Benedikt, ein gebürtiger Römer, trat sein Pontifikat zur Zeit des Langobardensturms an. Im Sommer 579 standen die Germanen vor Rom. Hilferufe, die der Papst nach Byzanz sandte, wurden nicht gehört, Kaiser Justin II. hatte genug damit zu tun, sich der Angriffe der Perser in Kleinasien zu erwehren. Getreidelieferungen aus Afrika, die immerhin ankamen, waren rasch aufgezehrt. Auf dem Höhepunkt der Belagerung, als schwere Hungersnot ausbrach, starb Benedikt. Über seine Kirchenpolitik ist genau wie bei seinem Vorgänger Johannes III. wenig bekannt. Er ordinierte außerordentlich viele Bischöfe (21 insgesamt). Möglicherweise war er es, der Gregor I. aus dem Kloster holte und ihn zum Diakon machte, womit die Laufbahn des späteren Papstes begann.

Christus auf der Weltkugel zwischen den Aposteln Petrus und Paulus, links der heilige Laurentius mit Papst Pelagius II., Mosaik, um 579–590. San Lorenzo fuori le Mura, Rom.

Pelagius II.

† Rom 7.2.590; Papst seit 26.11.579

Bekehrung der Westgoten

In Rom geboren, als Sohn des Goten Wunigild, wurde er zum Papst gewählt, während die Langobarden die Stadt belagerten. Seine Amtszeit war geprägt von den Kriegsereignissen. Da aus Byzanz keine Unterstützung kam, wandte sich Pelagius an die Franken. Aber ein Hilfsgesuch, das er über den Bischof von Auxerre an den Frankenkönig richtete, blieb ohne Antwort. Immerhin kam 585 unter Vermittlung des Exarchen Smaragdus von Ravenna ein Waffenstillstand mit dem Langobardenkönig Authari zustande. Pelagius erhielt dadurch wieder Kontakt zum Bistum Aquileja und den Kirchen in Istrien, die seit dem Streit um die Drei Kapitel von Rom getrennt waren. Eine Verständigung mit ihnen war vorerst aber weder auf dem Verhandlungswege noch mit Zwangsmitteln seitens des Exarchen zu erreichen. Über den Titel »ökumenischer Patriarch«, den Patriarch Johannes IV. von Konstantinopel auf einer Synode im Jahr 588 für sich benutzte, entstand eine ausgedehnte Kontroverse zwischen Rom und Konstantinopel, die auch die Nachfolger des Pelagius noch beschäftigen sollte.

Unter Pelagius begann die Bekehrung der arianischen Westgoten in Spanien; entsprechende Beschlüsse wurden auf dem 3. Konzil von Toledo (589) gefasst. Auch als Bauherr machte der Papst Geschichte. Auf ihn wird die Erhöhung des Presbyteriums in Sankt Peter zurückgeführt, durch die der Hochaltar nun direkt über dem Apostelschrein stand; ebenso die Erneuerung von S. Lorenzo fuori le mura, wo sein Mosaikporträt erhalten ist. Im November 589 wurde Rom von einer Überschwemmung des Tibers heimgesucht, anschließend brach die Pest aus. Eines ihrer ersten Opfer war Pelagius. Er wurde im Portikus von Sankt Peter beigesetzt.

Gregor I.

* Rom um 540, † ebd. 12.3.604; Papst seit 3.9.590, hl., Fest 3.9. (früher 12.3.)

Der zweite »große« Papst

Nach Leo I. ist er der zweite Papst, der den Beinamen »der Große« erhielt: Als »consul Dei«, Konsul Gottes, feiert ihn das Epitaph in der Peterskirche. Gregor I. fasste die »romanitas«, das antik-römische Erbe, und die »christianitas«, das Ideal des christlichen Lebens, zu neuer Einheit zusammen. Aus reicher römischen Senatorenfamilie stammend, wurde Gregor mit der klassischen lateinischen Bildung groß und bekleidete vermutlich um 573 das Amt eines römischen Stadtpräfekten. Durch Erbschaft kam er in den Besitz großer Ländereien, die er für Klostergründungen stiftete. In eines dieser Klöster, Sankt Andreas auf dem Monte Celio in Rom, trat er selbst als Mönch ein. Pelagius II. betraute ihn mit verschiedenen diplomatischen Missionen, so reiste er nach Konstantinopel, um vom Kaiserhof Hilfe gegen die Langobarden zu erlangen, und erledigte den Dreikapitelstreit mit der Kirche in Istrien.

Die Armenfürsorge stellte ein wichtiges Element des Pontifikats Gregors I. des Großen dar. Das Gemälde von Veronese (1528–1588) zeigt ihn, wie er durch seinen Kanzler zwölf arme Pilger an seinen Tisch bitten lässt. »Das Gastmahl des heiligen Gregor des Großen« (Ausschnitt), um 1570.

Als Pelagius an der Pest starb, wurde Gregor zum Nachfolger gewählt. Er wollte das Amt nicht, der Friede seines Klosters ging ihm über alles, er beschwor sogar Kaiser Maurikios (582–602), die Wahl nicht zu bestätigen. Aber es half nicht; als das kaiserliche Mandat eintraf, wurde an dem Widerstrebenden die Weihe vollzogen. Die Wahl war im Übrigen in seltener Einmütigkeit getroffen worden, es war wohl gerade Gregors vorbildliches Leben, das, verbunden mit den administrativen Fähigkeiten des Mannes, den Ausschlag gegeben hatte.

Erste Amtshandlung Gregors war nach der Legende ein Bittgang zur Abwendung der Pest: Dabei erschien, als der Zug sich der Peterskirche näherte, über dem Grabmal Kaiser Hadrians am Tiber der Erzengel Michael, der sein blutiges Schwert in die Scheide steckte – und alsbald nahm die Seuche ein Ende; seitdem der Name »Engelsburg« für das altersgraue Bauwerk.

Gregors Pontifikat stand unter zwei großen Leitgedanken. Zum einen wollte er das sittlich-religiöse Leben erneuern, wozu Heidenmission, die Gewinnung aller Seelen für Gott und die Bekämpfung der Irrlehren und Ketzereien gehörte; besonderen Vorrang hatte das Mönchsleben. Zum anderen galt es die römische Kirche zu verteidigen und das Vakuum, das der Zusammenbruch der kaiserlichen Macht in Italien hinterlassen hatte, durch die Arbeit kirchlicher Institutionen zu füllen. Vor allem in der Sozial- und Wirtschaftspolitik schuf Gregor bahnbrechende Neuerungen. Er unterstellte die päpstlichen Besitzungen genauer Kontrolle, das Patrimonium Petri, den Landbesitz, den die Kirche aufgrund zahlreicher Schenkungen besaß, formte er zum »ersten Sozialstaat der Welt« (H. Kühner). In Rom richtete er eine ambulante Armenspeisung ein. Zum Frei-

kauf der in langobardische Gefangenschaft geratenen Römer baute er einen Fonds auf. Er schützte die Rechte der Juden und bezog auch die offiziell noch vorhandenen Sklaven in seine sozialpolitischen Maßnahmen mit ein.
Unermüdlich arbeitend trotz der vielen Krankheiten, die ihn heimsuchten, wurde er in den Jahren des Langobardenkrieges heimlicher Regent Italiens. Er vermochte 595 die Langobarden durch Verhandlungen (und Bestechung) zur Aufhebung ihrer Belagerung Roms zu bewegen und bewerkstelligte 598 einen Friedensschluss zwischen Ostrom und den Langobarden. Er unterstützte die Königin Theudelinde in ihrem Bemühen, die Langobarden zur katholischen Kirche hinzuführen. Besonders erfolgreich war sein missionarisches Engagement unter den Angelsachsen. Dorthin entsandte Gregor den Prior seines römischen Klosters, Augustin, der erster Erzbischof von Canterbury wurde. Gregor hinterließ ein bedeutendes schriftstellerisches Werk, manches davon – so die volkstümlichen Auslegungen der Evangelien und die »Dialogi« mit ihren Wunderberichten und Beispielsammlungen – fand weiteste Verbreitung und wurde Standardvortragsstoff der Kirche. Gregor schuf mit diesen Arbeiten neue Formen der religiösen Pädagogik. Gregors Kommentare zum Buch Hiob und zum Propheten Hesekiel begründeten seinen Ruhm als Schriftausleger und Moraltheologe. Zu Recht erhob ihn die Nachwelt in den Rang eines Kirchenvaters neben den heiligen Augustinus, Ambrosius und Hieronymus. Die weitgespannte praktisch-pastorale Tätigkeit des Papstes spiegelt sich in einem mehr als 850 Stücke umfassenden Briefkorpus. Auf Gregor werden zahlreiche Neuerungen in der Liturgie zurückgeführt. Die ihm zugeschriebene Autorschaft am Gregorianischen Gesang ist allerdings zweifelhaft. Nach Gregors Tod entwickelte sich ein Kult um seine Grabstätte in Sankt Peter, mehrmals wurden die Gebeine des Heiligen innerhalb der Kirche umgebettet, zuletzt (1606) in der klementinischen Kapelle beigesetzt.

Papst Sabinianus, Kupferstich, aus: G. Pinadello, »Invicti Quinarii«, Rom 1589.

Sabinianus

† Rom 22.2.606; Papst seit 13.9.604

Verhasst beim Volk

Nach Gregors I. Tod dauerte es wegen verspäteter Zustimmung aus Konstantinopel ein halbes Jahr, bis ein Nachfolger ins Amt eingeführt werden konnte: Sabinianus, aus Volterra in der Toskana stammend, der zu Gregors Zeiten bereits als Diakon und Botschafter in Konstantinopel gedient hatte – sich zuletzt aber den Zorn des Papstes zugezogen hatte, weil er angeblich dem Anspruch des Patriarchen von Konstantinopel auf den Titel »ökumenisch« nicht scharf genug entgegengetreten war. Mit seiner Wahl verband sich seitens des römischen Klerus die Hoffnung, dass die Bevorzugung des Mönchtums, ein hervorstechendes Merkmal der gregorianischen Politik, nun aufhören würde. Über die Amtshandlungen des Sabinianus gibt es kaum Nachrichten.
Offenbar weil die Langobarden ihre Feindseligkeiten wieder aufnahmen, kam es in Rom zu einer Hungersnot, und während Gregor in solchen Situationen die Bevölkerung aus den päpstlichen Gütern unentgeltlich versorgt hatte, verlangte Sabinianus nun Wucherpreise für seine Getreidelieferungen, womit er sich in Rom weidlich verhasst machte. Nach dem Tod des Papstes traute sich sein Gefolge nicht, mit dem Sarg durch die Stadt nach Sankt Peter zu ziehen, der Trauerkondukt nahm deshalb einen Weg außerhalb der Mauern.

Bonifaz III.

† Rom 12.11.607; Papst seit 19.2.607

Verbot voreiliger Nachfolgediskussionen

Anders als sein Vorgänger Sabinianus war der gebürtige Römer Bonifaz ein echter Protegé Gregors I. Er hatte 603 eine erfolgreiche diplomatische Mission in Konstantinopel absolviert und erfreute sich auch der Gunst des Kaisers Phokas (602–610), der ihm nach seiner Wahl zum Papst mit der bedeutungsvollen Wendung gratulierte, dass Rom das Haupt aller Kirchen sei. Bonifaz ließ dem byzantinischen Herrscher zum Dank eine Statue mit verehrungsvoller Inschrift in Rom errichten. Für die Papstwahl bedeutend war der Spruch der Synode, die er in der Peterskirche abhielt; danach sollten zu Lebzeiten eines Papstes oder eines Bischofs und sogar noch drei Tage nach seinem Tod alle Diskussionen um eine Nachfolge verboten sein.

Bonifaz IV.

† Rom 8.5.615; Papst seit 25.8.608, hl., Fest 25.5.

Heimsuchungen aller Art

Aus der heutigen Provinz L'Aquila (nordöstlich von Rom) stammend, wird Bonifaz erstmals 591 in den Quellen genannt, als Diakon und Schatzmeister Gregors I. Er folgte dem Vorbild des großen Papstes, indem er sein Haus in ein Kloster umwandelte, und als er Papst geworden war, das Mönchtum förderte. Sein Pontifikat war erfüllt von Heimsuchungen wie Hungersnot, Pest und Naturkatastrophen. Im Jahr 610 hielt Bonifaz eine Synode ab, auf der Regeln für das klösterliche Leben formuliert wurden. An dieser Veranstaltung nahm auch der erste Bischof von London, Mellitus, teil, der versehen mit Dekreten der Synode und Briefen an verschiedene kirchliche und weltliche Würdenträger Englands die Heimreise antrat. Zum Kaiserhof in Konstantinopel bestanden beste Beziehungen, Kaiser Phokas gestattete 609 die Umwandlung des seit zwei Jahrhunderten geschlossenen, aber als öffentliches Gebäude dem Kaiser gehörenden Pantheontempels in Rom in eine Kirche, die Bonifaz mit Märtyrerreliquien ausstattete. Wie es heißt, ließ er ganz Wagenladungen voll heiliger Knochen aus den Katakomben schaffen, um die neue Kirche (S. Maria ad Martyres) gegen die alten Götter gefeit zu machen.

Deusdedit

† Rom 8.11.618; Papst seit 19.10.615, hl., Fest 8.11.

Erstmals ein Vermächtnis

In späteren Papstlisten wird er auch als Adeodatus I. geführt. Der gebürtige Römer Deusdedit, Sohn des Subdiakons Stephanus, war vor seiner Wahl zum Papst schon vierzig Jahre lang Presbyter. Seit Gregors I. deutlicher Bevorzugung des mönchischen Elements gab es eine gewisse Polarisierung unter den Inhabern des Apostolischen Stuhles: Entweder der Papst betrieb – wie Gregor – promonastische Personalpolitik, oder er hielt es mit der Gegenseite und vergab Posten an den Weltklerus. Deusdedit gehörte zur letzten Gruppe, mit Befriedigung vermerkt der »Liber pontificalis«, dass der neue Papst »den Klerus sehr liebte« und die Mönche demgemäß zurückstehen mussten.

Als Grabbau für sich und seine Nachfolger gab der römische Kaiser Hadrian um 130 einen imposanten Rundbau in Auftrag, der erst im ausgehenden 2. Jahrhundert vollendet wurde. Seit dem 7. Jahrhundert wird er Engelsburg genannt, weil hier Papst Gregor dem Großen ein Engel das Ende der großen Pestepidemie verkündet haben soll. Der Engel auf der Spitze stammt aus dem Jahr 1753.

Während Deusdedits Pontifikat wurde Rom von einem Erdbeben heimgesucht, eine Krätzeepidemie brach aus. Byzantinische Truppen, die keinen Sold erhalten hatten, meuterten und ermordeten den Exarchen von Ravenna und andere kaiserliche Beamte. Deusdedit blieb loyal zur Regierung in Konstantinopel, und als ein neuer Statthalter namens Eleutherius erschien, begrüßte er diesen auf das herzlichste. Eleutherius erstickte die Militärrevolte und schlug auch einen Aufstand in Neapel nieder. Er wurde danach selbst zum Rebell und versuchte sich zum Kaiser Italiens zu machen, wurde aber auf dem Marsch nach Rom von seinen eigenen Truppen umgebracht. Dies geschah im Jahr 619; Deusdedit war bereits gestorben, wahrscheinlich an der Pest. Er ist übrigens der erste Papst, von dem berichtet wird, dass er auf dem Totenbett ein Vermächtnis machte; es soll für jeden seiner Kleriker ein Jahresgehalt gewesen sein.

Kaiser Hadrian ließ zu Beginn des 2. Jahrhunderts auf dem Marsfeld in Rom ein den Göttern geweihtes Heiligtum errichten. Sicher nicht zuletzt aufgrund der Umweihung in eine der Mutter Gottes geweihte Kirche im Jahr 609 durch Papst Bonifaz IV. ist dem Pantheon das Schicksal vieler antiker Großbauten erspart geblieben – der Nutzung als Steinbruch.

Bonifaz V.

† Rom 25.10.625; Papst seit 23.12.619

Verständnis für Verwaltungsfragen

Es dauerte 13 Monate, bis der neugewählte Papst die Bestätigung seiner Wahl aus Konstantinopel erhielt – Anlass dafür, das umständliche Verfahren zu ändern und den kaiserlichen Statthalter in Ravenna künftig mit der Wahrnehmung des Bestätigungsrechts zu betrauen. Bonifaz V., aus Neapel stammend, gehörte wie sein Vorgänger Deusdedit zur Partei, die der Bevorzugung des Mönchtums entgegentrat. Er verteidigte die Privilegien des Weltklerus, unter anderem das Recht der Priester, Reliquien zu transferieren. Er verstand sich auf Verwaltungsfragen, von ihm stammen Festlegungen des kirchlichen Asylrechts und der Rechtsförmigkeit von Schenkungen an die Kirche. Besonderes Augenmerk richtete Bonifaz auf die Verhältnisse der englischen Kirche. Er verlieh nach dem Tod des Erzbischofs von Canterbury, Mellitus, 624 das Pallium an Bischof Justus von Rochester. Dass er diesen dabei zum Metropoliten »ganz Britanniens« gemacht haben soll, ist eine spätere Fälschung. In den Quellen wird Bonfaz' Freigebigkeit gerühmt; er stiftete sein Vermögen für wohltätige Zwecke und bedachte bei seinem Tod den Klerus mit ansehnlichen Legaten.

Honorius I.

Rom 12.10.638; Papst seit 27.10.625

Bevorzugung der Mönche

Aus einer vornehmen Familie Kampaniens stammend, vermögend, stand Honorius ganz in der Tradition Gregors I. Wie dieser wandelte er sein Haus in der Nähe des Lateran in ein Kloster um und wählte als Papst seine Mitarbeiter unter den Mönchen. Honorius förderte die Mission bei den Angelsachsen und verlieh den Erzbischöfen von Canterbury und York das Recht, gegenseitig Nachfolger zu bestimmen. 628 befreite er die Abtei Bobbio in den Apenninen von jeder bischöflichen Jurisdiktion außer der des Papstes. Das Privileg wurde beispielhaft für künftige päpstliche Schutzprivilegien. In einer Zeit weitgehender Abwesenheit der Reichsgewalt in Italien nahm der Papst staatliche Aufgaben wahr: Honorius ließ die römischen Aquädukte wiederherstellen, er hielt die Versorgung mit Lebensmitteln aufrecht, bezahlte das Militär und bildete Kommunalbeamte aus. Seine Verwaltung der päpstlichen Güter war so erfolgreich, dass noch Mittel für den Kirchenbau übrig blieben. In der »Öde«, die über der Geschichte Roms in der ersten Hälfte des 7. Jahrhunderts liegt, »hören wir nur die Hammerschläge der Werkmeister, welche auf des Papstes Geheiß Kirchen bauen oder wiederherstellen«, so die poetische Formulierung des Historikers Ferdinand Gregorovius.

Ausschnitt aus dem Apsismosaik mit dem Stifterbildnis des Papstes Honorius I. in S. Agnese fuori le Mura, Rom (um 625/38).

Während des Pontifikats des Honorius erhob sich die theologische Streitfrage der »Ein-Energien-Lehre«. Der Patriarch Sergios von Konstantinopel hatte mitgeteilt, dass sich seine Kirche mit den Monophysiten geeinigt habe, künftig nur von dem einen Herrn Jesus Christus zu sprechen, der das Göttliche und Menschliche wirke. Honorius schloss sich dem an und ging noch darüber hinaus, indem er Einen Willen Jesu Christi postulierte Diese Monotheletismus genannte Lehre vertiefte die Ostkirche wiederum; Kaiser Herakleios (610–641) gab 638 die »Ekthesis« heraus, ein Dekret, das den kirchlichen Frieden wiederherstellen sollte. Als es erschien, war Honorius bereits tot. Seine Nachfolger wandten sich jedoch vehement dagegen. Die »Causa Honorii« sollte bis ins 19. Jahrhundert Streitgegenstand der Kirche bleiben.

Severinus

† Rom 2.8.640; Papst seit 28.5.640

Militär plündert den Kirchenstaat

Das eigentliche Pontifikat dauerte kaum mehr als zwei Monate; voraus gingen 20 Monate Wartezeit: Severinus, ein Angehöriger der römischen Oberschicht, wurde Mitte Oktober 638 gewählt, aber bekam die Bestätigung aus Byzanz nicht. Die Sitte, den Kaiser in Konstantinopel das Wahlergebnis sanktionieren zu lassen und danach die Weihe vorzunehmen, war unter Honorius I. aufgegeben worden, es genügte nun die Zustimmung des Exarchen, des kaiserlichen Statthalters in Italien, der in Ravenna residierte. Doch der Streit um den Monotheletismus war für den Kaiser Anlass, das Zustimmungsverfahren nach der alten Art wieder aufleben zu lassen. Exarch Isaak hatte Instruktion, vom neugewählten Papst die Unterschrift unter das Glaubensdekret zu verlangen. Dieser weigerte sich. Verhandlungsdelegationen wurden nach Konstantinopel geschickt.
Währenddessen machte Isaak Druck. Mit der Behauptung, den kaiserlichen Truppen würde kein Sold gezahlt, dabei seien die päpstlichen Kassen prall gefüllt, marschierte Militär in Rom ein und plünderte den Kirchenschatz. Einen Teil der Beute schickte der Exarch mit einem stolzen Begleitschreiben nach Konstantinopel. Unter welchen Bedingungen der Kaiser dann doch seine Zustimmung zur Weihe des Severinus erteilte, ist

Folgende Doppelseite:
Blick in das Hauptschiff von S. Paolo fuori le Mura. Über den Säulenreihen zieht sich ein Band mit ingesamt 265 Medaillons mit Papstportäts. Der Legende nach kehrt Christus auf die Erde zurück, wenn kein Platz für weitere Medaillons vorhanden ist.

nicht ganz klar, spätere Berichte sagen, dass der Papst seinen Widerstand gegen die »Ekthesis« keineswegs aufgegeben habe. Anders als sein Vorgänger Honorius I., der im Sinne Gregors I. bei seinen personalpolitischen Entscheidungen das mönchische Element bevorzugt hatte, stand Severinus in der Tradition der weltlich-klerikalen Partei. Er knauserte dann auch nicht mit Gehaltserhöhungen für die Weltgeistlichen und bedachte sie bei seinem Tod mit reichlichen Schenkungen.

Johannes IV.

† Rom 12.10.642; Papst seit 24.12.640

Hilfe für die Kirche in Dalmatien

Er stammte aus Dalmatien und war der Sohn eines Advokaten in der Kanzlei des Exarchen, des byzantinischen Statthalters in Italien. Von Johannes IV. nahm man am Kaiserhof in Konstantinopel daher ohne Weiteres an, dass er nicht dieselben Schwierigkeiten machen würde sie sein Vorgänger Severinus, der sich geweigert hatte, die »Ekthesis«, das 638 von Kaiser Herakleios erlassene Dekret zur Gültigkeit des Monotheletismus, zu unterschreiben. Johannes hielt jedoch im Januar 641 in Rom eine Synode ab, auf der just das monotheletistische Glaubensdekret als Ketzerei verurteilt wurde.

Johannes IV. nahm sich besonders der Kirche in seiner Heimat Dalmatien an, er kaufte Christen frei, die von awarischen und slawischen Invasoren gefangengenommen worden waren, und richtete im Baptisterium der Laterankirche eine Kapelle zum Andenken an dalmatinische Heilige ein. Dort ist auch sein Mosaikporträt erhalten.

Bildnis Papst Theodors I., Mosaik, um 640/42. Ausschnitt aus dem Apsismosaik von San Giovanni in Laterano, Rom.

Theodor I.

* Jerusalem, † Rom 14.5.649; Papst seit 24.11.642

Triumph der westlichen Orthodoxie

Möglicherweise als Flüchtling vor der arabischen Invasion kam der in Jerusalem geborene Grieche Theodor nach Rom. Zum Papst gewählt, führte er den Kampf seiner Vorgänger Johannes IV. und Severinus gegen den Monotheletismus energisch fort. Eine seiner ersten Amtshandlungen war, den eben gekürten Kaiser Konstans II. (641–668) zu fragen, wieso die »Ekthesis«, das Glaubensdekret Kaiser Herakleios', immer noch in Kraft sei, obwohl doch die römische Kirche sie ablehne und Herakleios selbst sich kurz vor seinem Tod davon distanziert habe. Inzwischen hatte Paul II. das Patriarchat in Konstantinopel inne. Theodor verweigerte ihm die Anerkennung, erteilte sie vielmehr Pauls Vorgänger Pyrrhus I., der nach Rom gekommen war und dem Monotheletismus feierlich abgeschworen hatte.

Den Triumph der westlichen Orthodoxie über die byzantinische Irrlehre machte Theodor voll, indem er den Patriarchen Paul absetzte und exkommunizierte. Pyrrhus allerdings erhielt die Nachfolge nicht zugesprochen, enttäuscht widerrief er seine Absage an den Monotheletismus und verließ Rom – was ihm den Bannfluch des Papstes eintrug.

Im Jahr 648 versuchte Kaiser Konstans II., dem Streit um den Monotheletismus ein Ende zu machen. Die »Ekthesis« wurde zurückgezogen, ein Edikt mit dem Titel »Typos« (Regel) verbot alle Diskussion über die Anzahl der Willen in Christus und ordnete an, dass als kirchliche Lehre nur zu gelten habe, was auf den fünf allgemeinen Konzilien beschlossen worden sei. Als sich der päpstliche Gesandte in Konstantinopel weigerte, den Typos zu unterschreiben, wurde er aus der Stadt gewiesen und die Nuntiatur geschlossen. Theodor hätte sich vermutlich auch gegen den Typos ausgesprochen, er starb aber noch während der Vorbereitungen zur Lateransynode vom Oktober 649, die sich mit diesem Thema befassen sollte.

Martin I.

* Todi (Umbrien), † Cherson (Krim) 16.9.655; Papst seit 5.7.649, hl., Fest 12.11. (im Westen), 13.4., 16.9. (im Osten)

Der heilige Papst Martin I., Glasmalerei (Ausschnitt) von Maestro di Figline oder Simmone Martini, um 1315, San Francesco in Assisi, Unterkirche.

Nach Konstantinopel verschleppt

Die Auseinandersetzung zwischen Ost- und Westkirche um den Monotheletismus erreichte unter Martin I. ihren Höhepunkt. Bereits der Amtsantritt war eine Kampfansage: Der Klerus ordinierte den neu gewählten Papst, ohne um Genehmigung beim byzantinischen Kaiser oder seinem Statthalter in Italien, dem Exarchen, nachzusuchen. Auf der Synode im Oktober 649 verurteilte dann die römische Kirche den Monotheletismus und auch den jüngsten Erlass des Kaisers zu diesem Thema, den sogenannten Typos. Die anwesenden 105 Bischöfe aus den Kirchen des Westens bekräftigten ihre Auffassung, dass es zwei Willen in Christus gebe (gegen die Ein-Willen-Lehre des Ostens).

Die Veranstaltung wurde zu einer Demonstration gegen den byzantinischen Cäsaropapismus, die selbst dekretierte Zuständigkeit der Kaiser Ostroms für die geistlichen Dinge. Aber Byzanz schlug zurück. Während noch Emissäre von Rom ausgesendet wurden, die Ergebnisse der Synode vor allem im Osten bekannt zu machen, war ein neuer Exarch für Italien mit Namen Olympius unterwegs, der den Auftrag hatte, Martin festzunehmen und nach Konstantinopel zu bringen. Das misslang. Es stellte sich heraus, dass der Papst bedeutende Unterstützung hatte, zum ersten Mal ist sogar so etwas wie eine dem Papst ergebene militärische Macht, eine römische Miliz, sichtbar. Nach der Legende plante der Exarch einen Mordanschlag gegen den Papst, aber Gott vereitelte die Tat, indem er dem Mörder die Augen vernebelte, gerade als dieser zum Dolchstoß ansetzen wollte.

Martin gelang es, den Exarchen auf seine Seite zu ziehen und ihn sogar zur Rebellion gegen den Kaiser zu veranlassen. Ein Nachfolger namens Theodor Kalliopa jedoch wurde dem Papst zum Verhängnis. Mit einem Heer rückte er im Juni 653 in Rom ein. Der an der Gicht leidende Papst wurde mit Gewalt von seinem Krankenlager weggezerrt, für abgesetzt erklärt und zunächst auf die Insel Naxos, später nach Konstantinopel verschleppt. Man warf ihn ins Gefängnis und hielt ein Gerichtsverfahren über ihn ab, das mit einem Todesurteil wegen Hochverrats endete. Das Urteil wurde aber nicht vollstreckt, Kaiser Konstans II. sprach eine Begnadigung aus. Martins Leidensweg endete in Cherson auf der Krim, wohin man ihn im März 654 verbannte und unter elendesten Bedingungen noch anderthalb Jahre vegetieren ließ. Sein Leichnam wurde später nach Rom überführt.

Eugen I.

† Rom 2.6.657; Papst seit 10.8.654, hl., Fest 2.6.

Zu Kompromissen bereit

Mit der Begründung, ohne kaiserliche Bestätigung auf den Stuhl Petri gelangt zu sein, war Martin I. am 17.6.653 abgesetzt worden. Auf Befehl Kaiser Konstans' II. wurde Eugen als Papst gewählt, ein aus Rom stammender älterer Presbyter, der seit frühester Jugend im Kirchendienst gestanden hatte. Den Byzantinern schien er ein gefügiger Mann zu sein, es stellte sich jedoch bald heraus, dass er nicht die Autorität besaß, das Problem des Monotheletismus in einer der Ostkirche zusagenden Weise zu lösen. Persönlich war er wohl bereit, einen Kompromissvorschlag aus Konstantinopel, der ihm zu Pfingsten 655 übergeben wurde, zu unterschreiben, aber als er ihn während der Messe in S. Maria Maggiore verlas, erntete er flammende Empörung. Eugen konnte den Gottesdienst erst fortsetzen, nachdem er versprochen hatte, den Vorschlag zurückzuweisen. Kaiser Konstans drohte daraufhin, dem neuen Papst werde das Schicksal des alten nicht erspart bleiben (Martin war aus Italien verschleppt worden und in der Verbannung gestorben), wenn er, Konstans, nur erst mit den Heiden (gemeint die Araber, die zu dieser Zeit große Teile des byzantinischen Reiches eroberten) fertig wäre, aber Eugen I. starb, bevor Pläne dieser Art in die Tat umgesetzt werden konnten.

Fresko mit dem Bild Papst Eugens I. aus der Serie der Tondi in den Arkadenzwickeln von San Salvatore in Pavia, um 1507.

Vitalian

* Segni bei Rom, † Rom 27.1.672; Papst seit 30.7.657, hl., Fest 27.1.

Sorge um die englische Kirche

Die ersten Ansätze, den Dogmenstreit zwischen Ost- und Westkirche über den Monotheletismus zu einem Ende zu bringen, wurden unter dem Pontifikat des Vitalian gemacht. Inzwischen waren durch die arabischen Eroberungen in Ägypten, Palästina und Syrien dem Byzantinischen Reich gerade die Gebiete abhanden gekommen, in denen der Monothletismus seine Basis gehabt hatte; für Konstantinopel spielte das theologische Problem nicht mehr die gleiche Rolle wie früher, was die Verständigung mit dem Westen erleichterte. Vitalian seinerseits tat auch alles, um die Bedeutung der Sache herunterzuspielen.

Im Jahr 663 kam Kaiser Konstans II. nach Italien, möglicherweise beabsichtigte er, den Schwerpunkt seines Reiches in den Westen zu verlagern, nahm aber angesichts der langobardischen Macht in Italien Abstand davon. Im Juli 633 hielt er sich für zwölf Tage in Rom auf, das seit dem Besuch des Konstantius (357) keinen Kaiser mehr in seinen Mauern gesehen hatte. Die Stadt hatte den Glanz der Antike verloren, Goten- und Wandalenstürme waren über sie hinweggegangen, vieles lag in Trümmern, aber da und dort fanden die byzantinischen Sachverständigen noch antike Kunstgegenstände, die sich wegschaffen ließen, sogar die bronzenen Ziegel vom Pantheon mussten daran glauben. Drei Jahre später versetzte Konstans der römischen Kirche einen erheblichen Stoß, indem er das Episkopat von Ravenna aus dem römischen Patriarchat löste und es für autokephal erklärte, d.h. berechtigt, einen eigenen Bischof zu wählen.

Vitalian nahm sich besonders der Verhältnisse in der englischen Kirche an (Synode von Whitby 664), er setzte 668 den griechischen Mönch Theodoros von Tarsos als Erzbischof von Canterbury ein. Er baute die von Gregor I. gegründete Chorschule im Lateran aus, unter seiner Ägide fand ein neuer, an byzantinischen Mustern orientierter Gesangsstil Verbreitung, seine Interpreten wurden »Vitaliani« genannt.

Adeodatus II.

† Rom 17.6.676; Papst seit 11.4.672

Neuer Streit um den Monotheletismus

Ein gebürtiger Römer, verbrachte Adeodatus die meiste Zeit seines Lebens im Erasmuskloster auf dem Monte Celio. Erst als älterer Mann wurde er zum Papst gewählt. Sein Pontifikat fiel in eine Zeit des Wiederauflebens der Streitigkeiten um den Monotheletismus; in Rom entwickelte sich der Kult um den Papst Martin I. und den Bischof Maximus Confessor (um 580–662), die beide als Märtyrer für die westliche Orthodoxie im Kampf gegen den Cäsaropapismus des Ostens galten. Als Adeodatus Synodalschreiben und die Formulierung eines Glaubensbekenntnis durch Konstantin I., den neuen Patriarchen von Konstantinopel, zurückwies, wurde sein Name aus den Diptychen,

Die einstige Hauptstadt des Römischen Reiches lag im 7. Jahrhundert in weiten Teilen in Trümmern, kaum etwas zeugte mehr von ihrem einstigen Glanz. »Ruinenlandschaft mit Kolosseum und Konstantinsbogen und Allegorie auf den Untergang des Römischen Reiches«, Giovanni Paolo Pannini (1691/92–1765), um 1757.

dem Verzeichnis derer, mit denen man Glaubensgemeinschaft hielt, gestrichen. Ansonsten ist über die Amtshandlungen des Papstes fast nichts bekannt. Er soll freigebig gewesen sein und für Gehaltserhöhungen der Kleriker gesorgt haben.

Donus

† Rom 11.4.678; Papst seit 2.11.676

Abkommen mit dem Erzbischof von Ravenna

Wie im Fall seines Vorgängers Adeodatus II. ist auch das Pontifikat des Donus weitgehend undokumentiert geblieben. Lediglich ein Abkommen mit Reparatus, dem Erzbischof von Ravenna, ist bekannt. Dieser ließ sich – wenigstens pro Forma – die Unabhängigkeit abhandeln, die Kaiser Konstans II. Ravenna im Jahr 666 zuerkannt hatte, indem er ihm das Recht zur eigenen Bischofswahl zusprach. In Rom löste Donus ein Kloster auf, das von Anhängern der nestorianischen Irrlehre unterwandert worden war. Er ließ orthodoxe Mönche dort einziehen und verteilte die Nestorianer auf andere Klöster, in der Hoffnung, sie dort zum rechten Glauben bekehren zu können. Der Brief, mit dem Kaiser Konstantin IV. (668–685) das Einlenken der Ostkirche im Streit um den Monotheletismus ankündigte, traf in Rom ein, als Papst Donus bereits gestorben war.

Papst Agatho, der Legende nach soll er drei Jahre lang einen Stein im Mund behalten haben, um das Schweigen zu erlernen. Kupferstich, aus: G. Pinadello »Invincti Quinarii«, Rom 1589.

Agatho

† Rom 10.1.681; Papst seit 27.6.678, hl., Fest 10.1.

Streit um den Monotheletismus beendet

Das Pontifikat Agathos, eines Sizilianers und früheren Mönchs, ist mit bedeutenden Erfolgen für die römische Kirche verknüpft. Ravenna, dem Kaiser Konstans II. im Jahr 666 die Unabhängigkeit garantiert hatte, kam nach Verhandlungen, die bereits unter Agathos Vorgänger Donus begonnen hatten, wieder ganz unter die Aufsicht Roms. Gebühren, die bis dahin bei der Papstwahl an den kaiserlichen Statthalter in Ravenna hatten gezahlt werden müssen, wurden nicht mehr erhoben; allerdings musste Agatho im Gegenzug zugestehen, dass der alte Brauch, das Wahlergebnis vom Kaiserhof bestätigen zu lassen, wieder in Kraft gesetzt wurde.

Wichtiger aber war das Ende des Streits mit der Ostkirche um den Monotheletismus. Die Initiative ging von Kaiser Konstantin IV. aus, der mit einem Schreiben vom August 678 zu einem Konzil in Konstantinopel einlud. Entscheidend für die Friedensbereitschaft des Kaiserhofs war, dass durch die arabischen Eroberungen in Ägypten, Palästina und Syrien die eigentlichen Heimstätten des Monotheletismus verloren gegangen waren und die dogmatische Streitfrage dadurch an Bedeutung verloren hatte. Agatho ging auf den Vorschlag des Kaisers ein, hielt aber zunächst, um eine möglichst geschlossene Haltung der westlichen Kirchen herzustellen, mehrere Vorbereitungssynoden ab, die wichtigste davon, unter Teilnahme von 150 Bischöfen, in Rom im März 680. Bei dieser wurde noch einmal der Monotheletismus verworfen und die Bedeutung der römischen Kirche als Hüterin des wahren Glaubens bestätigt.

Das Konzil, unter Vorsitz Konstantins IV. vom 7.11.680 bis zum 16.9.681 im kaiserlichen Palast von Konstantinopel abgehalten, übernahm die von der römischen Kirche definierte Lehre von den zwei Willensformen und den zwei Wirkungsweisen in Christus und verurteilte die Doktrin der Monotheleten. Eingeschlossen in die Verdammung war auch der frühere Papst Honorius I., den die Versammlung für mitschuldig an den Auseinandersetzungen erklärte. Agatho starb noch vor Ende der Verhandlungen. Seine Gesandten rühmten in ihrem Schlusswort in Konstantinopel die Leistung des Papstes und sagten, durch ihn habe der heilige Petrus gesprochen.

Leo II.

† Rom 3.7.683; Papst seit 17.8.682, hl., Fest 3.7.

Freundliche Beziehungen zwischen Rom und Konstantinopel

Gebürtiger Sizilianer wie sein Vorgänger Agatho, wurde Leo II. wahrscheinlich schon im Januar 681 zum Papst gewählt, musste aber noch 18 Monate warten, bis das Mandat aus Konstantinopel, Voraussetzung für die Weihe, eintraf. Die Verzögerung war Absicht: Kaiser Konstantin IV. konnte so das Konzil von Konstantinopel mit der Verurteilung des Monotheletismus und des Papstes Honorius I. ungestört durchziehen. Leo erkannte die Ergebnisse des Konzils an und leitete die lateinische Übersetzung der Konzilsakten sowie deren Weitergabe an die Kirchen des Westens ein. Dabei ist bemerkenswert, dass er in seinen Begleitschreiben die Verfehlungen des Honorius herunterspielte; dem in Konstantinopel verdammten Papst sei eigentlich nur vorzuwerfen, dass er nicht massiv genug gegen die Irrlehren eingeschritten sei.

Leos konziliante Haltung gegenüber dem Kaiser eröffnete eine Phase freundlicher Beziehungen zwischen Rom und Konstantinopel. Unter diesen Auspizien wurde auch die Stellung des Erzbischofs von Ravenna endgültig definiert. Kaiser Konstantin zog das Dekret seines Vorgängers Konstans II., das Ravenna das Recht zur eigenen Bischofswahl zugestanden hatte, zurück und überließ es dem Papst, den Amtsinhaber in Ravenna zu weihen und ihm das Pallium zu geben. Als fähiger Sänger kümmerte sich Leo um die Kirchenmusik. Der »Liber pontificalis« hebt seine Sorge für die Armen hervor. Der erste Bau von S. Giorgio in Velabro in Rom geht auf Leo II. zurück.

Bildnis Benedikts II., Kupferstich, aus: G. Pinadello, »Invicti Quinarii«, Rom 1589.

Benedikt II.

† Rom 8.5.685; Papst seit 26.6.684, hl., Fest 7.5.

In lateinischer Tradition aufgewachsen

Anders als seine Vorgänger Leo II. und Agatho, die aus Sizilien stammten und griechisch sprachen, war Benedikt II. ein gebürtiger Römer und in lateinischer Tradition aufgewachsen. Historiker sehen in seiner Wahl ein Erstarken des römischen Selbstbewusstseins gegenüber den Kräften, die sich nach Byzanz orientierten. Obwohl bereits im Juli 683 gewählt, musste sich Benedikt II. noch fast ein Jahr gedulden, bis die Bestätigung aus Konstantinopel eintraf – Grund für den neuen Papst, auf eine Vereinfachung des Verfahrens zu dringen. Kaiser Konstantin sagte zu, den Exarchen, den kaiserlichen Statthalter in Ravenna, die Ratifikation der Papstwahl erledigen zu lassen. Der byzantinische Herrscher schickte Benedikt Haarlocken seiner Söhne Justinian und Herakleios; das bedeutete nach der Sitte jener Zeit die Adoption der beiden Prinzen durch den Papst. Die Locken wurden in einer Kapelle des Lateran feierlich niedergelegt.

Benedikt wirkte für die Anerkennung des ökumenischen Konzils von Konstantinopel 680/681, stieß aber bei der spanischen Kirche auf Widerspruch. Der Metropolit von Toledo, Julian, formulierte ein eigenes Glaubensbekenntnis, das wiederum wenig Anklang beim Papst in Rom fand. Benedikts kurzes Pontifikat ist von Fehlschlägen gekennzeichnet. Er bemühte sich ohne Erfolg, den 678 abgesetzten Bischof von York, Winfried, wieder in sein Amt einzusetzen, und vermochte auch nicht, den monotheletischen Bischof von Antiochia, Makarios I., den man in ein Kloster in Rom eingesperrt hatte, von seinem Irrglauben abzubringen. Nach dem Bericht des »Liber pontificalis« war Benedikt ein milder und bescheidener Mann, der sich besonders um die Armen sorgte.

Johannes V.

† Rom 2.8.686; Papst seit 23.7.685

Dominierend in Diskussionen

Er stammte aus Antiochia in Syrien: Johannes war möglicherweise als Flüchtling vor den Arabern in den Westen gekommen. Er gehörte als Diakon zur römischen Delegation beim Konzil von Konstantinopel (680/681) und nahm in den Diskussionen eine dominierende Stellung ein. Johannes brachte persönlich die Akten mit den Konzilsbeschlüssen (Verurteilung der Monotheleten und des früheren Papstes Honorius I.) nach Rom. Seine Wahl in der Lateranbasilika geschah einstimmig. Nach der zwischen Kaiser Konstantin IV. und Papst Benedikt II. getroffenen Vereinbarung wurde auf das zeitraubende Verfahren der Ratifikation durch den Kaiserhof in Konstantinopel verzichtet; der Exarch von Ravenna bestätigte die Wahl, und Johannes wurde unverzüglich geweiht.

Aus seinem Pontifikat ist wenig bekannt, lediglich von einer scharfen Reaktion gegen die Unabhängigkeitsbestrebungen der Kirche Sardiniens wird berichtet. Möglicherweise wurde der Papst, dem sonst Energie und hohe Bildung nachgesagt werden, durch schwere Krankheiten gehindert, sein Amt durchgehend auszuüben.

Konon

† Rom (?) 21.9.687; Papst seit 21.10.686

Generalssohn und heiligmäßige Erscheinung

Nach dem Tod Johannes' V. kam es zu heftigem Streit über die Nachfolge. Die beiden herrschenden Klassen, Klerus und Miliz (der waffentragende Teil der Bürgerschaft), konnten sich nicht auf einen Kandidaten einigen. Der Klerus favorisierte den Erzpriester Petrus, die Militärpartei dagegen hatte den Priester Theodor ausersehen und verlieh ihrer Entscheidung Nachdruck, indem sie die Kirche S. Stefano Rotondo auf dem Monte Celio besetzte und dem Klerus den Weg zur Lateranbasilika versperrte. Der Klerus lenkte schließlich ein und präsentierte als Kompromisskandidaten den hochbetagten Priester Konon. Als Sohn eines Generals passte dieser auch der Miliz. Seine Wahl vollzog sich unter allgemeiner Zustimmung, und die Bestätigung durch den Exarchen von Ravenna wurde ohne Verzug erteilt.

Konon hatte ein schlichtes Gemüt, war an weltlichen Dingen wenig interessiert und beständig krank. In sein kurzes Pontifikat fällt ein Bauernaufstand in Sizilien, an dem

S. Pietro in Vaticano ist das religiöse Zentrum der Christenheit. Der Ursprungsbau wurde 324 unter Kaiser Konstantin begonnen. Der Grundstein zur heutigen in der Vatikanstadt gelegenen Papstkirche wurde 1506 gelegt, die Weihe erfolgte im Jahr 1626.

IVS ROMANVS PONTMAXAN MDCXII PONTVI

Papst Konon, Kupferstich, aus: G. Pinadello, »Invicti Quinarii«, Rom 1589.

Konon nicht unschuldig war: Er hatte einen Diakon der Kirche von Syrakus namens Konstantin auf den Posten eines Rektors (Verwalters) der päpstlichen Güter in Sizilien gesetzt – was ihm schon den Ärger des römischen Klerus eingetragen hatte, der die lukrativen Pfründe als seinen Besitzstand betrachtete. Der neue Rektor erwies sich sogleich als Ausbeuter ersten Ranges, er provozierte eine Revolte unter den Pächtern. Die für den Papst in Rom peinliche Affäre endete mit Konstantins Verhaftung und Ausweisung durch den Gouverneur von Sizilien.

Theodor

Gegenpapst 687

Wettrennen zum Lateran

Beim Streit um die Nachfolge Johannes' V. war Theodor, ein römischer Presbyter, von der Militärpartei als Kandidat gegen den Favoriten des Klerus, den Erzpriester Petrus, aufgestellt worden, dann aber gegen den Kompromisskandidaten Konon unterlegen. Nach Konons Tod meldete er erneut seine Ansprüche an, musste aber feststellen, dass sie von einem Archidiakon namens Paschalis angefochten wurden. Es fand eine Art Wettrennen der Papstkandidaten samt ihrer jeweiligen Anhängerschaft auf den Lateran statt. Theodor und die Seinen trafen als erste ein und besetzten die inneren Gemächer, ihre Gegner mussten sich mit den äußeren Teilen zufriedengeben. Wieder fand man einen Ausweg, indem man einen Dritten zum Papst machte: Sergius, den Titularpriester von S. Susanna. Theodor akzeptierte seine Niederlage in guter Haltung. Da er nie geweiht wurde, ist es zweifelhaft, ob er überhaupt als Gegenpapst gelten kann. Seine sonstigen Lebensumstände sind nicht bekannt.

Paschalis

† 692; Gegenpapst 687

Unbeeindruckt von Bußstrafen

Um die Nachfolge des am 21.9.687 verstorbenen Konon bewarben sich zwei Kandidaten: Theodor, der auch schon beim Tod von Konons Vorgänger Johannes V. zum Zuge zu kommen gehofft hatte, und Paschalis, ein Archidiakon, der sich durch rechtzeitige Bestechung des Exarchen in Ravenna entscheidende Vorteile meinte gesichert zu haben. Er hatte dem kaiserlichen Statthalter 100 Pfund Gold für die Bestätigung seiner Wahl zum Papst versprochen. Der Statthalter ging auch auf den Handel ein und instruierte seine Beamten in Rom, dass sie für Paschalis stimmen sollten. Die Gegenpartei um Theodor war jedoch schneller. Sie besetzte beim Tod des Johannes die inneren Gemächer des Lateran, Paschalis und seinen Anhängern blieben nur die äußeren. Da keiner weichen wollte, wurde auf einer Versammlung im Kaiserpalast auf dem Palatin ein neuer Papst, Sergius I., gewählt. Eine große Volksmenge gab ihm das Geleit zum Lateran, stürmte das Gebäude und warf die Besetzer hinaus.

Während Theodor resignierte, hielt Paschalis seine Ansprüche jedoch aufrecht. Er beschwor den Exarchen, persönlich nach Rom zu kommen, und wiederholte sein Bestechungsangebot. Der kaiserliche Statthalter erschien auch tatsächlich, gab aber nach näherer Untersuchung der Verhältnisse in Rom die Sache des Paschalis verloren und bestätigte die neue Wahl – allerdings nicht ohne von Sergius das Geld einzutreiben, das ihm Paschalis vorher versprochen hatte. Der Verlierer hörte deswegen nicht auf zu intrigieren, bis er als Diakon abgesetzt und unter der Anklage der Zauberei in ein Mönchskloster eingesperrt wurde. Dort starb Paschalis fünf Jahre nach der missglückten Kandidatur, bis zuletzt unbeeindruckt von den Bußstrafen, die ihm auferlegt wurden.

Sergius I.

* Palermo, † Rom 8.9.701; Papst seit 15.12.687, hl., Fest 9.9.

Beilegung des Dreikapitelstreits

Nach vier Vorgängern, deren Pontifikate jeweils nur ein Jahr oder noch weniger gedauert hatten, kam mit Sergius I. wieder ein Mann auf den Stuhl Petri, der für längere Zeit, fast 14 Jahre, dort sitzen sollte. Syrischer Herkunft, war er in Palermo geboren und hatte sich in der Kirche bis zum Presbyter hochgedient. Sein Amt nahm Sergius umsichtig und energisch wahr. Unter ihm wurde mit dem zu Zeiten Leos II. vereinbarten Ende der Autokaphalie (dem Recht eigener Bischofswahl) des Episkopats von Ravenna Ernst gemacht: Bischof Damian kam nach Rom und empfing dort und nicht in seiner Heimatstadt die Weihe.

Der heilige Sergius I., Kupferstich, aus: G. Pinadello, »Invicti Quinarii, Rom 1589.

Sergius gelang es, den Dreikapitelstreit im Patriarchat Aquileja beizulegen. Mit der Verleihung des Palliums an Erzbischof Berchtwald von Canterbury (693) und an Erzbischof Willibrord (695) gab er der Mission in England bzw. in Friesland starke Impulse. Zu einer besonderen Demonstration päpstlicher Macht, geradezu zum Sinnbild einer »ganzen Zukunft«, der »Unterwerfung des germanischen Abendlandes unter die geistliche Gewalt des Papstes« (F. Gregorovius), wurde die Taufe des angelsächsischen Königs Cædwalla am 10.4.689. Dass ein Barbarenherrscher sich vor dem Herren Roms demütigte, hatte man seit Jahrhunderten nicht mehr erlebt. Aber nun stand da im weißen Gewand, eine Kerze in der Hand, langmähnig ein leibhaftiger König aus dem fernen Britannien und empfing aus dem Porphyrbecken Kaiser Konstantins das Sakrament – imperiale Zeiten schienen zurückgekehrt.

Auch gegenüber Byzanz wusste sich Papst Sergius zu behaupten. Kaiser Justinian II. (685–695 und 705–711) hatte 692 ein Konzil in Konstantinopel (»Quinisextum« oder auch »Trullanisches« Konzil genannt) abhalten lassen, ohne die Westkirchen einzuladen, und verlangte anschließend von diesen die Anerkennung der Konzilsbeschlüsse. Da diese in mehreren Punkten den im Westen üblichen Bräuchen widersprachen, verweigerte Sergius die Zustimmung und verbot sogar die Verlesung der Artikel in den Kirchen. Daraufhin schickte Justinian einen Gesandten nach Rom mit dem Auftrag, Sergius festzunehmen und nach Konstantinopel zu bringen.

Die Mission wurde ein vollständiges Fiasko. Der Gesandte, Zacharias mit Namen, glaubte sich auf das Heer von Ravenna stützen zu können, aber die Söldner dachten nicht daran, ihm zu helfen, ebensowenig wie die Milizen Roms oder der Pentapolis (die fünf Seestädte Ancona, Sinigaglia, Fano, Pesaro und Rimini), die er um Waffenhilfe anging. Schließlich fand er sich, verfolgt von einer wütenden Menschenmenge, im Schlafzimmer des Papstes, in Todesangst verkrochen unter dem Bett, während der, den er verhaften sollte, draußen sich dem jubelnden Volk präsentierte. Als die allgemeine Wut verebbte, konnte sich Zacharias davonmachen. Das Ereignis zeigte, dass die byzantinische Herrschaft in Italien sich dem Ende zuneigte.

Johannes VI.

† Rom 11.1.705; Papst seit 30.10.701

Besetzung Roms verhindert

Über den Werdegang Johannes' VI. ist nichts bekannt, außer dass er ein gebürtiger Grieche war. In sein Pontifikat fallen die Wirren nach der Absetzung des byzantinischen Kaisers Justinian II. (695). Als die italienischen Milizen gegen den kaiserlichen Exarchen Theophylakt meuterten, schloss der Papst die Tore Roms und verhinderte erfolgreich eine Besetzung der Stadt durch die eine oder die andere Partei. Ebenso gelang es ihm 702, den Langobardenherzog Gisulf von Benevent von Plünderungszügen südlich Roms abzubringen – allerdings nur indem er beträchtliche Summen Geldes zum Freikauf von Gefangenen aufbrachte. 703 empfing er den Bischof Wilfried von York, der schon dreimal von seinem Sitz vertrieben worden war. Auf einer Synode im folgenden Jahr wurde Wilfried rehabilitiert; seinem Gegner, dem Erzbischof von Canterbury, wurde aufgegeben, die Rangstreitigkeiten mit dem Erzbistum York gütlich zu regeln.

Johannes VII.

† Rom 18.10.707; Papst seit 1.3.705

Gute Beziehungen zu den Langobarden

Ein gebildeter, kunstsinniger Mann: Johannes VII. war gebürtiger Grieche, der Sohn eines hohen kaiserlichen Beamten in Rom. Er hatte seine Laufbahn als Verwalter der

Johannes VII. machte sich vor allem um die Ausschmückung der Kirchen verdient. Das Mosaik-Fragment aus dem Oratorium Papst Johannes' VII. in Alt St. Peter in Rom aus dem Jahr 706 zeigt die »Anbetung der Könige«.

päpstlichen Güter an der Via Appia begonnen. Nach seiner Wahl zum Papst bemühte er sich besonders um die Ausschmückung der römischen Kirchen. Er gab zahlreiche Fresken und Mosaiken in Auftrag, nicht zuletzt, wie böse Zungen sagten, um auch selbst möglichst oft abgebildet zu werden. Eines dieser Porträts, ursprünglich bestimmt für eine Kapelle in Sankt Peter, hat sich in den Grotten des Vatikan erhalten.
Johannes unterhielt gute Beziehungen zu den Langobarden; er konnte von König Aribert II. (701–712) die Rückgabe der päpstlichen Güter an der ligurischen Küste erreichen, die König Rothari (625–643) besetzt hatte. Schwerer war es, mit Byzanz zum Ausgleich zu kommen. Dort hatte der 695 abgesetzte und verstümmelte Justinian II. (genannt Rhinotmetos = der mit der abgeschnittenen Nase) im Jahr 705 wieder die Macht ergriffen und versuchte nun, wie bereits schon einmal zu Zeiten von Papst Sergius I., die Westkirche zur Anerkennung der Beschlüsse des Konzils von Konstantinopel (»Quinisextum« oder »Trullanisches« Konzil, 692) zu zwingen. Johannes wich einer Stellungnahme aus und schickte die Konzilsakten ohne Kommentar zurück – was als Zustimmung gedeutet wurde und dem Papst harsche Kritik vonseiten seiner eigenen Kirche eintrug.

Sisinnius

† Rom 4.2.708; Papst seit 15.1.708

Von der Gicht geplagt

Ein Syrer von Geburt, wurde Sisinnius vermutlich im Oktober 707 zum Papst gewählt, musste aber noch drei Monate warten, bis die Bestätigung durch den Exarchen von Ravenna eintraf. Das Pontifikat dauerte dann nur noch drei Wochen. Sisinnius war zwar ein energischer und hochangesehener Mann, aber auch schon alt und schwer leidend. Die Gicht hatte seine Glieder verkrümmt, er konnte die Hände nicht einmal mehr zur Nahrungsaufnahme benutzen. Er hatte die Absicht gehabt, die verfallenen Mauern Roms wiederherstellen zu lassen – die Militäraufmärsche zu Zeiten Johannes' VI. hatten deutlich die Notwendigkeit einer starken Stadtbefestigung aufgezeigt –, und traf auch Anordnungen, Material dafür herbeizuschaffen, aber der Tod machte diese Pläne zunichte.

Papst Sisinnius, Kupferstich, aus dem 18. Jahrhundert.

Konstantin I.

† Rom 9.4.715; Papst seit 25.3.705

Neuer Streit um den Monotheletismus

Wie sein Vorgänger Sisinnius stammte auch Konstantin I. aus Syrien. Möglicherweise ist er identisch mit dem Subdiakon Konstantin, der in den Berichten über das 6. Konzil von Konstantinopel (680/681) als Mitglied in der Delegation des Papstes Agatho genannt ist. Im Mittelpunkt seines Pontifikats standen die Verhandlungen mit dem byzantinischen Kaiserhof über die Lehrsätze zur Disziplin und zum Ritus, die auf dem sogenannten Trullanischen Konzil von Konstantinopel 692 festgelegt, von der Westkirche aber zurückgewiesen oder nur halbherzig anerkannt worden waren. Auf dringende Einladung des Kaisers Justinian II. reiste Konstantin nach Konstantinopel und Nikomedia und wurde ehrenvoll empfangen. (Es sollten mehr als 1250 Jahre vergehen, bis

Gregor II. beauftragte den Engländer Winfried, später auch Bonifatius genannt, 719 mit der Missionierung Germaniens. »Bonifatius fällt die Donar-Eiche bei Geismar«. Farblithographie, um 1900, nach einem Fresko von Heinrich Maria von Hess (1798-1863) in der Bonifatiusbasilika in München.

wieder ein Papst – Paul VI. 1964 – einen Besuch bei der Ostkirche machte.) Unter der geschickten Regie des Diakons Gregor, des späteren Papstes Gregor II., wurde ein Kompromiss gefunden, der niemandem weh tat.

Das gute Verhältnis zur Ostkirche erhielt aber schon bald darauf einen Stoß. Am 4.11.711 wurde Justinian II. von meuternden Soldaten erschlagen. Sein Nachfolger Philippikos Bardanes (711–713) erwies sich als fanatischer Monothelet, der Streit um den Einen Willen Christi entbrannte aufs Neue. Der kaiserliche Statthalter gedachte die Lehrmeinung Konstantinopels in Rom auf offiziellem Wege durchzusetzen, es kam zu Straßenschlachten. Der Papst mühte sich nach Kräften, den Aufruhr zu dämpfen, er ließ Scharen von Priestern ausschwärmen, die bewaffnet mit Kreuzen und Evangelien, sich den antikaiserlichen Demonstrationen in den Weg stellten. Zum Glück wurde Philippikos bald gestürzt, und der nächste Kaiser, Anastasios II. (713–715), erkannte die Vereinbarungen Justinians II. mit der Westkirche an. Zum Pontifikat Konstantins gehört auch der Besuch zweier junger englischer Könige, Konrad von Mercia und Offa von Essex, die in Rom die Tonsur nahmen und in ein Kloster gingen. Die Übersiedlung in die Ewige Stadt wurde danach geradezu Mode unter den Angelsachsen.

Gregor II.

* Rom um 669, † ebd. 11.2.731; Papst seit 19.5.715, hl., Fest 11.2.

Macht des Wortes

Unter Sergius I. Subdiakon und Bibliothekar, stieg Gregor, ein Römer aus der Familie der Savelli, unter Konstantin I. zum Diakon auf und nahm 710/711 an den Verhandlungen zur Beilegung des Streites um die Beschlüsse des sogenannten Trullanischen Konzils in Konstantinopel und Nikomedia teil.

Hochbegabt, politisch geschickt und durchsetzungsfähig, wurde er zur herausragenden Figur des Papsttums im 8. Jahrhundert. So trat er den Steuerforderungen des byzantinischen Kaisers Leon III. (717–741) in Italien entgegen. Dessen Regierung soll zeitweilig drauf und dran gewesen sein, den renitenten Papst umzubringen oder ihn wenigstens abzusetzen. Weiterer Konfliktstoff ergab sich aus dem Bilderstreit: Leon hatte als ein Haupthindernis bei der Bekehrung von Juden und Moslems erkannt, dass beide sich anders als die Christen kein Bild von Gott zu machen wünschten. Um ihnen entgegenzukommen, ordnete er deshalb 726 die Entfernung aller Bildwerke aus den Kirchen an. Er erregte damit einen Sturm des Aufruhrs in der Christenheit, und mit Hohn wies Gregor das Ansinnen des Kaisers zurück, im Westen nach seinem Beispiel zu handeln.

Die Auseinandersetzungen zwischen Kaiser und Papst, an denen die Bevölkerung Italiens mit Leidenschaft teilnahm, suchte sich der Langobardenherzog Liutprand (712–744) zunutze zu machen. Als der byzantinische Statthalter in Ravenna bei einem Aufstand im Jahr 727 erschlagen wurde, zog Liutprand mit einem Heer vor die Stadt; durch Verrat fiel sie ihm in die Hand. Er besetzte weitere Gebiete an der Adriaküste und rückte gegen Rom vor, ließ sich dann aber durch Gregor, der alle Register der Überredungskunst zog, zur Umkehr bewegen. Der Papst brachte nun eine Koalition, u.a. mit Venedig, zusammen, um die Macht der Langobarden einzudämmen, und scheute auch nicht das Bündnis mit Byzanz. Die hohe diplomatische Kunst der Päpste, die sich allen Fürsten und Herren überlegen weiß, ist hier erstmals sichtbar.

Fast wäre das riskante Spiel Gregors gescheitert, 729 schloss Liutprand seinerseits ein Bündnis mit den Byzantinern und drohte Rom zu stürmen. Aber ein Auftritt Gregors in seinem Lager, eine flammende Rede des »priesterlichen Zauberers« (F. Gregorovius) brachte den Langobardenkönig von seinem Vorhaben ab. Tief erschüttert beugte er das Knie vor dem Papst. Die Zeitgenossen sahen darin eine Wiederholung der Szene von 452, da Leo I. den Hunnenkönig Attila allein mit der Macht des Wortes von der Eroberung Roms abhielt.

Zum Pontifikat Gregors gehört der Auftrag zur Mission in Germanien, den der Papst im Jahr 719 dem Engländer Winfried erteilte. Unter dem Namen Bonifatius wurde dieser 722 zum Bischof geweiht. 754 fand er in Friesland den Märtyrertod. Seit dem 16. Jahrhundert wird Bonifatius als »Apostel der Deutschen« apostrophiert.

Gregor III.

† Rom (?) 28.11.741; Papst seit 18.3.731, hl., Fest 28.11.

Förderer der Mission

Seine Wahl zum Papst gestaltete sich als eine Art Volksfest: Noch während der Trauerfeier für Gregor II. griff sich die Menge den Priester Gregor, einen fähigen und beredten

Folgende Doppelseite: Arkaden des zwischen 1215 und 1232 errichteten Kreuzgangs der Lateranbasilika in Rom.

Mann syrischer Herkunft, schleppte ihn unter jubelnder Begeisterung zum Lateran und erklärte ihn zum Nachfolger des Verstorbenen. Gregor III. erhielt seine Weihe fünf Wochen später, nachdem der Exarch in Ravenna die Wahl bestätigt hatte – das letzte Mal, dass ein kaiserlicher Statthalter bei der Einsetzung eines Papstes mitsprechen durfte.

Wie sein Vorgänger hatte auch Gregor III. sich mit dem Bilderstreit auseinanderzusetzen. Im November 731 fand unter seiner Leitung eine große Synode in Rom statt, auf der die Ikonoklasten (diejenigen, die die Bilder aus den Kirchen entfernten, wie es offizieller byzantinischer Politik seit 726 entsprach) verurteilt wurden. Die Antwort des byzantinischen Kaisers Leon III. (717–741) war die Entsendung einer bewaffneten Flotte nach Italien. Als diese in der Adria Schiffbruch erlitt, verlegte sich der Kaiser auf finanzpolitische Maßnahmen.

Er zog alle Kirchengüter in Kalabrien und Sizilien ein und unterstellte die Kirchenprovinzen Illyrien und Sizilien dem Patriarchat von Konstantinopel. Beträchtliche Einnahmen fehlten danach in der päpstlichen Kasse. Dazu kamen die Expansionsbestrebungen des Langobardenkönigs Liutprand, der sich zwar von Gregor II. hatte bewegen lassen, auf die Erstürmung Roms zu verzichten, aber nach wie vor in Kämpfen mit den Verbündeten des Papstes, den Herzögen von Spoleto und Benevent, lag.

»Papst Zacharias legt dem Langobardenkönig Ratchis, seiner Gemahlin Tasia und seiner Tochter Ratrude das Habit der Benediktiner an« (Monte Cassino, 749). Gemälde, um 1699/1702, von Francesco Solimena (1657–1747).

In dieser Situation wandte sich Gregor III. an den fränkischen Hausmeier Karl Martell (716–741). Zweimal, 739 und 740, sandte er ihm dringende Hilferufe, doch der De-facto-Herrscher des mächtigen Frankenreichs, vollauf beschäftigt mit der Verdrängung der Muslime aus Südfrankreich, zeigte keine Neigung, sich in die italienischen Verhältnisse einzumischen. In der Mission Nordeuropas setzte Gregor III. die Politik seines Vorgängers fort. Er weihte 732 Bonifatius zum Erzbischof und beauftragte ihn 738 als Legat des Apostolischen Stuhles die Kirche in Bayern, Alemannien, Hessen und Thüringen aufzubauen. Er gab das Pallium an Erzbischof Egbert von York und machte den Erzbischof von Canterbury, Tatwin, zum Stellvertreter des Papsts in ganz England.

Zacharias

† Rom 15.3.752; Papst seit 3.12.741, hl., Fest 15.3.

Schiedsrichter der Könige

Er war in Kalabrien geboren, von Herkunft aber ein Grieche – der letzte Grieche, der Papst werden sollte. Ein gebildeter, friedfertiger und zum Ausgleich geneigter Mann, dabei von großer Beredsamkeit und Überzeugungskraft, verstand es Zacharias, das Papsttum aus der schwierigen Lage zu befreien, in die es während der Amtszeit Gregors II. und Gregors III. geraten war. Er gab die nutzlose Allianz mit dem Herzog von Spoleto auf und schloss einen Waffenstillstand mit dem Gegner Spoletos, dem Langobardenkönig Liutprand, dem er auch dabei half, mit den Byzantinern in Ravenna zu einem Ende der Feindseligkeiten zu kommen (der Friede dort sollte allerdings nicht lange währen; unter Liutprands Nachfolger Aistulf brachen die Kämpfe gleich wieder aus).
Im Bilderstreit war Zacharias' Haltung nicht anders als die seiner Vorgänger, auch er stand dem byzantinischen Ikonoklasmus, der Bilderfeindlichkeit, ohne Verständnis gegenüber, aber er fand Mittel und Wege, das Problem klein zu halten.
So gelangte er selbst mit Kaiser Konstantin V. Kopronymos (741–775), einem fanatischen Ikonoklasten, zu einem Modus Vivendi. Über den Apostolischen Legaten Bonifatius (späteren Generationen als »Apostel der Deutschen« bekannt) nahm Zacharias Einfluss auf die fränkische Kirche. Dabei fand er auch die Unterstützung von Karl Martells Söhnen Karlmann und Pippin. An der Erhebung des letzteren zum König der Franken 751, womit die Dynastie der Merowinger endgültig von der historischen Bühne abtrat und die Epoche der Karolinger begann, hatte Zacharias erheblichen Anteil. Pippin erbat sich von ihm einen regelrechten Schiedsspruch, und der Papst antwortete, König solle sein, wer die Macht habe – und die hatte Pippin. Für die Zukunft ergaben sich daraus die bedeutendsten Aspekte, wurde doch hier der Grund gelegt für den Anspruch späterer Päpste, über die Einsetzung von Königen und Kaisern entscheiden zu dürfen.
Zacharias nahm lebhaft Anteil an der Verwaltung der päpstlichen Güter, er führte als Neuerung das System der »domus cultae« ein: Die Kirche unterhielt Gutshöfe, deren Pächter rund um ein Bethaus siedelten. Gleichermaßen kümmerte sich der Papst um den Ausbau und die Ausschmückung der Kirchen Roms, in S. Maria Antiqua ist er auf einem Fresko verewigt.

Stephan (II.)

† Rom (?) 25. oder 26.3.752

Papst für vier Tage

Nach dem Tod des Zacharias wurde am 22. oder 23.3.752 der hochbetagte Priester Stephan zum Papst gewählt. Er starb jedoch schon vier Tage darauf, ohne die Weihe erhalten zu haben. Da die Weihe als unerlässliche Voraussetzung galt, wurde er in den mittelalterlichen Papstlisten nicht geführt. Das änderte sich, nachdem sich im 16. Jahrhundert die Meinung durchsetzte, dass eine gültige Wahl ausreiche, um zu bestimmen, ob einer rechtmäßig Papst sei. Der Vier-Tage-Papst des 8. Jahrhunderts bekam danach seinen Platz als Stephan II. im »Annuario Pontificio«. Seit 1961 ist er jedoch daraus verschwunden.

Stephan II.

† Rom 26.4.757; Papst seit März 752

Freund der Karolinger

Er wuchs im Schoß der Kirche auf: Stephan, aus einer reichen römischen Aristokratenfamilie stammend, verlor früh seine Eltern und wurde zusammen mit seinem jüngeren Bruder Paul im Lateran aufgezogen. Papst Zacharias machte beide zu Diakonen, und als Stephan (II.) frühzeitig starb, fiel die Wahl einstimmig auf den älteren der beiden Brüder. Stephans II. Pontifikat dauerte nur fünf Jahre, aber in diese Zeit fallen Entscheidungen und Ereignisse von großer historischer Tragweite: die Abkehr des Papsttums von Byzanz und die Neuorientierung hin zum Frankenreich sowie die Herausbildung des Kirchenstaates.

Der Langobardenkönig Aistulf (749–756) hatte einen für 40 Jahre abgeschlossenen Waffenstillstand schon nach vier Monaten gebrochen und bedrohte Rom. Da aus Byzanz keine Hilfe kam, wandte sich Papst Stephan an den fränkischen König Pippin III. (751–768), der ihn zu sich einlud. Als erster Papst überschritt im Winter 753/754 Stephan die Alpen. In Ponthion an der Marne erhielt er im Januar 754 vom Frankenkönig ein eidliches Schutzversprechen, in Quierzy an der Oise schloss er im April 754 einen Freundschaftsbund mit ihm, und in Saint-Denis bei Paris salbte er ihn mitsamt seinen Söhnen und verlieh ihm den Titel »Patricius Romanorum« (Schutzherr der Römer). Seitdem stand das Papsttum mit den Karolingern in einem Verhältnis der geistlichen Verwandtschaft. Pippin versprach, dem Papst die ehemals byzantinischen, nun z.T. von den Langobarden besetzten Gebiete zu übergeben.

Stephan II., Kupferstich, aus: G. Pinadello, »Invicti Quinarii«, Rom 1589.

Diese sogenannte Pippinsche Schenkung, deren Wortlaut nur teilweise erhalten ist, umfasste angeblich Korsika, Tuszien, Exarchat Ravenna, Venetien, Istrien und die Herzogtümer Benevent und Spoleto, wahrscheinlich aber nur den Exarchat Ravenna und den Dukat (so die byzantinische Bezeichnung für Provinz) Rom. Ravenna mit den Seestädten Rimini, Pesaro, Fano, Senigallia und Ancona sowie die Emilia waren es dann auch nur, die nach Pippins erfolgreichen Feldzügen gegen die Langobarden in den Jahren 754 und 756 an den Papst fielen und schließlich zur Grundlage des Kirchenstaates wurden. Proteste der Byzantiner, es handele sich bei der Schenkung um Eigentum des Kaisers, fertigte Pippin mit den Worten ab, er habe nur aus Liebe zum heiligen Petrus zu den Waffen gegriffen und sei nicht bereit, seine Eroberungen jemand anderem als dem Apostel zu erstatten.

Paul I.

† Rom 28.6.767; Papst seit 29.5.757, hl., Fest 28.6.

Kampf gegen innere und äußere Gegner

Er war der jüngere Bruder von Papst Stephan II. Wie dieser wurde er als Waisenkind im Lateran großgezogen und für den geistlichen Beruf ausgebildet. Seine Wahl zum Papst bedeutete, dass die Mehrheit in Rom die Politik Stephans mit ihrer Hinwendung zum Frankenreich fortgesetzt sehen wollte. Paul zeigte auch sogleich seine Wahl dem fränkischen König Pippin III. und nicht wie bisher üblich dem byzantinischen Kaiser an. Pippin bat ihn, Pate bei seiner Tochter zu sein, nach der Sitte der Zeit sandte er ihm als Zeichen für das Patenamt die Windeln seines Kindes.

Paul war der erste Papst, der in den vollen Genuss der sogenannten Pippinschen Schenkung kam, d.h. sich als Territorialherr in Italien betrachten durfte – was nicht unproblematisch war, da die Römer, »gleichsam aus einer Betäubung erwachend«, wie F. Gregorovius formuliert, »in ihrem Bischof ihren Dominus zu erkennen, zu hassen und bald zu bekämpfen begannen«. Der junge Staat hatte nicht nur mit inneren Schwierigkeiten zu kämpfen, auch äußere Gegner meldeten sich. Der Langobardenkönig Desiderius (757–774) war nicht gewillt, die Zusagen einzuhalten, die er Pauls Vorgänger Stephan II. gemacht hatte, damit ihm dieser auf den Thron verhelfe, im Gegenteil, er verbündete sich mit den Byzantinern und veranstaltete Verwüstungsfeldzüge in den päpstlichen Gebieten. Pippin, den Paul zu Hilfe rief, war mit eigenen Angelegenheiten beschäftigt und versagte ihm militärische Unterstützung. Immerhin brachte er auf diplomatischem Wege 760 so etwas wie ein Agreement zustande, das aber eindeutig zu Lasten des Papstes ging und ihn nötigte, Abstriche von der Vision eines ausgedehnten und abgerundeten Kirchenstaates zu machen.

Der Streit mit der byzantinischen Kirche um die Verehrung der Bilder, der zu Zeiten Gregors II. ausgebrochen war, schwelte weiter. Ein Konzil der Ostkirche, das 754 in Hiera unter Vorsitz von Kaiser Konstantin V. abgehalten wurde, sprach sich erneut gegen die Bilder und ihre Verehrung aus. Ikonodulen (Bilderverehrer) wurden verfolgt. Als Emigranten gelangten sie in den Westen, wo ihnen Paul I. in der Abtei von SS. Stefano und Silvestro in Rom eine Heimstatt einrichtete. Konstantin versuchte, die Franken für den Ikonoklasmus (die Bilderfeindlichkeit) zu gewinnen, musste aber feststellen, dass man auch am Hofe Pippins die römische Bilderverehrung übte.

Paul starb in der St.-Pauls-Basilika, wohin er sich wegen der Sommerhitze geflüchtet hatte. Sein Leichnam wurde drei Monate später in Sankt Peter beigesetzt. Der »Liber pontificalis« rühmt seine Fürsorge für Arme und Gefängnisinsassen. Mit der Überführung einer großen Zahl von heiligen Gebeinen aus den Katakomben in die Kirchen Roms förderte er die Entwicklung der Heiligenverehrung und des Reliquienkults.

Paul I., Kupferstich, aus: G. Pinadello, »Invicti Quinarii«, Rom 1589.

Konstantin (II.)

Gegenpapst 5.7.767–6.8.768

Spielball der Politik

Nach dem Tod Pauls I. brachen in Rom Parteikämpfe aus. Das Papsttum, inzwischen eine Territorialmacht wie andere in Italien, wurde nun selbst Spielball territorialer Interessen. Herzog Toto von Nepi erzwang mit Waffengewalt die Wahl seines eigenen Bruders Konstantin, eines Laien, zum Papst. Bischof Georg von Praeneste und zwei andere Bischöfe mussten die Weihe vollziehen.

Konstantin zeigte sofort dem fränkischen König Pippin III., dem Beschützer des Heiligen Stuhls, seine Wahl an, erhielt aber keine Anerkennung. Derweil formierte sich die Opposition um den Primicerius (oberster Sekretär, Kanzler) Christophorus. Sie nahm Verbindung mit dem Langobardenkönig Desiderius auf. Der schickte ein Kommando nach Rom, das am 30.7.768 in die Stadt eindrang. Danach überstürzten sich die Ereignisse: Auf den Ruf »Langobarden in der Stadt!« rannte Herzog Toto an die Porta Pancratia und wurde von den Eindringlingen erschlagen. Sein Schützling Konstantin verkroch sich in der Lateranbasilika, wo er nach Stunden entdeckt und ins Gefängnis verschleppt wurde.

Während noch die Kämpfe in der Stadt tobten, setzten die Langobarden einen neuen Papst ein, den Presbyter Philippus aus dem Kloster S. Vito auf dem Esquilin. Der ließ die Weihe über sich ergehen, segnete das Volk und wollte sich eben an der Freitafel niederlassen, die der Sitte gemäß für die Würdenträger des Klerus und den Stadtadel gehalten wurde, als Christophorus erschien, sozusagen der Spiritus Rector des ganzen Unternehmens, den seine langobardischen Verbündeten mit der hastig inszenierten Papstwahl hatten hintergehen wollen. Tumult brach aus, das Volk griff abermals zu den Waffen und trieb Philippus zurück in sein Kloster.
Am folgenden Tag berief Christophorus eine Versammlung auf dem alten Forum ein. Als Papst wurde nun Stephan III. gewählt. An Konstantins Parteigängern nahm man schreckliche Rache, einigen wurden Augen und Zungen ausgerissen, Konstantin selbst als Vogelscheuche durch Rom geschleift. Am 6. August setzte ihn eine Synode formell ab und verfügte seine Einsperrung in ein Kloster. Dort wurde er vom Pöbel überfallen und geblendet. Am 12./13.4.769 erhielt er noch einmal Gelegenheit, auf einer Synode zu erscheinen. Aber das Urteil über ihn fiel nicht anders aus als beim ersten Mal. Seine Amtshandlungen wurden für null und nichtig erklärt. Er verschwand wieder in Klosterhaft, wo er zu einem ungeklärten Zeitpunkt starb.

Philippus

Gegenpapst 31.7.768

Marionette der Langobarden

Sein (Gegen-)Pontifikat dauerte nur ein paar Stunden. Philipp, ein Kaplan an S. Vito in Rom, war der Unglückliche, den das Langobarden-Kommando beim Handstreich vom 30./31.7.768 aus seinem Kloster auf dem Esquilin wegholte und auf den Stuhl des heiligen Petrus setzte – ohne Wissen des päpstlichen Kanzlers Christophorus, der die Langobarden nur gerufen hatte, damit sie den Usurpator Konstantin II. und seinen Protektor, den Herzog Toto von Nepi, vertrieben, nicht aber damit sie einen Papst eigener Wahl einsetzten. Christophorus traf in Rom erst ein, als Philippus schon seine ersten Amtshandlungen vornahm, aber das Erscheinen des bekannten und angesehenen Mannes genügte, um dem Spuk ein Ende zu machen. Ein Volksaufstand brach los, die Marionette der Langobarden wurde ins Kloster zurückgejagt. Über sein späteres Leben ist nichts bekannt.

Stephan III., Kupferstich, aus: G. Pinadello, »Invicti Quinarii«, Rom 1589.

Stephan III.

† Rom 24.1.772; Papst seit 7.8.768

Ende der Wirren

Mit der Wahl Stephans III., eines Priesters sizilischer Herkunft, der schon unter Papst Zacharias in der päpstlichen Bürokratie gedient hatte, wurden die Wirren nach dem Tod des Papstes Paul I. (28.6.768) beendet. Treibende Kraft dabei war der päpstliche Kanzler Christophorus, der auch unter dem neuen Papst als eine Art graue Eminenz weiter tätig blieb. Im folgenden Jahr (April 769) stellte eine Synode in Rom die Rechtmäßigkeit von Stephans Papsttum fest. Die Versammlung, an der auch 13 fränkische Bischöfe teilnahmen, erließ weiterhin Bestimmungen über die Papstwahl und nahm Stellung zum Bilderstreit: Der Ikonoklasmus, die Bilderfeindlichkeit der byzantinischen Kirche, wurde abgelehnt. In die Zeit von Stephans Pontifikat fällt die Herausbildung der Rivalität zwischen den fränkischen Thronfolgern Karlmann und Karl (dem späteren Karl d.Gr.). Das hatte Rückwirkungen auf die Politik in Italien. Vor allem das Projekt einer Heirat Karls mit einer langobardischen Königstochter (in der Literatur »Desiderata« nach ihrem Vater benannt, ihr wirklicher Name ist nicht überliefert) alarmierte Stephan, zeichnete sich doch dadurch ein Zusammengehen der fränkischen Schutzherren mit dem alten Feind des Papsttums, dem König Desiderius, ab. Dieser veranlasste 771 die Ermordung des Ratgebers Christophorus. Die Verstoßung der »Desiderata«, kaum dass Karl im selben Jahr 771 nach dem Tod seines Bruders Karlmann die Alleinherrschaft angetreten, ließ jedoch das Schreckgespenst der fränkisch-langobardischen Allianz gleich wieder verschwinden.

Hadrian I.

† Rom 25.12.795; Papst seit 9.2.772

Verbündeter Karls des Großen

Aus römischem Adel stammend, war Hadrian bereits unter Paul I. im städtischen Klerus zu finden. Zum Papst gewählt, ging er daran, den Langobarden die Teile des Patrimonium Petri abzunehmen, die diese noch immer besetzt hielten. Dazu rief er den Frankenherrscher Karl den Großen ins Land. Karl erschien im Herbst 773 und zog im Juni 774 als Sieger in Pavia ein. Das Langobardenreich wurde zerschlagen, künftig schmückte sich Karl mit dem Titel eines Königs der Langobarden. Den Titel »Patricius Romanorum«(Schutzherr der Römer), ihm 754 von Papst Stephan II. verliehen, behielt er allerdings auch bei, was bedeutete, dass er nicht daran dachte, den Papst als Herrn Italiens anzuerkennen. Immerhin erneuerte er bei seinem ersten Rombesuch Ostern 774 (zugleich dem ersten Rombesuch eines fränkischen Königs überhaupt) die Pippinsche Schenkung, machte aber vorerst keine Anstalten, sie in die Tat umzusetzen.

Karl der Große (747-814), König der Franken, vor Hadrian I., während der Eroberung des Langobardenreichs 773/74. Kupferstich nach Johann Michael Mettenleiter (1765–1853); spätere Kolorierung, um 1823.

In den nächsten Jahren mahnte Hadrian den Franken mehrmals brieflich an die Einhaltung seiner Zusagen; beim zweiten und dritten Rombesuch Karls 781 bzw. 787 war dann klar, dass bestimmte vom Papst beanspruchte Gebiete wie Terracina, Tuszien und Spoleto nicht zu haben sein würden. Dennoch blieb Hadrian ein zuverlässiger Verbündeter des Frankenkönigs, u.a. wirkte er (durch Androhung eines päpstlichen Bannfluchs) mit bei der Absetzung des Bayernherzogs Tassilo III. (788).

Bei Hadrians Tod soll Karl geweint haben, wie wenn er einen Freund und Bruder zugleich verloren habe, so der zeitgenössische Chronist Einhard. Auf kirchlichem und geistigem Gebiet fand die Verbindung von Papsttum und Frankenreich Vertiefung durch die Übermittlung von Lehrschriften zur Kirchenzucht und zur Liturgie. Auf dem 2. Konzil von Nicäa wurde der Bilderstreit bereinigt, Ost- und Westkirche einigten sich auf eine

Verurteilung des Ikonoklasmus (Bilderfeindlichkeit). Am Hof Karls des Großen behielt man sich jedoch eine eigene Haltung zu den Konzilsbeschlüssen vor, sie wurden 794 auf der Synode von Frankfurt verworfen. Hierin wie auch in der Bekämpfung des spanischen Adoptianismus durch Karls Theologen, bei der Hadrian notgedrungen zu assistieren hatte, zeigten sich die Umrisse einer selbstbewussten fränkischen Reichskirche, die nicht in jedem Fall mit Rom konform gehen wollte. Hadrian tat viel für die Stadterneuerung. Während seines Pontifikats entstanden neue Pilgerherbergen in Rom, Aquädukte und Kirchendächer wurden instand gesetzt.

Leo III.

† Rom 12.6.816; Papst seit 26.12.795, hl., Fest 12.6.

Misshandelt, vertrieben – und wieder eingesetzt

Bereits am Begräbnistag des verstorbenen Papstes Hadrian I. wurde – angeblich einstimmig – Leo III. zum Papst gewählt. Wie sein Vorgänger stammte er aus dem römischen Adel, war zuvor Vestiar und Presbyter an der Kirche S. Susanna gewesen. Zum Zeichen, dass auch er sich wie Hadrian den Franken verbunden fühlte, sandte er zugleich mit seiner Wahlanzeige die Schlüssel vom Grabe Petri und das Banner Roms an Karl den Großen.

Im April 799 kam es in Rom zu einem blutigen Aufstand gegen den Papst. Hintergrund waren die Spannungen zwischen Leo und der Familie seines Vorgängers, die ihre Pfründen nicht hergeben wollte. Allgemeiner Widerstand gegen die weltliche Gewalt des Papstes in Rom kam hinzu. Leo wurde während einer Bittprozession überfallen, misshandelt und in den Kerker geworfen. Loyale Anhänger befreiten ihn, er konnte nach Deutschland fliehen. In Paderborn wurde er von Karl dem Großen mit hohen Ehren empfangen. Mit großem Gefolge, darunter geistliche und weltliche Herren, die eine Untersuchung der Verschwörung einleiten sollten, kehrte der Papst im November 799 nach Rom zurück. Seinen Gegnern wurde der Prozess gemacht, es ergingen Todesurteile, die Karl, der im folgenden Jahr gleichfalls in Rom erschien, bestätigte. Der Papst ließ sie jedoch nicht vollstrecken, da er seine Stellung in der Ewigen Stadt noch keineswegs als gefestigt ansah. Karl ließ auch die Vorwürfe prüfen, die gegen Leo erhoben wurden (worin sie bestanden, ist nicht überliefert). Der Papst leistete darauf am 22.12.800 einen Reinigungseid.

Am Weihnachtstag 800 ereignete sich in der Peterskirche die Szene, durch die Leo III. in die Weltgeschichte einging: Er krönte seinen Beschützer Karl zum Kaiser. Die folgenden ruhigen Jahre verwendete der Papst hauptsächlich zur Restaurierung der römischen Kirchen. Der Tod Karls des Großen im Jahr 814 gab in Rom den Gegnern Leos wieder Auftrieb. Abermals musste sich der Papst mit Verschwörungen unter dem römischen Stadtadel auseinandersetzen. Und diesmal wurden die Todesurteile, die die Richter fällten, auch vollstreckt.

Bereits unmittelbar nach seiner Wahl zum Papst im Jahr 795 versicherte sich Leo III. der Unterstützung des Frankenkönigs Karls des Großen und sandte ihm als Zeichen seiner Verbundenheit die Schlüssel zum Grabe Petri sowie das Banner von Rom. Durch die Krönung Karls am 25. Dezember des Jahres 800 zum Kaiser, hier zu sehen in einer Buchmalerei aus der Mitte des 15. Jahrhunderts (aus: »Les Grandes Chroniques de France«), ging Papst Leo III. schließlich in die Weltgeschichte ein.

Stephan IV.

* Rom um 770, † ebd. 24.1.817; Papst seit 22.6.816

Einigung über das Verhältnis Kaiser-Papst

Der aus Rom stammende Stephan IV. war der erste Papst, der nach der Begründung des karolingischen Kaisertums – mit der Krönung Karls des Großen in Rom im De-

Le jour de la
nativite entra
li rois en legli
se saint pierre
droit en ce point
que on devoit celebrer la grant
messe ainsi comme il se fu encli
nez devant lautel. li apostoles le
ons li assist la couronne impial
sour le chief. Lors commanca li
peuplez a crier en tel maniere
Au grant charlemaine auguste
couronne de dieu. paisible empereor
des romains soit vie et victoire
Aprez les loenges du peuple. li papes
le couronna et vesti des garnemens
empiaus selonc la coustume des
anciens princes. et fu apelez dilluec
en avant empereres augustes. Pou
de jours fu apres que il manda que
ceulz qui lapostole leon avoient
depose fussent devant lui amenez.
et puis furent jugiez selonc les
lois de romme des chiefs perdre

zember 800 – gewählt wurde. Er zeigte seine Wahl dem Sohn und Nachfolger Karls, Ludwig I. dem Frommen (814–840), an und traf mit diesem im Oktober 816 in Reims zusammen. Hier salbte und krönte er den Frankenherrscher mit einer aus Rom mitgebrachten »Konstantinskrone« zum Kaiser. Den Titel führte Ludwig zwar schon, seit ihn sein Vater 813 zum Mitkaiser erhoben hatte, aber die volle Kaiserwürde verlieh erst der Papst – so inzwischen die Auffassung beider Seiten. In den Diskussionen zwischen Stephan und Ludwig in Reims dürften auch die Grundzüge der Vereinbarungen festgelegt worden sein, die unter Stephans Nachfolger Paschalis I. 817 als »Pactum Hludowicianum« ratifiziert wurden: Garantien für die Souveränität des Kirchenstaates und die freie Wahl des Papstes.

Eugen II., Kupferstich, aus: G. Pinadello, »Invicti Quinarii«, Rom 1589.

Paschalis I.

† Rom 11.2.824; Papst seit 24.1.817, hl.

Hartes Regiment in Rom

Noch am Todestag Stephans IV. wurde der Nachfolger Paschalis I. gewählt und einen Tag später geweiht. Er war Römer und hatte seine Ordination zum Priester unter Leo III. erhalten. Er zeigte seine Wahl dem Frankenkaiser Ludwig I. dem Frommen an (mit der Entschuldigung, er habe sich keineswegs nach dem Amt gedrängt). Ludwig revanchierte sich mit dem »Pactum Hludowicianum«, einer wahrscheinlich noch von Stephan IV. ausgehandelten Vereinbarung, die dem Papsttum Souveränität im Kirchenstaat und das Recht freier Papstwahl versprach. 823 krönte Paschalis Kaiser Lothar in Rom, erstmals wurde dabei ein Schwert als Symbol weltlicher Herrschaft übergeben.

Das gute Verhältnis von Kaiser und Papst erlitt allerdings einen Stoß, als zwei hohe, fränkisch gesinnte Beamte in Rom geblendet und hingerichtet wurden. Paschalis rechtfertigte sich vor dem Kaiser damit, es habe sich um Verräter gehandelt, und leistete ähnlich wie Leo III. einen Reinigungseid. In sein Pontifikat fällt die Entsendung des Erzbischofs Ebo von Reims mit dem Auftrag, in Dänemark zu missionieren. Der Bilderstreit lebte wieder auf, unter dem byzantinischen Kaiser Leon V. (813–820) wurde die Bilderverehrung bekämpft. Paschalis protestierte gegen die Maßnahmen und sicherte geflohenen Ikonodulen (Bilderverehrern) aus Byzanz Aufnahme im Westen zu.

In Rom betätigte er sich vielfach als Bauherr und Kunstmäzen. Er baute bzw. restaurierte S. Prassede auf dem Esquilin, S. Maria in Dominica (oder della Navicella) auf dem Monte Celio und S. Cecilia in Trastevere, die alle reich mit Mosaiken ausgestattet wurden. Sein hartes Regiment schuf dem Papst jedoch viele Feinde in der Stadt. Bei seinem Tod brachen Unruhen aus, die Menge verhinderte eine Überführung der Leiche nach Sankt Peter. Paschalis wurde stattdessen in S. Prassede beigesetzt, wo auch sein Mosaikporträt (in einer Gruppe von Heiligen, die zu Christus geführt werden) erhalten ist.

Eugen II.

† Rom (?) 17.(?).8.827; Papst seit Anfang Juni 824

Neue Wahlordnung

Er war ein Kandidat des stadtrömischen Adels. Seiner Wahl gingen monatelange Auseinandersetzungen zwischen Klerus und Adel voraus, die schließlich durch den fränkischen Gesandten Wala von Corbie entschieden wurden. Eugen II. empfing im Herbst 824 den Kaisersohn Lothar I. (840–855), der mit der »Constitutio Romana« die kaiserlich-fränkische Vorherrschaft festschrieb. Danach sollte Immunität für alle gelten, die unter kaiserlichem oder päpstlichem Schutz standen. Bürger sollten wählen dürfen, ob sie nach römischem, fränkischem oder langobardischem Recht abgeurteilt werden wollten. Eine paritätisch aus kaiserlichem und päpstlichem Personal besetzte Überwachungskommission sollte jedes Jahr dem Kaiser Bericht erstatten. Das Volk von Rom sollte an der Papstwahl beteiligt werden und der neu gewählte Papst vor seiner Weihe dem Kaiser (repräsentiert durch einen Gesandten) einen Treueid schwören. Im November 826 wurden diese Grundsätze auf einer Synode in Rom ratifiziert. Die Versammlung nahm auch das fränkische Eigenkirchenrecht an, beschloss aber ihrerseits Regeln u.a. zum Ämterkauf, zu den Qualifikationen und Pflichten der Bischöfe, zur geistlichen Erziehung, die auf die fränkische Kirche ausgedehnt wurden. Im selben Jahr 826 sandte Eugen II. den »Apostel des Nordens«, Ansgar (801–865), zur Heidenmission in Dänemark aus.

Valentin

† Rom September 827; Papst August/September 827

Verstorben kurz nach Amtsantritt

Sein Pontifikat war ausgesprochen kurz: Valentin, ein Archidiakon der römischen Kirche, aus der Oberschicht stammend, wurde nach dem Tod Eugens II. einstimmig gewählt und starb nach 40 Tagen. Amtshandlungen sind nicht bekannt.

Gregor IV.

† Rom (?) 25.1.844; Papst seit Herbst 827

Missionierung des Nordens

Gemäß den Vorschriften der »Constitutio Romana« erhielt der im Herbst 827 gewählte Gregor, ein früherer Presbyter von S. Marco, seine Weihe erst im Jahr 828, nachdem das kaiserliche Plazet erteilt war. Er förderte die Missionierung des Nordens durch die Ernennung Ansgars zum Erzbischof von Hamburg (832). Im Streit zwischen Kaiser Ludwig dem Frommen und seinen Söhnen, der 833 ausbrach, versuchte er im Sinne der Reichseinheit als Vermittler aufzutreten, erlebte jedoch ein Fiasko, was eine prinzipielle Debatte über die päpstliche, kaiserliche und bischöfliche Gewalt in Rom nach sich zog. Seit sich die Sarazenen 827 in Sizilien festgesetzt hatten, ging von ihnen eine ständige Gefahr für das italienische Festland aus. Zu ihrer Abwehr ließ Gregor bei Ostia eine mächtige Festung, genannt Gregoriopolis, errichten. Auch in Rom tat er sich als Bauherr hervor. So wurde in seinem Pontifikat der seit langem in Trümmern liegende Aquädukt vom Janiculus wieder aufgebaut, und zahlreiche Kirchen wurden restauriert und mit Kunstwerken ausschmückt. In der Apsis von S. Marco ist der Papst in einem Mosaikporträt als Stifter, das Modell der Kirche in der Hand, verewigt.

Papst Gregor IV. mit dem Kirchenmodell von S. Marco in Begleitung des Evangelisten Markus. Ausschnitt aus dem Apsismosaik »Christus mit Heiligen und dem Stifter«, um 828/844, S. Marco, Rom.

Johannes

Gegenpapst Januar 844

Kandidat der Volkspartei

Beim Tod Gregors IV. kam es in Rom zum Aufruhr. Unter gewalttätigen Demonstrationen besetzte eine Volksmenge den Lateran und proklamierte den Diakon Johannes zum Nachfolger des Verstorbenen. Währenddessen hatte die Laienaristokratie den Erzpriester Sergius zum Papst gewählt und ihn, ohne die kaiserliche Zustimmung abzuwarten, auch gleich geweiht. Danach stürmte sie den Lateran und warf Johannes mitsamt seinem Anhang hinaus. Einige adlige Hitzköpfe wollten den Gegenpapst hinrichten, aber Sergius trat dazwischen und verfügte die Einsperrung des Johannes in ein Kloster. Über das weitere Schicksal des Mannes ist nichts bekannt.

Sergius II.

† Rom 27.1.847; Papst seit Ende Januar 844

Finanzieller Ruin

Sergius II., Kupferstich, aus: G. Pinadello, »Invicti Quinarii«, Rom 1589.

Als Kandidat des Adels kam der greise Erzpriester Sergius auf den Stuhl Petri. Wegen der angespannten Lage durch das Auftreten eines Gegenpapstes namens Johannes (und möglicherweise auch, um die Unabhängigkeit des Papsttums zu demonstrieren) nahm man die Weihe des Papstes auch gleich vor, ohne dass der neue Papst zuvor den Treueid gegenüber dem Kaiser geleistet hatte. Lothar I. ließ deshalb eine Untersuchung des Wahlvorgangs anstellen. Im Juni 844 erschien sein Sohn Ludwig II. mit einem Heer in Italien und ließ, um die kaiserliche Unzufriedenheit recht deutlich zu machen, in den päpstlichen Besitzungen Plünderungszüge unternehmen. Sergius II. gestand auf einer Synode in Rom seine Schuld ein, die Wahlordnung der »Constitutio Romana« wurde bestätigt. Der Papst krönte Ludwig zum König der Langobarden und bestellte Ludwigs Begleiter Bischof Drogo von Metz zum Apostolischen Vikar für das Frankenreich.

Mit den päpstlichen Finanzen ging es unter Sergius bergab. Der Papst trieb das Geld für seine ausgedehnte Bautätigkeit in Rom (Restaurierung des Marcius-Aquädukts, Ausbau von S. Giovanni in Laterano) mit zweifelhaften Methoden ein; alt und schwach, überließ er die Geschäfte immer mehr seinem Bruder Benedikt, einem skrupellosen Machtmenschen, unter dessen Regime die Bestechung blühte. Kirchenämter gab es nur noch gegen Geld. Als die Sarazenen im August 846 an der Tibermündung landeten, die neu errichtete, aber schlecht verteidigte Festung Gregoriopolis eroberten und bis vor die Mauern Roms vordrangen, wurde darin ein Gottesgericht an der Misswirtschaft des Papstes gesehen.

Leo IV.

† Rom 17.7.855; Papst seit 10.4.847, hl., Fest 17.7.

Politisch und militärisch erfolgreich

Im Januar 847 gewählt, wurde Leo IV., ein gebürtiger Römer, zuvor Vestiar und Presbyter an S. Susanna, angeblich wegen der Sarazenengefahr ohne die Zustimmung Kaiser Lothars I. geweiht. Strafmaßnahmen wie bei seinem Vorgänger Sergius II. blieben aus.

In der Tat bestand seit dem Überfall von 846 Gefahr für Rom durch die Sarazenen, und zu Leos ersten Amtshandlungen gehörten Maßnahmen zur Herstellung der Verteidigungsbereitschaft. Die Stadtmauern wurden repariert und erweitert, das rechte Tiberufer mit Sankt Peter, bisher ungeschützt, wurde nun in den Befestigungsring einbezogen, Leo errichtete hier ein neues Wohnquartier, die Leostadt. 849 brachte der Papst eine Koalition mit den Seestädten Neapel, Amalfi und Gaeta zusammen, deren vereinigte Schiffsmacht die Flotte der Sarazenen vor Ostia besiegte. 854 baute Leo das zerstörte Centumcellae wieder auf und nannte es Leopolis (heute Civitavecchia).

In den Jahren 1514–1517 malte Raffael den »Borgobrand« für die sogenannte Stanza dell'incendio di Borgo (heute Vatikanische Museen), die unter Julius II. als Gerichtsraum und unter Leo X. als Speisezimmer diente. Papst Leo IV. (847–855) erteilt feierlich den Segen von der Benediktinsloggia des Vatikan aus und löscht dadurch auf wunderbare Weise den Brand. Laut dem »Liber Pontificalis« tobte der Brand des Borgo, der dem Raum den Namen gab, im Jahr 847 in dem Viertel vor dem Petersdom.

Die politischen und militärischen Erfolge steigerten Leos Prestige beträchtlich, der Papst konnte es sich leisten, gegenüber dem Kaisertum, in Italien zumeist repräsentiert von Ludwig II., dem König der Langobarden, den Leo 850 zum Kaiser krönte, Selbstständigkeit zu zeigen. Er legte sich mit dem mächtigen Erzbischof Hinkmar von Reims (845–882) und mit Erzbischof Johannes von Ravenna an und exkommunizierte Kardinal Anastasius (der noch als Gegenpapst in Rom von sich reden machen sollte). Gipfelpunkt päpstlichen Selbstbewusstseins war Leos Annullierung der Ergebnisse der Synode von Soissons (April 853): Die Versammlung musste – diesmal unter Aufsicht päpstlicher Legaten – wiederholt werden. Auch gegenüber Konstantinopel behauptete Leo die Vorrechte der römischen Kirche. Seine Korrespondenz, soweit erhalten, bezeugt die Sorge des Papstes um die Durchsetzung der römischen Kirchendisziplin, so in seiner Ermahnung an die Bretonen (849), im Brief an Galerius von Tripolis (853) und in den Akten einer Synode, die er im Dezember 853 in Sankt Peter abhielt.

Benedikt III.

† Rom 7.4.858; Papst seit 29.9.855

Tondo mit der Darstellung Papst Benedikts II., S. Paolo fuori le Mura, Rom.

Gewählt unter Tumulten

Sogleich nach dem Tod Leos IV. wurde der römische Kleriker Benedikt, Kardinalpriester an S. Callisto, zum Papst gewählt. Er musste sich aber mit einem Gegenpapst namens Anastasius auseinandersetzen, den die kaiserlich gesinnte Partei aufgestellt hatte. Diese brachte ihren Kandidaten nach Rom und installierte ihn im Lateran; Benedikt wurde ins Gefängnis geworfen. Es stellte sich jedoch bald heraus, dass der Gegenpapst kaum Anhang in der Stadt besaß. Darauf ließen ihn seine fränkischen Schutzherren fallen und wandten sich Benedikt zu, dessen Weihe nun nichts mehr im Wege stand. Allerdings wurde ihm Bischof Arsenius, ein Parteigänger des Anastasius, als Aufpasser beigegeben.

Auf Ausgleich bedacht, suchte er nach dem Tod Lothars I. (855) eine friedliche Einigung unter den Söhnen Lothar II., Ludwig II. und Karl von der Provence herbeizuführen. König Aethelwulf von Wessex (839–858), der mit seinem Sohn Alfred als Pilger nach Rom gekommen war, stiftete namhafte Summen nicht nur für die Sachsenherberge (in Rom gab es so etwas wie eine sächsische Kolonie), sondern auch, vom Papst dazu ermuntert, für die Kirchen und für das römische Volk. Wegen seiner Frömmigkeit hochangesehen, aber wohl kein besonders eigenständiger Kopf, verließ sich Benedikt in vielem auf den Rat seines energischen Mitarbeiters Nikolaus, der auch sein Nachfolger wurde. Von diesem war vermutlich die auf den päpstlichen Primat pochende Politik Benedikts gegenüber der Kirche in Konstantinopel inspiriert.

Die tumultuarischen Vorgänge bei Benedikts Wahl bildeten den Hintergrund, auf dem sich die Fabel von der Päpstin Johanna ansiedelte. Der erste literarische Niederschlag findet sich in der Weltchronik des Johann von Mailly (zwischen 1240 und 1250): Eine hochbegabte Frau macht, verkleidet als Mann, Karriere in der Kurie als Notar und schließlich als Kardinal. Ihr Betrug wird entdeckt, als sie beim Besteigen ihres Pferdes eine Geburt erlebt. Man bindet sie an den Schwanz des Pferdes, treibt dieses durch die Stadt und steinigt dann die Frau zu Tode. Der polnische Dominikaner Martin von Troppau gab in seiner vielgelesenen »Chronik der Päpste und Kaiser« (um 1280) der Geschichte dann die Form, in der sie in Europa bekannt wurde. Er nahm die Existenz eines Papstes Johannes Anglicus an, der im bewussten Jahr 855 den Papstthron bestiegen und zwei Jahre, sieben Monate und vier Tage regiert habe, und behauptete, dass dieser Johannes in Wirklichkeit eine Frau, Johanna aus Mainz, gewesen sei: In Männerkleidung geht sie mit ihrem Geliebten nach Athen und studiert dort mit glänzenden Resultaten. Sie kommt nach Rom und hält Vorlesungen, die viel Zulauf haben. Wegen ihrer Gelehrsamkeit und ihrer scheinbar untadeligen Lebensführung wird sie zum Papst gewählt. Die Katastrophe tritt bei einer Prozession ein. Während sie durch eine enge Straße zwischen Sankt Peter und dem Lateran reitet, kommt sie mit einem Kind nieder. Sie stirbt auf der Stelle, das Kind gleichfalls. Die Päpstin wird an der Straße begraben, seitdem machen Prozessionen einen Bogen um den Ort.

Die Fabel galt jahrhundertelang selbst in der Kirche als historische Realität, im Dom von Siena (um 1400) reihte man die Büste der Päpstin Johanna ohne Weiteres in die Galerie der Päpste ein. Kritiker des Papsttums wie Johannes Hus (auf dem Konzil von Konstanz, 1415) führten die Päpstin als Beweis für die sittliche Verderbnis in Rom an, ohne dass ihnen in diesem Punkt widersprochen wurde. Erst im 16. Jahrhundert begann kritische Forschung die Legende zu demontieren – ohne allerdings verhindern zu können, dass sich auch weiterhin (und bis auf den heutigen Tag) immer neue Phantasien um die Frau auf dem Stuhl Petri rankten.

Inzwischen wird angenommen, dass dem Ganzen eine alte römische Volkssage zugrunde liegt, die mit lokalen Merkwürdigkeiten verbunden wurde: einer engen Straße, die bei Prozessionen gemieden wurde (vermutlich, weil sie so eng war), einer Statue, die dort in alter Zeit stand und eine Mutter mit Kind darstellte, dazu eine schwer zu deutende Inschrift. Seit dem Ende des 13. Jahrhunderts galt es in Rom auch als ausgemacht,

Die Legende einer Frau auf dem Stuhl Petri, die noch dazu ein Kind gebar, musste lange Zeit als Beweis für die sittliche Verderbtheit Roms herhalten. »Niederkunft der Päpstin Johanna (Johannes VII.)«; angebliche Päpstin 885-887. Holzschnitt von Jakob Kallenberg, aus: G. Boccaccio, »Opus de claris mulieribus«, Bern 1539.

dass sich jeder Papst einer Prüfung auf sein männliches Geschlecht zu unterziehen habe – und wozu die Prozedur, wenn es zuvor nicht den Fall der Betrügerin gegeben hätte! Schließlich spielten wohl auch Erinnerungen an den verhängnisvollen Einfluss, den Frauen wie Theodora oder Marozia im 10. Jahrhundert auf das Papsttum geübt hatten, bei der Ausformung der Legende eine Rolle.

Anastasius

* zwischen 800 und 817, † Rom (?) zwischen 877 und 879; Gegenpapst August–September 855

Drei Tage Chaos in Rom

Der Schriftsteller und Theologe Anastasius mit dem Beinamen Bibliothecarius (von dem Posten des »Bibliothecarius Romanae Ecclesiae« = Kanzler und Archivar der römischen Kirche, den er Ende 867 erhielt) wurde 847/848 von Leo IV. zum Kardinalpriester von S. Marcello ernannt, verließ aber bald Rom und schloss sich den Kaiserlichen an. Seine Feindschaft zu Leo IV. trug ihm mehrmals den Kirchenbann ein. Nach dem Tod Leos ließ er sich als Gegenpapst zu dem von der Mehrheit gewählten Benedikt III.

aufstellen und mit militärischer Gewalt im Lateran installieren. Er warf Benedikt ins Gefängnis und begann mit der Zerstörung von Bildern, vor allem der Wandmalerei über dem Eingang von Sankt Peter, die seine Exkommunikation darstellte.

Nach drei Tagen Chaos in Rom war auch den Gesandten des Kaisers klar, dass ihr Mann keinen Rückhalt in Rom besaß, sie ließen ihn fallen, handelten aber mit dem wieder in sein Amt eingesetzten Benedikt aus, dass Anastasius geschont wurde. Er verschwand als Laie in der Obhut des Klosters S. Maria in Trastevere. Unter Nikolaus I. begann dann ein erneuter Aufstieg, Anastasius erhielt sein Presbyterium zurück, wurde Abt von S. Maria in Trastevere und diente Nikolaus wie auch seinen Nachfolgern Hadrian II. und Johannes VIII. als wichtiger Mitarbeiter. 869 wurde er von Kaiser Ludwig II. zum 8. ökumenischen Konzil nach Konstantinopel gesandt. Er übersetzte die Akten dieses Konzils wie auch die des Nizänums von 787 ins Lateinische, dazu noch griechische Heiligenleben und theologische Werke. Jahrhundertelang galt er als Verfasser des »Liber pontificalis«, doch stammen wohl nur die Berichte über Nikolaus I. und Hadrian II. von ihm.

Nikolaus I., Fenster in der ehemaligen Abteikirche Saint-Denis, Paris (19. Jh.).

Nikolaus I.

* Rom um 820, † ebd. 13.11.867; Papst seit 24.4.858

Fähig und energisch

Nach dem Urteil Leopold von Rankes gehörte er »zu den Männern, welche als ein lebendig gewordenes System betrachtet werden können«: Nikolaus I., ein energischer und fähiger Mann, sah sich als Nachfahre der großen Päpste Leo I., Gelasius I. und Gregor I.; vom Papsttum hatte er den höchsten Begriff, Synoden galten ihm nur als ausführende Organe päpstlichen Willens, Kirche und weltliche Macht hatten ihre Sphären getrennt zu halten, der Kirche aber kam das Recht zu, die weltliche Macht zu kontrollieren.

Schon unter seinem Vorgänger Benedikt III. hatte Nikolaus mehr oder weniger die Politik des Apostolischen Stuhles bestimmt, v.a. dort, wo es auf die Betonung des Primats der römischen Kirche ankam. Zum Papst gewählt, setzte er diese Linie fort. Er zwang Erzbischof Johannes VII. von Ravenna zur Unterwerfung, wandte sich gegen die Versuche Hinkmars von Reims, die Synodal- und Metropolitangewalt auf Kosten Roms zu stärken, und griff vehement in den Ehestreit König Lothars II. (855–869) ein. Der hatte seine kinderlose Gattin Theutberga verstoßen und 862 seine Konkubine Waldrada geheiratet. Nikolaus schleuderte den Bannfluch gegen Waldrada und setzte deren Parteigänger, die Erzbischöfe von Köln und Trier, ab.

Fast während des gesamten Pontifikats lief die Auseinandersetzung mit der Ostkirche. Nikolaus verweigerte dem 858 eingesetzten Patriarchen Photios die Anerkennung und sprach 863 auf einer Synode im Lateran die Absetzung und Exkommunikation über ihn aus. Der Streit verschärfte sich noch, als Nikolaus auf Wunsch des Zaren Boris I. Missionare nach Bulgarien sandte – in ein Gebiet, das die Ostkirche als ihre Domäne betrachtete. Nun ließ Photios auf einer Synode in Konstantinopel (August/September 867) den Papst für abgesetzt erklären und exkommunizierte ihn. Als die Nachricht davon in Rom eintraf, war Nikolaus bereits tot. Aber an der Tatsache, dass durch die gegenseitigen Exkommunikationen das Verhältnis zwischen Ost und West heillos zerrüttet war, änderte das nichts.

Hadrian II.

* Rom 792, † ebd. November oder Dezember 872; Papst seit 14.12.867

Glückloses Pontifikat

Er stammte aus derselben stadtrömischen Adelsfamilie wie Stephan IV. und Sergius II. und war verheiratet, bevor er Subdiakon und (842) Kardinalspriester an S. Marco wurde. Als mildtätiger Mann hochgerühmt, fiel zweimal, 855 und 858, die Wahl zum Papst auf ihn, doch lehnte Hadrian zweimal ab. Um dem Parteienstreit nach Nikolaus' I. Tod ein Ende zu machen, ließ er sich schließlich als Kompromisskandidat wählen und bestieg, nun schon 75 Jahre alt, den päpstlichen Thron.

Sein Pontifikat verlief wenig glücklich, Hadrian verfolgte ungefähr die politische Richtung seines Vorgängers, besaß aber nicht dessen Zielstrebigkeit und Härte. Seine Autorität erlitt ihren ersten Stoß, als Herzog Lambert von Spoleto die Stadt Rom überfiel und plünderte; dabei kamen auch Hadrians Frau und seine Tochter ums Leben. Im Ehestreit Lothars II. brachte er, außer dass er die Exkommunikation von Lothars Konkubine Waldrada aufhob, keine Entscheidung zustande. Nach dem Tod des Lothringerkönigs (869) glückte es ihm nicht, Lothars Bruder Ludwig II. die Nachfolge zu sichern, der Papst musste zusehen, wie Lothringen im Vertrag von Meerssen 870 zwischen dem ostfränkischen König Ludwig dem Deutschen und dem Westfranken Karl dem Kahlen aufgeteilt wurde. Ebenso erfolglos blieben auch Versuche, zivile oder kirchliche Angelegenheiten aus dem Karolingerreich unter päpstliche Jurisdiktion zu stellen. Scharfe Briefe, die zumeist vom »Bibiothecarius« Anastasius, einem früheren Gegenpapst, entworfen wurden, erfuhren ebenso scharfe Antworten – zumeist aus der Feder des alten Widersachers des Papsttums, Erzbischof Hinkmar von Reims.

»Kyrillos und Methodios vor Papst Hadrian II«; Legitimierung des Missionswerks der sogenannten Slawenapostel im Großmährischen Reich durch Papst Hadrian II. Fresko von Lionello de Nobili (1841–1895), S. Clemente, Rom, 1886.

Das Verhältnis zu Byzanz, unter Hadrians Vorgänger auf einem Tiefpunkt angelangt, besserte sich, da der romfeindliche Patriarch Photios 867 abgesetzt worden war; am 8. ökumenischen Konzil von Konstantinopel (869–870) nahm wieder ein Gesandter aus dem Westen teil. Die Ostkirche zeigte sich allerdings nicht geneigt, Bulgarien der römischen Kirche zu überlassen. Dagegen hielten die von den Brüdern Kyrillos und Methodios missionierten slawischen Länder die Verbindung zu Rom aufrecht; Hadrian erlaubte ihnen die Benutzung des Slawischen als Liturgiesprache.

Hadrians letzte bekannte Amtshandlung war die (zweite) Krönung Ludwigs II. am 18.5.872 in Sankt Peter in Rom. Er stellte damit das stark beschädigte Ansehen Ludwigs wieder her, der Kaiser war nämlich bei einem Aufstand süditalienischer Barone in Gefangenschaft geraten und nur gegen das Versprechen freigelassen worden, sich nicht an seinen Kerkermeistern zu rächen. Zugleich mit der Krönung entband Hadrian den Kaiser von diesem Eid.

Johannes VIII.

† Rom 16.12.882; Papst seit 14.12.872

Ein Papst als Admiral

Der gebürtige Römer Johannes, Sohn des Gundo, hatte schon 20 Jahre der römischen Kirche als Diakon gedient, bevor er zum Papst gewählt wurde. Wenn auch schon älter, war er doch ein energischer und findiger Politiker, der dem Papsttum im zerrissenen Italien, gegen den Adel Roms, gegen die Territorialherren Süditaliens, gegen die Sarazenen, gegen die karolingischen Könige und selbst gegen Bischöfe der eigenen Kirche eine feste Stellung zu geben suchte.

Johannes VIII., Kupferstich, aus: G. Pinadello, »Invicti Quinarii«, Rom 1589.

Erste und dringendste Aufgabe war die Abwehr der Sarazenen, die sich auf dem italienischen Festland bereits Stützpunkte geschaffen hatten. Johannes verstärkte die Befestigungen Roms und brachte eine kleine Flotte zusammen, mit der er die Sarazenen am Kap der Circe besiegte – ein Papst als Admiral, das hatte es bis dahin nicht gegeben. Ein Bündnis mit den Fürsten Süditaliens gegen die Muslime zu schmieden gelang ihm jedoch nicht, schließlich musste er wie die meisten Herren im Süden auch zum Mittel der Tributzahlung greifen, um die Sarazenen von Überfällen abzuhalten.

Die größten politischen Hoffnungen setzte Johannes auf den westfränkischen König Karl den Kahlen (823–877), den er am 25.12.875 zum Kaiser krönte. Doch nach dessen gescheitertem zweiten Italienzug und Tod 877 geriet Johannes in Bedrängnis. Die Herzöge Lambert von Spoleto und Adalbert von Tuszien, Parteigänger des ostfränkischen Königs Karlmann (876–880), nahmen ihn gefangen. Johannes konnte fliehen und gelangte zu Schiff ins Westfrankenreich, wo er im August 878 die große Synode von Troyes abhielt. Danach versuchte Johannes mehrere Karolinger, erst Ludwig II. den Stammler (877–879), dann dessen Schwager Boso († 887), für ein Eingreifen in Italien zu interessieren, aber erst Karl der Dicke (876–888) zeigte sich dazu bereit. Johannes salbte ihn Anfang 880 in Ravenna zum König von Italien und krönte ihn im Februar 881 in Rom zum Kaiser. Hilfe gegen die Sarazenen war allerdings auch von Karl nicht zu erwarten.

Mit der Ostkirche arrangierte sich Johannes, er ließ zu, dass der von Nikolaus I. exkommunizierte Patriarch Photios wieder in sein Amt eingesetzt wurde und beim Konzil von Konstantinopel 879 präsidierte. Im Falle Bulgariens begnügte er sich mit Behauptung der päpstlichen Jurisdiktion, während die Mission in der Hand griechischer Mönche blieb. Erwähnenswert auch sein massives Eintreten für die Unauflöslichkeit der Ehe. Möglicherweise starb Johannes keines natürlichen Todes. Nach dem Bericht der Annalen von Fulda wurde er von Verwandten vergiftet, und da das Gift nicht schnell genug zu wirken schien, mit einem Hammer erschlagen.

Marinus I.

† Rom 15.5. (?) 884; Papst seit 16.12.882

Verstoß gegen kanonische Vorschriften

Marinus stammte aus Gallese (Toskana), er stieg unter Leo IV. und Nikolaus I. in der Kirchenhierarchie auf und war unter Johannes VIII. Bischof von Caere (Cerveteri).

Mit der Wahl Marinus' wurde gegen kanonische Vorschriften des Konzils von Nicäa verstoßen; Bischöfe durften nicht von einem Stuhl auf den anderen wandern. Das sogenannte Translationsverbot hatte auch schon im Pontifikat Nikolaus' I. eine Rolle gespielt, der sich geweigert hatte, Bischof Formosus von Porto (später Papst) ein Erzbistum in Bulgarien zu übergeben. Möglicherweise legte aber Marinus kurz vor der Wahl sein Bischofsamt nieder und fungierte nur noch als Archidiakon. Er versicherte sich der Anerkennung durch Karl den Dicken und traf den Kaiser im Juni 883 bei Nonantola, wo u.a. die Sache des Formosus verhandelt wurde. Dieser hatte sich zu Zeiten Johannes' VIII. einer Verschwörung gegen den Papst angeschlossen, war verurteilt worden und ins Exil nach Frankreich gegangen. Jetzt erhielt er sein Bistum Porto zurück. Marinus unterhielt gute Beziehungen zu Alfred dem Großen von England (849–899); das englische Quartier in Rom, Schola Saxonum genannt, blieb deswegen von Steuern befreit.

Hadrian III.

† S. Cesario sul Panaro bei Modena Mitte September 885; Papst seit 17.5.884, hl., Fest 8.7.

Thronbesteigung unter ungeklärten Umständen

Von Geburt Römer, aus der Familie der Colonna, bestieg Hadrian III. den Apostolischen Thron unter ungeklärten Umständen. Vermutlich hatte er vor, die Politik Johannes' VIII. fortzusetzen. Dazu passt eine ihm nachgesagte Gewalttat: Er soll einen hohen Beamten des Lateranpalastes haben blenden lassen. Bei dem Mann handelte es sich um einen früheren Feind des Johannes, dem unter Marinus I. die Rückkehr aus dem Exil gestattet worden war.

Im Sommer 885 lud Kaiser Karl III. der Dicke den Papst zu einem Reichstag nach Worms. Der Kaiser, der keine legitimen Erben besaß, wollte seinen unehelichen Sohn Bernhard zum Nachfolger machen, und Hadrian sollte ihm dabei helfen. Es wird vermutet, dass Hadrian im Gegenzug kaiserliche Hilfe beim Kampf gegen seine Feinde in Italien zugesagt wurde. Er ließ Rom in der Obhut des Bischofs Johannes von Pavia und machte sich auf die Reise nach Norden. Doch kam er nicht weit, der Tod ereilte ihn noch auf italienischem Boden. Hadrian wurde in der Abtei von Nonantola (bei Modena) beigesetzt. Dort entwickelte sich um ihn ein lokaler Kult, den der Heilige Stuhl 1891 anerkannte.

Stephan V.

† Rom 14.9.891; Papst seit September 885

Stephan V., Kupferstich, aus: G. Pinadello, »Invicti Quinarii«, Rom 1589.

Weg von den Karolingern

Aus einer adligen römischen Familie stammend, wurde Stephan V. zum Papst gewählt, ohne dass Karl III. der Dicke seine Zustimmung gegeben hatte. Der Kaiser sandte seinen Kanzler Liutward nach Rom mit dem Auftrag, Stephan abzusetzen, aber diesem gelang es, sich herauszureden. Der kaiserliche Gesandte verzichtete auf Strafmaßnahmen. Nach gründlicher Reorganisation des Lateran lud Stephan den Kaiser nach Rom, damit er seine Aufgabe als Beschützer des Heiligen Stuhls wahrnehme. Karl erschien auch im Frühjahr 886, blieb aber die erbetene Unterstützung gegen den rebellischen Adel Roms wie auch gegen die Sarazenen schuldig. Ähnliches erlebte Stephan bei den Hilferufen, die er nach Konstantinopel sandte. Nach Absetzung und Tod Karls des Dicken wandte sich Stephan an den Ostfrankenkönig Arnulf von Kärnten (887–899), aber auch dieser zeigte sich nicht hilfsbereit. Daraufhin vollzog der Papst eine Kehrtwendung weg von den Karolingern hin zu den Fürsten Italiens. Er adoptierte Herzog Guido III. von Spoleto und krönte ihn (möglicherweise dazu gezwungen) 891 zum Kaiser. Kirchenpolitisch bedeutsam wurde sein Verbot der slawischen Liturgie (nicht der Predigt) in der Slawenmission. Dies trug dazu bei, dass der großmährische Raum weitgehend der lateinischen Kirche verbunden blieb.

Formosus

* um 816, † Rom 4.4.896; Papst seit 3.10.891

Hauptdarsteller eines Schauerspektakels

Schon als Bischof von Porto (864–876) diente Formosus den Päpsten als fähiger und ehrgeiziger Helfer. Er unternahm Reisen nach Konstantinopel und assistierte bei den Verhandlungen zwischen König Ludwig dem Deutschen und Kaiserin Angilberga. Jedoch scheiterte sein Vorhaben, Erzbischof von Bulgarien zu werden. Johannes VIII., dem Formosus möglicherweise bei der Papstwahl 872 Konkurrenz gemacht hatte, exkommunizierte ihn im April 876 wegen einer angeblichen Verschwörung gegen Kaiser und Papst. Daraufhin zog sich Formosus nach Frankreich zurück.

Von Marinus I. 883/884 wieder in sein Bischofsamt eingesetzt, wurde er im Jahr 891 zum Papst gewählt. Das verstieß gegen das sogenannte Translationsverbot, es scheint aber, dass zu Lebzeiten des Formosus ihm kein entsprechender Vorwurf gemacht worden ist.

Der »fromme und gelehrte« Papst, so das Urteil späterer Apologeten, bewährte sich als Schlichter in den verschiedensten kirchlichen und politischen Streitigkeiten seiner Zeit. In Italien sah sich Formosus ernsten Problemen gegenüber. Die Dynastie von Spoleto übte hier eine tyrannische Herrschaft; von Stephan V. als Schutzherr begrüßt und zum Kaiser gekrönt, erwies sich Guido III. von Spoleto als arger Bedrücker. Formosus wurde im April 892 gezwungen, die Krönung an ihm und seinem Sohn Lambert zu wiederholen.

In dieser Situation suchte Formosus Hilfe bei dem ostfränkischen König Arnulf von Kärnten. Dieser brauchte lange, bis er sich zu einem Zug nach Italien durchrang. Im Februar 896 endlich eroberte er Rom und ließ sich zum Kaiser krönen. Ein Marsch auf Spoleto indes unterblieb. Wegen Krankheit musste Arnulf die Heimfahrt antreten, und bald darauf starb Formosus.

Neun Monate nach seinem Tod wurde er zum unfreiwilligen Hauptdarsteller eines Schauerspektakels, das Papst Stephan VI. und Lambert von Spoleto, der seinem Vater 894 nachgefolgt war, in Rom veranstalteten, der sogenannten Leichensynode (Januar 897). Es war die Travestie einer Gerichtsverhandlung. Der »Angeklagte« war ausgegraben worden und saß, angetan mit den päpstlichen Gewändern, auf einem Stuhl. Ein Diakon stand ihm zur Seite und »lieh« ihm die Stimme zur Beantwortung der Fragen des Gerichts. Dessen Spruch lautete dann auf Meineid, Amtsanmaßung und Verletzung des Translationsverbots. Alle Amtshandlungen des Formosus wurden für ungültig erklärt, der Leiche wurden die Segenspende- und Schwurfinger an der rechten Hand abgehackt. Den Rest warf man in den Tiber, wo ihn ein Eremit auffischte und für ein provisorisches Begräbnis sorgte.

Bonifaz VI.

† Rom April 896; Papst im April 896

Tod nach 15 Tagen im Amt

Er hatte einiges auf dem Kerbholz, war schon zweimal wegen unmoralischen Lebenswandels von seinem Diakonsposten entfernt worden. Aber das hinderte die Menge nicht, ihn nach dem Tod des Formosus tumultuarisch zum Papst auszurufen. Möglicherweise war das als feindseliger Akt gegen den abwesenden Kaiser Arnulf gemeint. Unter schwerer Gicht leidend, verstarb Bonifaz schon 15 Tage später.

1870 bannte Jean-Paul Laurens (1838–1921) ein einzigartiges Schauerspektakel auf die Leinwand, bei dem Papst Stephan VI. seinen Vorgänger Formosus exhumieren und Gericht über ihn halten ließ.

Stephan VI.

† Rom August 897; Papst seit Mai 896

Inszenator der »Leichensynode«

Seine Wahl war möglicherweise vom kaiserlichen Legaten in Rom beeinflusst. Dennoch ging Stephan bald zur Gegenseite über, zur Partei Lamberts von Spoleto, der zu dieser Zeit der wahre Herr Italiens war. Im Januar 897 inszenierte Stephan einen makabren Schauprozess, der als »Leichensynode« in die Kirchengeschichte einging: Der verstorbene Papst Formosus, bereits seit neun Monaten unter der Erde, wurde exhumiert, in seine päpstlichen Kleider gehüllt und auf einen Stuhl im Gerichtssaal gesetzt und verurteilt. Die Strafe für die Untat sollte nicht lange auf sich warten lassen. Die Anhänger des geschändeten Papstes formierten sich. Der plötzliche Zusammenbruch der altersschwachen Lateranbasilika wurde als göttliches Zeichen angesehen. Im Juli 897 brach ein Volksaufstand los, Stephan wurde abgesetzt und im folgenden Monat im Kerker erdrosselt.

Romanus

Papst August–November 897

Ins Kloster gesperrt

Von seinem persönlichen Hintergrund ist nur bekannt, dass er aus Gallese bei Civita Castellana (Toskana) stammte und Kardinalpriester an S. Pietro in Vincoli war: Romanus wurde nach der Ermordung Stephans VI. im August 897 zum Papst gewählt und verlor das Amt vier Monate später. Nach einem Bericht im »Liber pontificalis« wurde er »zum Mönch gemacht«, d.h. in ein Kloster weggesperrt. Möglicherweise hatte er das der Partei des Formosus zu danken, die für seine Wahl gesorgt hatte und nun mit ihm unzufrieden war, weil er die Ehre ihres auf der sogenannten Leichensynode geschändeten Helden nicht ausreichend wiederhergestellt hatte. Das weitere Schicksal des Romanus ist unbekannt.

Theodor II., Kupferstich, aus: G. Pinadello, »Invicti Quinarii«, Rom 1589.

Theodor II.

† Rom November 897; Papst November 897

Wirren leidlich geordnet

Von ihm ist nur bekannt, dass er gebürtiger Römer war: Theodors II. Pontifikat dauerte 20 Tage, dann machte ihm der Tod ein Ende. Der friedliebende Mann, so die Beschreibung durch die Zeitgenossen, brachte es aber in dieser kurzen Zeit fertig, die Wirren in Rom, die unter seinen Vorgängern angerichtet worden waren, leidlich zu ordnen. Er hielt eine Synode ab, die alle Anordnungen und Beschlüsse der sogenannten Leichensynode aufhob und die Amtshandlungen des Formosus für rechtmäßig erklärte. Dessen exhumierter, verstümmelter Leichnam, der nach dem Schandspektakel in den Tiber geworfen worden war, wo ihn ein Eremit fand, wurde nach Rom überführt und mit so viel Ehre wie möglich in seinem ursprünglichen Grab in Sankt Peter beigesetzt.

Johannes IX.

† Rom Mai 900; Papst seit April 898

Den geschändeten Vorgänger rehabilitiert

Auch zwei Jahre nach seinem Tod beschäftigte Formosus noch die Gemüter: Als im Winter/Frühjahr 898 ein Nachfolger für Theodor II. gesucht wurde, ergriffen Formosus' Feinde, die Parteigänger Stephans VI., die Initiative und erhoben im Frühjahr 898 Sergius (später Sergius III.), den Bischof von Caere (Cerveteri), zum Papst, der sich auch gleich im Lateran festsetzte. Dagegen wandte sich die Anhängerschaft des Formosus, die vom italienischen König Lambert von Spoleto (891–898) unterstützt wurde. Sie

vertrieb Sergius mit Waffengewalt und wählte den Benediktinermönch Johannes, der aus Tivoli stammte. Dessen erste Amtshandlung war dann auch die Einberufung einer Synode, auf der die von seinem Vorgänger Theodor II. eingeleitete Rehabilitation des Formosus abgeschlossen wurde. Dessen Ordinationen galten nun als rechtmäßig, das betraf auch die am 892 vorgenommene Krönung Lamberts zum Kaiser.
Die Versammlung in Rom annullierte die Beschlüsse der sogenannten Leichensynode, verzichtete aber darauf, die Teilnehmer an dieser makabren Veranstaltung zu bestrafen, da diese unter Zwang gehandelt hätten. Immerhin wurde ausdrücklich verboten, künftig Gericht über Tote zu halten. Auf einer zweiten Synode in Ravenna wurde das Schutzverhältnis zwischen der Dynastie von Spoleto und dem Papsttum weiter definiert, jeder Römer erhielt das Recht, an den Kaiser als höchste Rechtsinstanz zu appellieren, der Territorialbesitz des Papstes wurde garantiert. Die guten Aussichten, die sich hier für das Papsttum boten, verdüsterten sich aber bald: Am 15.10.898 kam der junge Kaiser bei einem Jagdunfall ums Leben. Lambert hinterließ keine Erben, Berengar von Friaul (850–924) riss die Herrschaft an sich, erlitt aber im September 899 an der Brenta eine Niederlage gegen die in Oberitalien eingefallenen Ungarn.

Benedikt IV.

† Rom (?) August 903; Papst seit Mai 900

Chaotische Wahlen

Formosus und kein Ende: Auch als Benedikt IV., ein Römer aus der städtischen Oberschicht, den Stuhl Petri bestieg, war der Streit um den postum geschändeten früheren Papst noch nicht ausgestanden. Anhänger und Feinde des Formosus sorgten dafür, dass die Papstwahlen chaotisch verliefen. Die Nachrichten über das Pontifikat Benedikts IV. sind nur in Bruchstücken erhalten. Die Personalentscheidungen des Papstes (z.B. die Bestätigung des Bischofs Argrinus von Langres) deuten darauf hin, dass er die Linie seines Vorgängers Johannes IX., der in der Tradition des Formosus stand, fortzusetzen gedachte. Im Streit zwischen dem italienischen Thronprätendenten Berengar von Friaul und dem König von Niederburgund, Ludwig III. (887–928), entschied er sich für letzteren. Er krönte Ludwig im Februar 901 zum Kaiser. Ein Jahr später gewann Berengar militärisch die Oberhand, er besiegte Ludwig im August 902 und zwang ihn, Italien zu verlassen. Ohne Schutz durch den Kaiser verfiel Rom alsbald der Anarchie des Parteienkampfes.

Leo V.

† Rom nach 29.1.904; Papst August–September 903

Palastrevolution im Lateran

Er gehörte nicht zum römischen Klerus, war Gemeindepriester in Priapi bei Ardea, 37 km südlich von Rom, und vielleicht lag in seiner mangelnden Vertrautheit mit den Verhältnissen in Rom der Grund dafür, dass er sich als Papst nur 30 Tage lang halten konnte. Andererseits war er vermutlich gerade deswegen auf diesen Posten gekommen, weil sich die Parteien in Rom nicht auf einen lokalen Kandidaten einigen konnten und dem Mann von auswärts immerhin ein Ruf besonderer Frömmigkeit vorausging. Eine

Leo V., Kupferstich, aus: G. Pinadello, »Invicti Quinarii«, Rom 1589.

S. Croce
In Herusalem
S. lorenzo
fora di muri
S. GIOVANI
S. MARIA
MAGIORE
S. PIETRO

»Le sette chiese privilegiate di Roma«, Vogelschauplan der Stadt Rom mit den sieben Pilgerkirchen S. Pietro, S. Paolo, S. Giovanni in Laterano, S. Maria Maggiore, S. Croce in Gerusalemme, S. Lorenzo und S. Sebastiano. Kupferstich von Antonio Lafreri (1512–1577), Rom 1575.

Palastrevolution, angeführt von dem Kardinalpriester Christophorus, machte seinem Pontifikat ein Ende. Leo wurde ins Gefängnis geworfen und, nachdem auch Christophorus Opfer eines Umsturzes geworden war, zusammen mit diesem hingerichtet – auf Befehl des Papstes Sergius III., dem, wie es in den Quellen heißt, die Gefangenen in ihrem miserablen Zustand leid taten.

Die Legende verknüpft Leo mit dem bretonischen Heiligen des 6. Jahrhunderts Tutwal (auch Tugdual), der den Papst in Rom aufsuchen will, bei seiner Ankunft aber den Thron leer vorfindet und den Klerus damit beschäftigt, einen Nachfolger zu suchen. Das Wunder geschieht, der bretonische Pilger wird zum Papst gewählt und nimmt den Namen Leo Britigena (aus der Bretagne) an.

Christophorus

† Rom nach 29.1.904; Gegenpapst September 903–Januar 904

Hingerichtet zusammen mit seinem früheren Opfer

Der gebürtige Römer Christophorus war Kardinalpriester an S. Damaso. Er führte im September 903 die Revolte gegen Papst Leo V. an und ließ sich danach zum Papst wählen und weihen. Aber lange sollte er sich seines Sieges nicht freuen. Anfang des Jahres 904 wurde er von Sergius III., der schon einmal, 898, seine Ansprüche auf den Stuhl Petri angemeldet hatte, gestürzt und in das gleiche Gefängnis geworfen, in dem auch sein früheres Opfer Leo saß. Sergius ließ nach seiner Weihe zum Papst (29.1.904) die beiden Vorgänger hinrichten, angeblich, weil er nicht mitansehen konnte, wie sie im Kerker darbten.

Papst Sergius III., Holzstich, um 1900.

Sergius III.

† Rom 14.4.911; Papst seit 29.1.904

Beginn der »Pornokratie«

Mit ihm kam ein alter Feind des Formosus auf den päpstlichen Stuhl; die unglückselige Parteibildung seit dessen Pontifikat (891–896) wollte kein Ende nehmen. Sergius stammte aus dem römischen Adel, er war Bischof von Caere (Cerveteri), behauptete aber, gegen seinen Willen an das Episkopat gekommen zu sein. Er hatte an der Schändung des Formosus auf der sogenannten Leichensynode teilgenommen. Ein erster Versuch, Papst zu werden, scheiterte 897/898. Sergius fand sich in der folgenden Zeit, die ganz der Formosus-Partei gehörte, im Abseits: abgesetzt, verurteilt, ins Exil vertrieben. Sieben Jahre später, Anfang 904, kam die zweite Chance. Von Herzog Alberich von Spoleto militärisch unterstützt, unternahm Sergius einen regelrechten Marsch auf Rom und wurde dort unter dem Schutz der Waffen zum Papst geweiht. Er stürzte den Usurpator Christophorus und ließ ihn zusammen mit dessen Vorgänger Leo V. hinrichten. Das Pendel schlug nun zur anderen Seite: Die Beschlüsse der Leichensynode, von Theodor II. und Johann IX. für nichtig befunden, wurden wieder in Kraft gesetzt, alle Amtshandlungen des Formosus für ungültig erklärt.

Es gab Proteste in der Kirche, aber nur außerhalb Roms, in der Stadt hielt der Papst, gestützt auf den Adel, vor allem auf den mächtigen Senator, Milizen-Kommandeur und Finanzdirektor des heiligen Stuhles Theophylakt († um 924/925), den Widerstand nie-

der. Nicht geringe Förderung erfuhr Sergius auch durch Theophylakts Frau Theodora († nach 916), mit der der Papst ebenso wie mit ihrer Tochter Marozia († nach 932) angeblich Liebesverhältnisse unterhielt.
Es begann die »Pornokratie«, wie der katholische Historiker Cesare Baronio (um 1600) diese dunkle Epoche des Papsttums nannte. Bis 935 übten Theodora die Ältere, Marozia und ihre Schwester Theodora die Jüngere maßgeblichen Einfluss auf die Politik der Päpste aus, wurde Kirchengeschichte von Frauen geschrieben.
Sergius vollendete die Wiederherstellung der bei einem Erdbeben 897 eingestürzten Lateranbasilika. Sein Grab in Sankt Peter trägt eine Inschrift, die den heldenhaften Kampf des Papstes gegen die »Wölfe« schildert, die ihn nach seiner ersten Wahl sieben Jahre lang daran hinderten, den Stuhl Petri einzunehmen.

Anastasius III.

† Rom (?) Juni (?) 913; Papst seit April (?) 911

Gutes Verhältnis zum italienischen König

Das Datum seiner Wahl sowie das Todesdatum sind nicht genau zu bestimmen. Anastasius III. stammte aus Rom, über seine kirchliche Laufbahn liegen keine Nachrichten vor. Nach dem Urteil des Chronisten Flodoard von Reims († 966) war er ein milder und persönlich untadeliger Mann, aber, so muss man wohl hinzufügen, nicht aufgelegt, eigenständig zu handeln. Zu seiner Zeit führte der Senator und Finanzdirektor des heiligen Stuhls Theophylakt das Regiment in Rom, angetrieben von seiner ehrgeizigen Gattin Theodora. Immerhin verlieh Anastasius das Pallium an Ragimbert, den Bischof von Vercelli, und zeichnete das Bistum Pavia aus, worin das gute Verhältnis des Papsttums zu König Berengar I. von Italien sichtbar wird, zu dessen Reich die beiden geistlichen Herrschaften gehörten.

Anastasius III., Kupferstich, aus: G. Pinadello, »Invicti Quinarii«, Rom 1589.

Lando

† Rom Ende März 914; Papst seit Anfang November 913

Nur eine Schenkungsurkunde erhalten

»Dichteste Finsternis« (F. Gregorovius) bedeckt sein Pontifikat: Von Lando weiß man allein, dass er aus der Stadt Fornovo in der Sabina stammt, nicht hingegen von den Umständen seiner Wahl und auch nichts von seiner Amtszeit. Lediglich eine Gerichtsurkunde von 1431 bezeugt Schenkungen des Papstes zugunsten des Domes von Vescovio in der Sabina.

Johannes X.

† Rom 929; Papst März/April 914–Mai 928

Von seinem Gönner zur Abdankung gezwungen

Aus Tossignano in der Romagna gebürtig, wurde Johannes in Bologna ordiniert und diente als Diakon in Ravenna, wo er auch sieben Jahre Erzbischof war, bevor ihn der römische Adel, genauer der allmächtige Senator Theophylakt, nach Rom holte. Böse

Zungen behaupteten, Johannes habe seine Wahl zum Papst hauptsächlich Theophylakts Gattin Theodora zu verdanken, die während eines seiner dienstlichen Aufenthalte in Rom ein Verhältnis mit ihm angefangen habe.

Johannes erwies sich indes als kraftvoller, umsichtiger Politiker. Er brachte sogleich ein breites Bündnis gegen die Sarazenen zusammen, unter deren Raubzügen Italien schon lange litt. Das christliche Aufgebot schlug die Muslime im August 915 entscheidend am Garigliano. Im Dezember desselben Jahres krönte Johannes den italienischen König Berengar I. zum Kaiser – ungeachtet der Tatsache, dass es bereits einen Kaiser gab, nämlich Ludwig III. den Blinden von Niederburgund, der 901 von Benedikt IV. gekrönt worden war. Johannes traf während seines Pontifikats bedeutende kirchenpolitische Entscheidungen. Er schlichtete Streitigkeiten über die Bischofserhebungen in Narbonne, Lüttich und Reims, unterstützte den deutschen König Konrad I. in seiner Auseinandersetzung mit Sachsen, Schwaben und Bayern und stellte 927 die erste Papsturkunde für das aufstrebende Kloster Cluny aus. Er gab Anweisungen zur Missionierung der Normannen, suchte Kroatien und Dalmatien für den lateinischen Ritus zu gewinnen und einigte sich 923 mit Byzanz auf ein Ende des Tetragamiestreits (der 906 über der vom Patriarchat in Konstantinopel nicht anerkannten vierten Ehe des Kaisers Leon entstanden war).

Ein Zusammenstoß mit der Familie seines einstigen Förderers Theophylakt hatte verheerende Folgen. Nach Berengars Tod (April 924) hatte sich Johannes eng mit dem neuen König Italiens, Hugo von der Provence (926–947), sowie mit seinem eigenen Bruder Petrus, dem Markgrafen von Spoleto, verbunden. Dadurch fühlten sich Theophylakts Tochter Marozia, die nach dem Tod ihrer Eltern in Rom als »Senatrix« das Sagen hatte, und ihr Gatte Guido von Tuszien herausgefordert. Unter der Behauptung, Petrus hätte die Ungarn zum Einfall in Italien verleitet, inszenierten sie Ende 927 einen Putsch. Petrus wurde vor den Augen seines Bruders im Lateran erschlagen. Im Mai des nächsten Jahres zwangen sie Johannes zur Abdankung, vorgeblich weil das Volk es verlangte, und sperrten ihn in der Engelsburg ein. Dort starb Johannes Mitte des Jahres 929. Möglicherweise wurde er ermordet.

Die Abtei Cluny in Burgund war eines der bedeutendsten religiösen Zentren des Mittelalters und Ausgangspunkt weitreichender Klosterreformen. Zwischen dem 10. und 12. Jahrhundert wurde die Abtei von zahlreichen einflussreichen Äbten regiert, die auch in die politischen Geschicke einzugreifen verstanden – als Ratgeber der Päpste, Kaiser oder bedeutender Könige. Der Stich zeigt den wahrscheinlichen baulichen Zustand des Klosters um 1070.

Leo VI.

† Rom Anfang Januar 929; Papst seit Mitte Juni 928

Zum Lückenfüller bestimmt

Als er auf den Stuhl Petri gelangte, war er schon ein alter Mann: Leo VI., aus der römischen Oberschicht stammend, Kardinalpriester an S. Susanna, sollte nach dem Willen der Marozia, der Herrin Roms in jener Zeit, nur eine Lücke füllen, bis ihr Sohn Johannes soweit sei, Papst zu werden. Aus dem kurzen Pontifikat Leos ist nur eine Urkunde erhalten, die Bestätigung von Beschlüssen einer Synode in Split mit der Ermahnung an die dalmatinischen und kroatischen Bischöfe, dem Metropoliten Johann von Split, den Leo selbst eingesetzt hatte, gehorsam zu sein.

Stephan VII.

† Rom Ende Februar 931; Papst seit Dezember 928

Marionette der Adelspartei

Auch Stephan VII., einem gebürtigen Römer und Priester an S. Anastasia, war nur die Rolle eines Platzhalters zugedacht, so wollte es die herrschende Adelspartei in Rom unter der ehrgeizigen »Senatrix« und »Patricia« Marozia. Ihr eigentlicher Favorit war Johannes, der Sohn der Marozia, der nur noch nicht das passende Alter erreicht hatte.

Johannes XI.

† Rom (?) Januar 936; Papst seit Februar oder März 931

Ein Jüngling im höchsten Amt der Christenheit

Er war vermutlich erst Anfang zwanzig, aber länger wollte Marozia, die Herrscherin Roms, nicht warten, bis ihr Sohn den Stuhl Petri bestieg: Johannes, trotz seiner Jugend

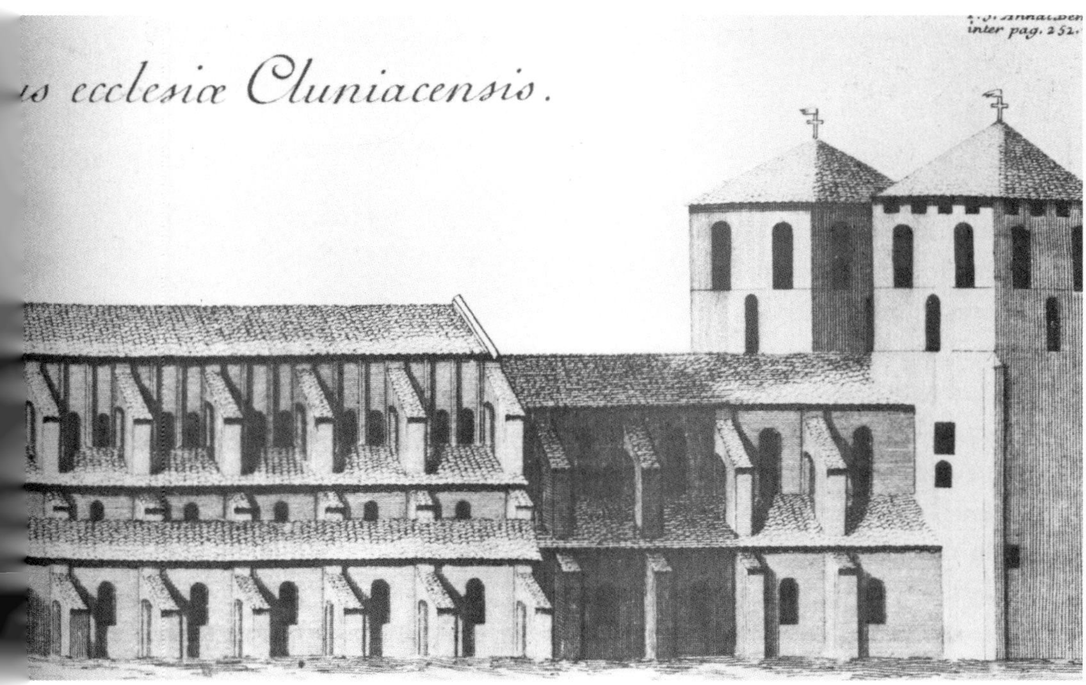

schon Kardinalpriester an S. Maria in Trastevere, wurde gewählt, als der Lückenfüller Stephan VII. Ende Februar 931 das Zeitliche gesegnet hatte.

Nach dem zeitgenössischen Chronisten Liutprand von Cremona (920–972) war Johannes XI. der Spross einer illegitimen Verbindung des früheren Papstes Sergius III. mit der Marozia. Eine seiner ersten Amtshandlungen war die Bestätigung von Privilegien für die Reformabtei Cluny in Burgund. Als der byzantinische Kaiser Romanus I. (920–944) seinen 16-jährigen Sohn zum Patriarchen von Konstantinopel einsetzte – was erhebliche Empörung in der Ostkirche hervorrief –, gab Johannes seine Zustimmung, vermutlich dirigiert von seiner Mutter, die bei dieser Gelegenheit noch eine Heirat ihrer kleinen Tochter Bertha mit einem byzantinischen Prinzen einzufädeln versuchte. Im Sommer 932 starb Marozias zweiter Ehemann Guido von Tuszien. Sie verheiratete sich sofort wieder, diesmal mit Hugo von der Provence, früher ihr Gegner, nun aber als König von Italien der Mann der Stunde.

Den Römern gefiel die Verbindung ihrer Herrin mit einem Fürsten des Auslands nicht, im Dezember 932 brach ein Aufstand aus. Treibende Kraft dabei war Alberich II. von Spoleto, Marozias Sohn aus erster Ehe, den Hugo bei der Hochzeitsfeier beleidigt hatte. Bewaffnete Horden stürmten die Engelsburg, das Hauptquartier des Marozia-Clans. Hugo glückte die Flucht, aber Marozia und Johannes wurden ins Gefängnis geworfen, während Alberich sich zum Herrn Roms machte, der er bis zu seinem Tod 954 auch unangefochten blieb. Was aus Marozia wurde, ist nicht bekannt, ihr Sohn scheint später freigelassen, im Lateran aber unter Hausarrest gehalten worden zu sein. Nur noch kirchliche Funktionen im engsten Sinn durfte er ausführen, »machtlos und ohne alle Würde«, wie es beim Chronisten Flodoard von Reims heißt.

Leo VII. (links), Fenster in der ehemaligen Abteikirche Saint-Denis, Paris (19. Jh.).

Leo VII.

† Rom Anfang Juli 939; Papst seit Anfang Januar 936

Neuanfang nach dem Sturz der Adelsclique

Die Adelsclique der Marozia hatte nach dem Umsturz in Rom (Dezember 932) vorerst abgewirtschaftet. Das Papsttum stand nun unter der Kontrolle des Markgrafen von Spoleto, Alberich II. Leo VII., vorher Kardinalpriester an S. Sisto, ein gebürtiger Römer, war der erste Papst, der unter dem neuen Regiment gewählt wurde.

Von Alberich auf die Ausübung rein kirchlicher Funktionen beschränkt, vermochte Leo doch Bedeutendes zu leisten. Er lud Abt Odo von Cluny (927–942) nach Rom ein, wo dieser nicht nur den Frieden zwischen Alberich und Hugo von der Provence, dem König Italiens, vermittelte, sondern auch die Reform der Klöster in und um Rom in Angriff nahm. Er erneuerte die Privilegien für die Abtei von Subiaco (80 km östlich von Rom) ebenso wie die von Cluny und Déols. Auch die Benediktinerabtei Gorze in Lothringen, Zentrum einer von Cluny verschiedenen Reformbewegung, wurde mit Privilegien bedacht. Leo VII. kümmerte sich besonders um die Verhältnisse der deutschen Kirche, er verlieh das Pallium an Erzbischof Adaldag von Hamburg-Bremen und ernannte Erzbischof Friedrich von Mainz zum Apostolischen Legaten und Vikar von ganz Deutschland. Er gab dem Mainzer umfassende Anweisungen zu einer Reform des hohen und niederen Klerus; dazu gehörte auch die Aufforderung, Juden zu vertreiben, wenn sie sich der Bekehrung verweigerten.

Stephan VIII.

† Rom Ende Oktober 942; Papst seit 14.7.939

Förderer der kluniazensischen Reform

Spätere Quellen behaupten eine deutsche Abstammung, aber das dürfte auf einem Irrtum beruhen, genau wie die Angabe, König Otto I. der Große, der spätere Kaiser, habe ihn eingesetzt. Tatsächlich war Stephan VIII. ein gebürtiger Römer, Kardinalpriester an SS. Silvestro und Martino, und in sein Amt gelangte er genau wie sein Vorgänger Leo VII. auf Geheiß des seinerzeit unbeschränkten Herrschers in Rom, des Markgrafen von Spoleto, Alberich II., von dem er auch während seines Pontifikats weitgehend abhängig blieb. Er förderte, wie es auch der Absicht Alberichs entsprach, die kluniazensische Reform. Erst gegen Ende seiner Amtszeit scheint es Misshelligkeiten zwischen dem Papst und seinem Schutzherrn gegeben zu haben. Eine unsichere Überlieferung sagt, Stephan habe sich in eine Verschwörung gegen Alberich hineinziehen lassen und sei deswegen eingekerkert und misshandelt worden, schließlich an seinen Wunden gestorben.

Marinus II.

† Rom Anfang Mai (?) 946; Papst seit Ende Oktober 942

Abhängig vom Fürsten von Spoleto

Wie Stephan VIII. und Leo VII. verdankte wohl auch Marinus II., ein gebürtiger Römer, Kardinalpriester an S. Ciriaco, seine Wahl zum Papst dem Markgrafen von Spoleto, Alberich II., der seit 932 als Senator und Fürst von Rom die Macht in der Stadt ausübte. Marinus' Pontifikat lässt demgemäß wenig Eigenständigkeit erkennen. Der bedeutendste Rechtsakt war die Bestätigung Friedrichs von Mainz als päpstlicher Vikar in Deutschland mit dem Recht, Synoden abzuhalten und Amtsmissbräuche in Klerus und Mönchstum abzustellen.

Agapet II., Kupferstich, aus: G. Pinadello, »Invicti Quinarii«, Rom 1589.

Agapet II.

† Rom Dezember 955; Papst seit 10.5.946

Zusammenarbeit mit dem deutschen König

Er war der letztePapst, der unter dem Regiment Alberichs II. auf den Stuhl Petri kam. Agapet war gebürtiger Römer. Seine Unterstützung der kluniazensischen Reform lag noch ganz im Zug der von Alberich diktierten Politik. Auf anderen Feldern jedoch verstand es Agapet, die Kontrolle zu lockern, unter der seine Vorgänger gestanden hatten, etwa im Streit um das Erzbistum Reims auf der Synode von Ingelheim im Frühjahr 948 und im gleichen Jahr bei der Bestätigung der Metropolitanrechte des Erzbistums Hamburg-Bremen über Skandinavien.

Agapet war ein Bewunderer des deutschen Königs Otto I. (936–973); als der Sachse im Herbst 951 nach Italien zog, in Pavia die langobardische Königswürde annahm und Boten nach Rom sandte, um über die Modalitäten der Kaiserkrönung zu verhandeln, hätte sich Agapet vermutlich gern bereitgefunden, Otto die Krone aufs Haupt zu setzen. Aber das verhinderte ein Machtwort Alberichs. Agapet musste das Projekt absagen. Nichtsdestoweniger fuhr er fort, Otto beim Aufbau der deutschen Reichskirche zu unterstützen. Er verlieh ihm in großem Stil die Jurisdiktion über die Abteien und das Recht, Erzbistümer und Bistümer auf eigene Hand zu gründen bzw. ihre Grenzen neu abzustecken. Das wurde exemplarisch deutlich, als Otto die 937 gegründete Abtei von St. Moritz in Magdeburg gegen den Widerstand des Bischofs von Halberstadt und des Erzbischofs von Mainz zum Zentrum der Slawenmission machte und schließlich zur Metropolitankirche erhob. Agapet trug so mittelbar zur Wiederherstellung des Kaisertums durch Otto I. den Großen bei.

Papst Agapet II. hatte mittelbar Anteil an der Wiederherstellung des Kaisertums unter Otto I. dem Großen. »Das thronende Herrscherpaar« aus dem Jahr 1250 im Dom Sankt Katharina und Sankt Mauritius in Magdeburg zeigt einer älteren Magdeburger Überlieferung nach Otto I. mit seiner Frau, die beide im Dom ihre letzte Ruhestätte gefunden haben.

Noch aber dauerte der Griff Alberichs um Rom an. Selbst in seiner Todesstunde ließ der Stadtherr nicht nach, die Verhältnisse in seinem Sinn zu beeinflussen. Er ließ Adel und Klerus, den Papst eingeschlossen, schwören, seinen unehelichen Sohn Oktavian als Nachfolger anzuerkennen und ihn nach Agapets Tod auch zum Papst zu machen. Das war unkanonisch, ein Verstoß gegen die Wahlordnung, die Symmachus 499 erlassen hatte, aber die Versammelten taten, was verlangt wurde.

Am 31.8.954 starb Alberich und trat Oktavian als Johannes XII. die Herrschaft an. Ein Jahr später starb auch Agapet und wurde in der Apsis von S. Giovanni in Laterano beigesetzt.

Johannes XII.

* um 937, † 14.5.964; Papst seit 16.12.955

Der Lateran als Freudenhaus

Sein eigentlicher Name war Oktavian. Er kam auf den päpstlichen Thron durch Vermächtnis seines Vaters Alberich II. Nach dessen Willen sollte er sowohl politischer Erbe sein, als auch die Nachfolge des Papstes Agapet II. antreten – sobald dieser stürbe. Man verfuhr nach Alberichs Tod, wie es der »Fürst und Senator aller Römer« angeordnet hatte, erkannte Oktavian als Stadtherrn an und wählte ihn, als Agapet ein Jahr später starb, zum Papst. Die Entscheidung für den Namen Johannes hatte vermutlich herrscherlich-verwandtschaftliche Gründe. Johannes XI. war der Onkel des neuen Papstes, und zu Johannes X. gab es über die Urgroßmutter Theodora d.Ä. möglicherweise auch noch eine Beziehung.

Bei seiner Inthronisation kaum 18 Jahre alt, kümmerte sich Johannes XII. wenig um geistliche Dinge, sondern genoss erst einmal das luxuriöse Leben der römischen Oberschicht in vollen Zügen. Er habe es ärger getrieben als die Heiden, schrieb Benedikt von Soracte, ein Chronist vom Ende des 10. Jahrhunderts; andere Zeitgenossen sprachen ohne Weiteres vom Lateran als einem Freudenhaus und Harem. Im Bett mit einer ver-

heirateten Frau soll ihn auch der Schlag getroffen haben, der seinem Leben ein frühes Ende setzte; nach einer anderen Version erschlug ihn ein gehörnter Ehemann.

Von Otto I. auf den Thron gesetzt, galt Leo VIII. stets nur als Marionette des Kaisers. (Farbdruck nach einem Aquarell, 20 Jh.).

Seine Stellung in der Kirche wurde durch die privaten Ausschweifungen nicht beeinträchtigt, Johannes wahrte hier durchaus Autorität, er führte auch die von seinem Vater geförderte Klosterreform weiter. Aber politisch gab es Rückschläge. Aktionen gegen Capua und Benevent, mit denen die päpstlichen Territorien vergrößert werden sollten, schlugen fehl. Gegen Angriffe von seiten König Berengars II. (950–963) musste Johannes schließlich den deutschen König Otto I. zu Hilfe holen und ihm die Kaiserkrone versprechen. Damit begann eine neue Epoche in den Beziehungen zwischen dem Papsttum und dem Reich im Norden. Otto traf in Rom am 31.1.962 ein, am 2.2. wurden er und seine Gattin Adelheid in Sankt Peter gesalbt und gekrönt. Eine Synode billigte Ottos Pläne u.a. zur Slawenmission (Errichtung des Erzbistums Magdeburg). Im Gegenzug erhielt der Papst das »Privilegium Ottonianum«, in dem die Pippinsche Schenkung bestätigt, aber auch das Zustimmungsrecht des Kaisers zur Papstwahl und die Pflicht des Papstes zum Treueid gegenüber dem Kaiser betont wurde, wie es die »Constitutio Romana« Kaiser Lothars I. von 824 festlegte.

Eine solch dominierende Stellung des Kaisers war wohl nicht das, was Johannes gewünscht hatte. Er begann, kaum dass Otto zum Feldzug gegen Berengar aufgebrochen war, mit dessen Sohn Adalbert und sogar mit den Ungarn zu verhandeln. Otto machte wutentbrannt kehrt und marschierte am 1.11.963 in Rom ein. Johannes floh unter Mitnahme des päpstlichen Schatzes nach Tivoli und verweigerte sich allen Aufforderungen, auf einer Synode zu erscheinen. Darauf ließ Otto ihn am 4.12. absetzen und bestellte als Nachfolger einen hohen Beamten aus dem Lateran, Leo VIII. Johannes gab noch nicht auf, im Januar inszenierte er einen Aufstand in Rom, der blutig niedergeschlagen wurde. Da Kaiser Otto jedoch bald darauf die Stadt verließ, um sich mit seinem Heer zu vereinigen, wagte Johannes im Februar einen letzten Umsturzversuch. Der gelang, Leo floh, aber prompt kehrte auch Otto zurück, und Johannes gab seine Sache nun endlich verloren. In seinem Zufluchtsort in der Campagna starb er eines plötzlichen Todes, immer noch gerade erst ein Mittzwanziger.

Leo VIII.

† Rom Anfang März 965; Papst seit 4.12.963

Papst von Kaisers Gnaden

Eine Synode unter Vorsitz Ottos I. des Großen erhob ihn zum Papst anstelle des abgesetzten Johannes XII. Er war Laie, Mitglied der römischen Beamtenaristokratie, aber innerhalb eines Tages wurden ihm die nötigen Weihen verliehen. Das Odium, eine Marionette des Kaisers zu sein, wurde Leo indes nicht los. Im Februar 964 musste er vor der Volkswut nach Spoleto fliehen.

Die Römer nahmen Johannes wieder auf, der durch ein Synodalurteil die Wahl Leos für ungültig erklären ließ. Nach Johannes' plötzlichem Tod im Mai 964 dachte man in Rom nicht daran, Leo zurückzuholen, sondern wählte Benedikt V. als Nachfolger. Doch da griff Otto ein und stellte im Juni mit Waffengewalt die Rechte Leos wieder her. Mit dem Namen des unbeliebten Papstes sind mehrere Urkundenfälschungen aus der Zeit des Investiturstreits verbunden, die vorgebliche Rechte Heinrichs IV. (1056–1106) in Italien als von Kaiser Otto herrührend »beweisen«.

Der Kupferstich (17./18. Jh.) zeigt den bis ins Jahr 1782 im Chor des Hamburger Domes aufgestellten Kenotaph Papst Benedikts V.

Benedikt V.

† Hamburg 4.7.965 oder 966; Papst Mai/Juni 964

Tod in Hamburg

Der römische Diakon Benedikt wurde nach dem Tod Johannes' XII. (14.5.964) gegen den Willen Kaiser Ottos I. gewählt und geweiht. Sein Pontifikat war nur kurz: Nachdem Ottos Truppen am 23.6.964 in Rom einmarschiert waren, wurde Benedikt V. von den Römern ausgeliefert und auf einer Synode im Lateran abgesetzt. Leo VIII. nahm seinen Platz ein. Benedikt wurde zum Diakon degradiert und nach Hamburg in die Verbannung geschickt, wo er am Sitz Erzbischof Adaldags wegen seiner untadeligen Lebensführung bald hohes Ansehen genoss. Er starb in Hamburg. Seine Gebeine wurden 988 von Otto III. nach Rom überführt.

Johannes XIII.

† Rom 6.9.972; Papst seit 1.10.965

Aufstieg der Crescentier

Nach Leos VIII. Tod (Anfang März 965) trat eine Sedisvakanz von mehr als einem halben Jahr ein, während der die Römer darauf hofften, dass der exilierte Benedikt V. zurückgerufen würde. Das trat jedoch nicht ein, gewählt wurde schließlich im Beisein kaiserlicher Beauftragter ein Kompromisskandidat, der Bischof von Narni, Johannes, ein

gebürtiger Römer. Noch im selben Jahr gab es in Rom einen Aufstand gegen ihn, die Römer ließen Johannes XIII. erst wieder in die Stadt, als im November 966 Otto I. auf Rom marschierte. Der Papst arbeitete während Ottos drittem Italienaufenthalt 966–972 eng mit dem Kaiser zusammen, hielt mit ihm gemeinsam Kirchenversammlungen in Rom und Ravenna ab und krönte 967 Otto II. zum Kaiser. 972 vollzog er die Trauung des Thronfolgers mit der byzantinischen Prinzessin Theophano und krönte diese auch zur Kaiserin. Dennoch ergaben sich bald Spannungen zwischen der römischen Kirche und der von Byzanz, weil Johannes, den politischen Intentionen Kaiser Ottos I. folgend, Capua und Benevent zu Erzbistümern erhob, was den byzantinischen Einfluss in Apulien und Kalabrien schmälerte.
Unter Johannes' Patronat begann das römische Geschlecht der Crescentier seinen Aufstieg. Mitglieder der Familie hatten in den Wirren des Jahres 965 für ihn gekämpft.

Johannes XIII., Fenster in der ehemaligen Abteikirche Saint-Denis, Paris (19. Jh.).

Benedikt VI.

† Rom Juli 974; Papst seit 19.1.973

Im Gefängnis ermordet

Die Familie der Crescentier, unter Johannes XIII. emporgekommen, mochte gehofft haben, einen Papst aus ihren Reihen durchzusetzen, aber die kaiserliche Partei und die reformorientierten Teile des Klerus wollten es anders. Sie wählten, wahrscheinlich im September oder Oktober 972, den Kardinalpriester an S. Teodoro Benedikt, einen gebürtigen Römer. Dass so viel Zeit zwischen Wahl und Weihe verging, lag daran, dass die Zustimmung von Kaiser Otto I. eingeholt werden musste, der sich in Deutschland befand. Benedikt sanktionierte die Gründung des Erzbistums Prag; die Urkunde darüber ging verloren, zwei erhalten gebliebene Urkunden für Passau und Salzburg dagegen haben sich als Fälschungen erwiesen.
Beim Tod Ottos (7.5.973) verlor Benedikt seinen Rückhalt in Rom. Im folgenden Jahr erhob sich ein Aufstand gegen ihn, angeführt von den Crescentiern und möglicherweise auch unterstützt von den Byzantinern. Benedikt wurde in der Engelsburg gefangengesetzt. Ob man ihm – und wenn unter welcher Anklage – den Prozess machte, ist nicht bekannt. Seine Gegner wählten als neuen Papst den Diakon Franco, der den Namen Bonifaz VII. annahm. Als ein kaiserlicher Gesandter erschien und die Freigabe Benedikts forderte, wurde der Gefangene auf Bonifaz' Geheiß erdrosselt. Täter war ein Priester namens Stephan.

Bonifaz VII.

† Rom Juli 985; Papst Juni–Juli 974, Sommer 980–März 981, erneut seit April 984

Vertrieben, exkommuniziert – und wieder im Amt

Ursprünglich hieß er Franco. Er scheint nach dem Tod Johannes' XIII. als Kandidat des mächtigen Geschlechts der Crescentier aufgestellt worden und dann Benedikt VI. unterlegen gewesen zu sein. Beim Aufstand gegen Benedikt im Juni 974 wurde er dann tatsächlich Papst und befleckte sein Amt sogleich mit dem Mord an seinem gefangengesetzten Vorgänger. Bereits im folgenden Monat durch Eingreifen eines kaiserlichen Gesandten vertrieben, zog er sich unter Mitnahme eines Teils der päpstlichen Kasse nach

Süditalien auf byzantinisches Gebiet zurück. Sein Nachfolger Benedikt VII. ließ ihn exkommunizieren. Die Position des neuen Papstes war aber nicht die festeste.
Im Sommer 980 gelang es Bonifaz, offenbar unter Ausnutzung einer zeitweiligen Abwesenheit Benedikts, sich in Rom festzusetzen, solange bis Kaiser Otto II. im März 981 mit einem Heer erschien und den Usurpator hinauswarf. Bonifaz ging diesmal nach Konstantinopel.
Nach Ottos Tod (7.12.983) glaubte er abermals seine Chance gekommen. In Rom regierte inzwischen der unbeliebte Johannes XIV. Ausgestattet mit erheblichen Geldmitteln aus Byzanz, kehrte Bonifaz im April 984 nach Italien zurück und bemächtigte sich des Apostolischen Stuhles. Johannes wurde ins Gefängnis gesperrt und starb dort vier Monate später Hungers oder wurde vergiftet. Bonifaz konnte sich diesmal länger als ein Jahr halten, zu einer kaiserlichen Intervention kam es nicht.
Sein plötzlicher Tod im Juli 985 wird dennoch nicht auf natürliche Ursachen zurückgeführt. Man nimmt an, dass Bonifaz Opfer einer Palastrevolution wurde. Deutlicher reden die Quellen über die Ereignisse nach dem Tod des Papstes: Der Leichnam wurde nackt durch die Straßen geschleift, die Menschen trampelten auf ihm herum und stießen mit Speeren nach ihm, an verschiedenen Plätzen wurde er aufgehängt und wieder abgenommen, schließlich an der Reiterstatue Mark Aurels liegen gelassen. »Monstrum« und »Malefacius« (Übeltäter) hieß Bonifaz fortan. Wieweit er als Papst oder als Gegenpapst bezeichnet werden kann, ist umstritten.

Benedikt VII.

† Rom 10.7.983; Papst seit Oktober 974

Förderer der deutschen Kirche

Er stammte aus der römischen Aristokratie und war verwandt mit Alberich II., dem früheren Stadtherrn Roms: Benedikt VII. wurde nach der Vertreibung Bonifaz' VII. gewählt, als Kompromisskandidat, auf den sich Adel wie kaiserliche Partei einigen konnten. Doch war seine Stellung in Rom keineswegs unangefochten, im Sommer 980 vermochte Bonifaz sogar kurzzeitig den Heiligen Stuhl wieder einzunehmen. Nur mit militärischer Hilfe Kaiser Ottos II. konnte Benedikt im März 981 den Usurpator loswerden.
Tief religiös, förderte Benedikt das Mönchstum und die Reform der Klöster. Er unterhielt enge Beziehungen zur deutschen Kirche, während seines Pontifikats bekamen Trier und Mainz bedeutende Privilegien, das Bistum Merseburg wurde zwischen Halberstadt, Zeitz und Meißen aufgeteilt, der Merseburger Bischof Giselher, ein besonderer Favorit des Kaisers, zum Erzbischof von Magdeburg erhoben. In seiner Politik gegenüber Byzanz folgte Benedikt gleichfalls den kaiserlichen Richtlinien, indem er in Süditalien lateinische Bistümer neu gründete bzw. bereits existierende im Rang erhöhte, um den byzantinischen Einfluss zu verringern.
Höhepunkt seines Pontifikats war die Synode von Rom im Frühjahr 981, der er gemeinsam mit Kaiser Otto II. vorsaß. Die Versammlung erließ ein Verbot der Simonie, des Kaufs oder Verkaufs geistlicher Ämter. Der Beschluss wurde der ganzen Christenheit bekannt gemacht. Benedikt wurde in der Basilika von S. Croce in Gerusalemme beigesetzt. Eine Überlieferung besagt, er habe eine Pilgerfahrt nach Jerusalem unternommen und einen Splitter vom Heiligen Kreuz mitgebracht.

Nach dem Tod Papst Johannes' XIII. 972 kam es um die Nachfolge zu Auseinandersetzungen zwischen einzelnen römischen Adelsfamilien, in die sich Otto II. zunächst aufseiten Benedikts VII. einmischte; nicht zuletzt zur Stabilisierung des italienischen Reichsteils. Majestas Domini (Herrlichkeit Gottes) mit huldigender kaiserlicher Familie (Christus zwischen Maria und dem hl. Mauritius; kniend Otto II. mit Theophanu und Sohn Otto III. Elfenbein, Mailand, um 983/84.

SCA MARIA

Johannes XV., Fenster der ehemaligen Abteikirche Saint-Denis, Paris (19. Jh.).

Johannes XIV.

† Rom 20.8.984; Papst seit September 983

Von Kaiser Otto II. abhängig

Nach dem Tod Benedikts VII. sorgte der in Italien residierende Kaiser Otto II. dafür, dass ein Mann seines Vertrauens den päpstlichen Thron bestieg. Er entschied sich für Petrus Canepanova, zuvor Bischof von Pavia, der sich nach seiner Einsetzung Johannes XIV. nannte – sicherlich aus Scheu, als Papst den Namen des Apostels Petrus zu führen. Volk und Klerus scheinen bei der Wahl nicht mitgewirkt zu haben, Johannes blieb auf die Unterstützung durch Otto II. angewiesen. Deswegen ging es mit seinem Pontifikat auch rasch zu Ende, als der Kaiser, an der Malaria erkrankt, am 7.12.983 in Rom starb. Die Regentin, Kaiserin Theophano, eilte nach Deutschland, um die Thronfolge für ihren dreijährigen Sohn Otto III. zu sichern, und ließ den Papst allein zurück. Die Abwesenheit kaiserlicher Gewalt in der Stadt machte sich der abgesetzte und exkommunizierte Gegenpapst Bonifaz VII. zunutze. Er verließ sein Exil in Konstantinopel und erschien im April 984, reichlich mit byzantinischem Geld versehen, in Rom. Johannes wurde gefangen genommen, für abgesetzt erklärt und in der Engelsburg eingekerkert. Er starb dort vier Monate später.

Johannes XV.

† Rom März 996; Papst seit August 985

Erste Heiligsprechung

In der turbulenten Situation nach dem Tod Bonifaz' VII. (20.7.985) machte Johannes Crescentius, Graf von Terracina, das Oberhaupt der mächtigen Crescentier-Familie, die Papstwahl zu seiner Sache. Er setzte durch, dass der Kardinalpriester an S. Vitale, Johannes, ein gebürtiger Römer und gelehrter Mann, den Stuhl Petri bestieg. Der Kaiserhof wurde nicht informiert; es gab in dieser Zeit nach dem Tod Ottos II. auch keine Repräsentation des Kaisers in Rom. Als die Kaiserinwitwe und Regentin Theophano im Winter 989/990 Rom besuchte, ließ sie die Frage der fehlenden Zustimmung auf sich beruhen.

Während Johannes' Stellung in der Stadt nicht besonders fest war, vermochte er doch nach außen die päpstliche Autorität geltend zu machen. Er unterhielt diplomatischen Verkehr mit Russland, vermittelte 991 zwischen König Aethelred von England und Herzog Richard I. von der Normandie, empfing 992 von Herzog Mieszko I. die Übereignung ganz Polens an den Apostolischen Stuhl und intervenierte im selben Jahr im Streit um die Absetzung des Erzbischofs Arnulf von Reims. Am 29.1.993 vollzog er mit der Heiligsprechung Bischof Ulrichs von Augsburg († 973) die erste formelle Kanonisation.

In Rom aber verschlechterte sich die Lage für Johannes immer weiter. Durch Raffgier und Nepotismus hatte er sich den Hass des Klerus zugezogen. Nach dem Tod Theophanos (15.6.991) fehlte ihm jede Unterstützung. Sein Gönner Johannes Crescentius war schon 988 verstorben, in Rom hatte inzwischen dessen Bruder Crescentius II. Nomentanus das Heft in der Hand, ein »Tyrann«, wie die Quellen sagen. Im März 995 floh Johannes nach Sutri. Von dort sandte er Hilferufe an den deutschen König Otto III. Der war mittlerweile 15 Jahre alt und hatte im Vorjahr die Regierung übernommen. Er machte sich im Februar 996 auf den Weg nach Italien. Die Nachricht davon versetzte Crescientius und den römischen Adel in Schrecken, rasch holten sie Johannes zurück. Mit allen Ehren zog er in Rom ein und nahm wieder im Lateran Quartier. Die Ankunft des Kaisers im Frühjahr erlebte er jedoch nicht mehr.

Gregor V.

* 969/972, † Rom 18.(?)2.999; Papst seit 3.5.996

Der erste Deutsche auf dem Papstthron

Zu Ostern 996 erhielt König Otto III. (983–1002), der zur Unterstützung Johannes' XV. nach Italien aufgebrochen war, in Pavia die Nachricht, dass der Papst gestorben sei. In Ravenna erwartete ihn eine Delegation des römischen Adels mit ausgesprochen schlechtem Gewissen (wegen der Vertreibung des Johannes) und bat ihn, einen Nachfolger für den Verstorbenen zu benennen. Otto entschied sich für Bruno, einen verhältnismäßig jungen Mann, 24 oder 27 Jahre alt, der erste Erfahrungen in der geistlichen Hierarchie als königlicher Kaplan gemacht hatte. Er war mit dem König verwandt, Sohn Herzog Ottos von Kärnten und Urenkel Ottos I. und wurde der erste Deutsche auf dem Stuhl Petri. Als Papst nahm er den Namen Gregor V. an, das bedeutete Anknüpfung an den großen Gregor I. und eine Richtungsentscheidung für die päpstliche Haltung im Streit um die Absetzung des Reimser Erzbischofs – das Recht des Papstes, hier einzugreifen, wurde hauptsächlich mit Zitaten aus der Korrespondenz Gregors I. begründet.

Gregor V., Kupferstich, aus: G. Pinadello, »Invicti Quinarii«, Rom 1589.

Am 21.5.996 krönte Gregor den 16-jährigen Otto zum Kaiser. Über den Führer der Partei, die Johannes XV. das Leben in Rom schwer gemacht hatte, Crescentius II. Nomentanus, wurde Gericht gehalten. Der Spruch lautete auf Verbannung, aber Gregor, dem es auf Frieden in der Stadt ankam, erwirkte eine Begnadigung. Crescentius dankte ihm das nicht. Kaum war Otto, dem das Klima im Süden nicht bekam, wieder auf dem Weg in die Heimat, begann, von Crescentius geführt, im Oktober 996 ein Aufstand gegen den deutschen Papst. Gregor wurde aus Rom vertrieben, ein Gegenpapst mit dem Titel Johannes XVI. eingesetzt. Fast anderthalb Jahre musste Gregor warten, bis Otto seine Hilferufe erhörte und wieder nach Italien kam. Im Februar 998 nahm er Rom ein, der Gegenpapst wurde abgesetzt, misshandelt und in ein Kloster gesperrt, der Aufrührer Crescentius hingerichtet. Gregor, nun wieder im Amt, arbeitete bis zum Ende eng mit Kaiser Otto zusammen, bewahrte sich jedoch in einigen Punkten Selbständigkeit, so im Reimser Bischofsstreit mit seiner Unterstützung für den abgesetzten Arnulf gegen den vom Kaiser favorisierten Gerbert von Aurillac, den späteren Papst Silvester II., so in der Frage des unter Benedikt VII. aufgeteilten Bistums Merseburg (Gregor wollte es wiederhergestellt sehen). Beim plötzlichen Tod Gregors wurde von Gift gemunkelt, es war jedoch die Malaria, an der er starb.

Johannes XVI.

† 26.8.1001; Gegenpapst Februar 997–Mai 998

Misshandelt und verspottet

Der aus Rossano in Kalabrien stammende Grieche Johannes mit dem Beinamen Philagathos war seit 982 Abt von Nonantola (bei Modena) und seit 988 zugleich Erzbischof von Piacenza. Seine politische Laufbahn begann er als Notar der Kaiserin Theophano. 980–982 und 991/992 diente er als kaiserlicher Kanzler für Italien, daneben war er Lehrer des künftigen Kaisers Otto III. Für diesen unternahm er auch 994 eine Reise zur Brautwerbung nach Konstantinopel.
Im Februar 997 wurde er von den Römern anstelle Gregors V. zum Papst erhoben. Das bedeutete eine Abkehr von seinen früheren Arbeitgebern, möglicherweise geschah sie auf Druck der in Rom herrschenden Crescentier-Familie und der Regierung in Byzanz; da Gregor in Rom äußerst unbeliebt war, mochte Johannes auch hoffen, auf diese Weise den Vermittler zwischen dem Kaiser und dem Volk von Rom spielen zu können.
Die Reaktion seitens Ottos III. fiel jedoch anders aus. Im Dezember 997 brach er mit einem Heer nach Italien auf, um Gregor wieder auf seinen Posten einzusetzen, im Februar 998 besetzte er Rom. Johannes wurde auf der Flucht gefasst und schrecklich misshandelt, man schnitt ihm Nase, Zunge und Ohren ab und riss die Augen aus. In einem Spottumzug, rücklings auf einem Esel sitzend, wurde er durch die Stadt geführt. Vermutlich im Mai trat unter Vorsitz des wieder eingesetzten Papstes Gregor V. ein Gericht zusammen, das ihn förmlich verurteilte und aller geistlichen Würden entkleidete. Der zerstörte Mann beschloss in ein Kloster weggesperrt sein Leben.

Silvester II.

* um 945 in der Auvergne, † Rom 12.5.1003; Papst seit 2.4.999

Energischer Verteidiger der päpstlichen Rechte

Silvester II., Holzstich von E. Chevignard nach einem Medaillon von Pierre Jean David d'Angers (1788–1856), um 1850.

Der erste Franzose, der den päpstlichen Stuhl bestieg: Gerbert von Aurillac nannte sich Papst Silvester II. Er knüpfte damit an Silvester I. an, dessen Pontifikat als Modell einer gedeihlichen Zusammenarbeit von Papst und weltlicher Macht galt. Das blieb allerdings zum Teil bloße Proklamation, der Gang der Weltgeschichte brachte Silvester II. und sein Gegenüber, den Kaiser Otto III., nicht nur zusammen, sondern genauso auch auseinander.
Gerbert stammte aus ärmlichen Verhältnissen. In Aurillac (Auvergne) und Vich (Katalonien) erhielt er eine gründliche Schulbildung. Bald schon zeigte sich seine außerordentliche Begabung für Astronomie und Mathematik. Sein Lebensweg führte ihn nach Rom, wo er mit seiner Gelehrsamkeit Papst Johannes XIII. und Kaiser Otto I. beeindruckte. 972 ging er zu weiteren Studien nach Reims, er wurde dort Leiter der Kathedralschule. Otto II. machte ihn zum Abt von Bobbio, dem bedeutenden Reichskloster, aber 984 gab er diesen Posten wieder auf.
Zurück in Reims, hoffte er nach dem Tod seines Gönners, des Erzbischofs Adalbero, dessen Nachfolge anzutreten. Der französische

Otto III., deutscher König und Kaiser, thronend zwischen je zwei geistlichen und weltlichen Standesvertretern. Buchmalerei aus dem Evangeliar Ottos III., Reichenau, Ende 10. Jahrhundert. Otto III. mischte sich, anders als noch sein Großvater Otto I., auf zwei Italienfeldzügen aktiv in die Papstentscheidung ein.

König Hugo Capet setzte jedoch Arnulf, einen unehelichen Sohn des Karolingerkönigs Lothar (954–986), ein. Erst als Arnulf sich als Werkzeug von Hugos Feinden erwies und abgesetzt wurde, kam Gerbert an die Reihe. Die Amtsenthebung Arnulfs geschah ohne Genehmigung aus Rom. Gerbert entwarf dazu die theoretische Rechtfertigung: Wenn ein Fall so klar liege, brauche man keine Zustimmung des Papstes. In dieser Argumentation sind die ersten Konturen einer eigenständigen »gallikanischen« Landeskirche sichtbar.

Papst Johannes XV. war jedoch nicht gesonnen, die Sache auf sich beruhen zu lassen. Auf der Synode von Mouzon (Juni 995) ließ er Gerbert suspendieren, der sich, nachdem die Position in Reims unhaltbar geworden, Kaiser Otto III. anschloss. Er folgte damit einer Einladung Ottos, der Gerbert als Lehrer und Berater für sich gewinnen wollte. Im April 998 erhielt er das Erzbistum Ravenna, ein Jahr später die Erhebung zum Papst. Kaum auf den heiligen Stuhl gelangt, erwies sich Silvester als energischer Verteidiger der päpstlichen Rechte, die er zuvor im Reimser Bischofsstreit angezweifelt hatte. Mit der Begründung, die päpstliche Genehmigung habe bei der Absetzung gefehlt, verhalf er seinem früheren Rivalen Arnulf zur Rückkehr auf den Stuhl des Erzbischofs von Reims.

In der Zusammenarbeit mit Kaiser Otto III. schien sich die Vision eines erneuerten christlich-römischen Imperiums zu verwirklichen, gemeinsam organisierten sie die Kirche in Polen und Ungarn. Der Kaiser zeigte sich auch bereit, dem Papst bedeutende Ländereien an der Adriaküste zu übergeben, aber er weigerte sich, die Schenkungen Ottos I. zu bestätigen, und die berühmte Konstantinische Schenkung ließ er gar von seinen Hofjuristen für eine Fälschung erklären. Im Konzept Ottos sollte der Papst Juniorpartner bleiben. Kaiser und Papst wurden im Februar 1001 durch einen Aufstand aus Rom vertrieben. Otto starb am 23.1.1002 an der Malaria, ohne dass es ihm gelungen wäre, wieder Herr in Rom zu werden. Das war nun wieder ein Mitglied der Crescentier-Familie, Crescentius III. († 1012), der dem Papst die Rückkehr erlaubte, ihn aber auf die Ausübung geistlicher Befugnisse beschränkte.
Silvester-Gerbert war eine der geistigen Leuchten seiner Zeit, er war auf vielen Gebieten, auch in der arabischen Wissenschaft, zu Hause. Spätere Legenden behaupteten, er verdanke seinen Aufstieg einem Pakt mit dem Teufel. Knochengerassel hinter seinem Grab im Lateran soll den baldigen Tod eines Papstes ankündigen.

Johannes XVII., Kupferstich, aus: G. Pinadello, »Invicti Quinarii«, Rom 1589.

Johannes XVII.

† Rom (?) 6.11.1003; Papst seit 16.5.1003

Kandidat der Crescentier

Nach dem Tod Silvesters II. setzte die Partei der Crescentier, die in Rom schon mehrere Generationen lang die Herrschaft ausübte, einen Mann ihrer Wahl ein: Johannes XVII., der zuvor Johannes Sicco oder auch nur Sicco geheißen hatte. Er war Römer; mehr ist von ihm nicht bekannt, und auch von seinem Pontifikat ist fast nichts überliefert, lediglich eine Vollmacht für einen polnischen Geistlichen mit Namen Benedikt zur Mission unter den Slawen wird erwähnt.

Johannes XVIII.

† Rom Juni 1009; Papst seit 25.12.1003

Tatkräftiger Kirchenpolitiker

Wie der Vorgänger Johannes XVII. verdankte auch der Nachfolger seine Erhebung zum Papst dem starken Mann im Rom der damaligen Zeit, Crescentius III. Möglicherweise war Johannes XVIII. mit dem Beinamen Fasanus, gebürtiger Römer und zuvor Kardinalpriester von Sankt Peter, selbst Mitglied der Crescentier-Familie. Wenn auch dem römischen Stadtadel verpflichtet, widmete sich Johannes den kirchlichen Angelegenheiten, v.a. denen in Frankreich und Deutschland, mit großer Energie. Er zitierte die Bischöfe von Sens und Orléans nach Rom, um sie wegen Bedrückung der Abtei von Fleury zur Rechenschaft zu ziehen, und drohte dem französischen König Robert II. (996–1031) mit Kirchenbann, falls die Bischöfe nicht gehorchten. Er erreichte mit einigem Druck auf den deutschen König Heinrich II. (1002–1024) im Jahr 1004 die Wiederherstellung des unter Benedikt VII. aufgeteilten Bistums Merseburg. 1007 bestätigte er die Gründung des Bistums Bamberg.
Er plante wohl auch, Heinrich II. anlässlich von dessen Krönung zum italienischen König in Pavia (1004) nach Rom zu holen, aber das wusste Crescentius zu verhindern.

Dem Beispiel Johannes' XV. folgend, der mit Polen und Russland gute Beziehungen unterhalten hatte, sprach er 1004 die ersten fünf polnischen Märtyrer (Benedikt, Johannes, Isaak, Matthäus und Christian) heilig. Bei seinem Tod soll er Mönch an S. Paolo fuori le mura gewesen sein. Unklar ist, ob er abgedankt und sich freiwillig dorthin zurückgezogen hat oder ob er dazu gezwungen wurde.

Sergius IV.

† Rom 12.5.1012; Papst seit 31.7.1009

Sergius IV., Kupferstich, aus: G. Pinadello, »Invicti Quinarii«, Rom 1589.

Privilegien für deutsche Bistümer

Eigentlich hieß er Petrus, war der Sohn eines römischen Schusters und hatte auch noch den Spitznamen Os (oder Bucca) Porci, was Schweinemaul bedeutet. Als Papst nannte er sich Sergius IV.; von nun an pflegten gewählte Päpste regelmäßig neue Namen anzunehmen. Wie seine Vorgänger Johannes XVII. und Johannes XVIII. verdankte auch er seine Erhebung auf den Stuhl Petri dem derzeitigen Stadtherrn Johannes Crescentius III. Zuvor war er fünf Jahre lang Bischof von Albano gewesen. Er hielt Verbindung zum deutschen König Heinrich II. und sandte Boten zur Weihe von dessen Lieblingsgründung Bamberg. Er bestätigte die Privilegien für das wiederhergestellte Bistum Merseburg. Im Jahr 1010 soll er zu einem Kreuzzug als Rache für die Zerstörung der Grabeskirche in Jerusalem (durch den Kalifen al-Hakim 1009) aufgerufen haben; belegt ist allerdings nur, dass die Nachricht von der Katastrophe während Sergius' Pontifikat in Rom eintraf und dass der Papst Versuche machte, den Kampf gegen die Muslime in Süditalien zu organisieren. Gerüchte verbinden sich auch mit seinem Tod am 12.5.1012. Dass sein Gönner Crescentius III. nur sechs Tage später starb und zugleich ein von blutigen Auseinandersetzungen begleiteter Machtwechsel in Rom von der Crescentier-Partei zu ihren Rivalen, den Tuskulanern, stattfand, gab dem Verdacht Nahrung, dass beide, Stadtherr und Papst, ein gewaltsames Ende gefunden hätten.

Benedikt VIII.

† Rom (?) 9.4.1024; Papst seit 21. (?) 5.1012

Höhepunkt kaiserlich-päpstlicher Gemeinschaft

Er war der erste in der Reihe der Tuskulanerpäpste. Selbst aus der Tuskulaner-Familie stammend, Sohn des Grafen Gregor von Tusculum, bestieg Theophylakt, der sich als Papst Benedikt VIII. nannte, als Laie den Papstthron. Er hatte sich noch kurze Zeit mit dem Kandidaten der bisher dominierenden Crescentier, Gregor (VI.), auseinanderzusetzen, bis dieser im Sommer 1012 aus Rom vertrieben wurde. Benedikt wusste sich Rückhalt beim deutschen König Heinrich II. zu verschaffen, den er am 14.2.1014 in Sankt Peter zum Kaiser krönte. Auf der den Krönungsfeierlichkeiten folgenden Synode legten beide fest, dass in der Messe das Glaubensbekenntnis (unter Einschluss des »Filioque«) gesungen werden sollte – was zuvor im Norden nicht üblich gewesen war. Danach hielten Papst und Kaiser in Ravenna eine weitere Kirchenversammlung ab, auf der Beschlüsse zum Mindestalter für geistliche Ämter und zur Simonie gefasst wurden.

In den folgenden Jahren war Benedikts Aktivität darauf gerichtet, Rom zum politischen Zentrum Italiens zu machen. Dabei halfen ihm die administrativen und militärischen

Fähigkeiten, die er in früheren Zeiten als Angehöriger der Feudalaristokratie erworben hatte. Er verschaffte mit Waffengewalt der Abtei von Farfa, 40 km nördlich von Rom, ihren von den Crescentiern beschlagnahmten Besitz wieder, sicherte gleichfalls mit militärischen Maßnahmen den päpstlichen Besitz in Kampanien und in Tuszien, besiegte im Bündnis mit Pisa und Genua eine sarazenische Flotte und befreite Sardinien. Seine Idee, lokale Revolten gegen die Byzantiner in Süditalien durch Anwerbung normannischer Ritter auszuweiten, sollte sich jedoch als Missgriff erweisen. Die Byzantiner besiegten die Aufständischen bei Cannä 1019 und drangen nach Norden vor.
In dieser Situation wandte sich Benedikt um Hilfe an Heinrich II. Ihre Zusammenkunft zu Ostern 1020 in Bamberg wurde zu einer großen Stunde kaiserlich-päpstlicher Gemeinschaft. Heinrich zog 1022 mit einem Heer nach Italien, vermochte allerdings keine dauerhaften Erfolge zu erzielen. Dafür kam es auf der Synode von Pavia im gleichen Jahr zu bedeutenden kirchenpolitischen Beschlüssen: Ehe oder Konkubinat waren danach allen Klerikern bis hinunter zum Subdiakon verboten. Gegen Ende seines Pontifikats (1023/24) geriet Benedikt noch in einen heftigen Streit mit dem Mainzer Erzbischof Aribo. Bezeichnenderweise ging es um eine Frage der päpstlichen Autorität, die der Deutsche mit der Behauptung seiner Metropolitanrechte herausgefordert hatte.

Gregor (VI.)

Gegenpapst Mai–Dezember 1012

Machtprobe im Kampf der Adelsparteien

Nach dem Tod Sergius' IV. (12.5.1012) geriet die Papstwahl zur Machtprobe zwischen den Adelsfamilien der Crescentier und der Tuskulaner. Letztere siegten, ihr Kandidat Benedikt VIII. vermochte sich auf dem Papstthron zu behaupten, während der Favorit der Gegenseite, ein Mann namens Gregor, über dessen frühere Existenz weiter nichts bekannt ist, im Sommer 1012 aus Rom weichen musste. Trotz der traditionellen Feindschaft der Crescentier zum deutschen Königshaus versuchte Gregor (VI.) ebendort sein Glück. Zu Weihnachten 1012 erschien er in vollem Ornat in der Pfalz von Pöhlde vor Heinrich II. und bat ihn um Anerkennung seiner päpstlichen Würde. Der König antwortete ausweichend und verschwieg dabei, dass er sich längst in Verhandlung mit dem Rivalen in Rom befand. Als er diesem wenige Wochen später die Bestätigung gab, war der Fall für Gregor klar. Von diesem Zeitpunkt an verlieren sich seine Spuren.

Johannes XIX.

† Rom (?) 20.10.1032; Papst seit April 1024

Geistliche Weihen im Schnellkurs

Wie sein Vorgänger und älterer Bruder Benedikt VIII. stammte Johannes XIX. (vorher Romanus) aus dem Grafenhause Tusculum und erbte als Laie den Thron Petri, als sein Bruder starb. Die nötigen Weihen verschaffte er sich innerhalb eines Tages. Als römischer Konsul, Dux und Senator erfahren in der Ausübung weltlicher Macht, sicherte Johannes XIX. die regionale Herrschaft der Päpste in Italien und sorgte für ein gutes Einvernehmen mit dem deutschen König Konrad II. (1024–1039), als dieser 1027 nach Italien kam. Am 26.3.1027 krönte er ihn in Sankt Peter zum Kaiser.

Auch Benedikt VIII. verstand es den deutschen König Heinrich II. auf seine Seite zu ziehen, am 14. Februar 1014 krönte er ihn in Rom zum römisch-deutschen Kaiser. Diesen Augenblick hielt der Historienmaler Hermann Wislicenus (1825–1899) in seinem Fresko für den Reichssaal in der restaurierten Kaiserpfalz in Goslar fest.

Es kennzeichnet die inzwischen gewachsene Machtstellung des Kaisertums, dass Konrad darauf verzichtete, das früher übliche Schutzversprechen für die Kirche abzugeben, und auch die Privilegien Kaiser Ottos I. nicht erneuerte. Johannes kam den Wünschen Konrads entgegen, der seinen Vertrauten Poppo, den deutschen Erzbischof von Aquileja, im Rang über den Patriarchen von Grado stellen wollte, und stimmte auch der Verlegung des Bistums Zeitz nach Naumburg zu. Er unterhielt enge Beziehungen zu Abt Odilo von Cluny (994–1048), dem er die völlige Exemtion (Herausnahme aus der Jurisdiktion des zuständigen Diözesanbischofs) seines Klosters bestätigte. Mit Konstantinopel suchte Johannes nach der antibyzantinischen Politik seines Vorgängers ein besseres Verhältnis herzustellen; die Behauptung des Chronisten Radulf Glaber (um 990–1046/47), er habe gegen Zahlung einer größeren Summe angeboten, den römischen Universalanspruch gegenüber Byzanz aufzugeben, und sei nur durch einen Proteststurm in Rom an dem schmutzigen Geschäft gehindert worden, dürfte allerdings böswillige Erfindung sein.

Benedikt IX., Kupferstich, aus: G. Pinadello, »Invicti Quinarii«, Rom 1589.

Benedikt IX.

† Grottaferrata (?) Ende 1055; Papst Oktober 1032–1.5.1045, erneut 8.11.1047–16.7.1048

Rückzug mit hoher Abfindung

Die beiden Vorgänger Benedikt VIII. und Johannes XIX. waren seine Onkel: Mit Benedikt IX. (vorher Theophylakt) blieb das Papsttum in der (Tuskulaner-)Familie. Er kam in jugendlichem Alter – aber wohl nicht, wie böse Zungen behaupteten, mit 10–12 Jahren – auf den Stuhl Petri, sein Leumund war nicht der beste, Gewalttätigkeiten und Ausschweifungen wurden ihm nachgesagt.

Wie Johannes XIX. suchte er ein gutes Einvernehmen mit dem Kaiser herzustellen, er traf Konrad II. 1037 in Cremona und 1038 in Spello. Er bestätigte die Absetzung des rebellischen Erzbischofs Aribert II. von Mailand durch den Kaiser und ebnete diesem dank verwandtschaftlicher Beziehungen den Weg nach Süditalien. Daraus ergab sich die Schenkung der Abtei von Monte Cassino an den Papst (1038). Auch zu Konrads Nachfolger Heinrich III. (1039–1056) unterhielt Benedikt zunächst freundschaftliche Beziehungen, die sich allerdings trübten, als er auf einer Synode in Rom im April 1044 das Patriarchat Grado wiedererrichtete, das unter Johannes XIX. auf kaiserlichen Wunsch seinen Rang verloren hatte. Im September 1044 brach eine eine Adelsrevolte in Rom aus. Sie richtete sich sowohl gegen den Papst, dem fortgesetzt liederlicher Lebenswandel vorgeworfen wurde, als auch allgemein gegen die Vorherrschaft der Tuskulaner-Familie. Ein Zweig der Crescentier-Familie, die Stephanier, ergriff die Macht und setzte den Bischof Johannes von Sabina als Silvester III. auf den päpstlichen Thron.

Benedikt war geflohen, aber noch nicht formal abgesetzt. Seine Anhänger, die sich im Stadtteil Trastevere verschanzt hatten, exkommunizierten Silvester und vertrieben ihn am 10.3.1045. Benedikt wurde wieder eingesetzt, dankte aber nach zwei Monaten zugunsten seines Taufpaten Johannes Gratianus (Gregor VI.) ab – möglicherweise auf Druck seiner Freunde und in Erkenntnis seiner Unbeliebtheit in Rom, vielleicht sogar, um heiraten zu können; auf alle Fälle ließ er sich von seinem Nachfolger eine hohe Abfindung aushändigen, bevor er sich auf ein Familiengut bei Frascati zurückzog.

Im Herbst 1046 kam Heinrich III. nach Italien, um sich zum Kaiser krönen zu lassen. Dazu brauchte er einen untadeligen und allgemein anerkannten Papst. Er zitierte Bene-

dikt IX., Silvester III. und Gregor VI. zu einer Synode nach Sutri bei Rom, um das Schisma zu klären. Es endete mit Silvesters und Gregors Absetzung am 20.12.1046. Benedikt, der in Sutri nicht erschienen war, wurde vier Tage später in Rom förmlich abgesetzt. Der von Heinrich ernannte Nachfolger Klemens II. (Suidger von Bamberg) starb nach acht Monaten. Das rief in Rom eine Bewegung zugunsten Benedikts hervor (wobei mit Bestechung nachgeholfen wurde), und am 8.11.1047 saß er wieder auf dem Apostolischen Stuhl – bis am 16.7.1048 Markgraf Bonifaz von Tuszien auf Geheiß des Kaisers den Bischof von Brixen, Poppo, als Damasus II. inthronisierte.
Benedikt betrachtete sich indes weiterhin als rechtmäßigen Papst und intrigierte gegen Damasus wie auch gegen dessen Nachfolger Leo IX. Auf einer Lateransynode im April 1049 wurde er deswegen exkommuniziert. Die letzten Lebensjahre soll er in Grottaferrata in den Albaner Bergen zugebracht haben und dort auch begraben sein.

Silvester III.

† (vor Oktober) 1063; Papst (oder Gegenpapst) 13. oder 20.1.1045–März 1046

Als »Eindringling« abgesetzt

Nach der Vertreibung Benedikts IX. aus Rom im September 1044 wurde der Bischof Johannes von Sabina als Silvester III. zum Papst gewählt. Treibende Kraft dabei war die Crescentier-Familie, die auf diese Weise die Macht in Rom wiederzuerlangen hoffte, die sie 1012 an die Tuskulaner verloren hatte. Silvester selbst soll sein Amt nur widerwillig angetreten haben. Gleichwohl hielt er nach seiner Vertreibung durch die Anhänger Benedikts noch bis März 1046 am päpstlichen Anspruch fest. Auf der Synode von Sutri wurde Silvester als »Eindringling« für abgesetzt erklärt und zu Klosterhaft verurteilt. Die Strafe dürfte aber ausgesetzt worden sein, denn Silvester verwaltete weiter sein Bistum mindestens bis 1062 und starb vermutlich vor dem Oktober 1063; zu diesem Zeitpunkt ist von einem Nachfolger die Rede.

Gregor VI., Kupferstich, aus: G. Pinadello, »Invicti Quinarii«, Rom 1589.

Gregor VI.

† Köln (?) Ende 1047; Papst 1.5.1045–20.12.1046

Mit Geld auf den Papstthron

Ein persönlich untadeliger Mann, aber schuldig der Simonie, er kaufte das Papsttum, wenn auch vielleicht aus den edelsten Motiven, um es, wie Ferdinand Gregorovius sagt, »den Händen eines Verbrechers zu entreißen«: Johannes Gratianus, ein reicher Erzpriester von S. Giovanni a Porta Latina, zahlte dem verjagten und mit Waffengewalt wieder eingesetzten, dennoch seiner Stellung in Rom nicht sicheren Benedikt IX. eine bedeutende Summe dafür, dass dieser am 1.5.1045 abdankte. Als Gregor VI. bestieg Johannes Gratianus den päpstlichen Thron. In den Reformkreisen Roms sowie auch darüber hinaus Italiens, Frankreichs und Deutschlands fand der neue Papst Anerkennung. Der Kirchenlehrer Petrus Damiani (1007–1072) jubelte, nun sei die Taube mit dem Ölzweig endlich in die Arche zurückgekehrt. Am Odium des Ämterkaufs vermochte das aber nichts zu ändern, es hing ihm an, und es war auch der Grund, weswegen ihn die Synode von Sutri absetzte. Möglicherweise sprach sich Gregor, aufrichtig wie er war, das Urteil selbst. Er ging anschließend in die Verbannung nach Deutschland, begleitet von seinem Kaplan Hildebrand (später Gregor VII.).

Der Simonie für schuldig befunden, wurde Gregor VI. 1046 abgesetzt und ging in die Verbannung nach Deutschland. Das Fresko des Historienmalers Hermann Wislicenus (1825–1899) im Reichssaal der Kaiserpfalz zu Goslar zeigt Gregor im Gefolge Heinrichs III. bei seiner Rückkehr aus Italien (um 1879/97).

Klemens II.

† im Kloster S. Tommaso am Aposella bei Pesaro 9.10.1047; Papst seit 25.12.1046

In Bamberg begraben

Suidger von Bamberg, der sich nach seiner Wahl Klemens II. nannte, war der erste von vier deutschen Päpsten, die König Heinrich III. einsetzte. Er stammte aus einem edelfreien sächsischen Geschlecht und war 1040 zum Bischof von Bamberg geweiht worden. Dies Amt (er nannte Bamberg »seine geliebte Gattin«) behielt er auch während seines Pontifikats bei. Heinrich nominierte ihn nach Beendigung des päpstlichen Schismas durch die Synode von Sutri. Am 25.12.1046 inthronisiert, krönte er am selben Tag Heinrich zum Kaiser. In Reformkreisen wurde die Art, wie der deutsche Monarch dem römischen Stadtadel die Papstwahl aus der Hand nahm, durchaus begrüßt, Kritik gab es eher daran, dass Klemens' Programm zur Bekämpfung der Simonie, das er auf einer Synode am 5.1.1047 verkündete, nur schleppend umgesetzt wurde. Klemens starb auf einer Reise in die Marken, sein Leichnam wurde nach Bamberg überführt und dort beigesetzt. Gerüchte wollten wissen, dass er von seinem Vorgänger Benedikt IX. vergiftet worden sei. Der Verdacht konnte durch spätere Untersuchungen nicht entkräftet werden. Nachdem 1731 das Grab im Bamberger Dom schon einmal geöffnet worden war (wobei man feststellte, dass der Verstorbene über 1,80 Meter maß und blondes Haar hatte), wurden bei einer weiteren Öffnung im Juni 1942 toxikologische Untersuchungen vorgenommen, aus denen als mögliche Todesursache des Papstes Bleivergiftung hervorging.

Damasus II.

† Palestrina bei Rom 9.8.1048; Papst seit 17.7.1048

Opfer der Malaria

Er war nur 23 Tage lang Papst, dann raffte ihn die Malaria dahin: Damasus II., ursprünglich Poppo, stammte wahrscheinlich aus bayerischem Adel. 1039 wurde er zum Bischof von Brixen geweiht. Er gehörte beim Romzug Heinrichs III. zum Gefolge und nahm teil an der Synode von Sutri, die das päpstliche Schisma beseitigte und die Ära der Deutschen auf dem Stuhl Petri einleitete. Nach dem Tod Klemens' II. bestimmte Heinrich III. ihn zu Weihnachten in seiner Residenz Pöhlde zum Nachfolger. Er konnte jedoch sein Amt nicht gleich antreten, da der abgesetzte Benedikt IX. sich in Rom wieder etabliert hatte. Erst das Eingreifen des Markgrafen Bonifaz von Tuszien im Juli 1048 machte ihm den Weg frei. Damasus scheint sein Tiroler Bistum beibehalten zu haben. Über Amtshandlungen während seines kurzen Pontifikats ist nichts bekannt.

Leo IX.

* 1002, † Rom 19.4.1054; Papst seit 12.2.1049, hl., Fest 19.4.

Beginn des Reformpapsttums

Aus elsässischem Grafengeschlecht stammend, mit dem Herrscherhaus der Salier verwandt, wurde Bruno, der als Papst den Namen Leo annahm, in Toul zum Kleriker erzogen und 1027 zum Bischof geweiht. Bereits zu dieser Zeit stand er der Reformbewegung der Kluniazenser nahe. Im Dezember 1048 bestimmte ihn Kaiser Heinrich III. in Worms zum Nachfolger für den früh verstorbenen Damasus II. Leo versicherte sich in Rom erst der Zustimmung des Klerus und des Volkes, bevor er sich am 12.3.1049 im Lateran weihen ließ. Sein Bistum Toul behielt er noch bis 1051 bei, war also bis auf weiteres Mitglied der deutschen Reichskirche. Unter ihm begann die etwa achtzigjährige Epoche des Reformpapsttums.
Leo löste das Papsttum aus der Abhängigkeit von den römischen Adelsparteien und erneuerte seine Weltgeltung. Bereits die erste Synode in Rom (9.–15.4.1049) machte klar, dass nun mit Verweltlichung der Kirche, mit Ämterkauf und Priesterehe Schluss sein sollte. Um seine Politik auch überall durchzusetzen, wendete Leo IX. eine neuartige Taktik an: Er reiste. Anders als früher üblich, erschien der Papst persönlich auf Synoden, so in Pavia, Reims und Mainz (1049), Siponto, Salerno und Vercelli (1050), Mantua und Bari (1053) – nicht gerechnet die Kirchenversammlungen, die er an seinem Papstsitz selbst abhielt –, und machte lobend und strafend seine universale Amtsgewalt fühlbar. Leo versammelte um sich einen Kreis von Mitarbeitern, darunter die späteren Päpste Stephan IX. (Friedrich von Lothringen) und Gregor VII. (Hildebrand), und zog die Kardinäle stärker zur Beratung und Verwaltung heran; unter ihm entwickelte sich das Kardinalskollegium zur beratenden Körperschaft für das päpstliche Kirchenregi-

Leo IX., Fenster der ehemaligen Abteikirche Saint-Denis, Paris (19. Jh.).

ment. Er unterstützte Heinrich III., indem er dessen Gegner Gottfried II. den Bärtigen von Lothringen (1044–1069) bannte, und vermittelte einen Friedensschluss des Kaisers mit den Ungarn. Für eine Teilnahme am Kampf gegen die Normannen in Unteritalien vermochte er den Monarchen jedoch nicht zu gewinnen. Folge war der Untergang des unzulänglich ausgerüsteten und schlecht geführten päpstlichen Heeres in der Schlacht von Civitate am 18.6.1053. Leo geriet in normannische Gefangenschaft und kam erst acht Monate später frei. Bald darauf starb er, krank und gebrochen. Seine letzten Gebete sprach er in seiner Muttersprache.

Aus dem Normannenkrieg erwuchsen Folgen, die das Ende von Leos Pontifikat verdunkeln: Die päpstliche Politik in Süditalien hatte auch die Byzantiner auf den Plan gerufen, die ihre kirchlichen Rechte dort in Gefahr sahen. Der Patriarch Michael Kerullarios ließ 1053 die lateinischen Kirchen in Konstantinopel schließen und attackierte in scharfer Form die westlichen liturgischen Bräuche. Leo, dem sehr daran gelegen war, die Byzantiner als Bundesgenossen gegen die Normannen zu gewinnen, hatte im Januar 1054 eine Gesandtschaft nach Konstantinopel geschickt, die über das Vorgehen in Süditalien und die dogmatischen Fragen verhandeln sollte. Als Delegationsleiter hatte er aber mit Kardinal Humbert von Silva Candida (um 1000–1061) einen Scharfmacher gewählt, der seinen Gegnern an Fanatismus nicht nachstand und ihre Beleidigungen in gleicher Münze zurückgab. Das Scheitern der Mission war besiegelt, als Humbert am 16.7.1054 eine Bannbulle gegen den Patriarchen und seinen Anhang auf dem Altar der Hagia Sophia niederlegte und Kerullarios acht Tage später seinerseits das Anathema über die Römer aussprach. Leo IX. war zu diesem Zeitpunkt bereits tot, aber es lässt sich nicht leugnen, dass es von ihm beauftragte Gesandte waren, die daran mitwirkten, die Einheit der Kirche zu Grabe zu tragen.

Viktor II.

† Arezzo 28.7.1057; Papst seit 13.4.1055

Verwandt mit den Saliern

Er stammte aus einem schwäbischen Adelsgeschlecht und war mit dem salischen Herrscherhaus weitläufig verwandt: Viktor II. (ursprünglich Gebhard) bekleidete seit 1042 das Bischofsamt in Eichstätt, das er auch nicht aufgab, als er von Heinrich III. auf den Papstthron genötigt wurde. Er wollte das Amt nicht, sperrte sich monatelang und nahm erst an, als der Kirche die Rückgabe verschiedener Güter (vermutlich in Mittel- und Süditalien) zugesagt wurde. Daraus und aus dem vorhergehenden Zögern des Kaisers, der lange nach einem Kandidaten suchte, erklärt sich die lange Sedisvakanz nach dem Tod Leos IX.

Während seines gesamten Pontifikats widmete sich Viktor den kirchlichen Reformen, auf einer Synode in Florenz am 4.6.1055 verfluchte er Simonie, Priesterehe und Entfremdungen des Kirchengutes; ähnlich lauteten die Instruktionen seiner Legaten für die Synoden von Lyon und Toulouse im folgenden Jahr. Während er als Berater Heinrichs noch die aggressive Normannenpolitik seines Vorgängers abgelehnt hatte, sah er sich als Papst genötigt, genau diese fortzusetzen und, wie Leo IX. es ohne Erfolg getan hatte, den Kaiser um Hilfe anzugehen. Im September 1056 traf er in Deutschland ein. Doch starb Heinrich III. am 5.10., und über den Maßnahmen, die nun zu treffen waren, geriet die Militärhilfe für Süditalien vorerst ins Hintertreffen.

Wie es Heinrich auf dem Sterbebett verlangt hatte, sicherte Viktor die Nachfolge für den fünfjährigen Heinrich IV. sowie die Regentschaft für dessen Mutter Agnes und veranlasste die Fürsten zum Treueid. Geschickt und umsichtig brachte er eine Versöhnung zwischen dem Kaiserhaus und seinen beiden Hauptgegnern, Gottfried II. dem Bärtigen von Oberlothringen und Balduin V. von Flandern, zustande. Mitte Februar 1057 kehrte Viktor nach Italien zurück. Am 18.4. hielt er eine Synode im Lateran ab, auf der er Friedrich (später Stephan IX.), den Bruder Gottfrieds II., zum Abt von Monte Cassino machte. Zu dieser Zeit war seine Gesundheit bereits angegriffen; nach einer weiteren Synode in Arezzo (23.7.1057) erlag er dem Fieber. Seine deutschen Begleiter wollten ihn in seiner Heimat bestatten, aber die Bürger von Ravenna brachten den Leichnam in ihren Besitz. Viktor wurde schließlich in S. Maria Rotonda, dem Mausoleum Theoderichs des Großen außerhalb der Stadtmauern, beigesetzt.

Nach einer Synode im italienischen Arezzo verstorben, wurde wurde der Leichnam des Papstes Viktor II. von den Bürgern Ravennas geraubt und im Mausoleum des Theoderich neben dessen Grabmal beigesetzt (Kupferstich, 18 Jahrhundert).

Stephan IX.

† Florenz 29.3.1058; Papst seit 3.8.1057

Pontifikat im Zeichen der Reform

Friedrich, der Sohn Herzog Gozelos von Lothringen und Bruder des alten Kaisergegners Gottfrieds II. des Bärtigen, Archidiakon der Domkirche von Lüttich, dankte seinen Aufstieg Leo IX., der ihn 1049/50 nach Rom holte. 1051 wurde er Bibliothekar und Kanzler der römischen Kirche. Er gehörte zur Gesandtschaft des Papstes, die 1054 in Konstantinopel das Morgenländische Schisma auslöste, sein persönlicher Anteil am Scheitern der Verhandlungen ist jedoch nicht bekannt. Nach dem Tod Heinrichs III. (5.10.1056) gelang es Viktor II., eine Versöhnung zwischen dem Lothringer Herzog Gottfried II. und dem Kaiserhaus herbeizuführen. Von dem friedlichen Ausgleich profitierte auch Friedrich: Der Papst sorgte dafür, dass er Abt von Monte Cassino und Kardinalpriester von S. Crisogno wurde. Schon wenige Tage nach Viktors Tod wählte man Friedrich zum Papst, am 3.8. wurde er geweiht und nahm den Namen Stephan IX. an. Eine Bestätigung aus Deutschland wurde nicht abgewartet, vermutlich wollte man einer anderen Wahl durch die römische Aristokratie zuvorkommen und den Schutz Gottfrieds II. (als Markgraf von Tuszien ein bedeutender Machtfaktor in Italien) sichern. Kaiserin Agnes als Regentin für Heinrich IV. erteilte nachträglich ihre Zustimmung. Das kurze Pontifikat Stephans IX. stand ganz im Zeichen reformerischer Politik. Der Papst wählte Hildebrand (später Gregor VII.) als Berater, förderte den Kirchenlehrer Petrus Damiani, wandte sich gegen die Priesterehe und nahm Anteil an der radikalreformerischen Bewegung der Pataria in Mailand.

Benedikt X.

† Rom nach 1073; Gegenpapst 5.4.1058–April 1060

Abgesetzt und degradiert

Nach dem Tod Stephans IX. sahen römische Adelskreise, vor allem die Familie der Tuskulaner, ihre Chance gekommen, wieder einen Papst eigener Wahl einzusetzen: Johannes, der Bischof von Velletri, wurde als Benedikt X. erhoben. Dagegen wählten die nach

Folgende Doppelseite: Blick in das Hauptschiff von St. Peter in Rom.

E HINC VNA FIDES

MVNDO REFVGI

Siena geflohenen Kardinäle der Reformpartei im Dezember 1058 Nikolaus II., der sich Anfang 1059 mit Hilfe des Markgrafen von Tuszien, Gottfrieds II. des Bärtigen, in Rom durchsetzen konnte. Benedikt, als »Eindringling« exkommuniziert, floh auf das Schloss Galeria, wo er belagert und im Herbst gefangen genommen wurde.
Benedikt dankte freiwillig ab, aber seinen Feinden war das nicht genug. In einem Gerichtsverfahren, mit Hildebrand (später Gregor VII.) als Ankläger, wurde er im April 1060 förmlich abgesetzt und degradiert. Er starb im Kloster von S. Agnese an der Via Nomentana.

Bildnis Johann von Velletris, als Papst Benedikt X. (1058–59) im Jahr 1059 auf der Synode von Sutri abgesetzt und gebannt.

Nikolaus II.

* um 1010, † Florenz 19. oder 26.7.1061; Papst seit 6.12.1058

Papstwahl neu geregelt

Er gehörte bereits vor seiner Wahl zu den führenden Figuren der Reformbewegung: Nikolaus II. (vorher Gerhard), aus Lothringen oder Burgund stammend, war seit 1045 Bischof von Florenz. Die nach Siena geflüchteten Reformkardinäle, die den im April 1058 vom Stadtadel eingesetzten Benedikt X. nicht anerkannten, wählten ihn im Dezember 1058 zum Papst. Er besaß sowohl das Wohlwollen des Kaiserhofs als auch die Unterstützung des Markgrafen von Tuszien, Gottfrieds II. des Bärtigen, der auch mit seinen Truppen dafür sorgte, dass Nikolaus am 24.1.1059 ungestört in Rom einziehen konnte. Der Gegenpapst, bereits zu Anfang des Jahres auf einer Synode in Sutri bei Rom exkommuniziert, floh aus der Stadt.
Das Schisma des Jahres 1058 nahm Nikolaus zum Anlass, die Papstwahl grundsätzlich zu regeln. Auf der Lateransynode zu Ostern 1059 wurde Benedikts X. Erhebung für unkanonisch erklärt und ein Dekret verabschiedet, wonach künftig allein die Kardinäle den Papst wählen und Klerus und Volk das Ergebnis anerkennen sollten. Die Wahl eines Nicht-Römers und die Abhaltung der Wahl außerhalb Roms sollten nach Möglichkeit unterbleiben. Das Zustimmungsrecht des Kaisers war nur am Rand und in vager Form erwähnt. Neben der Verurteilung der Priesterehe und des Konkubinats formulierten die Synodalen auch erstmals ein Verbot der Laieninvestitur: Geistliche durften ihre Ämter nicht aus der Hand von Laien empfangen. Die Beschlüsse der Lateransynode tragen schon ganz die Handschrift des späteren Papstes Gregor VII. (Hildebrand), der mit anderen bedeutenden Reformern wie Desiderius von Monte Cassino (später Viktor III.), Humbert von Silva Candida und Petrus Damiani zum Beraterkreis des Papstes gehörte.
Den Kampf gegen die Normannen, in dem sich seine Vorgänger aufgerieben hatten, führte Nikolaus nicht weiter, im Gegenteil, er nahm auf der Synode von Melfi (23.8.1059) die Normannenführer Richard von Aversa und Robert Guiscard als Vasallen an und stiftete so eine Allianz, die weitreichende Folgen haben sollte. Mit einem Schlag hatte sich die päpstliche Lehnsherrschaft über Süditalien etabliert und besaß das Papsttum einen Verbündeten mit bedeutender militärischer Stärke.
Gegen Ende des Pontifikats kam es zu einem Zerwürfnis mit dem deutschen Königshaus und der deutschen Kirche, woran Nikolaus' normannenfreundliche Politik wie auch die rigorosen Neuerungen in der Kirchenzucht vermutlich schuld waren. Päpstliche Gesandte wurden am Hof nicht mehr empfangen, und eine 1061 in Worms abgehaltene Bischofssynode erklärte das Papstwahldekret und die sonstigen Anordnungen des

Papstes für ungültig. Bevor er darauf reagieren konnte, starb Nikolaus in Florenz und wurde in S. Reparata begraben.

Alexander II.

† 21.4.1073; Papst seit 30.9./1.10.1061

Förderer der Reconquista

Das Papstwahldekret Nikolaus' II. fand nach seinem Tod sofort Anwendung: Ohne Konsultation des deutschen Hofes wurde in der Nacht vom 30.9./1.10.1061 der Bischof von Lucca, Anselm, ein Adliger, der aus der Nähe von Mailand stammte und dort an der Domschule seine Ausbildung erhalten hatte, zum Papst gewählt und inthronisiert. Er nahm den Namen Alexander II. an. Hinter ihm stand die Reformpartei des römischen Klerus unter Führung des Archidiakons Hildebrand (später Gregor VII.). Gegen die Wahl erhob sich Protest sowohl vom römischen Adel als auch von den lombardischen Reichsbischöfen. Daraufhin setzte eine vom königlichen Hof nach Basel einberufene Versammlung am 28.10.1061 Bischof Cadalus von Parma als Honorius II. ein.
Das Schisma dauerte mehrere Jahre. Alexander musste sich 1062 nach Lucca zurückziehen. Erst im Mai 1064 ließ der deutsche Hof seinen Gegenpapst fallen, nachdem Ale-

Weihe der Klosterkirche von Monte Cassino (gegründet 529 von Benedikt von Nursia) durch Papst Alexander II. Gemälde von Luca Giordano (1634–1705), um 1677.

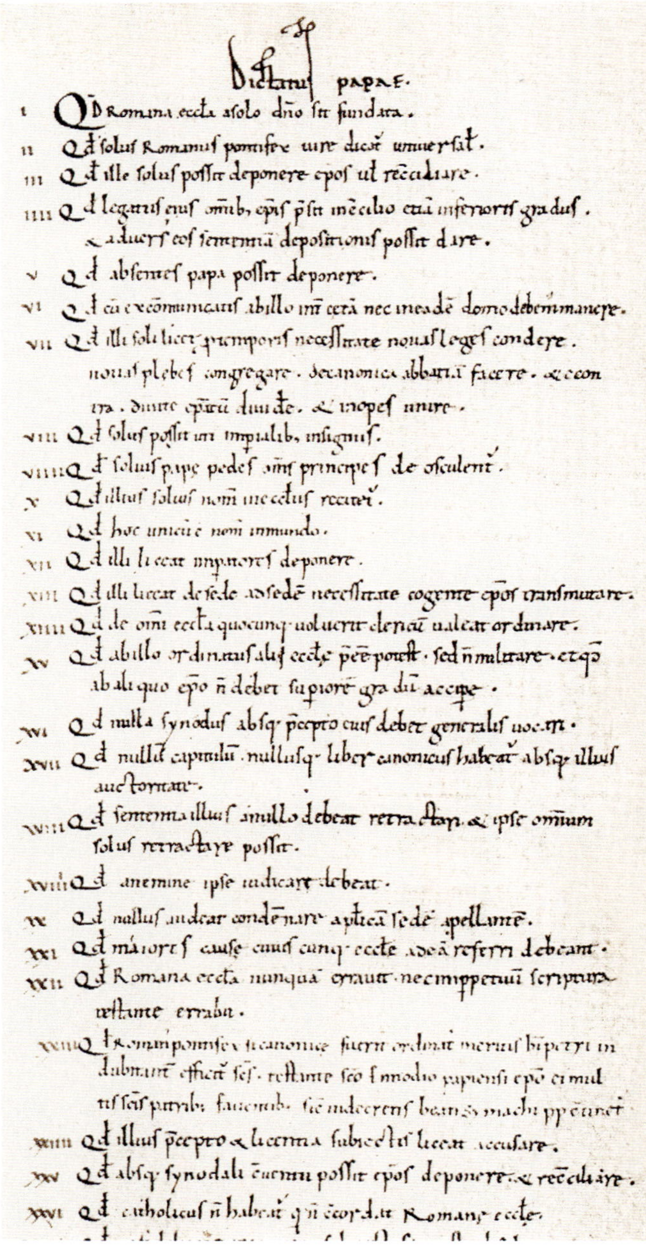

Mit dem »Dictatus papae« begründete Gregor VII. im Jahr 1075 den Herrschaftsanspruch des Papstes.

xander auf einer Synode in Mantua sich mit Eidesleistung vor Erzbischof Anno von Köln (1056–1078), nunmehr Regent für Heinrich IV., von dem Vorwurf befreit hatte, sein Amt mit Bestechung und Gewalt erworben zu haben.

Auf einer Reihe von Kirchenversammlungen gewann das von Hildebrand inspirierte Reformprogramm Kontur; der auf Ausgleich bedachte Alexander dämpfte dabei des Öfteren den Elan seines Ratgebers und setzte sich auch von den Forderungen der radikalen Mönchs- und Klerikergemeinschaften ab. Er stützte den Herzog Wilhelm von der Normandie, seinerseits Anhänger der Reform; unter dem päpstlichen Banner zog Wilhelm in die Schlacht von Hastings (1066), die ihm England einbrachte. Er sorgte für eine enge Verbindung der spanischen Reiche mit Rom und förderte die beginnende Reconquista. Mit der Gewährung des Ablasses für Ritter, die gegen die Muslime auf der Iberischen Halbinsel kämpften (1063 und 1072), leistete Alexander einen wichtigen Beitrag zur Entstehung des Kreuzzuggedankens.

Honorius (II.)

* bei Verona 1009/10, † Parma 1071/72; Gegenpapst 28.10.1061–31.5.1064

Gegner der Reformbewegung

Nach dem Tod Nikolaus' II. (19. oder 26.7.1061) stellte eine Versammlung in Basel gegen den vier Wochen zuvor von den Kardinälen in Rom gewählten Alexander II. den Bischof Cadalus von Parma auf, der sich als Papst Honorius II. nannte. Er stammte aus einer vornehmen Veroneser Familie und hatte seine Laufbahn 1041 in Verona in der Finanzverwaltung des dortigen Bistums begonnen.

Honorius war Gegner der Reformbewegung, vor allem ihres radikalen Zweiges, der Pataria. Im April 1062 verdrängte er Alexander aus Rom, musste aber selbst auch weichen, als Gottfried von Lothringen, der Markgraf von Tuszien, mit einem überlegenen Heer anrückte und beide Päpste aufforderte, in ihren Diözesen Quartier zu nehmen und abzuwarten, wie der deutsche Königshof entscheide. Dort hatte inzwischen der Reformanhänger Erzbischof Anno von Köln als Regent für Heinrich IV. das Heft in der Hand. Er erkannte Ende 1062 Alexander als rechtmäßigen Papst an. Sein Gegner gab jedoch nicht auf, im Mai 1063 marschierte er auf Rom, bemächtigte sich der Engelsburg und hielt sich darin mehrere Monate.

Um das Schisma endgültig aus der Welt zu schaffen, berief Anno zum Mai 1064 eine Synode in Mantua ein. Honorius erschien nicht, da man ihm nicht erlaubte, der Versammlung zu präsidieren. Alexander jedoch kam und reinigte sich mit einem Eid von allen Vorwürfen. Darauf wurde er als Papst bestätigt. Honorius, von der Versammlung mit dem Bann belegt, blieb dennoch Bischof von Parma und ließ auch bis zu seinem Lebensende nicht von seinem päpstlichen Anspruch ab.

Gregor VII.

* in der südlichen Toskana (Soana?) um 1020, † Salerno 25.5.1085; Papst seit 22.4.1073, hl., Fest 25.5.

Papst gegen König

Er ist der »Canossa«-Papst, mit ihm verbindet sich die Erinnerung an eines der meistdiskutierten Ereignisse der deutschen Geschichte, die »Demütigung« König Heinrichs IV. im Jahr 1077. Gregor VII. (vorher Hildebrand) hatte schon unter Stephan IX., Nikolaus II. und Alexander II. maßgeblichen Einfluss auf die päpstliche Politik gehabt. Seine große Stunde kam schließlich mit Alexanders Tod (21.4.1073): Eine begeisterte Menge erhob ihn noch während der Trauerfeier für den Verstorbenen zum Papst. Das durchaus ungewöhnliche Verfahren wurde nachträglich durch die Kardinäle gebilligt. Eine Anzeige an den deutschen Königshof unterblieb.

Im »Dictatus Papae« (März 1075) legte Gregor VII. die Leitsätze seiner Kirchenpolitik nieder. Ausgehend vom Primat des Papsttums innerhalb der Kirche sowie von dessen Vorrangstellung gegenüber der weltlichen Gewalt forderte er die Unterordnung der Kaiser und Könige unter seine geistliche Herrschaft. Neben dem Verbot der Priesterehe und der Simonie trat der Kampf gegen die Laieninvestitur in den Vordergrund, da der Papst das alleinige Recht auf Ein- und Absetzung der Bischöfe beanspruchte.

Der unausweichliche Konflikt zwischen weltlicher und geistlicher Gewalt, der Investiturstreit, der Generationen von Päpsten und Kaisern bzw. Königen beschäftigen sollte, entzündete sich an der Besetzung des Erzbistums Mailand. Heinrich IV. gab 1075 das Amt an einen Mann seiner Wahl, den königlichen Kaplan Thedald, was heftigen Protest mit Bannandrohung durch Gregor VII. zur Folge hatte. Heinrich IV. sah darin wiederum einen Angriff auf die königliche Herrschaft. Er konnte sich auf eine romfeindliche Stimmung im deutschen Episkopat verlassen; auf der Wormser Reichsversammlung (24.1.1076) wurde Gregor wegen ungültiger Wahl für abgesetzt erklärt. Dieser antworte umgehend mit Exkommunikation und Absetzung des Königs und der Lösung aller Eide, die Heinrich geleistet worden waren. Oppositionelle Reichsfürsten beschlossen daraufhin auf einem Fürstentag in Tribur, Heinrich abzusetzen, falls er sich nicht binnen Jahresfrist vom Bann löste.

Mit dem Gang nach Canossa im Januar 1077 – Heinrich erschien auf der Burg der Markgräfin Mathilde von Tuszien als Büßer vor dem Papst – konnte der König schließlich die Lösung vom Bann erreichen. Der Bußgang Heinrichs IV. hinderte jedoch die deutschen Fürsten nicht daran, Rudolf von Schwaben zum Gegenkönig zu wählen. Papst Gregor VII. reklamierte in diesem Streit die Schiedsrichterrolle für sich, ging aber, als Heinrich über seinen Widersacher militärisch triumphierte, wieder auf Kon-

Sein Bußgang ist sprichwörtlich geworden: Kaiser Heinrich IV. (1056-1106), hier als Gast der Markgräfin Mathilde von Tuszien zusammen mit Abt Hugo von Semur, erwirkt in Canossa von Papst Gregor VII. die Lösung des Kirchenbanns. Buchmalerei aus der »Vita Mathildes« des Donizo von Canossa, vor 1114.

frontationskurs. Auf der Fastenynode 1080 wiederholte er seinen Bannspruch gegen Heinrich. Der ließ am 25.6.1080 eine Synode in Brixen abhalten, auf der die Einleitung eines kanonischen Verfahrens gegen Gregor beschlossen und als Gegenpapst Erzbischof Wibert von Ravenna nominiert wurde.

Eine Anfang 1084 einsetzende Abfallbewegung in Rom (13 Kardinäle sagten sich von Gregor los) nutzte Heinrich zum Einzug in die Stadt. Wibert wurde zum Papst (Klemens III.) erhoben, Ostern 1084 krönte er Heinrich zum Kaiser. Gregor hatte sich in der Engelsburg verschanzt, sein Vasall, der Normannenherzog Robert Guiscard, befreite ihn, konnte sich aber in der Stadt nicht halten und nahm den Papst mit auf seinem Rückzug in den Süden.

Gregor starb im Exil, unnachgiebig bis zuletzt. Seine letzten Worte sollen gelautet haben: »Ich liebte die Gerechtigkeit und hasste das Unrecht, darum sterbe ich in der Verbannung.« Wenn auch bei den Zeitgenossen und der Nachwelt umstritten – seine Heiligsprechung erfolgte erst 1606 –, kann Gregor VII. als einer der bedeutendsten Päpste des Mittelalters gelten. Rund 360 erhaltene Briefe spiegeln seine reformerischen Bemühungen und seinen Drang, die Interessen der Kirche überall in Europa durchzusetzen.

Auch bei der Ausbildung des Kreuzzuggedankens spielte dieser Papst eine entscheidende Rolle. Schon bald nach seiner Wahl im April des Jahres 1073 forderte er in Rundbriefen die Fürsten und Ritter der Christenheit auf, sich der Reconquista in Spanien anzuschließen, und 1074 entwarf er den ersten Plan eines Kreuzzuges in den Orient. Das erklärte Ziel lautete zunächst: Hilfe für das von den Seldschuken bedrohte Byzanz, bald darauf jedoch: Sicherung Jerusalems und des Heiligen Grabes. Als »Heerführer und Bischof« wollte Gregor selbst das Unternehmen leiten, und er verlangte, dass jeder, der daran teilnähme, bereit sein müsse, sein Leben im gerechten Krieg gegen die Heiden einzusetzen. Daraus wurde zunächst nichts, es trug aber viel zur Militarisierung der Kirche bei, die durch Urban II. in seinem Kreuzzugaufruf auf dem Konzil von Clermont (November 1095) vollends Gestalt bekam.

Papst Gregor VII. hebt die Exkommunikation von Kaiser Heinrich IV. auf, Fresko der Brüder Taddeo (1529-1566) und Federico Zuccari (1542-1609).

Klemens (III.)

* Parma zwischen 1020 und 1030, † Civita Castellana (Latium) 8.9.1100; Gegenpapst seit März 1084

Klug, gebildet – und kaisertreu

Der mit den Markgrafen von Canossa verwandte Adlige Wibert kam 1054 an den deutschen Königshof und diente 1058–1063 während der Regentschaft der Kaiserin Agnes als Kanzler für Italien. In dieser Eigenschaft nahm er teil an der Synode von Sutri (1059), bei der Nikolaus II. den Gegenpapst Benedikt X. exkommunizierte, wie auch an der Versammlung in Basel (1061), die gegen den in Rom gewählten Alexander II. den Bischof Cadalus von Parma zum Papst (Honorius II.) erhob. 1072 erhielt er auf Fürsprache der Kaiserin Agnes das Erzbistum Ravenna.

Im Investiturstreit, der sich an der Besetzung des Mailänder Erzstuhles durch einen Vertrauten König Heinrichs IV. entzündete, trat Wibert wie die anderen lombardischen Bischöfe an die Seite des Königs. Nach dem endgültigen Bruch zwischen Heinrich und Papst Gregor VII. wurde er auf einer Synode in Brixen im Juni 1080 zum Gegenpapst nominiert. Vier Jahre später folgte bei Heinrichs Einzug in Rom (März 1084) die Weihe zum Papst unter dem Namen Klemens III. Seine erste Amtshandlung war die Kaiserkrönung Heinrichs Ostern 1084. Es wäre verkehrt, Klemens nur als Werkzeug des deutschen Monarchen zu sehen. Ein integrer Charakter, klug und gebildet, fand er Anhänger in Rom (13 Kardinäle gingen zu ihm über) und verfolgte eine durchaus eigenständige Politik. Davon zeugen seine Bestrebungen, seine Obödienz auch außerhalb des kaiserlichen Einflussgebietes in Dänemark, England, Portugal, Ungarn, Serbien und Kroatien zur Geltung zu bringen. Er verhandelte mit dem Metropoliten von Kiew über eine Union mit der russischen Kirche und suchte den 1054 unterbrochenen Dialog mit Byzanz wiederaufzunehmen.

Auch den von der Reformpartei nach Gregors Tod eingesetzten Päpsten Viktor III. und Urban II. vermochte Klemens zunächst zu trotzen; die von ihm vermutlich 1091/92 in Rom abgehaltene Synode geriet zu einer eindrucksvollen Darstellung seiner päpstlichen Macht. Ende 1093 gelang es Urban II. allerdings, sich in Rom festzusetzen, aber erst mit der Eroberung der Engelsburg 1098 war das Regiment des kaisertreuen Papstes wirklich zuende.

Die Buchmalerei aus der Chronik Otto von Freisings (2. Hälfte 12. Jh.) zeigt Kaiser Heinrich IV. zusammen mit dem von ihm inthronisierten Gegenpapst Klemens III. (linke Bildhälfte), sowie die Befreiung des in der Engelsburg festgesetzten Papstes Gregor VII. durch den Normannen Robert Guiscard (rechte Bildhälfte).

Viktor III.

um 1027, † Montecassino 16.9. 1087; Papst seit 9.5.1087, sel., Fest 16.9.

Freund der Kunst und Literatur

Aus beneventanischem Adel stammend, mit dem langobardischen Herzogshaus verwandt, kehrte er sich schon früh vom Leben seiner Klasse ab, lebte als Eremit und trat 1048/49 ins Kloster S. Sofia in Benevent ein. Dort nahm Dauferius (oder Daufari) den Mönchsnamen Desiderius an. 1055 wechselte er nach Montecassino, wo er 1058 zum Abt aufstieg. In seiner fast 30-jährigen Amtszeit nahmen Bibliothekswesen, Kunst und Literatur in der Abtei einen beträchtlichen Aufschwung. Desiderius stand in engem Kontakt mit dem Reformpapsttum und stützte die Kirchenpolitik Nikolaus' II., Alexanders II. und Gregors VII. Das Bündnis von Melfi zwischen Papsttum und Normannenführern (1059) ist möglicherweise sein Werk. Am 24.5.1086 wählten ihn die römischen Reformkardinäle zum Nachfolger für Gregor VII. Dessen Tod lag zwar schon ein Jahr zurück, aber die dominierende Stellung des Gegenpapstes Klemens III. hatte keine frühere Wahl erlaubt. Es sollte dann noch ein weiteres Jahr vergehen, bis er die Wahl annahm und unter dem Namen Viktor III. geweiht werden konnte. Die Feier fand in Rom unter dem Schutz normannischer Truppen statt. Viktor zog sich gleich wieder nach Montecassino zurück. Im August 1087 hielt er eine Synode in Benevent ab, auf der sowohl Klemens III. als auch mehrere radikale Anhänger Gregors VII. verurteilt wurden. Wieweit eine Politik, die auf Ausgleich setzte, Chancen hatte, steht dahin. Bereits während der Synode schwer leidend, starb Viktor im folgenden Monat in Montecassino. Sein Kult begann schon bald nach seinem Tod, die Seligsprechung erfolgte 1887 durch Leo XIII.

Urban II.

* Châtillon-sur-Marne um 1035, † Rom 29.7.1099; Papst seit 12.3.1088, sel., Fest 29.7.

Initiator der Kreuzzugbewegung

Der Empfehlung folgend, die Papst Viktor III. vor seinem Tod gegeben hatte, wählten die Kardinäle am 12.3.1088 als Nachfolger Odo von Châtillon (oder von Lagery), den Abkömmling eines Adelsgeschlechts aus der Champagne, der als Papst den Namen Urban II. annahm. Vorangegangen waren Studien in Reims, eine Zeit als Mönch in Cluny, wo er mit der kluniazensischen Reform vertraut wurde, Jahre als Prior in Cluny und als Kardinalbischof und Legat für Papst Gregor VII.

Den Machtanspruch der Kirche gegenüber den weltlichen Gewalten vertrat Urban nicht anders als Gregor, nur ging er diplomatischer dabei vor. Sein Pontifikat begann bescheiden, in Rom residierte noch der vom deutschen Kaiser Heinrich IV. im Jahr 1084 eingesetzte Gegenpapst Klemens III. Urban musste in Terracina in Süditalien Quartier nehmen, schaffte es aber in geduldiger politischer Kleinarbeit, den Einfluss seines Rivalen immer weiter zu beschränken, bis er selbst 1093 in der Ewigen Stadt einziehen konnte.

Seine bedeutendsten Verbündeten in Italien waren die Markgräfin Mathilde von Tuszien (1045–1115), die ihm gegen Kaiser Heinrich IV. beistand, und die Normannen, die ihm eine Basis in Süditalien verschafften. Roger I. von Sizilien (1072–1101) erhielt von ihm mit dem Legationsprivileg von 1098 das Aufsichtsrecht über die Kirche; die »Monarchia Sicula« genannte Verfassung war bis 1867 in Kraft.

Papst Urban II., Ausschnitt aus dem Gemälde »Der Heilige Bruno und Papst Urban II.« von Francisco de Zurbarán (1598-1664), um 1630/35.

Das Unternehmen, mit dem sich Urban in die Weltgeschichte einschrieb, war der Kreuzzug. Bereits seit 1089 stand der Papst in Verhandlungen mit Kaiser Alexios I. (1081–1118) und dem Patriarchen von Konstantinopel. Zwar war der Versuch gescheitert, die alte Einheit von griechischer und lateinischer Kirche wiederherzustellen, aber der Kontakt blieb bestehen. Die wiederholten Hilferufe aus Byzanz, das sich seit der verlorenen Schlacht von Mantzikert (1071) stetigen Angriffen der Seldschuken in Kleinasien ausgesetzt sah, ließen den Gedanken einer gemeinsamen militärischen Intervention des Abendlandes reifen, innerhalb derer die Vereinigung mit der Ostkirche zu bewerkstelligen sein mochte. Das verband sich mit den Erfahrungen der Reconquista, des Kampfes gegen die Mauren auf der Iberischen Halbinsel, und mit allgemein verbreiteten Endzeitvorstellungen, die die Bereitschaft zu Bußübungen und Wallfahrten gewaltig ansteigen ließen. Hinzu kam noch die von den Kluniazensern entwickelte Idee einer Friedensbewegung, zu der die Ablenkung aggressiver Energien der abendländischen Ritterschaft auf Ziele außerhalb der christlichen Welt gehörte.
Dies alles fügte Urban zu einem Programm zusammen, das er in Umrissen auf dem Konzil von Piacenza im März 1095 und vollständig auf der Synode von Clermont im November desselben Jahres enthüllte. Die »Regie« bei diesen Veranstaltungen war perfekt, Urban erwies sich als großer Psychologe, der sich darauf verstand, Stimmungen aufzufangen, zu bündeln und auf neue Ziele zu lenken. Das Ergebnis war überwältigend. Der Aufruf zum Kreuzzug fand Widerhall nicht nur bei den Rittern Nord- und Südfrankreichs, der Normandie und Süditaliens, die im Herbst 1096 zum Ersten Kreuzzug aufbrachen, sondern auch bei den unteren Schichten, die ohne lange Vorbereitung sofort loszogen, um ebenfalls das Heilige Land zu gewinnen (dieser sogenannte Kreuzzug des Volkes ging im Oktober 1096 in Kleinasien unter).
Die Kreuzzugbewegung entfaltete bald eine eigene Dynamik und Gesetzlichkeit. Wie der Mann, der die Initialzündung gegeben hatte, dazu stand, ist nicht genau bekannt. Immerhin verraten einige Briefe, dass ihm angesichts der Massen, die sich auf den Weg machten, etwas mulmig wurde. Den großen Triumph, die Eroberung Jerusalems am 15. Juli 1099, hat er dann gar nicht mehr erlebt. Er starb, bevor die Nachricht in Rom eintraf. Seine Seligsprechung erfolgte 1881.

Paschalis II.

† Rom, Engelsburg 21.1.1118; Papst seit 14.8.1099

Kapitulation vor dem Kaiser

Er stammte aus dem Ort Bieda in der Romagna und hatte sich unter Gregor VII. und Urban II. zunächst als Abt von S. Lorenzo fuori le Mura, dann als Kadinalpriester von S. Clemente hochgedient und war auch auf Missionen in Spanien und Frankreich unterwegs gewesen: Paschalis II. (vorher Rainerius) fand sich nach seiner Wahl noch mit einem Gegenpapst, Klemens III., konfrontiert, der seine Sache nicht verloren geben wollte. Mit normannischer Waffenhilfe vertrieb er diesen aus der Umgebung Roms. Klemens starb ein Jahr später; die Gegenpäpste, die nach ihm aufgestellt wurden, Theoderich (1100), Albert (1102) und Silvester IV. (1105), vermochten Paschalis nicht aus seiner Position in Rom zu verdrängen.
Der zu Zeiten Gregors VII. ausgebrochene Investiturstreit bildete auch im Pontifikat Paschalis' II. das zentrale Thema. Mit den Königen in Frankreich oder England ließen

sich Einigungen darüber erzielen, wie und von wem Bischöfe eingesetzt werden sollten (u.a. im Konkordat von Westminster 1107), aber gegenüber dem deutschen Kaiserhof standen die Zeichen nach wie vor auf Konfrontation. Heinrich IV. (Kaiser 1084–1106) beharrte auf dem Recht, Bischöfe und Reichsäbte selbst einzusetzen. Paschalis sprach daraufhin 1102 den Bann über ihn aus und unterstützte 1105 die Revolte des Kaisersohnes Heinrich V. (1106–1125) gegen den Vater.
Das nützte dem Papst jedoch nichts, denn Heinrich V., einmal an die Macht gelangt, dachte nicht daran, die bisher betriebene Kirchenpolitik in irgendeiner Weise zu ändern. Im Februar 1111 machte ihm Paschalis bei einem Zusammentreffen in Sutri einen

Vorschlag zur endgültigen Beilegung des Streites: Heinrich sollte auf sein Investiturrecht verzichten und würde dafür die Kaiserkrone sowie die einst vom König verliehenen Besitzrechte der deutschen Kirchen zurückerhalten (was die Kirchen schlagartig arm gemacht hätte). Heinrich ging auf den Vorschlag ein, aber ob es ihm ernst damit war, steht dahin. Denn als bei Verlesung des Abkommens in Sankt Peter ein wilder Tumult ausbrach, zog Heinrich seine Zustimmung zurück und ließ Paschalis und die Kardinäle festnehmen und einsperren. Zwei Monate Haft und die Drohung Heinrichs, den Gegenpapst Silvester IV. anzuerkennen, machten Paschalis gefügig. Er bestätigte im Privileg von Ponte Mammolo das Königsrecht der Investitur und krönte am 13.4.1111 Heinrich V. zum Kaiser.
Für die Reformpartei der Kirche bedeutete die Kapitulation des Papstes einen schweren Rückschlag. Die letzten Jahre von Paschalis' Pontifikat wurden durch Aufstände und Parteikämpfe in Rom verdüstert, die ihn zeitweilig zwangen, die Stadt zu verlassen.

Nachdem der zwischen Heinrich V. (1106–1125) und Papst Paschalis II. vereinbarte Vertrag über das Investiturrecht an der Verweigerung einiger weltlicher und geistlicher Fürsten zunächst scheiterte, stellte Heinrich V. Papst Paschalis sowie einige Kardinäle unter Arrest. Das Gemälde des Historienmalers Karl Friedrich Lessing (1808–1880) aus dem Jahr 1840 zeigt »Die Gefangennahme des Papstes Paschalis«.

Theoderich

† im Kloster La Cava bei Salerno 1102; Gegenpapst September 1100 bis Januar 1101

Nacht-und-Nebel-Aktion in Sankt Peter

Das Schisma, das 1084 mit der Einsetzung Klemens' III. (gegen Gregor VII.) begonnen hatte, setzte sich nach Klemens' Tod (8.9.1100) fort. Dessen Anhänger erhoben Theoderich, den Kardinalbischof von Albano (gegen den einen Monat zuvor gewählten Paschalis II.). Wahl, Weihe und Inthronisation Theoderichs geschahen bei Nacht in der Peterskirche. Sein Gegenpontifikat endete, als er im Januar 1101 auf dem Weg zu Kaiser Heinrich V. von Anhängern Paschalis' II. gefangen genommen und nach Rom gebracht wurde. Bis zum Tod blieb er in Klosterhaft.

Albert

Gegenpapst 1101

Gegen Geld an seine Gegner ausgeliefert

Die Partei des Gegenpapstes Klemens III. ließ auch nach dem schmählichen Ende des Nachfolgers Theoderich im Januar 1101 nicht locker: In der Kirche SS. Apostoli wählte sie (gegen den amtierenden Papst Paschalis II.) den Kardinalbischof Albert von Silva Candida. Auf die Nachricht von der Erhebung eines Gegenpapstes brachen Unruhen in Rom aus, Albert versteckte sich bei einem Sympathisanten, der ihn aber gegen Geld an Paschalis II. auslieferte. Albert wurde zu lebenslanger Klosterhaft in S. Lorenzo in Aversa bei Neapel verurteilt. Von da an verliert sich seine Spur.

Silvester IV.

Gegenpapst 18.11.1105–12./13.4.1111

Druckmittel in der Hand des Kaisers

Während Theoderich und Albert, die ersten beiden Nachfolger des Gegenpapstes Klemens III., rasch scheiterten, hatte der dritte etwas mehr Erfolg: Maginulf, Erzpriester von S. Angelo, der gegen den amtierenden Paschalis II. zum Papst erhoben wurde, konnte sich auf Teile des römischen Adels und den Markgrafen Werner von Ancona stützen. Unter dem Schutz von Werners Truppen wurde er am 18.11.1105 in der Lateranbasilika geweiht und als Silvester IV. inthronisiert. Paschalis seinerseits mobilisierte seine Anhänger, es kam zu Kämpfen, in denen der Gegenpapst zwar die Oberhand behielt, aber dennoch die Stadt verlassen musste, als das Geld zur Bezahlung seiner Mannschaft ausging.

Im Frühjahr 1111 schien ein Comeback zu winken: König Heinrich V. brauchte ein Druckmittel gegen Paschalis, um ihn zum Einlenken im Investiturstreit zu bringen. Er ließ also Silvester in sein Lager bei Rom bringen und drohte dem in Haft genommenen Paschalis damit, dass er den Gegenpapst anerkennen werde. Das wirkte, Paschalis gab seinen Widerstand auf.

Silvester aber wurde prompt fallen gelassen. Am Vorabend oder am Tag der Kaiserkrönung Heinrichs V. (13.4.1111) musste er förmlich Verzicht leisten und Papst Paschalis Gehorsam versprechen.

Gelasius II.

† Cluny 29.1.1119; Papst seit 24.1.1118

Pontifikat voller Turbulenzen

Johannes von Gaeta, unter Abt Desiderius (später Viktor III.) Mönch in Montecassino, war seit 1088 Kardinaldiakon und Kanzler der römischen Kirche, er hatte dafür gesorgt, dass sich Schliff und Stil der päpstlichen Dokumente bedeutend hoben und hatte auch selbst drei Heiligenleben verfasst. Treuer Diener seines Herrn, war er Paschalis II. im Februar 1111 in die Haft gefolgt. Nach dessen Tod wurde er einstimmig zum Nachfolger gewählt.

Sein Pontifikat dauerte nur ein Jahr, war aber voll der heftigsten Turbulenzen. Gleich nach der Wahl überfiel Cencius Frangipani, Oberhaupt einer römischen Adelsfamilie und alter Feind Paschalis' II., den neuen Papst und kerkerte ihn ein. Auf Ersuchen des

Die Buchmalerei (um 1335/40) aus der »Chroniques de St. Denis (Grandes Chroniques de France)« zeigt zwei Szenen aus dem Leben des Papstes Gelasius II. Auf der linken Bildhälfte empfängt der Papst den französischen König Ludwig VI. (1108-1137), die rechte Seite zeigt seine Beisetzung in Cluny im Jahre 1119.

Stadtpräfekten freigelassen, floh Johannes jedoch mit seinen Kardinälen aus der Stadt, da er vernahm, dass sich Kaiser Heinrich V. nähere. In Johannes' Heimat Gaeta holten sie am 9./10.3.1118 Priesterordination, Bischofs- und Papstweihe nach, Johannes nahm den Namen Gelasius II. an.

Auf ein Verhandlungsangebot Heinrichs V. ging er nicht ein, sondern verwies ihn auf ein Konzil, das er im Herbst abhalten wolle. Daraufhin proklamierte Heinrich einen Gegenpapst, Gregor VIII., den Gelasius umgehend mitsamt dem Kaiser unter Bann stellte. Als Heinrich Rom verließ, zog Gelasius ein, fand aber die Stadt beherrscht von seinen Feinden. Am 21.7. wurde er – wieder von den Frangipani – während der Messe in S. Prassede gefangengenommen, konnte aber aus Rom fliehen. Zu Schiff gelangte er nach Südfrankreich. In Vienne hielt er Anfang Januar 1119 eine Versammlung ab, allerdings nicht das große Konzil, das ihm vorgeschwebt hatte. Schwer krank zog er sich nach Cluny zurück, wo er Ende des Monats starb.

Kalixt II. (rechts) zusammen mit Abt Suger von Saint-Denis, Fenster der ehemaligen Abteikirche Saint-Denis, Paris (19. Jh.).

Gregor (VIII.)

† nach August 1137; Gegenpapst 8.3.1118–April 1121

Spitzname »Esel«

Nach der Wahl des Papstes Gelasius II. kam Kaiser Heinrich V. nach Rom, um mit dem neuen Papst eine Einigung im Investiturstreit zu finden. Dieser wich jedoch vor ihm in seine Heimat Gaeta aus und ließ von dort wissen, er wolle die anstehenden Fragen auf einem Konzil im Herbst klären. Das war nicht, was Heinrich wünschte. Er ließ daraufhin Gelasius' Wahl für ungültig erklären und setzte mit Unterstützung seiner Parteigänger in Rom, der Frangipani-Familie, den Erzbischof Mauritius von Braga (Portugal), einen aus Südfrankreich stammenden Kluniazenser mit dem Spitznamen Burdinus (= Esel), als Papst ein. Als Gregor VIII. bestieg dieser den Stuhl Petri und schloss im Namen der Kirche Frieden mit dem Reich. Mehr wollte Heinrich nicht von ihm, er marschierte nach Deutschland zurück und überließ den Gegenpapst seinem Schicksal. Gelasius, der sogleich Heinrich und Gregor mit dem Bann belegt hatte, schickte Briefe in alle Welt, in denen der Gegenpapst denunziert wurde. Gregor zog sich 1119 in das befestigte Sutri zurück, wo ihn Gelasius' Nachfolger Kalixt II. im April 1121 belagern ließ. Die Bürger lieferten ihn schließlich aus. In ein Bocksfell gehüllt und rücklings auf einem Kamel sitzend, wurde er in einem Spottumzug durch Rom geführt. Danach verschwand er in Klosterhaft. Als letzter Aufbewahrungsort wird im August 1137 das Kloster La Cava bei Salerno genannt.

Kalixt II.

† Rom 13. oder 14.12.1124; Papst seit 2.2.1119

Neuorientierung der Kirchenpolitik

Als Sohn des Grafen Wilhelm von Burgund war Guido, der sich als Papst Kalixt II. nannte, mit den meisten europäischen Fürstenhäusern verwandt. Seit 1088 hatte er den Erzstuhl von Vienne (Südfrankreich) inne. Er gehörte zur innerkirchlichen Opposition, die sich gegen das Investiturprivileg Paschalis' II. für Kaiser Heinrich V. wandte. Die Kardinäle, die Gelasius II. auf seiner Flucht nach Frankreich begleitet hatten, wählten Guido nach Gelasius' Tod in Cluny zum Nachfolger; am 9.2.1119 wurde er in Vienne geweiht, die übrigen Kardinäle und der Klerus von Rom stimmten brieflich zu.

Eine von Kalixt' ersten Amtshandlungen war die Verurteilung der Petrobrusianer, der Anhänger des Wanderpredigers Petrus von Bruis (um 1132/33 auf dem Scheiterhaufen verbrannt), dabei wurde erstmals die weltliche Gewalt zur Verfolgung von Ketzern angerufen. Seit 1120 wieder zurück in Italien, hielt er triumphalen Einzug in Rom und festigte seine Stellung im Kirchenstaat durch Unterwerfung des Gegenpapstes Gregor VIII. Nach jahrzehntelangen Kämpfen herrschte eine Weile Ruhe in Rom, Kalixt nutzte sie, um den Wiederaufbau des Lateran und anderer verfallener Gebäude in die Wege zu leiten.

Mit Heinrich V. hatten bereits im September 1119 in Straßburg Friedensgespräche begonnen, die im Oktober in Mouzon an der Maas fortgesetzt worden waren; sie mündeten in den vertraglich vereinbarten Kompromiss des Wormser Konkordats (23.8.1122), mit dem der Investiturstreit ein Ende fand. Die Annahme des Konkordats auf der Lateransynode vom 18.–27.3.1123 leitete eine Neuorientierung der Kirchenpolitik ein.

In Abkehr von gregorianischen Traditionen zielte sie auf eine Stärkung der Diözesanbischöfe gegenüber dem Mönchtum.

Honorius II.

† Rom 13.2.1130; Papst seit 21.12.1124

Bevorzugung der jungen Reformer

Die friedlichen Zustände in Rom endeten mit Kalixt' II. Tod. Über seine Nachfolge brach Zwist unter den Kardinälen aus, in den sich die römischen Adelsfamilien einmischten. Die Mehrheit, unterstützt vom Pierleoni-Clan, entschied sich zunächst für den Kardinal Saxo von S. Stefano, dann für den Kardinalpriester Teobaldo (später Cölestin II.). Da brachen die Frangipani – hinter denen der einflussreiche Kanzler der römischen Kirche, Haimerich, stand – in die Versammlung und erzwangen mit Waffengewalt die Einsetzung ihres Kandidaten, des Kardinalbischofs von Ostia, Lambert, der dann als Honorius II. den päpstlichen Thron bestieg. Cölestin verzichtete.

Aus einfacher Familie stammend, hatte der neue Papst unter Paschalis II. und Gelasius II. seinen Weg nach oben gemacht, er war als Mitarbeiter von Kalixt II. an den Verhandlungen des Wormser Konkordats beteiligt gewesen. Seine Politik, inspiriert vom Kanzler Haimerich, bewegte sich ganz in den Bahnen, die auf der Lateransynode von 1123 gewiesen worden waren: innere Erneuerung der Kirche, Vorantreiben der Reform. Dem dienten eine Reihe von Personalentscheidungen, bei denen Kardinal- und Gesandtenämter jeweils an Vertreter der jüngeren Reformkreise gingen. Honorius bestätigte 1126 den Prämonstratenserorden und 1128 den Orden der Tempelritter.

Im deutschen Thronstreit nach dem Tod Heinrichs V. (1125) stellte er sich an die Seite Lothars III. von Supplinburg (1125–1137) und exkommunizierte den staufischen Gegenkönig Konrad III. In Frankreich gelang es ihm, den Streit zwischen König Ludwig VI. (1108–1137) und der Kirche zu schlichten. Weniger Erfolg dagegen hatte Honorius bei seinem Bemühen, die Bildung eines normannischen Königreichs in Süditalien zu verhindern. Nach einer militärischen Niederlage musste er 1128 den Grafen Roger II. von Sizilien (1095–1154) mit dem Herzogtum Apulien belehnen.

Honorius II., Kupferstich, aus: G. Pinadello »Invicti Quinarii«, Rom 1589.

Cölestin (II.)

† vor 1127; Papst 15./16.12.1124

Papst für wenige Stunden

Die offizielle Papstliste zählt ihn nicht, stattdessen wird er als Gegenpapst geführt; dabei war seine Wahl kanonisch, es fehlten nur Weihe und Inthronisation, die durch einen brutalen Überfall verhindert wurden: Teobaldo Boccapecci, aus römischer Familie, Kardinalpriester von S. Anastasia, ein schon älterer Geistlicher, wurde am 15.12.1124 unter dem Namen Cölestin II. einstimmig zum Nachfolger für den verstorbenen Kalixt II. gewählt. Er trug bereits den roten Mantel, und das »Tedeum« wurde gerade angestimmt, als Robert, das Oberhaupt der mächtigen Frangipani-Familie, mit Bewaffneten in die Versammlung einbrach und die Einsetzung des Kardinalbischofs von Ostia, Lambert (Honorius II.) erzwang. Cölestin, im Handgemenge verletzt, verzichtete auf seinen Titel. Er scheint dann bald gestorben zu sein.

Innozenz II.

† Rom 24.9.1143; Papst seit 14.2.1130

Makabres Spiel mit einem Toten

Bei der Einsetzung Honorius' II. hatte die mit ihm verbündete Adelspartei der Frangipani mit Gewalt nachgeholfen. Als es um die Frage der Nachfolge ging, verfiel der Kanzler Haimerich, der auch schon beim ersten Staatsstreich die Fäden gezogen hatte, auf einen makabren Trick, um die konkurrierende Familie Pierleoni auszustechen.

Treffen des aus Rom vertriebenen Papsts Innozenz II. mit Kaiser Lothar III. (1125–1137) in Lüttich im Jahr 1131. Holzstich nach einer Zeichnung von Heinrich von Doernberg (1831–1905), um 1860.

Es galt die Vorschrift, dass beim Tod eines Papstes mit der Neuwahl gewartet worden musste, bis der Verstorbene auch begraben war. Haimerich, interessiert daran, seinen Kandidaten, den Kardinaldiakon Gregorio Papareschi, durchzubringen, beschloss die Zeitspanne abzukürzen, ohne dem Gesetz untreu zu werden. Er und die ihm ergebenen Kardinäle schafften den todkranken Honorius ins Kloster S. Gregorio auf dem Monte Celio, ein Gebäude mit dicken Mauern. Dort starb der Papst in der Nacht vom 13./14.2.1130 und wurde sofort in ein vorbereitetes Grab gelegt. In Windeseile wählten die Kardinäle in ihrer Festung wie vorgesehen den Gregorio und zogen mit ihm, der nun Innozenz II. hieß, bei Tagesanbruch in den Lateran. Den Toten nahmen sie mit und bestatteten ihn in der Laterankirche ein zweites Mal. Als die Pierleoni davon erfuhren, sammelten sie sofort ihren Anhang in S. Marco und brachten noch am Vormittag eine eigene Wahl zustande. An verschiedenen Orten, aber am selben Tag, dem 23.2.1130, wurden beide, der Frangipani-Papst Innozenz und sein Gegner von der Pierleoni-Partei namens Anaklet II., geweiht.

Das Schisma dauerte acht Jahre. Das Übergewicht lag dabei zunächst auf Seiten Anaklets, der die Mehrheit der Römer hinter sich hatte, auch in Italien Anhang besaß, vor allem aber mit Roger II. von Sizilien über einen starken Verbündeten verfügte. Innozenz musste noch am Tag seiner Wahl den Lateran wieder räumen, im April oder Mai 1130 zog er sich in den Stadtteil Trastevere zurück, schließlich schiffte er sich nach Frankreich ein. Dort fand er Rückhalt und Förderung u.a. durch den angesehenen Kirchenlehrer Bernhard von Clairvaux (1090–1153), die Könige von Frankreich und England erklärten sich für ihn, ebenso das deutsche Episkopat. 1133 war seine Stellung so weit gefestigt, dass er den deutschen König Lothar III. (1125–37) nach Rom begleiten und ihn zum Kaiser krönen konnte – im Lateran, die Peterskirche war nicht zugänglich, dort saß noch Anaklet, der keine Miene machte, vom Platz zu weichen. Innozenz nahm deshalb in Pisa Quartier, und erst der Tod des Rivalen im Januar 1138 und die Unterwerfung des Nachfolger-Gegenpapstes Viktor IV. im Mai desselben Jahres erlaubten ihm, sich ganz zum Herren Roms zu machen.

Auf dem 2. Laterankonzil im April 1139 wurde das Schisma endgültig beendet. Im Juli darauf versuchte sich Innozenz als Feldherr gegen Roger II. von Sizilien, was gründlich schief ging. Er geriet in Gefangenschaft und kam nur frei gegen das Versprechen, Rogers Königtum anzuerkennen. Gegen Ende seines Pontifikats kam es in Rom zu Aufständen. Beeinflusst von den Ideen des Reformpredigers Arnold von Brescia (um 1100–1155), trat eine kommunale Bewegung auf, die dem Papst die weltliche Herrschaft streitig machte.

Anaklet II.

* um 1090, † Rom (?) 25.1.1138; Papst (Gegenpapst) seit 14.2.1130

Angefeindet und diffamiert

Die bei der heimlich vorgenommenen Wahl Innozenz' II. am frühen Morgen des 14.2.1130 düpierte Adelspartei der Pierleoni installierte noch am selben Tag einen eigenen Kandidaten auf dem Papstthron, den Kardinalpriester von S. Maria in Trastevere Petrus, der den Namen Anaklet II. annahm. Hochgebildet, amtserfahren und von untadeligem Lebenswandel, war Anaklet neben Haimerich, dem Berater und Steigbügelhalter Innozenz', wohl die bedeutendste Persönlichkeit unter den Kardinälen. Er vermochte auch dank seines Anhangs in der Stadt und im (süd)italienischen Episkopat seinen Rivalen bald nach der Weihe, die noch beide erhielten (23.2.1130), aus Rom zu verdrängen.

Die Geschichtsschreibung sieht in der Doppelwahl über die stadtrömischen Parteikämpfe hinaus den Ausdruck eines Generationenkonflikts, der seit Kalixt' II. Tod (1124) innerhalb der Reformkreise schwelte. Hinter Anaklet standen die altgregorianischen und kluniazensischen Traditionen, Innozenz dagegen verkörperte das modernere Programm der Regularkanoniker, Augustinerchorherren, Prämonstratenser und Zisterzienser mit ihrer neuen Spiritualität. Anaklet, zu seinen Lebzeiten von Innozenz'

CLETVS.PP.
INSTITVTOR
RELIGIONIS
CRVCIFEROR-
VM

Parteigängern, v.a. von Bernhard von Clairvaux, nach Kräften angefeindet und diffamiert (man warf ihm u.a. Abstammung von der ursprünglich jüdischen Familie Pierleoni vor), ohne dass es gelang, seine Stellung in Rom zu erschüttern, wurde nach seinem Tod vom 2. Laterankonzil (April 1139) zum Schismatiker erklärt; alle seine Entscheidungen, Handlungen und Ordinationen wurden kassiert.

Papst Anaklet II. stiftet die Bruderschaft der Kreuzträger. Gemälde von Palma il Giovane (eigentl. Jacopo Negretti, 1544–1628) aus dem Jahr 1583/91.

Viktor IV.

Gegenpapst Mitte März–29.5.1138

Gegenpapst ohne Chance

Nach dem Tod Anaklets II. setzten seine Anhänger Gregor von Ceccano, den Kardinalpriester von SS. XII Apostoli, als Viktor IV. zum Papst ein. Gegen den alten Rivalen Anaklets, Innozenz II., der nun aus dem Pisaner Exil heimkehrte, hatte er jedoch keine Chance. Auf gutes Zureden des Kirchenlehrers Bernhard von Clairvaux entschloss er sich bald zur Abdankung. Er blieb zunächst ungeschoren und behielt seine Ämter, wurde jedoch im folgenden Jahr auf dem 2. Laterankonzil abgesetzt. Was danach aus ihm wurde, ist nicht bekannt.

Cölestin II.

† Rom 8.3.1144; Papst seit 26.9.1143

Keine klare Linie

Ein gelehrter Mann, er führte den Magistertitel, war Schüler von Peter Abälard (1079–1142) und unterhielt Korrespondenz mit den theologischen Leuchten seiner Zeit, u.a. Bernhard von Clairvaux, Gerhoh von Reichersberg (um 1093–1169) und Petrus Venerabilis (um 1092–1156): Guido de Castello begann seine geistliche Laufbahn 1128 als Kardinaldiakon unter Honorius II., er unternahm diplomatische Reisen nach Frankreich und Deutschland und gehörte als Kardinalpriester von S. Marco (seit 1133) neben Haimerich und Gerhard von S. Croce zum engsten Beraterkreis Innozenz' II. Zwei Tage nach dessen Tod (24.9.1143) wurde er einstimmig zum Papst gewählt und nahm den Namen Cölestin II. an.

Sein nur wenige Monate währendes Pontifikat lässt keine klare Linie erkennen. Er hob das Interdikt über Frankreich auf, das sein Vorgänger wegen der strittigen Wahl des Erzbischofs von Bourges verhängt hatte, und revidierte auch Innozenz' Anerkennung Rogers II. als König von Sizilien, musste aber wegen Problemen an der Grenze der päpstlichen Besitzungen dem Normannenherrscher gegenüber einlenken.

Lucius' II., Kupferstich, aus: G. Pinadello »Invicti Quinarii«, Rom 1589.

Lucius II.

† Rom 15.2.1145; Papst seit 12.3.1144

Gegen die Republik von Rom

Von Kalixt II. 1123 zum Kardinalpriester von S. Croce in Gerusalemme eingesetzt, stieg der aus Bologna stammende Gerhard Caccianemici zu einem führenden Mitglied der Kurie auf und diente Kalixt' II. Nachfolgern auf dem Papstthron bei verschiedenen

Das Gemälde von François-Marius Granet (1775–1849) aus dem Jahr 1844 zeigt die Kapitelversammlung der Tempelherren unter dem Vorsitz des Großmeisters Robert le Bourguignon in Anwesenheit Papst Eugens III. (links) und Ludwigs VII. von Frankreich (rechts) am 22. April 1147.

diplomatischen Missionen, v.a. Verhandlungen mit dem deutschen König Lothar III. Nach dem Tod Haimerichs (1141) nahm er dessen Stelle als Kanzler und »Bibliothecarius« der römischen Kirche an. Reformtheologen wie Bernhard von Clairvaux und Petrus Venerabilis gehörten zu seinen Freunden. Unter dem Namen Lucius II. zum Papst gewählt, suchte er den Ausgleich mit König Roger II. von Sizilien und bestätigte den Primat von Toledo über die Kirche der Iberischen Halbinsel, eingeschlossen Portugal. Die eigentlichen Probleme seines Pontifikats aber lagen in Rom. Hier hatte sich die gegen die weltliche Herrschaft des Papstes gerichtete städtische Bewegung soweit etabliert, dass sie die Republik ausrief. Die Kommune von Rom gab sich eine senatorische Verfassung und wählte Jordan Pierleoni, den Bruder des früheren Gegenpapstes Anaklet II., zum Patricius. Der Papst wurde aufgefordert, alle Hoheitsrechte aufzugeben. In seiner Not wandte sich Lucius zunächst an Roger II., dann an den Stauferkönig Konrad III. (1138–1152), ohne jedoch ausreichend Hilfe zu erhalten. Schließlich sammelte er selbst Truppen und wagte einen Angriff auf das Kapitol, wo sich der Senat verschanzt hatte. Die Straßenschlacht endete mit Lucius' Niederlage. Sein Tod wenige Tage später soll nach dem Bericht des Chronisten Gottfried von Viterbo auf einen Steinwurf zurückzuführen sein, der den Papst während des Kampfes traf.

Eugen III.

† Tivoli bei Rom 8.7.1153; Papst seit 15.2.1145, sel., Fest 8.7.

Fehlschlag des Zweiten Kreuzzuges

Er war der Schüler des großen Kirchenlehrers Bernhard von Clairvaux, und schon bald nach seiner Wahl zum Papst erfuhr der Pisaner Zisterzienserabt Petrus Bernardus, der sich künftig Eugen III. nannte, was es mit dem Wort seines Lehrers auf sich hatte, dass der Hirt in Rom nicht Petri Schafe weide, sondern Wölfe, Drachen und Skorpione: In Rom tobten Kämpfe, die Stadt hatte sich zur Republik erklärt, die Paläste der Kardinäle wurden geplündert und zerstört. Der Papst floh mit seinem Hof nach Viterbo, erst zu Weihnachten 1145 konnte er in den Lateran einziehen. Schon im Frühjahr 1146 musste er ihn wieder verlassen. Den Großteil seines Pontifikats verbrachte Eugen III. fern von Rom, in Frankreich und Deutschland.

In sein Pontifikat fällt der Zweite Kreuzzug. Den ersten Aufruf dazu (auf den wenig Echo kam) erließ er am 1.12.1145 von Viterbo aus an den französischen König Ludwig VII. (1137–1179), den zweiten (der dann durch Eugens Lehrer Bernhard mit durchschlagendem Erfolg verbreitet wurde) am 1.3.1146, einen weiteren (für Italien) im Oktober. Die weitere Führung des Unternehmens überließ er zwei Legaten, die durch ihr Amt überfordert waren. Der Misserfolg des Kreuzzuges (große Teile des Heeres wurden in der Türkei aufgerieben, der Rest scheiterte vor Damaskus) wurde dann prompt dem Papst zur Last gelegt.

Eugen billigte auch 1147 den Wendenkreuzzug, ein Unternehmen norddeutscher Fürsten, der das Missionswerk im Osten belastete. Er förderte die mystische Bewegung der »Prophetissima teutonica« Hildegard von Bingen. In Deutschland gelang ihm auch die Einigung mit dem jungen König Friedrich I. Barbarossa (1152–1190), die ihm den Weg zurück in die Ewige Stadt öffnete: Im Vertrag von Konstanz (1153) verpflichtete sich der Staufer, die Römer zu unterwerfen; dafür garantierte ihm Eugen die Kaiserkrone. Als die Urkunden ausgefertigt wurden, war der Papst bereits unterwegs nach Süden. Er starb in seiner italienischen Heimat, vor den Toren Roms. 1872 wurde er durch Papst Pius IX. seliggesprochen.

Anastasius IV., Kupferstich, aus: G. Pinadello, »Invicti Quinarii«, Rom 1589.

Anastasius IV.

† Rom (?) 3.12.1154; Papst seit 12.7.1153

Geschickter Diplomat

Als alterfahrener Politiker kam er auf den Papstthron: Anastasius IV., ursprünglich Konrad von Suburra, hatte schon eine lange Dienstzeit hinter sich: als Kardinalpriester von S. Pudenziana (ernannt zwischen 1111 und 1114) unter Paschalis II. und als Kardinalbischof von S. Sabina (seit 1126) unter Honorius II., als Stellvertreter Innozenz' II. während dessen Abwesenheit von Rom 1130–1137 und noch einmal 1139, ebenso für Eugen III., der einen Großteil eines Pontifikats außerhalb der Ewigen Stadt hatte verbringen müssen.

Von ihm, dem eingesessenen Römer (der Name Suburra verweist auf das Stadtviertel an der Subura, der Hauptgeschäftsstraße des anitken Roms), erhoffte sich die Kirche wahrscheinlich eine Verbesserung der Beziehungen zur Kommune von Rom, die sich 1143 etabliert hatte und den Päpsten seitdem die weltliche Herrschaft streitig machte. Anastasius scheint dabei dank seines ausgleichenden Wesens und politischen Geschicks auch einigen Erfolg gehabt zu haben, denn anders als sein Vorgänger Eugen III. und anders auch als sein Nachfolger Hadrian IV. konnte er ungestört im Lateran residieren, er bekam sogar die Möglichkeit, einen neuen Palast nahe dem Pantheon zu errichten.

Die gleiche Umgänglichkeit – oder Nachgiebigkeit, wie seine Kritiker behaupteten – zeigte er auch bei der Bewältigung anderer anstehender Probleme. So gestattete er

Folgende Doppelseite:
Blick in die Kuppel von St. Peter in Rom. Mit einem Durchmesser von gut 42 Metern ist sie das größte freitragende Ziegelbauwerk der Welt.

AE SIXTVS·PP·V·A·M·

PONTIF.V. S.PETRI

Friedrich I. Barbarossa die Besetzung des Magdeburger Erzstuhles mit einem Mann eigener Wahl und brachte mit der Wiedereinsetzung des heiligen William (William Fitzherbert) als Erzbischof von York einen Streit zu Ende, der schon mehrere Päpste vor ihm beschäftigt hatte. Zu den Leistungen seines Pontifikats gehört auch die Einführung des Peterspfennigs in Norwegen und Schweden.

Porträt Hadrian IV., Kupferstich, 16. Jahrhundert.

Hadrian IV.

* Abbot's Langley (England) um 1100, † Anagni 1.9.1159; Papst seit 4.12.1154

Höchster Machtanspruch

Der erste und (bisher) einzige Engländer auf dem Thron Petri: Nikolaus Breakspear war schon als junger Mann auf den Kontinent gekommen und hatte seine geistliche Ausbildung im Kloster S. Rufus in Avignon erhalten. Eugen III. berief ihn 1149 zum Kardinalbischof von Ostia und sandte ihn als Kardinallegat nach Skandinavien, wo er den Metropolitensitz von Trondheim einrichtete und die Grundlagen für das spätere Erzbistum Uppsala schuf sowie erfolgreich über die Zahlung des Peterspfennigs verhandelte. Gleich nach seiner triumphalen Rückkehr aus dem Norden wurde er als Nachfolger für den verstorbenen Anastasius IV. gewählt und nahm den Namen Hadrian IV. an.

Sein erklärtes Ziel war die Wiederherstellung der vollen monarchischen Herrschaft des Papsttums. Dazu erneuerte er im Januar 1155 den von Eugen III. geschlossenen Vertrag von Konstanz mit Friedrich I. Barbarossa, dessen Hilfe er gegen die Normannen und die Kommune von Rom brauchte. Er verhängte das Interdikt über die Stadt, bis diese den führenden Agitator Arnold von Brescia vertrieb, der später von Barbarossa festgenommen und hingerichtet wurde. Dennoch gelang es ihm nie, die Römer völlig botmäßig zu machen; bis ans Ende seines Pontifikats blieb die Stadt für ihn ein unsicherer Aufenthaltsort.

Das gute Einvernehmen mit dem deutschen König, so wichtig es für Hadrian war, ließ sich nicht auf Dauer halten, dafür sorgte Friedrichs Machtanspruch, der nicht kleiner war als der des Papstes. In Sutri (8.6.1155) konnten sie sich nur noch mit größter Mühe über die Präliminarien der Kaiserkrönung einigen, die am 18.6. mit viel protokollarischen Winkelzügen seitens des Papstes vollzogen wurde.

Auf dem Reichstag von Besançon (Oktober 1157) brach der Zwist dann offen aus. Bei Verlesung einer Beschwerdebotschaft des Papstes übersetzte Reichskanzler Rainald von Dassel den Text so, dass die Zuhörer den Eindruck gewinnen mussten, der Papst verstehe sich als Lehnsherr des Kaisers – worauf einige von ihnen Miene machten, die päpstlichen Gesandten umzubringen. Der Konflikt setzte sich im folgenden Jahr (1158) mit der Verkündung der Reichsrechte (Regalien) in Oberitalien fort und eskalierte im Frühjahr 1159: Angesichts der Kriegssteuern, die Friedrich dem Patrimonium Petri auferlegte, plante Hadrian ein Bündnis mit den oberitalienischen Städten einzugehen und den Kaiser in den Bann zu tun, doch starb er, bevor er etwas davon ins Werk setzen konnte.

Seinem Jugendfreund Johannes von Salisbury vertraute er einmal an, er wünschte niemals zu seinem hohen Amt gelangt zu sein, das so voller Stacheln und Dornen sei. Während Hadrians Pontifikat kam die Bezeichnung des Papstes als Stellvertreter Christi in Gebrauch.

Alexander III.

† Civita Castellana (Latium) 30.8.1181; Papst seit 7.9.1159

18 Jahre Schisma

Er war einer der päpstlichen Gesandten, die beim turbulenten Reichstag von Besançon im Oktober 1157 fast totgeschlagen worden wären: Roland (Orlando) Bandinelli aus Siena, ein Jurist, der in Bologna studiert hatte und 1150 zum Kardinal ernannt worden war, diente seit 1153 als Kanzler der römischen Kirche unter Hadrian IV. Nach dessen Tod wurde er von der Kardinalsmehrheit, die Hadrians antikaiserliche Politik befürwortete, zum Nachfolger erhoben und nahm den Namen Alexander III. an. Er musste sich sofort mit einem Kardinal namens Oktavian (später Viktor IV.) auseinandersetzen, den die kaiserfreundliche Minderheit gewählt hatte. Es kam zu krassen Szenen, ein Papst riss dem anderen den Mantel von den Schultern, Bewaffnete mischten sich ein, Alexander und die Seinen verschanzten sich schließlich im Vatikan. Die Weihen muss-

Zusammenkunft Papst Alexanders III. mit Kaiser Friedrich I. Barbarossa (1152-1190) und dem Dogen Sebastiano Ziani in Ancona. Gemälde von Girolamo Gambarato (gest. 1628).

Der italienische Bildhauer Antonio Raggi (1624–1686) schuf die Statue Papst Alexanders' III. 1663 für den Dom von Siena.

ten außerhalb Roms vollzogen werden, die Alexanders in Ninfa südöstlich von Velletri am 20.9., die seines Gegners in Farfa nordöstlich von Rom am 4.10.1159. Das Schisma dauerte 18 Jahre, für Viktor traten nach seinem Tod (1164) noch die Gegenpäpste Paschalis III. und Kalixt III. ein. Kaiser Friedrich I. Barbarossa kam die Doppelwahl gerade recht, er berief im Februar 1160 ein Konzil nach Pavia ein, das Viktor als Papst bestätigte und Alexander exkommunizierte. Der antwortete mit dem Kirchenbann über den Konkurrenten und den Kaiser. Da er sich in Italien vorerst nicht halten konnte, ging Alexander nach Frankreich und baute von dort durch Kontakte zu vielen westlichen Staaten seine Stellung aus. 1165 zurückgekehrt, nahm er in Benevent Quartier und verhandelte – vergeblich – mit dem byzantinischen Kaiser Manuel I. Komnenos (1143–1180). Inzwischen führte ihm Barbarossas brutale Politik gegen die oberitalienischen Städte neue Bundesgenossen zu. Ihm zu Ehren wurde die neugegründete Trutzburg des lombardischen Städtebundes Alessandria getauft.
Nach der schweren Niederlage bei Legnano (1176) zeigte sich der deutsche Kaiser verhandlungsbereit. Im Frieden von Venedig (24.7.1177), der den Krieg in Italien beendete, erhielt Alexander die volle Anerkennung als Papst, die auf dem 3. Laterankonzil (5.–19.3.1179) feierlich bestätigt wurde. In Rom jedoch blieben die Probleme bestehen, die Kommune warf den Papst bald nach dem Konzil hinaus, an wechselnden Orten innerhalb des Kirchenstaates verbrachte er die zwei letzten Lebensjahre.
Zu Alexanders III. Pontifikat gehört die Tragödie des Thomas Becket, Erzbischof von Canterbury. Dieser, ein Jugendfreund König Heinrichs II. (1154–1189), widersprach dessen Politik, die englische Kirche von der Krone abhängig zu machen. Alexander unterstützte Becket, aber nur matt, aus Sorge, die Anerkennung des englischen Königs zu verlieren, und reagierte adäquat erst, als Heinrich durch den Mord am Erzbischof (29.12.1170) genügend Schuld auf sich geladen hatte und zu Zugeständnissen bereit war. Die Heiligsprechung Beckets folgte dann umso rascher: bereits 1173.

Viktor IV.

† Lucca 20.4.1164; (Gegen-)Papst seit 7.9.1159

Abhängig von der staufischen Macht

Gegen Alexander III. wählte die kaisertreue Minderheit der römischen Kardinäle den Kardinalpresbyter von S. Cecilia, einen Adligen aus der Crescentier-Familie namens Oktavian von Monticelli. Er nahm bei seiner Weihe am 4.10.1159 den Namen Viktor IV. an (der kurzlebige Gegenpapst von 1138 gleichen Namens wurde ignoriert).
Dank Unterstützung durch Kaiser Friedrich I. Barbarossa, der ihn auf der Synode von Pavia im Februar 1160 als Papst bestätigen ließ (worauf Bannflüche in beiden Richtungen hin und hergingen), konnte er sich in Italien halten, kam aber zeit seines (Gegen-)Pontifikats nicht von der staufischen Macht los. Sein Einflussbereich erstreckte sich daher nur auf Oberitalien, Burgund und den Westen des Reiches, während der Konkurrent, der nach Frankreich gegangen war, bald den größeren Teil der Kirche hinter sich brachte. Am Ende war auch Viktors kurialer Apparat verkümmert.

Er starb in Lucca während einer Reise, die er mit Rainald von Dassel, dem Erzbischof von Köln und ehemaligen Kanzler Friedrich I. Barbarossas, unternahm. Der Klerus von Lucca verweigerte dem Exkommunizierten ein Begräbnis in der Stadt, Viktor wurde darum in einem bescheidenen Kloster außerhalb der Stadtmauern beigesetzt. 1187 ließ Papst Gregor VIII. das Grab öffnen und die Gebeine hinauswerfen.

Paschalis III.

† Rom 20.9.1168; Gegenpapst seit 22.4.1164

Unter Missachtung aller Vorschriften installiert

Als erster der beiden Kontrahenten bei der Doppelwahl von 1159 starb Viktor IV. in Lucca am 20.4.1164. Sofort sorgte Barbarossas Vertrauter Rainald von Dassel, der beim Tod zugegen gewesen war, dafür, dass ein neuer Gegenpapst eingesetzt wurde, den man als Werkzeug gegen den von der Doppelwahl übrig gebliebenen Kaiserfeind Alexander III. benutzen konnte. Der Kandidat war ein Kardinalpriester von S. Callisto, er kam aus adliger Familie und hieß Guido von Crema; als Paschalis III. wurde er nach einer Wahl, an der nur zwei Kardinäle, zwei deutsche Bischöfe und der römische Stadtpräfekt beteiligt waren, in Lucca geweiht.

»Kaiser Friedrich Barbarossa küsst Papst Alexander III. den Fuß«, Gemälde von Federico Zuccari (um 1540–1609), 1582/1603.

Der unter Missachtung aller Vorschriften installierte Papst blieb unter dem Schutz des kaiserlichen Militärs zunächst in Mittelitalien; der von Rainald inszenierten Erhebung und Heiligsprechung Karls des Großen in Aachen (29.12.1165/8.1.1166) stimmte er zu. Im Sommer 1167 zog er mit Friedrich I. nach Rom und wurde am 22.6. in St. Peter inthronisiert. Am 1.8. vollzog er die (Fest-)Krönung am Kaiserpaar. Als im August eine Malariakatastrophe im Heer den Kaiser zwang, sich aus Rom zurückzuziehen, schloss Paschalis sich ihm an. Er nahm Quartier in Viterbo und kehrte erst Anfang 1168 unter dem Schutz deutscher Truppen nach Rom zurück. Er starb in der Festung neben Sankt Peter.

Kalixt (III.)

† nach 1180; Gegenpapst September 1168–29.8.1178

Verlierer beim Frieden von Venedig

Das Schisma von 1159 setzte sich auch nach dem Tod des zweiten Gegenpapstes, den die kaiserliche Partei gegen Alexander III. aufgestellt hatte, Paschalis' III., fort. Johannes von Struma, früher Abt des Vallombrosanerklosters Struma bei Arezzo, unter Viktor IV. zum Kardinalbischof von Albano erhoben, musste als dritter Gegenpapst unter dem Namen Kalixt III. in die Fußstapfen Paschalis' treten. Wie dieser blieb er auf die Unterstützung durch Friedrich I. Barbarossa angewiesen, nur Rom, Teile des Kirchenstaates, der Toskana und Deutschlands folgten seinen Anweisungen.

Der Frieden von Venedig zwischen dem Kaiser und Papst Alexander im Juli 1177 machte Kalixt zum Verlierer. Aber statt still in einer Abtei zu verschwinden, wie ihm Barbarossa riet, hielt er an seinem Anspruch fest, bis er Anfang 1178 aus seiner Residenz Viterbo vertrieben wurde. Am 29.8.1178 dankte er ab und unterwarf sich Alexander, der ihm großmütig verzieh und ihn zum Rektor (Verwalter) von Benevent machte, als der er 1180 zum letzten Mal in den Quellen genannt ist.

Innozenz (III.)

Gegenpapst 29.9.1179–Januar 1180

Den Belagerern ausgeliefert

Den drei Gegenpäpsten, die nacheinander an Alexander III. gescheitert waren, gesellte sich gegen Ende seines Pontifikats noch ein vierter hinzu. Das hing mit den Unruhen zusammen, die sich im Sommer 1179 gegen Alexander in Rom erhoben und ihn nötigten, die Stadt zu verlassen. Verwandte des früheren Gegenpapstes Viktor IV. machten sich die Situation zunutze und erhoben den aus Sezze (Latium) stammenden Kardinaldiakon von S.Angelo, Lando, als Innozenz III. zum Papst. Er zog es aber auch vor, außerhalb Roms zu bleiben, und nahm Quartier in einer an der Straße nach Palombara gelegenen Festung. Deren Besitzer lieferte ihn und seine wenigen Anhänger gegen eine kräftige Bestechungssumme an Alexander aus. Innozenz wurde zu lebenslänglicher Klosterhaft in der Benediktinerabtei La Cava bei Salerno verurteilt. Sein Todesdatum ist nicht bekannt.

Porträt Lucius' III., Kupferstich, 18. Jahrhundert.

Lucius III.

* Lucca um 1110, † Verona 25.11.1185; Papst seit 1.9.1181

Auf friedlichen Ausgleich bedacht

Der gewandte Unterhändler Ubaldo Allucingoli hatte schon zahlreiche diplomatische Missionen im Auftrag seiner Vorgänger Eugen III., Hadrian IV. und Alexander III. hinter sich, als er nach dem Tod des letzteren (30.8.1181) zum Papst gewählt wurde und als Lucius III. die Weihe empfing. In Rom allerdings machte er sich sofort nach seiner Wahl unbeliebt, weil er es unterließ, die mittlerweile zur Gewohnheit gewordenen Geschenke auszuteilen. Die meiste Zeit seines Pontifikats verbrachte er deswegen auch außerhalb der Stadt, in Velletri und Anagni.

Auf friedlichen Ausgleich bedacht, kam Lucius III. den Wünschen Friedrichs I. Barbarossa nach einer endgültigen Beilegung des Streits zwischen Kirche und Reich und einer Regelung der im Vertrag von Venedig noch offen gebliebenen Fragen entgegen. Im Oktober/November 1184 wurde in Verona verhandelt. Dabei konnten sich die Parteien auf ein Programm zur Bekämpfung der Häretiker einigen. Barbarossa versprach den vom Königreich Jerusalem und den Ritterorden im Heiligen Land dringend angemahnten Kreuzzug (er fand allerdings erst fünf Jahre später statt). In anderen Belangen kam jedoch keine Einigung zustande. So weigerte sich der Kaiser, dem Papst gegen die aufsässigen Römer zu helfen, und aus der Rückgabe der Mathildischen Güter, die von der 1115 verstorbenen Mathilde von Tuszien der Kirche zugedacht, aber nie an diese gelangt waren, wurde vorerst nichts.

Zuletzt versagte sich der Papst dem Ansinnen Barbarossas, seinen Sohn Heinrich (später Heinrich VI.) zum Kaiser zu krönen. Dahinter stand die Sorge vor einem Ausgreifen der staufischen Macht über ganz Italien. Heinrich war nämlich dabei, Konstanze, die Tochter König Rogers II. von Sizilien, zu heiraten; das Projekt war bereits bis zur Verlobung gediehen und löste, wenn nicht beim Papst, doch in der Kurie die größten Sorgen aus. Die diplomatische Routine lief indes weiter, zum Bruch mit dem Kaiser kam es zu Lucius' Lebzeiten nicht.

Urban III.

† Ferrara 20.10.1187; Papst seit 25.11.1185

Barbarossas geschworener Feind

Sollten die Kardinäle gemeint haben, als Nachfolger für den Friedenspolitiker Lucius III. täte jemand gut, der dem deutschen Kaiser Friedrich I. Barbarossa kräftig Paroli biete, so war mit dem Erzbischof von Mailand, Hubert Crivelli, keine verkehrte Wahl getroffen. Doch Urban III., wie er sich fortan nannte, verstand sich nicht bloß als Gegenspieler, er war Barbarossas geschworener Feind, der dem Kaiser die Zerstörung seiner Vaterstadt Mailand (1162) heimzahlen wollte.

Während er die folgenreiche Verheiratung des Kaisersohnes Heinrich VI. mit der Erbin von Sizilien, Konstanze, noch durchgehen ließ, hakte er bei der Frage der Kaiserkrönung Heinrichs ein. Er vollzog sie nicht und suspendierte den Patriarchen von Aquileja, als dieser wagte, es statt seiner zu tun. Er protestierte gegen die staatliche Praxis, Einkünfte geistlicher Güter bei Sedisvakanz zu kassieren, sowie gegen das sogenannte Spolienrecht, die Verfügungsgewalt des Königs über den beweglichen Nachlass eines geistlichen Reichsfürsten.

Zum endgültigen Bruch kam es über der Frage, wer Erzbischof von Trier werden sollte. Urban verwarf die Wahl, die Barbarossa getroffen hatte, und setzte am 1.6.1186 einen eigenen Kandidaten namens Folmar ein. Die Antwort des Kaiser war die Besetzung des Kirchenstaats und die Einschließung des Papstes und der Kurie in Verona. Urban verschärfte den Konflikt weiter, indem er die Stadt Cremona zur Erhebung gegen den Kaiser aufreizte und Legaten nach Deutschland zum Aufwiegeln der Opposition sandte. Auf dem Reichstag in Gelnhausen (November 1186) erhielten diese jedoch eine Abfuhr. In die Enge getrieben, machte Urban eine Kehrtwendung, er ließ Folmar fallen und bot Verhandlungen an. Verona wollte ihn jedoch nicht länger in seinen Mauern haben, der Papst musste die Stadt verlassen. Zu Pferde unterwegs nach Ferrara, wurde er krank und starb, kaum dass er sein Reiseziel erreicht hatte.

Papst Gregor VIII., Fenster der ehemaligen Abteikirche Saint-Denis, Paris (19. Jh.).

Gregor VIII.

† Pisa 17.(?)12.1187; Papst seit 21.10.1187

Aufruf zum Kreuzzug

Mit der Wahl Gregors VIII. (vorher Alberto de Morra) endeten die bitteren Kämpfe, in die sich Papsttum und Reich zu Zeiten seines Vorgängers Urban III. verstrickt hatten. Gregor war zwar zuvor als Kanzler der römischen Kirche (seit 1178) an den Auseinandersetzungen beteiligt gewesen, aber als alter, abgeklärter Jurist vermochte er bessere

Die Eroberung Jerusalems durch die Truppen Sultan Saladins 1187 und weitere Schreckensnachrichten aus dem Nahen Osten veranlassten Gregor VIII. dazu, zu einem Kreuzzug aufzurufen. Buchinitiale mit einer gebrandschatzten Stadt im Heiligen Land, Rittern und Gefangenen (um 1255).

Beziehungen zur weltlichen Macht aufzubauen, besaß auch länger schon das Vertrauen Kaiser Friedrichs I. Barbarossa.

Gregors kurzes, nur 57 Tage dauerndes Pontifikat stand ganz im Zeichen der Schreckensnachrichten, die aus Palästina kamen: Niederlage des christlichen Heeres bei Hattin (4.7.1187) und Eroberung Jerusalems durch Sultan Saladin (2.10.1187). Gregor rief zum Kreuzzug auf und sandte Prediger nach Deutschland, Frankreich, Dänemark und Polen.

Mitte November reiste er von Ferrara, wo man ihn gewählt hatte, nach Pisa. Ziel war es, einen Streit zwischen Pisanern und Genuesen zu schlichten und damit die Seestädte für die bevorstehenden Schiffstransporte ins Heilige Land zu gewinnen. Danach gedachte Gregor Rom zu versöhnen, das den Päpsten der letzten Jahrzehnte immer nur Schwierigkeiten bereitet hatte. Aber Krankheit und Tod eine Woche nach der Ankunft in Pisa machten die Pläne zunichte.

Klemens III.

† Rom 28.3.1191; Papst seit 19.12.1187

Effiziente Finanzverwaltung

Der Mann, den die Kardinäle in Pisa zum Nachfolger des verstorbenen Gregor VIII. wählten, war von schwacher Gesundheit und ohne Erfahrung im politischen Geschäft, dennoch gelang es ihm, sowohl mit den Staufern zu einer Einigung zu kommen als auch die Kommune in Rom friedlich zu stimmen: Klemens III., vorher Paolo Scolari, stammte aus Rom, er war vermögend und hatte Beziehungen zu den einflussreichsten Familien der Stadt. Das mag ihm behilflich gewesen sein bei den Verhandlungen, mit denen er den Wiedereinzug des Papsttums in den Lateran Mitte Februar 1188 erreichte. Der Preis dafür war hoch, die Kommune ließ sich die Anerkennung ihres Stadtherrn mit bedeutenden Zahlungen abkaufen. Der Akkord mit dem Reich wurde im Vertrag von Straßburg (3.4.1189) besiegelt. Der Kaisersohn Heinrich VI. (1191–1197) räumte den Kirchenstaat und erhielt dafür die Krone.

Wieder Herr über die päpstlichen Besitzungen, richtete Klemens eine effiziente Finanzverwaltung unter Cencio Savelli (später Honorius III.) ein. Mit Inbrunst widmete er sich dem Kreuzzug, zu dem sein Vorgänger aufgerufen hatte und der im Mai 1189 in Gang kam. Um möglichst alle Kräfte Europas für das Unternehmen zu bündeln, versuchte er alle Streitigkeiten zu schlichten, die die Fürsten und Herren von der Fahrt ins Heilige Land ablenken konnten. Unter seinem Pontifikat wurde die Kurie so etwas wie eine allgemeine Vermittlungsinstanz. Klemens musste es noch erleben, dass der Kreuzzug nach Friedrich I. Barbarossas Tod in Kleinasien (10.6.1190) an Schwung verlor und sich vor Akkon festlief. Als Heinrich VI., nun Alleinherrscher, im Januar 1191 nach Italien zog, um sein Erbe in Sizilien in Besitz zu nehmen, war der Papst bereits verstorben.

Cölestin III.

Rom um 1105, † ebd. 8.1.1198; Papst seit März/April 1191

Mann des Ausgleichs

Er stammte aus der römischen Adelsfamilie, die später den Namen Orsini führte: Giacinto Bobone erscheint zum ersten Mal 1126 in den Quellen, als »prior subdiaconorum« von S. Govanni in Laterano. Er studierte bei Peter Abälard in Paris und verteidigte seinen Lehrer beim Konzil von Lens (1140). Unter Cölestin II. und Anastasius IV. meisterte er schwierige diplomatische Aufträge auf der Iberischen Halbinsel und trieb die spanische Kreuzzugbewegung voran.

Ein Mann des Ausgleichs, wusste er vermittelnd zwischen der Kurie, dem Kaiser und dem französischen König zu wirken. Es gelang ihm nach dem Eklat von Besançon (1157) die Wogen zu glätten und eine Einigung zwischen Ludwig VII. von Frankreich (1137–1181) und Alexander III. herzustellen; auch beim Vertrag von Venedig (1177) zwischen Kaiser und Papst wirkte er mit. Man wählte ihn erst, als er 85 Jahre alt war, und anscheinend auch nur als Kompromisskandidat, aber das Pontifikat Cölestins III., wie er sich fortan nannte, sollte der Kirche wichtige Impulse geben. Cölestin nahm eine Strukturreform in Angriff, die kurialen Behörden wurden aufgewertet, das Kardinalskolleg umgestaltet, der Kirchenbesitz neu geordnet und kirchliche Rechts- und Zinsansprüche unter zentralistischen Gesichtspunkten zusammengefasst. Zäh und geschickt bereitete der Papst in Mittelitalien eine Wiedergewinnungspolitik vor, die unter seinem Nachfolger Innozenz III. dann zum Erfolg kam.

Mit Kaiser Heinrich VI. ließ sich aber auf Dauer kein friedliches Verhältnis herstellen, dazu stießen die Interessen in Süditalien zu hart aufeinander. Durch Heirat mit der Erbin Konstanze (27.1.1186) war Heinrich auch Herrscher im normannischen Königreich Sizilien geworden – dies Reich stand aber unter päpstlicher Lehnshoheit. Verständlich, dass der Papst jede Autonomiebewegung in Süditalien gegen Kaiser und Reich unterstützte. Ende 1197 machte Cölestin, mittlerweile über 90 Jahre alt, einen Versuch, die

Bürde des Amtes loszuwerden. Er schlug seine Abdankung und die Einsetzung des Kardinals Giovanni di S. Paolo als Nachfolger vor. Das scheiterte am Widerstand oppositioneller Kräfte im Kardinalskollegium; der Greis wurde gezwungen, bis zum letzten Tag im Amt zu bleiben.

Innozenz III.

* Anagni bei Frosinone 1160 oder 1161, † Perugia 16.7.1216; Papst seit 8.1.1198

Gipfel päpstlicher Machtentfaltung

Sein Pontifikat gilt als Gipfel päpstlicher Machtentfaltung: Innozenz III. (vorher Lothar Graf von Segni, 1190 zum Kardinaldiakon von SS. Sergio e Bacco ernannt) sicherte die Führungsstellung der Kurie durch bedeutende Rechtsentscheide, durch Reform der Verwaltung, durch Bestätigung und Förderung neuer Orden (u.a. Dominikaner). Unter ihm gewann Rom seine Unabhängigkeit als Hauptstadt des (gleichfalls von Innozenz III. erweiterten) Kirchenstaates. Er griff in den deutschen Thronstreit von 1198 (Otto IV. gegen Philipp von Schwaben) ein und hielt bis 1208 als Vormund des minderjährigen Friedrich II. die Regentschaft über Sizilien. Den Anspruch des Papstes auf Vorrang vor der weltlichen Gewalt formulierte Innozenz III. in der Konsistorialrede von 1200: »Es liegt im Interesse des Apostolischen Stuhles, sorgfältig und klug die Besetzung des Römischen Reiches zu erörtern, da das Kaisertum bekanntlich seinem Ursprung und seiner Vollendung nach von ihm abhängt …«.

Innozenz III. tat sich nicht zuletzt als Förderer neuer Orden hervor. Giotto di Bondones (um 1266–1337) Fresko in der Oberkirche von S. Francesco in Assisi zeigt die Bestätigung der Ordensregeln des hl. Franziscus durch Papst Innozenz III. (Ausschnitt, um 1295/1300).

Bereits im ersten Jahr seines Pontifikats rief Innozenz zum Kreuzzug auf, dessen Lenkung ihm allerdings entglitt. Venedig hatte sich erboten, den Schiffstransport zu organisieren, ließ aber dann die versammelten Kreuzfahrer so lange warten, bis sie ihre Mittel aufgezehrt hatten und zu allem Ja und Amen sagten, was die Herren der Lagunenstadt mit ihnen veranstalteten. Das Unternehmen endete im Jahr 1204 mit der Eroberung Konstantinopels.

Das war nicht gerade das, was Innozenz gewollt hatte, andererseits begrüßte er dann doch die Gelegenheit, die Ostkirche wieder mit der von Rom zu vereinigen. Ähnlich lief ihm auch der 1208 ausgerufene Kreuzzug gegen die Albigenser in Südfrankreich aus der Hand; der religiös motivierte Kampf gegen die Häresie artete in einen zügellosen Raubkrieg aus.

Das 4. Laterankonzil (1215) sah Innozenz auf der Höhe seiner Macht. Die vom Konzil erarbeiteten Reformkonstitutionen betrafen nahezu alle Gebiete des kirchlichen Lebens. Besonderen Raum nahm die Bekämpfung der Häresien ein, die Albigenserkriege erhielten ihre ideologische Untermauerung, die Inquisition gewann Gestalt. Die Kreuzzugidee wurde mit neuem Leben gefüllt. 1213 hatte Innozenz einen neuen Kreuzzug zur Befreiung Jerusalems ausgeschrieben; auf dem Laterankonzil ließ er ihn sanktionie-

ren. Der Zug von 1218–1221 gegen die an der Nilmündung gelegene Festung Damiette, an dem sich auch der von Innozenz geförderte heilige Franz von Assisi (1181/82–1226) beteiligte, ist als Frucht des Aufrufs zu sehen.

Das Gemälde Leandro Bassanos (eigentl. Leandro da Ponte, 1557–1622) in der Sakristei von SS. Giovanni e Paolo in Venedig zeigt die Bestätigung der Ordensregeln der Dominikaner durch Papst Honorius III. im Jahre 1216 (Ausschnitt, um 1600).

Honorius III.

* um 1150, † Rom 18.3.1227; Papst seit 18.7.1216

Kreuzzug im Mittelpunkt des Pontifikats

In der Kirchengeschichte hat er seinen besonderen Platz als Förderer der Bettelorden: Unter Honorius III. (vorher Cencio Savelli, Kardinal von S. Giovanni e Paolo und Kämmerer unter Klemens III. und Cölestin III.) erhielten Dominikaner, Franziskaner und Karmeliter ihre Approbation.

Im Mittelpunkt seines Pontifikats stand allerdings der Kreuzzug. Das Unternehmen, zu dem bereits der Vorgänger Innozenz III. aufgerufen hatte, wurde 1218 mit einem Angriff auf die Hafenstadt Damiette in Ägypten ins Werk gesetzt und endete 1221 in schmählichem Rückzug. Auch ein Auftritt des heiligen Franz von Assisi vor Sultan el-Kamil (der Prediger, der sich dem Kreuzzug angeschlossen hatte, versuchte im Alleingang den Kalifen zu bekehren und erbot sich sogar zur Feuerprobe) half nichts. Obwohl vermutlich das herrische Auftreten des päpstlichen Legaten Pelagius das Desaster verursacht hatte, suchte der Papst die Schuld beim Kaiser Friedrich II. (1220–1250), der nur ein schmales Kontingent geschickt hatte und selbst nicht erschienen war. Er machte sich danach zur Aufgabe, den Staufer zu einem neuen Kreuzzug zu veranlassen. Erfolg darin sollte allerdings erst sein Nachfolger Gregor IX. haben.

Honorius bemühte sich um die Bildung, er förderte Universitäten und kümmerte sich um deren Studienordnungen. Bedeutsam für die Geschichte Norddeutschlands wurde sein Eintreten für den Dänenkönig Waldemar II. (1202–1241): Er löste ihn von einer eidlichen Friedenszusage, die ihm die norddeutschen Fürsten abgezwungen hatten, und setzte ihn damit in den Stand, den Krieg gegen diese aufs Neue zu beginnen; er endete mit Waldemars Niederlage bei Bornhöved im Juni 1227.

Gregor IX.

* Anagni (bei Frosinone, Latium) um 1170, † Rom 22.8.1241; Papst seit 19.3.1227

Kampf gegen die »Bestie« Friedrich II.

Das Pontifikat Gregors IX. (vorher Ugolino Graf von Segni, seit 1206 Kardinalbischof von Ostia) war vom Kampf gegen Friedrich II. bestimmt. Neben der alten Auseinandersetzung zwischen der geistlichen und der weltlichen Macht – »sacerdotium« gegen »imperium« – ging es dabei auch um die Frage des Kreuzzuges, den der Stauferkaiser schon Gregors Vorgängern Innozenz III. und Honorius III. versprochen, aber immer

Gregor IX. war wie seine Vorgänger ein Förderer der Bettelorden und nahm während seines Pontifikats einige bedeutende Heiligsprechungen vor, so die von Franz von Assisi (1228), Antonius von Padua (1232) oder Elisabeth von Thüringen (1236). In Giottos (um 1266-1337) Fresko der »Vision Gregors IX.« erscheint dem Papst der hl. Franziskus im Traum. (Oberkirche von S. Francesco, Assisi, um 1295/1300).

wieder aufgeschoben hatte. Im September 1127 erließ Gregor wegen der erneuten Verzögerung eine Bannbulle gegen Friedrich; die Fahrt ins Heilige Land, die dieser im Juni 1228 endlich antrat, fand damit unter Führung eines Exkommunizierten statt. Entsprechend war der Empfang bei der christlichen Bevölkerung Palästinas, man verrammelte die Tore vor dem Kaiser und ließ ihn durch Geisterstädte ziehen. Dabei gelang ihm – nur durch Verhandlungen –, was seinen Standesgenossen jahrzehntelang nicht mehr gelungen war: der Einzug in Jerusalem (März 1229).

Papst Gregor wiederholte seinen Bannfluch gegen Friedrich im März 1239; diesmal wurde der Kaiser unter anderem der Behinderung des Albigenserkreuzzuges und der Unterstützung für die gegen den Papst rebellierenden Stadtrömer bezichtigt. Der Propagandakrieg gipfelte in der päpstlichen Bulle »Ascendit de mare bestia« (Juni/Juli 1239), die Friedrich als apokalyptisches Tier und Ketzer hinstellte. Das von Gregor für Ostern 1241 nach Rom einberufene Konzil verhinderte der Kaiser durch die Verhaftung der anreisenden Teilnehmer. Beim Tod Gregors war der Konflikt zwischen Kaiser und Papst noch ungelöst, der Nachfolger Cölestin IV. trat ein schwieriges Erbe an.

Innerkirchlich setzte Gregor mit der Förderung der Bettelorden das Werk seiner Vorgänger fort. Er hatte bereits als Kardinalprotektor der Franziskaner an der Regel von 1223 mitgearbeitet; weiter unterstützte er die Klarissen, den Dritten Orden, die Dominikaner und Kamaldulenser sowie die verschiedenen Ritterorden. Auch als Gesetzgeber trat er hervor. Eine Sammlung von Dekretalen, darin enthalten u.a. die Regeln für die strafrechtliche Verfolgung der Ketzerei, wurde 1234 durch Übersendung an die Universitäten geltendes Recht, sie bildete später den zweiten Teil des »Corpus Iuris Canonici«, des kirchlichen Gesetzbuches.

Papst Cölestin IV., Kupferstich des 19. Jahrhunderts.

Cölestin IV.

* um 1180, † Rom 10.11.1241; Papst seit 25.10.1241

Erstmals ein richtiges Konklave

Dass er dereinst Papst werden würde, dürfte der Kardinalbischof von Sabina, Goffredo da Castiglione, selbst kaum angenommen haben, und er verdankte das auch nur dem Umstand, dass das Kardinalskollegium beim Tod des Vorgängers auf zwölf Kirchenfürsten zusammengeschmolzen war, von denen Kaiser Friedrich II. zudem zwei gefangen hielt.

In dieser misslichen Situation war der Kurie und der römischen Oberschicht an einer schnellen Nachfolgeregelung gelegen, weswegen es zum ersten buchstäblichen Konklave kam, nämlich zum Einschluss der Wahlberechtigten zur Beschleunigung einer Entscheidung. Sie hatten es nicht einmal bequem in dem baufälligen Palast, den ihnen der römische Diktator Orsini für ihre Verhandlungen zuwies. Doch da seit dem 3. Laterankonzil von 1179 eine Zweidrittelmehrheit vorgeschrieben war, erwies sich die Zerstrittenheit von kaiserfreundlichen und antistaufisch eingestellten Kardinälen als so tief, dass sie monatelang in dem ungemütlichen Gemäuer feilschten. Der Druck Orsinis und der Tod eines Kollegen führte dann endlich zur Einigung auf den kranken Kompromisskandidaten Goffredo, der den Namen Cölestin IV. annahm, aber zu keiner einzigen Amtshandlung mehr kam. Zwei Tage nach der Wahl musste er sich fiebernd niederlegen und starb bereits nach 17-tägigem Pontifikat, dem viertkürzesten der Papstgeschichte.

Innozent IV.

* Genua um 1195, † Neapel 7.12.1254; Papst seit 25.6.1243

Bestechung, Nepotismus, Mordanschläge

Hatte man angenommen, dass es der Kirche nach dem nicht einmal dreiwöchigen Pontifikat Cölestins IV. mit der Regelung der Nachfolge eilen werde, so sah man sich getäuscht. Ganze anderthalb Jahre dauerte es bis zur Wahl des nächsten Papstes, weil das Tauziehen mit Kaiser Friedrich II. um seine Lösung vom Bann Gregors IX. und die Freilassung zweier vom Staufer inhaftierter Kardinäle sich endlos hinzog. Schließlich bestieg der Genueser Sinibaldo Fieschi den Papstthron, ein Kirchenjurist, der in Bologna gelehrt hatte, 1226 zum Richter der Kurie und im Jahr darauf zum Kardinalpriester ernannt worden war.

Der Kaiser, der die Wahl zunächst begrüßt hatte, sollte beträchtliche Enttäuschungen mit dem neuen Papst erleben, der sich nicht von ungefähr Innozenz IV. nannte. Wie der vorige dieses Namens nämlich baute er seine Macht, bedenkenlos Bestechung, Nepotismus, ja Mordanschläge einsetzend, aus und pochte als Stellvertreter Christi auf den päpstlichen Vorrang vor dem weltlichen Oberhaupt der Christenheit. Schon den ersten Vertrag mit Friedrich vom 31.3.1244 ratifizierte er nicht, ja er misstraute dem Kaiser so tief, dass er am 28.6. des gleichen Jahres zu Schiff nach Genua floh, nach Lyon weiterreiste und von dort regierte. Er berief auch ein Konzil, das 13. ökumenische, dorthin ein und lud den Kaiser vor, der nun natürlich seinerseits nicht erschien.

Trotz geschickter Verteidigung durch seinen Justitiar Thaddäus von Suessa wurde er daher des Meineids, Friedensbruchs, der Ketzerei und Gotteslästerung für schuldig befunden und kurzerhand abgesetzt. Damit waren alle Untertanen, insonderheit die deutschen Fürsten ihres Treueids entbunden. Viel fruchtete das nicht, so lange Friedrich lebte, da selbst päpstliche Verfolgung seine Autorität nicht grundlegend zu erschüttern vermochte.

Nach seinem Tod (am 13.12.1250) aber konnte der Papst die Nachfolger wirkungsvoll bekämpfen: Konrad IV., seit 1237 regierender Kronprinz in Deutschland, kam nicht mehr zur Machtübernahme in den sizilischen Reichen der Staufer und starb im Jahr 1254. Sein dort herrschender illegitimer Halbbruder Manfred beugte sich dem Papst, der Sizilien dem Kirchenstaat einverleibte und seinen Sitz nach Neapel verlegte.

Als Manfred sich vom Papst lossagte und dessen Heer bei Foggia vernichtete, erreichte die Nachricht Innozenz IV. nur noch auf dem Sterbelager. Das Ende aller staufischen Hoffnungen hatte er aber dennoch eingeleitet, indem er neben anderen Karl von Anjou die sizilische Krone angeboten hatte, der mit der Enthauptung des Kaiserenkels Konradin 1268 die staufische Dynastie auslöschen sollte.

Alexander IV.

* vor 1200, † Viterbo 25.5.1261; Papst seit 12.12.1254

Bescheidene politische Leistungen

Schon fünf Tage nach dem Tod Innozenz' IV. stand der Nachfolger fest; das lag daran, dass der Bürgermeister von Neapel, wo der Papst gestorben war, die Kardinäle festhielt, die eigentlich nach Rom hatten zurückkehren wollen. Das konnten sie nun erst nach der Wahl des Grafen Rinaldo von Segni, eines Neffen Papst Gregors IX., der von die-

Der Streit zwischen Kaiser und Papst eskaliert: Innozenz IV. spricht den Bannfluch über Friedrich II. aus. Kreidelithographie, koloriert, von R. Weibezahl, 1832.

sem 1227 zum Kardinaldiakon und 1231 zum Kardinalbischof von Ostia berufen worden war.

Er war in dieser Zeit nie besonders hervorgetreten, sondern nur bekannt für seine guten Beziehungen zu Kaiser Friedrich II., und das mag für seine Erhebung zum Papst schließlich mitentscheidend gewesen sein. Ein Teil der Kurie nämlich wollte die Querelen mit der staufischen Dynastie endlich beenden und versprach sich vom neuen Papst einen politisch versöhnlicheren Kurs. Daraus wurde jedoch nichts, wohl weniger, weil Alexander nicht wollte, sondern eher weil er zu träge und unschlüssig war, die Politik des Vorgängers nachhaltig zu ändern. So schwelte der Konflikt mit Manfred (†1266), dem unehelichen Sohn des Kaisers, weiter, der für den unmündigen legitimen Konradin die sizilischen Geschäfte führte. Gerade Sizilien aber wollte die Kurie wieder dem Kirchenstaat angliedern, schickte auch ein Heer aus, das aber von Manfred geschlagen wurde.

Manfreds Macht wuchs weiter; er setzte sich in Mittelitalien fest und wurde in Rom zum Senator gewählt, von wo der Papst nach Viterbo ausweichen musste. Auch Norditalien beugte sich dem Staufer, und in Deutschland hatten die von Alexander IV. geförderten Gegenkönige Wilhelm von Holland († 1256), Alfons X. von Kastilien († 1284) und Richard von Cornwall († 1272) keinen Erfolg, weil sie sich gegenseitig blockierten und als Landesfremde gegen die Territorialfürsten keine Zentralgewalt zu organisieren vermochten. Die Fürsten nutzten das Interregnum, die kaiserlose Zeit seit dem Tod Konrads IV. 1254, für ihre Partikularinteressen, und der Papst war schon froh, dass sie keinen staufischen Nachfolger wählten.

So bescheiden also die politischen Leistungen des Papstes blieben, so wenig gelang ihm auf kirchlichem Gebiet: Die Wiedervereinigungsgespräche mit der Ostkirche, die schon Innozenz IV. angeknüpft hatte, kamen nicht voran, Alexanders Unterstützung der Bettelorden führte zu theologischen Querelen, und nur die Heiligsprechung Klaras von Assisi 1255, Begründerin des weiblichen Zweigs der Franziskaner, fand ungeteilte Zustimmung.

Urban IV.

* Troyes an der Seine um 1200, † Perugia 2.10.1264; Papst seit 29.8.1261

Die Staufermacht in Süditalien gebrochen

Wenn die Katholiken im Frühjahr mit Prozessionen das Fronleichnamsfest begehen, dürften die wenigsten wissen, dass sie es einem französischen Papst verdanken: Urban IV. übernahm 1264 mit der Bulle »Transiturus« das 1246 in den Niederlanden in Erinnerung an die Visionen der 16-jährigen Nonne Juliane von Lüttich (1209) aufgekommene Fest des Altarsakraments für die ganze Kirche.

Als Sohn eines Schusters hatte Jacques Pantaléon, wie Urban bürgerlich hieß, ein Herz für die Volksfrömmigkeit. Er war 1245 Archidiakon von Lüttich geworden, hatte am Konzil von Lyon teilgenommen und war dabei Innozenz IV. als wortgewandt und tatkräftig aufgefallen. Nach diplomatischen Missionen hatte ihn Papst Alexander IV. zum Patriarchen von Jerusalem berufen, und in dieser Eigenschaft weilte Pantaléon gerade am Hof des Papstes in Viterbo, als dieser starb. Da lange keine neuen Kardinäle ernannt worden waren, nahmen nur acht am Konklave teil, konnten sich aber monatelang nicht einigen, sodass schließlich die Wahl auf den französischen Außenseiter fiel.

Urban war als »Ausländer« frei von italienischen Bindungen und konnte so viel flexibler die antistaufische Machtpolitik seiner Vorgänger handhaben. Er gewann nach und nach wieder die Kontrolle über den vom illegitimen Kaisersohn Manfred eroberten Kirchenstaat, setzte 1263 gegen den Staufer die schon von Innozenz IV. angebotene Belehnung Karls von Anjou († 1285) mit Sizilien-Neapel durch und brach so auf längere Sicht die staufische Macht in Italien. Allerdings tauschte die Kirche sie letztlich nur gegen eine französische, doch das erlebte Urban nicht mehr. Ihn traf nur noch der Gegenschlag Manfreds, der bei Ruchbarwerden des Planes die Feindseligkeiten wieder eröffnete und Urban zum Ausweichen nach Orvieto und schließlich nach Perugia zwang, wo der Papst starb.

Klemens IV.

* St.-Gilles-sur-Rhône um 1195, † Viterbo 29.11.1268; Papst seit 5.2.1265

Mit den Franzosen gegen die Staufer

Eine heute kaum noch denkbare Karriere: Guy Foulques, Sohn eines Richters und selbst Jurist am Hof König Ludwigs IX. von Frankreich, war gutbürgerlicher Familien-

Klemens IV. brach die Staufermacht endgültig, indem er Karl I. von Anjou (1226–1285) mit dem Königreich Sizilien belehnte. Die französische Buchmalerei zeigt Karl I. auf dem Seeweg nach Rom (links) sowie seine Krönung zum König von Neapel-Sizilien (rechts). Aus: »Grandes Chroniques de France«, um 1335/40.

vater mit zwei Töchtern. Als seine Frau starb, fühlte er die Berufung zum Priester, nahm die Weihen und begann einen späten, aber steilen kirchlichen Aufstieg: 1257 Bischof von Puy, 1259 Erzbischof von Narbonne, 1261 Kardinalbischof von Sabina. Beim Tod Urbans IV. befand sich Foulques als Legat des Papstes in England und konnte am folgenden Konklave nicht teilnehmen. Obwohl es sich vier Monate lang hinzog, erreichte er Perugia, wo die Kollegen tagten, erst, als diese sich auf ihn wegen seines Alters als Übergangspapst geeinigt hatten. Die antipäpstliche Stimmung in Norditalien hatte sein Kommen verzögert, nur verkleidet als Mönch war es ihm gelungen sich durchzuschlagen. Nach Rom konnte der sich Klemens IV. nennende neue Papst seine

Bildnis Klemens' IV., Holzschnitt (19. Jh.) nach einem Mosaik in der Basilika S. Paolo fuori le Mura, Rom.

Residenz aus demselben Grund nicht verlegen und amtierte zunächst am Wahlort und später in Viterbo.

Er vollendete, was die Vorgänger eingeleitet hatten, als sie sich bemühten die staufische Macht in Neapel-Sizilien zu brechen. Jetzt nämlich kam Karl von Anjou, Bruder des französischen Königs, tatsächlich nach Rom, wurde als König von Neapel-Sizilien eingesetzt und zog gegen Kaiser Friedrichs unehelichen Sohn Manfred, der das Königreich regierte. Bei Benevent unterlag Manfred am 26.2.1266 dem Franzosen und fiel in der Schlacht. Der Papst erhob Karl nun auch noch zum Reichsvikar in der Toskana und ermöglichte ihm damit die Aburteilung des letzten Staufers: Der 16-jährige Konradin kam nach Rom und wurde von den Ghibellinen, der staufischen Partei, begeistert gefeiert. Er wollte sich sein süditalienisches Erbe holen, wurde aber von Karl bei Tagliacozzo am 23.8.1268 ebenfalls geschlagen, gefangen genommen und am 29.10.1268 auf dem Marktplatz von Neapel enthauptet.

Der Papst, der diese Meucheljustiz gefördert hatte, starb, ehe er erleben musste, dass nun die Franzosen die Rolle der Staufer in Italien übernahmen und die Kirche in weit ärgere Bedrängnis bringen sollten. Auf kirchlichem Sektor hatte Klemens IV. die Wiedervereinigungsgespräche mit der Ostkirche fortgesetzt, doch dabei so herrische Töne angeschlagen, dass eine Annäherung unmöglich wurde.

Gregor X.

* Piacenza um 1210, † Arezzo 10.1.1276; Papst seit 1.9.1271, sel., Fest (seit 1963) 9.1.

Gewählt nach dreijährigem Gefeilsche

Man sperrte die Kardinäle im Papstpalast von Viterbo ein, das Dach wurde schließlich abgedeckt und der Entzug von Nahrung angedroht, wenn sich die hohen Herren nicht endlich auf einen Nachfolger für Klemens IV. einigten. Das gelang aber nach dreijährigem Gefeilsche erst, als man die Wahl einem Sechsergremium übertrug, das nach weiterem Tauziehen Teobaldo Visconti benannte. Der adlige Archidiakon von Lüttich war kurienfern genug, die Fronten zwischen den Anhängern Karls von Anjou, des neuen Herrn von Neapel-Sizilien und Oberitalien (1266–1285), und den Freunden der von ihm ausgelöschten staufischen Dynastie zu überbrücken. Außerdem war Visconti ein versierter Politiker, ja Kriegsmann, der von seiner Wahl denn auch in Akkon erfuhr, wohin er den englischen König Eduard I. auf einem Kreuzzug begleitet hatte. So dauerte es noch einmal fast ein halbes Jahr, ehe der Gewählte sein Amt unter dem Namen Gregor X. antreten konnte.

Papst Gregor X. übergibt Niccolo, Matteo und Marco Polo Schriftstücke für den Kublai Khan. Buchmalerei, Paris, Atelier des Boucicaut-Meisters, um 1412.

Anders als seine ängstlichen Vorgänger wagte er die Rückverlegung seiner Residenz nach Rom, von wo aus er umgehend zu einem Konzil einlud. Er wollte nämlich, entsetzt von den Zuständen im Heiligen Land, so rasch wie möglich einen neuen Kreuzzug

organisieren. Dazu ermutigte er die deutschen Kurfürsten, wieder einen König zu wählen, und stimmte deren Kandidaten Rudolf von Habsburg zu, der das seit 1254 andauernde Interregnum im Heiligen Römischen Reich 1273 beendete.
Das Konzil, das 14. ökumenische, fand in Lyon statt. Gregor gelang es, von der Ostkirche des byzantinischen Kaisers Michael VIII. Palaiologos (1259–1282) die Anerkennung des päpstlichen Primats zu erlangen und damit – wenn auch nur vorübergehend – die Wiedervereinigung der gespaltenen Kirche zu erreichen. Das war für den geplanten Kreuzzug ebenso wichtig wie für das eigene politische Gewicht. Es trug wesentlich dazu bei, dass König Rudolf (1273–1291), den der Papst im Oktober 1275 in Lausanne traf, auf alle Ansprüche auf kirchliche Territorien und auf Sizilien endgültig verzichtete und dass die meisten Herrscher des Abendlands sich zum Kreuzzug bereit erklärten. Er kam dann doch nicht zustande, und auch die mit Rudolf für den 2.2.1276 vereinbarte Kaiserkrönung erledigte sich durch das plötzliche Ableben Gregors X. nach einem winterlichen Alpenübergang.
Erfolg hingegen hatte die auf dem Konzil verkündete Neuregelung der Papstwahl: Zur Vermeidung überlanger Sedisvakanzen war bestimmt worden, dass die Kardinäle spätestens zehn Tage nach dem Tod des Papstes an dessen Sterbeort ins Konklave zur Bestimmung des Nachfolgers gehen sollten. Kontakt zur Außenwelt ist den Kardinälen seitdem während des Wahlverfahrens untersagt.

Innozenz V.

* in Savoyen um 1224, † Rom 22.6.1276; Papst seit 21.1.1276, sel., Fest 22.6.

Innozenz V., Kupferstich, aus: G. Pinadello, »Invicti Quinarii«, Rom 1589.

Ohne Mut und Geschick

Mit dem schon elf Tage nach dem Ableben Gregors X. gewählten Franzosen Pierre de Tarantaise, der als Innozenz V. amtierte, begann eine Reihe ziemlich bis sehr kurzer Amtszeiten. In dem halben Jahr, das dem neuen Papst blieb, vermochte er nicht viel zu bewegen, und das, was er bewegte, führte eher zu Friktionen als zu Fortschritten.
Innozenz war Dominikanermönch und Gelehrter, der mit so bedeutenden Kirchenlehrern wie Thomas von Aquin (um 1225–1274) und Albertus Magnus (um 1200–1280) gearbeitet und selbst wichtige Schriften über Ethik und Bibelauslegung verfasst hatte. Vom Vorgänger war er 1272 zum Erzbischof von Lyon und im Jahr darauf zum Kardinalbischof von Ostia ernannt worden. In seinem französischen Sprengel fand das Konzil statt, das der künftige Papst entscheidend mitprägte und auf dem er sich für den Kreuzzug einsetzte. Er begleitete Gregor dann auf dessen letzter Reise, nahm auch am Gespräch mit dem deutschen König Rudolf I. teil, setzte aber nicht die Politik des Vorgängers fort, die auf einen starken Kaiser gesetzt hatte, der dem Italien dominierenden Karl von Anjou hätte Paroli bieten können. Er lud Rudolf sogar von der vereinbarten Kaiserkrönung aus – die Meinungsbildung in der Kurie sei noch nicht abgeschlossen.
Für Gregors kühne Doppelstrategie fehlte es Innozenz an Geschick und Mut, und er gefährdete aus Respekt vor Karl von Anjou schließlich sogar den Kreuzzug und die gerade wiedergewonnene Kircheneinheit: Karl nämlich plante die Rückgewinnung Konstantinopels für den Westen und stand daher in Feindschaft zum dortigen Kaiser Michael VIII. Palaiologos. Innozenz ließ sich in diese Konfrontation hineinziehen, verlangte von der Ostkirche völlige Unterwerfung und machte damit alle Hoffnungen auf Wiedervereinigung zunichte.

Hadrian V., Kupferstich, aus: G. Pinadello, »Invicti Quinarii«, Rom 1589.

Hadrian V.

* Genua um 1205, † Viterbo 18.8.1276; Papst seit 11.7.1276

Von der Wahltortur beschädigt

Seine einzige Amtshandlung als Papst bestand darin, die Regelung, der er seine Wahl verdankte, wieder zu verwässern: Nach dem Willen Gregors X. war die Papstwahl beschleunigt worden durch rasches Zusammentreten des Konklaves nach dem Tod des Amtsinhabers, aber auch durch drastische Maßnahmen, wenn die Verhandlungen sich in die Länge ziehen sollten. Das war im Sommer 1276 der Fall, und Karl von Anjou, König von Neapel-Sizilien und eigentlicher Herrscher Italiens, setzte die Kardinäle im brütend heißen Rom derart unter Druck, dass einige ernsthaft erkrankten. Sie waren hermetisch von der Außenwelt abgeschlossen und wurden auf Schmalkost gesetzt, sodass sie sich schließlich schon aus Verzweiflung auf Ottobono Fieschi einigten, einen erklärten Parteigänger des Königs. Er stammte aus der Familie der Grafen von Lavagna und war ein Neffe von Papst Innozenz IV., der ihn 1251 zum Kardinaldiakon erhoben hatte. Bewährt auf einigen diplomatischen Missionen und als Trommler für einen Kreuzzug, schien Fieschi geeignet, das politische Gewicht der Kirche zu stärken, das unter dem Vorgänger Innozenz V. nicht sonderlich zur Geltung gekommen war.
Die Rechnung wäre womöglich aufgegangen, wenn nicht die Wahltortur auch den Gewählten beschädigt hätte. Er nahm den Namen Hadrian V. an, versammelte einen Tag nach der Wahl die Kardinäle um sich und verkündete die Aussetzung des Wahldekrets seines Vorvorgängers. Dann entzog er sich der stickigen Stadt und suchte Erholung im nahen Viterbo, fand dort aber nur den Tod, ehe er auch nur geweiht oder gar gekrönt hatte werden können.

Johannes XXI.

* Lissabon zwischen 1210 und 1220, † Viterbo 20.5.1277; Papst seit 8.9.1276

Naturwissenschaftler auf dem Stuhl Petri

Als die Wahl in Viterbo 1276 nicht gleich klappte, wollte der Bürgermeister zu bewährten Zwangsmaßnahmen greifen. Dem widersetzten sich die Kardinäle mit Hinweis auf die Aussetzung der Wahlvorschriften durch Hadrian V. Bei Bekanntwerden dieses Widerstands kam es in der Stadt zu Ausschreitungen, die dann immerhin so viel Zug in die Sache brachten, dass nach einem halben Jahr der Nachfolger feststand: Der portugiesische Arztsohn Pedro Julião sollte als Johannes XXI. den Stuhl Petri besteigen, wobei die Ordnungszahl auf einen Zählfehler zurückging, denn einen Johannes XX. hatte es nie gegeben, wie denn gerade bei diesem beliebten Papstnamen noch weiteres Durcheinander entstehen sollte. Zunächst einmal war man froh, ein neues Kirchenoberhaupt zu haben, das freilich die Geschäfte weitgehend Kardinal Orsini, dem späteren Papst Nikolaus III., überließ. Johannes selbst hing viel zu sehr an seinen naturwissenschaftlichen Forschungen, denen er seine kirchliche Karriere verdankte.
Der so hoch Gestiegene hatte ursprünglich freie Künste studiert, dann 1247–1250 Medizin in Siena gelehrt und war aufgrund seines dabei erworbenen Rufes von Gregor X. zum Leibarzt berufen worden. Das trug ihm 1273 den Kardinalpurpur und die Teilnahme am Konzil von Lyon ein. Dennoch schrieb er weiter medizinische Lehrbücher, etwa über Augenheilkunde, lieferte auch Kommentare zu Schriften des Aristoteles und

beschäftigte sich mit Fragen der Logik. Insofern bot er wenig politische Angriffsflächen und wurde schließlich deswegen von der Mehrheit gewählt.
Man richtete sich bei einem so erfahrenen Arzt und robusten Mann auf ein endlich einmal wieder längeres Pontifikat ein, doch waren auch Johannes nur wenige Monate vergönnt. Das Arbeitszimmer, das er sich im Papstpalast von Viterbo für seine wissenschaftliche Arbeit ausbedungen hatte, war nicht mit der nötigen Sorgfalt errichtet worden. Eines Tages stürzte die Decke ein, der Papst wurde unter den Trümmern begraben und erlag seinen Verletzungen. Dadurch dass er die Geschäfte der Kirche von Orsini hatte führen lassen, war die päpstliche Politik wieder mehr auf Ausgleich der diversen Interessen ausgerichtet worden: Der Italien dominierende Karl von Anjou sah sich nicht mehr so hofiert wie vom Vorgänger, dem deutschen König Rudolf von Habsburg wurde die Kaiserkrönung in Aussicht gestellt, und zu den Byzantinern nahm man erneut Kontakt auf.

Nikolaus III.

* Rom um 1215, † Soriano bei Viterbo 22.8.1280; Papst seit 25.11.1277

Umzug in den Vatikanpalast

Zwar hatte er schon unter dem Vorgänger Johannes XXI. die Politik der Kurie geleitet, doch dauerte es noch ein halbes Jahr, ehe sich die Mehrheit der Kardinäle auf Giovanni Gaetano aus dem altadligen Geschlecht der Orsini als Nachfolger einigen konnten. Das lag am Widerstand der Anhänger Karls von Anjou, der in Orsini seinen eigentlichen Gegner im Heiligen Kollegium ausgemacht hatte. Schließlich aber war den Wahlmännern keine Wahl geblieben, weil die Hausmacht Orsinis zu groß war, als dass ein anderer hätte zum Zuge kommen können.
Der Gewählte nahm als bisheriger Kardinaldiakon von S. Niccolò in Carcere den Papstnamen Nikolaus III. an und setzte sogleich ein Zeichen gegen Karl von Anjou, in-

Als erster Papst wählte Nikolaus III. den Vatikanpalast zu seinem Amtssitz. Piazza S. Pietro mit dem Rest der Loggia Pius' II. und dem Vatikanischen Palast. Zeichnung, um 1532/36, von Maarten van Heemskerck (1498–1574).

dem er verfügte, dass künftig nur römische Fürsten Senatoren der Ewigen Stadt sein dürften, womit Karls erneute Kandidatur, die 1278 anstand, nur mit Gewalt hätte durchgesetzt werden können. Dazu aber fehlte dem solcherart Ausgeschlossenen die Machtbasis in Rom, das nun gänzlich unter päpstliche Herrschaft geriet. Nikolaus konnte sich bei diesem Vorgehen auf den deutschen König Rudolf von Habsburg stützen, der in seiner noch nicht gefestigten Position im Reich seinerseits das päpstliche Wohlwollen brauchte, und zwar so sehr, dass er auf alle Ansprüche der Krone in der

Zankapfel Sizilien: Der italienische Historienmaler Francesco Hayez (1791–1882) gibt in seinem Gemälde von 1846 eine stilisierte Interpretation des Geschehens der »Sizilianischen Vesper«, dem Volksaufstand gegen die Herrschaft der Franzosen. Karl von Anjou wurde aus seinem Reich verjagt, Papst Martin IV. hielt dennoch weiter zu ihm und lehnte die Übernahme Siziliens als Lehen des Heiligen Stuhls ab.

Romagna zugunsten des Kirchenstaats verzichtete, der damit seine bis 1860 kaum veränderte Größe gewann.

Sein Ausgleichswerk vollendete Nikolaus durch die Vermittlung der Ehe einer Tochter Rudolfs mit einem Enkel Karls. Der Ostkirche gegenüber hielt der Papst an der Forderung nach unbedingter Unterwerfung unter Rom fest, instruierte aber seine Gesandten dahingehend, dass sie in Nebenfragen durchaus Kompromissbereitschaft zeigen sollten. Damit hielt er sich alle Optionen für eine endgültige Überwindung des Schismas offen. Innerkirchlich trieb er Reformen der Verwaltung, die Erweiterung des Kollegiums der Kardinäle, den Ausbau von Sankt Peter und die Förderung der Orden der Dominikaner und Franziskaner durch Lockerung des absoluten Armutsgebots voran. Als erster Papst wählte er den Vatikanpalast zum Amtssitz. Doch schon nach 33-monatigem Pontifikat raffte Nikolaus ein Schlaganfall in seiner Sommerresidenz dahin.

Martin IV.

* Brie (Seine-et-Marne) um 1215, † Perugia 28.3.1285; Papst seit 22.2.1281

Förderer Karls von Anjou

Die relativ unabhängige Stellung, die Nikolaus III. der Kirche in Italien durch kluge Ausgleichspolitik gesicherte hatte, ging unter dem Nachfolger verloren. Es wurde nämlich ein Mann gewählt, der als Franzose ohnedies dem sizilischen König Karl von Anjou zuneigte und der wegen seiner Schwäche zum Zuge kam: Simon de Brie, 1260 von König Ludwig IX. von Frankreich (1226–1270) zum Kanzler berufen und von Urban IV. zum Kardinaldiakon erhoben, sollte gerade dadurch die Macht der Orsini brechen, die mit dem Vorgänger zu beherrschendem Einfluss in der Kirche gekommen waren. Ihre Vertreter wurden schließlich vom Bürgermeister von Viterbo, einem Parteigänger Karls, von der Wahl unter dem Vorwand ausgeschlossen, dass sie das Konklave verschleppten. Der Weg für Simon war frei, und nach einem halben Jahr stand er unter dem Namen Martin IV. als Papst fest, wobei die Ordnungszahl wieder einmal durch einen Irrtum zustande kam: In den Papstlisten des 13. Jahrhunderts fanden sich die frühmittelalterlichen Päpste Marinus I. und II. versehentlich als Martin II. und III.

Unter dem Neuen drehte sich der Wind: Karl von Anjou erhielt die Genehmigung, in Städten des Kirchenstaats Garnisonen zu unterhalten und Rektoren (Statthalter) einzusetzen, der Papst unterstützte auch seinen Plan zur gemeinsam mit Venedig zu betreibenden Rückeroberung Konstantinopels für das lateinische Kaisertum, und er besetzte Schlüsselstellungen bevorzugt mit schon wegen ihrer Herkunft zu Karl haltenden Franzosen. Als der so Geförderte bei der sogenannten Sizilianischen Vesper am Ostermontag (30.3.) 1282 von Aufständischen aus seinem Reich verjagt worden war, hielt Martin IV. dennoch weiter zu ihm, lehnte die Übernahme Siziliens als Lehen des Heiligen Stuhls ab und versuchte 1285 mit seinem Bannstrahl, die Machtübernahme durch Peter III. von Aragonien zu verhindern, dem die rebellierenden sizilischen Großen die Krone angetragen hatten.

Bei so einseitiger Parteinahme verwundert es nicht, dass die noch ungefestigte Wiedervereinigung mit der Ostkirche in die Brüche ging, denn der in Konstantinopel seit 1282 regierende Kaiser Andronikos II. Palaiologos wandte sich angesichts des römischen Drucks vom Kompromisskurs seines Vorgängers Michael VIII. ab und annullierte dessen Zusage der Anerkennung des päpstlichen Primats. Martin IV., der wenigstens mit dem deutschen König Rudolf von Habsburg in einigermaßen gedeihlichen Beziehungen stand, starb wenige Wochen nach Karl von Anjou (7.1.1285), mit dem er sein Schicksal so eng verknüpft hatte.

Honorius IV.

* Rom um 1200, † ebd. 3.4.1287; Papst seit 2.4.1285

Wider Erwarten langlebig

Er war, wie so mancher vor ihm, ein Übergangs- oder Verlegenheitskandidat. Doch das Pontifikat von Giacomo Savelli erwies sich mit vollen zwei Jahren Länge als für damalige Verhältnisse relativ dauerhaft, und der gichtgeplagte Greis, der als Großneffe von Honorius III. dessen Papstnamen wählte, entwickelte mehr Energie als erwartet. Anerkannt in Rom, konnte er dort residieren und sich zum Senator wählen lassen. Seine Be-

Folgende Doppelseite:
Grabmal des Papstes Honorius IV. in S. Maria in Aracoeli, Rom.

fugnisse delegierte er an seinen Bruder Pandolfo, der mit Umsicht und Entschlossenheit die Stadt in den Griff bekam, während der Papst selbst im Kirchenstaat mit ausgleichendem Geschick den inneren Frieden beförderte.

Weniger glücklich schon war sein Entschluss, die Politik des Vorgängers zur Restitution des Hauses Anjou in Sizilien wiederaufzunehmen. Er gewann den französischen König Philipp III. (1270–1285) zu einem »Kreuzzug« gegen das Haus Aragonien, das sich in Sizilien einzunisten drohte. Der Angriff endete mit einem Fiasko; König Philipp starb wenig später (5.5.1285). Zwar überlebte ihn der mit der staufischen Dynastie verschwägerte Prätendent Peter III. von Aragonien nur um ein paar Monate, doch dessen jüngerer Sohn Jakob konnte sich durchsetzen und am 2.2.1286 die Krönung in Palermo erreichen.

Die Tafel (Ausschnitt) von Pietro Lorenzetti (um 1300–1348) zeigt Papst Honorius IV. beim Empfang von Mönchen des Karmeliterordens.

Mit der Exkommunikation des neuen Königs bewirkte Honorius nichts, sondern musste im Gegenteil erleben, dass der noch von Peter gefangen gesetzte Anjou-Erbe Karl II. zur Rückgewinnung seiner Freiheit im Vertrag von Barcelona (Februar 1287) auf alle Ansprüche zugunsten Jakobs verzichtete. Diesem Fehlschlag folgte ein weiterer im Norden: Honorius wollte sich wie schon Gregor X. den deutschen König Rudolf von Habsburg verpflichten, indem er dessen Krönung zum Kaiser fest für den 2.2.1287 verabredete. Doch die deutschen Fürsten mauerten aus Sorge um ihre Privilegien und vor einer zu starken Zentralmacht. Rudolf musste seinen Italienzug verschieben, und auf dem Reichstag in Würzburg im März 1287 wurde der Plan endgültig begraben.

Innerkirchlich zeichnete sich das Pontifikat von Honorius IV. durch die weitere Aufwertung der Dominikaner und Franziskaner aus, die schon Nikolaus III. in Gang gebracht hatte. Mit Männern dieser Orden wurden wichtige Positionen besetzt, die Inquisition wurde ganz in ihre Hände gelegt.

Nikolaus IV.

* Lisciano bei Ascoli Piceno 30.9.1227, † Rom 4.4.1292; Papst seit 22.2.1288

Einsatz für das Haus Anjou

Das Konklave im Sommer 1287 gestaltete sich zäh, nach dem Tod von sechs Kardinälen und der Erkrankung weiterer musste es sogar vertagt werden. Als das verbliebene kleine Häuflein im Februar 1288 wieder nach Rom kam, fand es dort als einzigen Kollegen, der ausgeharrt hatte, den Franziskanergeneral Girolamo Masci vor und wählte ihn, des Gezerres müde, einstimmig zum Papst. Doch der aus einfachen Verhältnissen stammende Mann, der in seinem Orden Nachfolger des bedeutenden Theologen Bonaventura (um 1217–1274) geworden war, lehnte ab, so dass die Wahl, freilich mit demselben Ergebnis, wiederholt werden musste. Jetzt erst stimmte Masci zu, wählte Nikolaus IV. zu seinem Papstnamen und übernahm das Amt eines Senators von Rom auf Lebenszeit. Die eigentliche Macht in der Stadt überließ er aber der von ihm hofierten und in jeder Weise geförderten Familie der Colonna, was zu manchen Unruhen führte und den Papst zuweilen zwang, außerhalb von Rom zu residieren.

Politisch verfolgte Nikolaus, ungeachtet der Misserfolge seiner Vorgänger, weiter das Ziel der Herausgabe Siziliens durch Aragonien an das Haus Anjou. Er schmiedete ein französisch-kastilisches Bündnis gegen Aragonien und krönte Karl II. von Anjou in Rieti zum König von Neapel-Sizilien, nachdem ihm dieser als Oberlehnsherrn gehuldigt hatte. Der amtierende König Jakob von Aragonien ließ sich dadurch nicht beeindrucken, fiel in Süditalien ein und erzwang im August 1289 einen Waffenstillstand. Insgeheim aber bohrte der Papst weiter und trieb einen Keil zwischen die aragonesischen Brüder Alfons III. und Jakob. Doch auch das fruchtete nichts, denn Alfons starb 1291 und Jakob beerbte ihn nun auch in Aragonien.

Bei so viel Politik kam das geistliche Amt des Papstes zwar etwas kurz, doch machte er sich einen Namen als eifriger Missionar: Er entsandte den Ordensbruder Giovanni di Monte Corvino zum Großkhan nach China, wo sich erste katholische Gemeinden bildeten, aus denen 1307 das erste fernöstliche Erzbistum entstand.

Domenico Fontana (1543–1607) schuf 1574 das Grabmonument für Papst Nikolaus IV. in S. Maria Maggiore, Rom. In der Mitte thront der Papst, flankiert von Justitia und Veritas des Bildhauers Leonardo Sormani.

Cölestin V.

* Grafschaft Molise um 1210, † Castel Fumone bei Ferentino 19.5.1296; Papst 5.7. bis 13.12.1294, hl., Fest 19.5.

Der Einsiedler auf dem Papstthron

Die Umstände der Wahl von Pietro del Morone, dem berühmten Einsiedler, waren ungewöhnlich, sein Pontifikat und dessen Ende nicht minder. In der Figur dieses Papstes bündeln sich Wunderglaube und schwärmerische Begeisterung des Mittelalters; eine legendenumwobene, wunderliche Gestalt wie aus der Frühzeit des Christentums tritt für einen Moment in die Welt der Mächtigen und verschwindet gleich wieder im Dunkel.

Nach dem Tod von Nikolaus IV. herrschte wieder einmal Anarchie in Rom. Die Kardinäle konnten sich auf keinen Nachfolger einigen, die Parteien der Colonna und Orsini trugen ihre Fehden auf offener Straße aus. Schließlich schlug jemand vor, den Eremiten Petrus, einen Benediktinermönch, der in den Bergen von Murrone bei Salmona als Oberhaupt einer frommen Gemeinde in strenger Armut hauste, zum Papst zu wählen, und die ratlosen Kardinäle griffen die Idee tatsächlich auf, einstimmig erging ihr Votum für Petrus.

Erstaunliche Geschichten waren über den greisen Mann im Umlauf. Als er sich von Gregor X. die Bestätigung seines Ordens geholt habe, soll er vor den Augen des Papstes seine Kutte an einem Sonnenstrahl aufgehängt haben. Und liebevoll malen die Berichte der Zeitgenossen weiter aus, wie nun die apostolischen Gesandten die ärmliche Einsiedlerhütte im rauen Gebirge finden, wie der Gesuchte bleich und verhärmt, in eine zottige Kutte gehüllt, aus der Tür tritt; wie ihm verkündet wird, dass er Papst sei; wie er zu fliehen versucht und dann doch mitgeht; wie sich die Nachricht über das Land verbreitet und ein riesiger Volkshaufe ihm das Geleit gibt und wie schließlich der Herr Süditaliens, Karl II. von Anjou, mit seinem Sohn erscheint und die beiden Könige den

Cölestin V., Kupferstich von Cornelis Galle d. Ä. (1576-1650).

Esel, auf dem der Papst-Eremit reitet, demütig am Zügel führen – alles ganz so wie beim Einzug Jesu in Jerusalem. Der Erwählte nahm den Namen Cölestin an, und Cölestiner nannten sich auch die Angehörigen seines Ordens, die in der Wildnis das karge und gottgefällige Leben weiter führten.
Karl erfasste sofort, was für ein Geschenk ihm da in den Schoß gefallen war. Er nahm Cölestin unter seine Fittiche und brachte ihn nach Neapel. Unfähig zu jeder Art von politischem Geschäft, geblendet und erschreckt von dem Betrieb um sich herum, ließ Cölestin alles mit sich geschehen, verkroch sich in einer Zelle, die man ihm im Schloss des Königs eingerichtet hatte, und versuchte das gewohnte Eremitendasein fortzuführen. Ein ehrgeiziger Kardinal namens Gaetani erschlich sich das Vertrauen Cölestins und bewegte ihn zum Rücktritt, womit er ihm wahrscheinlich einen großen Gefallen tat. Unter dem Namen Bonifaz VIII. wurde Gaetani selbst Papst.
Unterdessen irrte Cölestin, immer auf der Flucht in die Einsamkeit, in den Wäldern Apuliens umher. Bonifaz ließ ihn verfolgen, ergreifen und auf der Burg Fumone einkerkern. Denn der abgedankte Papst war eine Gefahr für den neuen. Nach Cölestins Tod – vermutlich nach einer Wundinfektion – schossen Gerüchte ins Kraut, er sei ermordet worden. Später wurde sogar die Tatwaffe gezeigt und nach der Heiligsprechung Cölestins (1313) als Reliquie verehrt: ein langer Nagel, der dem Unglücklichen in den Kopf getrieben worden sein soll.

Bonifaz VIII.

* Anagni bei Frosinone um 1235, † Rom 11.10.1303; Papst seit 24.12.1294

Ein Papst im Machtrausch

Nur einen Tag dauerte das Konklave zur Ermittlung des Nachfolgers von Cölestin V. in Neapel. Das war kein Wunder, hatte doch der Auserkorene Benedetto Gaetani schon vorher allein die Schlüsselgewalt ausgeübt für den frommen, aber politisch gänzlich ahnungslosen Vorgänger, den er schließlich zum Rücktritt hatte bewegen können.
Der neue Stellvertreter Christi stammte aus dem Kleinadel der Campagna, hatte die Rechte studiert, war 1281 nach erfolgreichen diplomatischen Missionen von Martin IV. zum Kardinal erhoben worden und nannte sich fortan Bonifatius, eingedeutscht Bonifaz. Er verlegte sogleich seine Residenz wieder nach Rom und machte Front gegen die dort dominierende Familie Colonna, deren Kardinäle er absetzte und deren Güter er einzog. Andere Pläne des Papstes wie die Rückgabe des Königreichs Sizilien an das Haus Anjou scheiterten zwar, doch konnte ein gefährlicher Konflikt mit Philipp IV. dem Schönen von Frankreich (König 1285–1313) um die Besteuerung der Geistlichkeit durch Zugeständnisse von Bonifaz noch einmal entschärft und der Frieden durch die Heiligsprechung von Ludwig IX., dem von Philipp verehrten Großvater, besiegelt werden.
Der herrische Mann auf dem Stuhl Petri steigerte sich mehr und mehr in einen Machtrausch, trat manches Mal statt im geistlichen Ornat mit den Reichsinsignien geschmückt auf und deklarierte das Jahr 1300 zum Jubeljahr (erstes Heiliges Jahr). Die Huldigungen, die ihm aus diesem Anlass zuteil wurden, und der Strom der Pilger, darunter Fürsten und Könige, ließen Bonifaz vollends jedes Maß verlieren. Am 18.11.1302 verkündete er in der Bulle »Unam sanctam« die auch weltliche Vorherrschaft des Papsttums. Die Zeiten von Innozenz III. aber waren vorbei, und als Bonifaz den Protest des französischen Königs kühl dahingehend beschied, dass er nicht die

Herrschaft über Frankreich, wohl aber die über seinen Herrscher als einem Sünder beanspruche, da hatte er seine Karte endgültig überreizt.

Der Konflikt eskalierte auch dadurch, dass Bonifaz die französischen Bischöfe zu einer Synode nach Rom berief und dass auch 39 Würdenträger kamen. Das konnte Philipp IV. nicht ohne Antwort lassen und eröffnete einen Propagandafeldzug gegen den Papst. Bonifaz sah sich als Ketzer gebrandmarkt und mit Forderungen nach einem Konzil zur Klärung der Vorwürfe konfrontiert. Als er jedoch gerade von seinem Heimatort Anagni zum Gegenschlag durch Exkommunizierung Philipps ausholte, erschien am 7.9.1303 ein Söldnerhaufen unter Führung eines Colonna und nahm ihn fest. Ehe man ihn jedoch wie vom König befohlen nach Frankreich verbringen konnte, entstand ein Volksaufruhr zugunsten des großen Sohnes der Stadt. Bonifaz wurde befreit und konnte am 25.9.1303 nach Rom zurückkehren. Er war jedoch tief verletzt, physisch gebrochen und starb wenige Tage später.

Die französische Buchmalerei vom Ende des 14. Jahrhunderts zeigt eine Ratssitzung des französischen Königs Philipps IV. des Schönen (1285-1314) in Paris anlässlich seines Konfliktes mit Papst Bonifaz VIII. um die Besteuerung des Klerus und zur Belagerung von Lille 1297. Aus: »Grandes Chroniques de France«, um 1335/40.

Benedikt XI.

* Treviso (Venetien) 1240, † Perugia 7.7.1304; Papst seit 22.10.1303, sel., Fest 7.7.

Flucht nach Umbrien

Alles tat er zur Versöhnung der Fraktionen, und alle brachte er gegen sich auf: Niccolò Boccasini, schon im ersten Wahlgang gekürter Nachfolger von Papst Bonifaz VIII., war ein friedfertiger Dominikaner, aber kein besonders geschickter Politiker. Der Sohn eines Notars und gelehrte Theologe wurde gewählt, weil die Kardinäle in ihm ein geeignetes Werkzeug für eigensüchtige Pläne sahen und weil er ein loyaler Parteigänger von Bonifaz war, ohne dessen scharf antifranzösische Haltung zu teilen.

Er wählte als Papstnamen denn auch den bürgerlichen Vornamen Benedetto (latinisiert Benedikt) seines Vorgängers und verfolgte dessen Politik, allerdings ohne dessen Härte und Konsequenz. Er löste die beiden Colonna-Kardinäle vom Bann, setzte sie aber nicht wieder in ihre kirchlichen Ämter ein und gab ihnen auch die Familiengüter nicht zurück. Das erbitterte deren Anhänger, wie die Milde ihre Feinde aufbrachte, sodass es in Rom zu heftigen Kämpfen kam. Benedikt suchte im April 1304 sein Heil in der Flucht nach Perugia im ruhigen Umbrien, wo er bei seinen Ordensbrüdern residierte.

Sieben Jahrzehnte sollten vergehen, ehe wieder ein Heiliger Vater den Boden der Ewigen Stadt betrat. Und das lag am allzu kurzen Pontifikat Benedikts: Er machte zwar die ersten Schritte zu einem Ausgleich mit Philipp IV. von Frankreich, doch gelang trotz weitgehender Erfüllung der französischen Forderungen nicht das gänzliche Ausräumen des königlichen Argwohns gegen ihn. Philipp wollte bessere Kontrolle über die Päpste, und der plötzliche Tod Benedikts XI. nach einer kräftezehrenden Durchfallerkrankung kam ihm daher sehr gelegen. Das prachtvolle Grab des Papstes unter einem gotischen Baldachin wurde angesichts der folgenden »babylonischen Gefangenschaft« der Päpste in Avignon schon bald zum Pilgerziel. Gerüchte und Berichte von Wunderheilungen machten die Runde und führten 1736 zur Seligsprechung durch Klemens XII.

Klemens V.

* Villandraut (Gironde) um 1260, † Roquemaure an der Rhône 20.4.1314; Papst seit 5.6.1305

Beginn der »babylonischen Gefangenschaft«

Nach elfmonatigem Gefeilsche und dem krankheitsbedingten Ausscheiden von vier der 19 Kardinäle, gelang es dem einflussreichen Kardinal Orsini nach dem Tod von Benedikt XI. im Konklave von Perugia Bertrand de Got, Erzbischof von Bordeaux, durchzusetzen, obwohl und wohl auch weil dieser nicht einmal Kardinal war. Dabei hatte nicht zuletzt Geld aus der Schatulle Philipps IV. des Schönen von Frankreich eine Rolle gespielt, denn zum einen versprach sich der französische Herrscher von einem Landsmann mehr Entgegenkommen, als es sonst die Päpste ihren weltlichen Rivalen gegenüber an den Tag legten, zum anderen setzte er darauf, dass der als Klemens V. den Thron Petri besteigende Papst in Frankreich bleiben werde.

In beidem hatte sich Philipp nicht verrechnet: Klemens ließ sich in Lyon krönen, verlegte seine Residenz 1309 nach Avignon und begründete so die sieben Jahrzehnte währende »babylonische Gefangenschaft« der Päpste. Und er wurde zum willigen Werkzeug des Königs, dessen Gegensatz zum deutschen König Albrecht I. (1298–1308) den politischen Spielraum des Papstes einengte. Als Albrecht durch Mörderhand gefallen war, sollte Klemens die Nachfolge von Philipps Bruder Karl von Valois im Reich einfädeln, doch gelang es dem Papst nicht, die geistlichen Kurfürsten auf Linie zu bringen; sie hoben Heinrich von Luxemburg, Bruder des Trierer Erzbischofs, auf den Schild. Klemens akzeptierte das schließlich und ließ Heinrich VII. 1312 sogar von drei Legaten in Rom zum Kaiser krönen. In der Kurie aber verschaffte Klemens schon 1305 durch die Ernennung von neun Franzosen zu Kardinälen, darunter bezeichnenderweise vier seiner Neffen, der gallischen Fraktion die Mehrheit.

Klemens V. ließ sich am 5.6.1305 in Lyon zum Papst krönen und verlegte 1309 seine Residenz nach Avignon – der Beginn der sogenannten babylonischen Gefangenschaft der Päpste. Französische Buchmalerei, aus: »Grandes Chroniques de France«, um 1335/40.

Doch auch damit war König Philipp noch nicht zufrieden, er drängte auf eine förmliche Verurteilung des Vorvorgängers Bonifaz VIII. als Ketzer durch ein Konzil. Lange sträubte sich der Papst, setzte dann 1309 den Prozess doch in Gang, verzögerte ihn aber mit immer neuen Verfahrenstricks. Gegen Rehabilitierung der Colonna-Kardinäle, Rückgabe von deren Vermögen, Erlass aller Kirchenstrafen gegen ihre Anhänger und die Heiligsprechung Cölestins V. verzichtete Philipp schließlich 1311 auf die formelle Verurteilung. Und noch etwas musste Klemens für den König tun: Er verbot auf dessen Drängen hin den Orden der Tempelritter, auf deren Vermögen es Philipp abgesehen hatte. Auf anderen Feldern ließ Philipp den Papst gewähren, der in England für den König und gegen die schottischen Wünsche nach Unabhängigkeit intervenierte und in Ungarn die Thronfolge regelte.

Innerkirchlich von Bedeutung war die Sammlung päpstlicher Dekretalen (Entscheidungen), die als »Klementinen« Eingang ins kanonische Recht fanden. Auch die Zentralisierung der päpstlichen Verwaltung trieb Klemens voran und organisierte die Vergabe von Pfründen zugunsten des Heiligen Stuhls – und zu seinem eigenen Vorteil. Bei seinem Tod hinterließ Klemens seinen auch sonst nach Kräften geförderten Erben ein gewaltiges Vermögen aus dem Papstschatz, den er dafür fast gänzlich geplündert hatte.

Papst Johannes XXII., Kupferstich aus dem 19. Jahrhundert.

Johannes XXII.

* Cahors (Südwestfrankreich) um 1245, † Avignon 4.12.1334; Papst seit 7.8.1316

Kompromissloser Vertreter der päpstlichen Suprematie

Zwei Jahre dauerte es, bis man sich auf den für damalige Zeiten steinalten Kardinal (seit 1312) einigte: Jacques Duès, Bürgersohn aus wohlhabendem Haus, war Jurist und 1310 Bischof von Avignon geworden. Diese Nähe zum Vorgänger Klemens V. und die Unterstützung durch Robert von Neapel (König 1309–1343) und Philipp V. von Frankreich (1316–1322) führten nach endlosem Tauziehen zu seiner Wahl und zu einem Pontifikat, das wieder einmal ganz im Zeichen des Gegensatzes Papst-Kaiser stehen sollte. Als Franzose nämlich machte Johannes dezidiert französische Politik und hielt an Avignon als Residenz fest. Und als Papst machte er Front gegen die Ansprüche des Kaisers in Italien.

Er vertrat kompromisslos die päpstliche Suprematie über den weltlichen Herrn der Christenheit und bewies das sogleich durch demonstrative Nichtanerkennung Ludwigs IV. des Bayern (deutscher König 1314–1347), bei der Johannes auch nach dessen Sieg über den Rivalen Friedrich den Schönen von Österreich 1322 blieb. Er hielt daher an dem vom Vorgänger als Reichsvikar in Italien eingesetzten Robert von Neapel fest und bestätigte nicht den von Ludwig eingesetzten Kandidaten, ja er bannte Ludwig, als dieser Widerworte gab. Das entmutigte den Bayern aber nicht, der 1328 nach Rom zog und sich im Namen des römischen Volkes zum Kaiser krönen ließ. Die päpstliche Bestätigung holte er sich durch Bestellung eines eigenen Papstes in Gestalt von Nikolaus V. Der setzte sich zwar nicht durch, und auch die Absetzung von Johannes als Ketzer »Jacques von Cahors« fruchtete nicht, doch der päpstliche Gegenschlag blieb genauso wirkungslos.

Johannes wandte sich kirchlichen Aufgaben zu, machte sich durch Förderung der Missionsarbeit in Asien einen Namen, mehrte erfolgreich die Einnahmen der Kurie, veröffentlichte die »Klementinen« seines Vorgängers und seine eigenen Dekretalen (»Extravagantes«), schnitt Bistümer neu zu und untersagte den Besitz von mehreren Pfründen, was ihm eine flexiblere Vergabe ermöglichte. Der schmalbrüstige, kränkliche Papst überlebte viele, die sich bei seiner Wahl Hoffnungen gemacht hatten, ihn zu beerben, und gab die Zügel erst als fast 90-jähriger aus der Hand.

Nikolaus (V.)

* Corvaro (Abruzzen) um 1270, † Avignon 16.10.1333; Gegenpapst 12.5.1328 bis 25.7.1330

Papst von Kaisers Gnaden

Ludwig IV. der Bayer hatte genug von der Dauerfehde mit Papst Johannes XXII. Nach seiner Krönung zum Kaiser in Rom ließ er daher in Gestalt von Pietro Rainalducci vom römischen Klerus einen Gegenpapst, Nikolaus V., wählen, krönte ihn am 15.5.1328 und verkündete unter Verbrennung einer Strohpuppe in päpstlichem Ornat die Absetzung des in Avignon residierenden Gegners. Unterstützung fand er bei diesem Vorgehen bei bedeutenden Theologen wie Wilhelm von Ockham (um 1285–1347) und dem von Johannes XXII. abgesetzten General der Franziskaner Michael von Cesena (um 1270–1342), die den weltlichen Machtanspruch des Papstes kritisierten und ihn ihrerseits als Ketzer verurteilten.

Der aus einfachen Verhältnissen stammende Papst von Kaisers Gnaden hatte eine seltsame Vorgeschichte: Nach fünfjähriger Ehe war Pietro die Sündhaftigkeit der fleischlichen Liebe aufgegangen, und er hatte kurzerhand seine Frau sitzen lassen und war in ein Franziskanerkloster eingetreten. Die einen legten ihm das als heiligmäßige Konsequenz, die anderen als Heuchelei und Flucht vor der Verantwortung für die Familie aus. Nikolaus ernannte sogleich mehrere Ordensbrüder zu Kardinälen, machte sich zu einer Visitation des Kirchenstaats auf und brachte allerhand Kirchenschätze an sich. Er verlor aber bald den Glauben in die eigene Sache und zudem den Schutz des Kaisers, der Italien inzwischen verlassen hatte.

Auf die ausdrückliche Zusicherung des regulären Papstes, ihn mit Nachsicht zu behandeln, legte Nikolaus am 25.7.1330 vor dem Erzbischof von Pisa die Papstwürde ab, schiffte sich nach Nizza ein und trat einen Monat später in Mönchskutte und mit einem Strick um den Hals zum Zeichen der Unterwerfung in Avignon vor Johannes XXII. Der Papst hielt sein Versprechen und verwahrte den wieder einfachen Pietro in den letzten drei Lebensjahren in ehrenhaftem Hausarrest in seiner Residenz.

Papst Benedikt XII., Kupferstich des 16. Jahrhunderts.

Benedikt XII.

* Saverdun bei Toulouse vor 1285, † Avignon 25.4.1342; Papst seit 20.12.1334

Massig und stimmgewaltig

Seine Bereitschaft, den Heiligen Stuhl in Avignon zu belassen, hat sicher zu seiner Wahl zum Nachfolger von Johannes XXII. beigetragen: Jacques Fournier, ein Zisterzienser und seit 1327 Kardinalpriester von S. Prisca, bewies seine Standorttreue denn auch umgehend und ließ als Papst Benedikt XII. schon am 8.1.1335 einen Papstpalast in der Rhône-Stadt in Angriff nehmen, in der die Vorgänger noch im Bischofspalais residiert hatten. Er brauchte daher Geld, das er sich verschaffte, indem er in großer Zahl Irrlehrer und Ketzer der Inquisition übergab und ihre Güter für den gottgefälligen Bau einzog.

Außerdem räumte er am Papsthof auf, schickte alle überflüssigen Kostgänger in ihre Gemeinden und Diözesen zurück und überprüfte genauestens die Bezüge der verbleibenden Prälaten. Er selbst lebte einfach und verfiel auch nicht wie viele Päpste zuvor in Vetternwirtschaft. Der im Gegensatz zu seinem Vorgänger große, massige und stimmgewaltige Heilige Vater entwickelte erhebliche Durchsetzungskraft, ließ sich aber politisch widerstandslos vom französischen König einspannen: Zur Verärgerung der Engländer ergriff er im 1337 ausbrechenden Krieg, der sich zum Hundertjährigen auswachsen sollte (bis 1453), einseitig Partei für Philipp VI. von Frankreich (König 1328–1350),

Der Papstpalast in Avignon, Residenz der Päpste und Verwaltungszentrum der Kirche während der »babylonischen Gefangenschaft« im avignonesischen Exil zwischen 1309 und 1376.

und eine schon formulierte Übereinkunft mit dem deutschen Kaiser Ludwig IV. dem Bayern musste er auf Druck seines Königs wieder fallen lassen. Ludwig reagierte mit der Denkschrift »Fidem Catholicam«, die er vom Reichstag 1338 absegnen ließ und in der er die göttliche Herkunft der kaiserlichen Macht betonte; eine Zustimmung des Papstes zur Kaiserwahl der Kurfürsten sei nicht erforderlich.

Das andauernde Zerwürfnis mit dem Kaiser stärkte nicht gerade Benedikts Position in Italien, wo die Ghibellinen, also die staufisch-kaiserlich Gesinnten über eine erhebliche Anhängerschaft verfügten. Die Summen, die Benedikt in die Renovierung von Sankt Peter und des Lateran steckte, erwiesen sich mithin als Fehlinvestition, und der Plan einer Rückkehr nach Rom, den der Papst trotz seiner französischen Herkunft hegte, blieb vorerst Illusion.

CHAPELLE
TRINITE

Klemens VI.

* auf Schloss Maumont (Limousin) 1291, † Avignon 6.12.1352; Papst seit 7.5.1342

Treuer Parteigänger des französischen Königs

Hatte Philipp VI. von Frankreich den Vorgänger Benedikt XII. nur per Machtwort an einem Arrangement mit Kaiser Ludwig IV. dem Bayern zu hindern vermocht, so konnte er sich auf Klemens VI. blind verlassen. Der als Pierre Roger aus adliger Familie geborene Kirchenfürst hatte eine steile Karriere hinter sich: 1326 Abt des Benediktinerklosters Fécamp, 1328 Bischof von Arras, 1330 Erzbischof von Rouen und 1338 Kardinal. Zeitweilig war er Kanzler des Königs gewesen und stand ihm schon von daher so nahe, dass Philipp eigens einen seiner Söhne zum Konklave nach Avignon entsandte, wo sich die Kardinäle aber schon auf den Favoriten des Königs geeinigt hatten. Sie taten damit nicht nur Philipp einen Gefallen, sondern auch sich selbst, die sie unter dem drastischen Sparkurs des vorigen Papstes ihrer Meinung nach lange genug gelitten hatten. Der lebensfrohe, verbindliche Benediktiner Klemens versprach ein üppigeres Hofleben und eine großzügigere Vergabe von Gebühren, Pfründen, Titeln und sonstigen Wohltaten.

Die Wähler hatten sich nicht getäuscht, denn der Papst erwies sich als spendabler Gastgeber und arrangierte teure Feste, obwohl er den Ausbau des Papstpalasts weiter förderte und großzügiger als der Vorgänger auf Prunk setzte. Insofern hatte er auch viel Verständnis für die römische Delegation, die ihn schon bald nach Amtsübernahme aufsuchte und um Verkürzung der Frist von 100 Jahren für die Jubeljahre ersuchte. Dem entsprach Klemens sofort und setzte 50 Jahre fest, sodass schon 1350 in Rom wieder gefeiert und verdient werden konnte, was der heruntergekommenen Ewigen Stadt sichtlich gut tat.

Dem Wunsch nach Rückverlegung der Papstresidenz nach Rom aber konnte und wollte der Franzose nicht zustimmen, da ihn König Philipp hielt und da ihn die anarchischen Zustände am Tiber abschreckten. Erfolg hatte der Papst bei seinem Vorgehen gegen Kaiser Ludwig, den er erneut bannte. Die Kurfürsten rief er auf, einen neuen König zu wählen, und diese kamen dem auch nach, indem sie den Luxemburger Karl IV. am 11.7.1346 auf den Schild hoben. Das hätte noch nichts besagen müssen, denn Ludwig rüstete zum Gegenschlag. Ehe dieser aber kam, fiel der Kaiser einem Jagdunfall am 11.10.1347 zum Opfer. Karl erwies sich als wesentlich kirchenfreundlicher und zog sich damit den Spitznamen »Pfaffenkönig« zu. Weniger glücklich für Klemens verliefen Verhandlungen mit der Ostkirche zur Überwindung des Schismas, und ebenso scheiterte ein päpstliches Heer 1350/51 in der Romagna beim Versuch, die Herrschaft in Italien zurückzugewinnen.

Innozenz VI.

* Monts (Limousin) 1282, † Avignon 12.9.1362; Papst seit 18.12.1352

Enttäuscht vom Revolutionär Cola di Rienzo

Das gotische Grabmal von Papst Innozenz VI. in Villeneuve-lès-Avignon fiel 1790 Bilderstürmern der Französischen Revolution zum Opfer, nur die Grabfigur ließ sich restaurieren und vermittelt eine Ahnung von der kunstvollen Anlage und dem für lange Zeit letzten bärtigen Papst: Ein asketisches Gesicht ragt aus einer Mönchskutte, nur die

Rekonstruktion des gotischen Grabmals Innozenz' VI. in der Kirche des Kartäuserklosters Val de Benediction, Villeneuve-lès-Avignon.

kunstvolle Tiara über der Stirn und den geschlossenen Augen verweist auf den hohen Rang des Verstorbenen. Die Kardinäle hatten in Abkehr vom verschwenderischen Vorgänger Klemens VI. den disziplinierten und Reformen zugeneigten einstigen Rechtsprofessor und Kardinalbischof von Ostia (seit 1352) Étienne Aubert gewählt und seine Macht im nur zwei Tage währenden Konklave sicherheitshalber gleich dahingehend beschnitten, dass die Hälfte der päpstlichen Einkünfte dem Heiligen Kollegium zustehe, dass es nie mehr als 20 Kardinäle geben dürfe und dass Ernennungen erst bei Absinken der Zahl unter 16 möglich sein sollten. Für solche Erhebungen müsste sich ebenso eine Zweidrittelmehrheit des Kollegiums aussprechen wie im Falle eines straf- oder kirchenrechtlichen Vorgehens gegen einen Kardinal. Auch der neue Papst hatte noch als Monsieur Aubert der Regelung, wenn auch unter Vorbehalt zugestimmt, setzte sie als Papst aber sogleich außer Kraft, da sie unberechtigt im Konklave zustande gekommen sei, dem nur das Recht der Papstwahl zukomme. Außerdem hielt sich Innozenz als Stellvertreter Christi für allein der Jurisdiktion des Ewigen unterworfen, weswegen sein Streben auch auf Rückkehr in die Ewige Stadt gerichtet war.

Dazu freilich musste erst einmal der in zahllose kleine und kleinste Herrschaften zerfallene Kirchenstaat wieder unter päpstliche Kontrolle gebracht und die chaotischen Zustände in der Stadt mussten bereinigt werden. Das erstere gelang einem ausnehmend fähigen Kardinal: Der Kastilianer Gil de Albornoz, der 1350 ins Heilige Kollegium berufen worden war, eroberte das gesamte Gebiet bis Mitte 1357. Hingegen wurden die Erwartungen hinsichtlich des in avignonesischer Haft sitzenden Revolutionärs Cola di Rienzo enttäuscht. Der vom Papst zum Senator erhobene Volkstribun zog zwar am 1.8.1354 im Triumph in Rom ein, kam aber schon am 8.10. des gleichen Jahres bei einem Aufstand ums Leben. Es wurde wieder nichts mit der Rückkehr des Papstes dorthin, wo Karl IV. am 5.4.1355 auf seine Weisung die Kaiserkrone empfing. Zum Dank verließ Karl die Stadt sofort wieder und verzichtete darauf, alte kaiserliche Recht geltend zu machen.

Ein anderer Dank hingegen blieb aus: In der Goldenen Bulle vom 10.1.1356 verbriefte Karl das alleinige Recht der Kurfürsten zur Königs- und damit Kaiserwahl, erwähnte aber den päpstlichen Anspruch auf Bestätigung des Gewählten mit keinem Wort. Innozenz widersprach mit keinem Wort, denn in den Wirren des Hundertjährigen Krieges (1337–1453) zwischen England und Frankreich brauchte er jeden Verbündeten.

Urban V.

* auf Schloss Grissac (Lozère) 1310, † Avignon 19.12.1370; Papst seit 28.9.1362, sel., Fest 19.12.

Rückgewinnung der römischen Basis

Guillaume de Grimoard, ein Adliger und seit 1362 Abt des Benediktinerklosters St. Victor in Marseille, war als päpstlicher Legat viermal in Italien gewesen und hatte die römischen Verhältnisse gründlich kennen gelernt. Die Wahl war auf ihn gefallen, als er sich gerade in Neapel aufhielt, weil sich die Kardinäle auf keinen Kandidaten aus den eigenen Reihen hatten einigen können.

Als Urban V. wurde er am 31.10.1362 in Avignon inthronisiert und begann sogleich mit den Planungen für eine Rückkehr nach Rom, was durch die Eroberung des Kirchenstaats durch Kardinal Gil de Albornoz möglich geworden war. Allerdings mussten zunächst in der heruntergewirtschafteten Stadt selbst gedeihliche Verhältnisse geschaffen

werden; aufwendige Renovierungsarbeiten am Vatikan kamen in Gang. Dann galt es den geschworenen Feind der Kurie, Bernabò Visconti von Mailand (1323–1385), ruhig zu stellen, was durch einen demütigenden Frieden 1364 teuer erkauft wurde; Visconti erhielt hohe Zahlungen und zudem Bologna übereignet.
Den Widerstand der französisch dominierten Kurie gegen die Übersiedlung ignorierte der Papst ebenso wie Einsprüche des durch den Krieg gegen England geschwächten französischen Königs. Er konnte sich dabei auf Karl IV. (Kaiser 1355–1378) stützen, der 1366 nach Avignon kam und den Papst in seinem Plan massiv bestärkte, weil er ihn gern aus dem französischen Einfluss lösen wollte. 1367 war es so weit: Am 30.4. verließ Urban Avignon, am 3.6. wurde er im Kirchenstaat noch von Albornoz empfangen, der bald darauf starb, und am 16.10. zog er in Rom ein.
Der Aufenthalt wurde eine dornenreiche Angelegenheit, denn politische Ruhe wollte sich im zerrissenen Italien nicht einstellen. Aufstände zwangen Urban V. schließlich zum Ausweichen nach Montefiascone, wo er sich aber bald wieder von Visconti bedroht sah, sodass er sich zur Rückkehr nach Avignon entschloss. Am 27.9.1370 hielt er mit großem Gepränge Einzug in Avignon, zwei Monate später erkrankte er und starb vier Wochen darauf. Seine Gebeine wurden 1372 in sein Kloster in Marseille überführt, wo viele Pilger dem mutigen, aber letztlich erfolglosen Rom-Rückkehrer ihre Verehrung bewiesen. Pius IX. sprach ihn 1870 aus Anlass des 500. Todestages selig.

Statue Papst Urbans V. in der Abtei Monte Cassino, 17./18. Jh.

Gregor XI.

* auf Schloss Maumont bei Limoges 1329, † Rom 27.3.1378;
Papst seit 30.12.1370

Der letzte reguläre Papst in Avignon

Der letzte französische Papst war zugleich der letzte reguläre in Avignon: Pierre Roger de Beaufort, Neffe von Papst Klemens VI., stand schon nach zweitägigem Konklave als neuer Tiaraträger fest, weil man sich von dem relativ jungen Mann energische Führung und ein langes Pontifikat versprach. Er gehörte schon als 19-jähriger dem Heiligen Kollegium an, war kirchenrechtlich profund gebildet und durch lange Tätigkeit in Perugia mit den italienischen Verhältnissen bestens vertraut. Seit 1367 war er mit dem Vorgänger Urban V. in Rom gewesen und hatte mit seiner tiefen Religiosität, Bescheidenheit und dennoch zähen Energie beeindruckt.
Nach der Krönung als Gregor XI. nahm er das römische Projekt mit eben dieser Zähigkeit in Angriff, hatte aber noch zahllose Hürden zu überwinden, ehe der endgültige Abschied von Avignon möglich wurde: Da war zum einen die ständige Finanznot, dann machte der Hundertjährige Krieg zwischen Frankreich und England politische Pro-

Giovanni di Paolo (um 1403–1482), »Die Heilige Katharina von Siena vor Papst Gregor XI.«, um 1447/49.

bleme, und schließlich und vor allem war die Bedrohung der Romagna und Piemonts durch die Visconti von Mailand noch immer nicht gebannt. Zu allem Überfluss rebellierte nun auch noch Florenz und säte Unruhe im Kirchenstaat, sodass erst ein starkes Söldnerheer unter Kardinal Robert von Genf, dem späteren Gegenpapst Klemens VII., mit harter Hand Ordnung schaffen konnte.

1376 war endlich notdürftig Ruhe eingekehrt, sodass Gregor XI., den die später heiliggesprochene Katharina von Siena (1347–1380) in seinen Plänen bestärkt hatte, am 13.9. Avignon für immer den Rücken kehren konnte; am 17.1.1377 zog er feierlich in Rom ein. Die italienischen Wirren belasteten Gregor in der Folgezeit schwer, dennoch fand er Zeit, immer wieder Front zu machen gegen die gerade damals wegen der unsicheren Zeiten ins Kraut schießenden Irrlehren, die das Heilsmonopol der Kirche und die Macht des Papstes zu gefährden geeignet schienen. Die Gefängnisse im papstfreundli-

chen Frankreich Karls V. (König 1364–1380) platzten aus allen Nähten unter der Einlieferung von Ketzern, die nicht gleich dem Scheiterhaufen überantwortet wurden.
Besonders heftig wandte Gregor sich gegen die allein an der Bibel orientierte Theologie John Wyclifs (um 1320–1384), die das Besitzstreben der Kirche und den politischen Machtanspruch des Papstes in Frage stellte. Gerade besagter Machtanspruch geriet auch real ins Wanken, indem Karl IV. seinen Sohn Wenzel 1376 zum Nachfolger wählen ließ und nur mit einem rückdatierten fingierten Schreiben päpstliche Billigung erbat. Zudem schwelte der Kampf mit den Visconti und mit Florenz weiter. Es kam zwar 1378 zu einer Friedenskonferenz, doch starb der schon lange kränkelnde Papst noch vor deren Abschluss.

Urban VI.

* Neapel 1318, † Rom 15.10.1389; Papst seit 8.4.1378

Urban VI., Kupferstich, um 1550.

Beginn des großen Schismas

Noch rascher als auf den Vorgänger Gregor XI. einigte sich das Heilige Kollegium nach dessen Tod auf Bartolomeo Prignano als seinen Nachfolger – wie sich zeigen sollte: zu rasch. Nach anderthalbtägigem Konklave, dem ersten in Rom seit 1303, erhoben die Kardinäle unter dem massiven Druck der Straße den Erzbischof von Bari. Man fürchtete in Rom die Rückkehr des Papstes nach Avignon und hatte daher stürmisch die Wahl eines Italieners gefordert.
Urban VI., wie sich Bartolomeo fortan nannte, hatte sich als Leiter der päpstlichen Kanzlei seit 1376 einen Namen als umsichtiger, sparsamer und energischer Mann gemacht, Eigenschaften, die er als Papst brauchte, die aber bald in Starrsinn, Härte und Selbstherrlichkeit ausarteten. Es schien sogar, als ob die Wahl zum Oberhaupt der Christenheit beim Gewählten eine Charakterveränderung ausgelöst hätte: Urban neigte plötzlich zu rabiaten Zornesausbrüchen, kanzelte die Kardinäle mit Schimpfkanonaden ab und verordnete ihnen harte Sparmaßnahmen.
Die Kurie begann sich zu leeren, ein Kardinal nach dem anderen setzte sich ab, einige nach Avignon, wo ohnedies noch sechs Kollegen verblieben waren, andere ins Königreich Neapel. Schließlich erklärte eine Mehrheit des Heiligen Kollegiums die Wahl vom 8.4. als unrechtmäßig, weil unter Furcht vor dem Pöbel zustande gekommen, und forderte Urban zum Rücktritt auf. Der aber dachte gar nicht daran und ließ sich auch nicht beeindrucken, als die Kardinäle Robert von Genf am 20.9.1378 zum Gegenpapst Klemens (VII.) wählten. Damit kam es zum großen Abendländischen Schisma, zumal Klemens die Entscheidung mit Waffengewalt suchte und Europa sich je nach nationalem Interesse für einen der beiden entschied, für Urban England, Deutschland, die meisten Fürstentümer Italiens und die Mittelmeerländer, für Klemens Frankreich, Burgund, Spanien, Neapel und Schottland. Bei Marino schlugen Urbans Truppen im April 1379 die gegnerischen, was Klemens zwar zum Rückzug nach Avignon zwang, aber die Sache selbst nicht bereinigte.
Verhandlungsangebote der Gegenseite lehnte Urban stets brüsk ab, da es nichts zu verhandeln gebe. Er stürzte sich auf einen anderen Kriegsschauplatz, nämlich das Königreich Neapel, das er für einen Neffen sichern wollte. Die dortige Königin Johanna entthronte und exkommunizierte er und setzte 1381 als Nachfolger ihren Vetter Karl von Durazzo ein (bis 1386), doch ließen sich für den Papst-Neffen keine Zugeständnisse er-

zwingen. So eskalierte der Streit auch mit Karl, der daraufhin mit einigen Kardinälen plante, den Papst wegen Unfähigkeit unter Vormundschaft zu stellen. Urban bekam Wind davon, ließ sechs Kardinäle 1384 festnehmen und foltern. Fünf seiner Opfer verschwanden bald darauf spurlos. Die Umstände von Urbans Ableben sind denn auch nicht ganz geklärt; bei einem wie ihm, der sich Feinde ohne Zahl gemacht hatte, ließ sich das Gerücht, er sei einem Giftanschlag erlegen, nie ganz ausräumen.

Klemens (VII.)

* Genf 1342, † Avignon 16.9.1394; Gegenpapst seit 20.9.1378

Machtpolitisches Patt

Auch Robert von Genf, als Sohn eines Schweizer Grafen weder Franzose noch Italiener, aber beiden Fraktionen nahe, hatte Urban VI. im Konklave seine Stimme gegeben und ihm als erster gehuldigt. Um so enttäuschter war er, dem der Papst die – freilich äußerst blutige – Rückeroberung des Kirchenstaats und damit den Verbleib in Rom verdankte, dass Urban sich gleich nach der Wahl als unkontrollierter Despot entpuppte. Robert war schon als 19-jähriger zum Bischof und zehn Jahre später von Gregor XI. zum Kardinal ernannt worden und spürte die Berufung zu noch Höherem. Nachdem eine Mehrheit der Kardinäle den Papst am 2.8.1378 für abgesetzt erklärt hatte, trug er

Krönung Klemens' VII. (Roberts von Genf) zum Gegenpapst durch die Kardinäle. Französische Buchmalerei, aus: »Grandes Chroniques de France«, um 1335/40.

keine Bedenken, sich seinerseits zum Papst wählen zu lassen und das Amt als Klemens VII. anzutreten.
Er verstand sich dabei keineswegs, wie von den Kirchenhistorikern später klassifiziert, als »Gegenpapst«, sondern sah sich, wie Urban natürlich auch, als einzig rechtmäßiger Inhaber des Stuhls Petri. Damit war das große Abendländische Schisma perfekt, das bis 1417 dauern sollte. Klemens warb sogleich ein Heer, das seinen Anspruch gegen Urban in Italien durchsetzen sollte. Das scheiterte jedoch im April 1379 in der Schlacht von Marino gegen eine Söldnertruppe des römischen Papstes, sodass sich Klemens zur Gewinnung einer halbwegs legitimen Basis nach Avignon zurückziehen musste. Von dort aus bemühte er sich, durch rege diplomatische Missionen in Europa Verbündete zu gewinnen, und fand auch mächtige Anhänger in den Herrschern von Frankreich, Burgund, Spanien, Neapel und Schottland.
Die Front gegen Urban verlief damit wie im seit 1338 tobenden Hundertjährigen Krieg Frankreichs gegen England, das sich natürlich auf die römische Seite schlug. Ihm folgte die Mehrzahl der deutschen und der italienischen Fürsten, womit ein machtpolitisches Patt entstand. Der kostspielige Kampf ging also weiter, und Klemens musste sich mit immer neuen Abgaben über Wasser halten und unbeliebt machen, zumal da er sich in den wirren Kriegszeiten mehrfach nur durch Lösegeldzahlungen von marodierenden Banden freikaufen konnte.
Die Hoffnung bei Urbans Tod 1389, nun würde er als einziger Papst anerkannt, erwies sich als eitel, denn die römischen Kardinäle wählten mit Bonifaz IX. umgehend einen Nachfolger. Versprechungen des 1380 auf den Thron gekommenen französischen Königs Karl VI. (bis 1422), er werde gegen entsprechende Belehnungen in Italien Klemens persönlich nach Rom bringen und dort durchsetzen, blieben unerfüllt. Als der Gegenpapst 1394 einem Schlaganfall erlag, reagierten die avignonesischen Kardinäle entsprechend widerspenstig und wählten ihrerseits einen Nachfolger, sodass die Kirchenspaltung fortdauerte.

Papst-Siegel Bonifaz' IX. Das etwa 3,5 cm große Bleisiegel trägt auf der Vorderseite als Inschrift den Papst-Namen, auf der Rückseite befinden sich Abbildungen der Apostel Petrus und Paulus.

Bonifaz IX.

* Neapel um 1350, † Rom 1.10.1404; Papst seit 2.11.1389

In Händel verstrickt, von Finanznot gebeutelt

Da sitzt er herrscherlich in der Sakristei von S. Paolo fuori le Mura, der erste als Thronfigur dargestellte Papst: Bonifaz IX., bürgerlich Pietro Tomacelli. Über seine frühe Karriere ist wenig bekannt, erst unter Urban VI. tritt er als Kardinaldiakon (seit 1381) und Kardinalpriester von S. Anastasia (seit 1385) ins kirchengeschichtliche Licht.
Seine Wahl nach einwöchigem Konklave kam wohl vor allem wegen seiner Konzilianz und Beredsamkeit zustande, die ihm die Menschen gewannen. Es gelang ihm sogar, einige der zum Gegenpapst Klemens VII. abgewanderten Kirchenführer zur Rückkehr nach Rom zu bewegen. Ein Ausgleich mit Avignon oder gar die Abdankung des Gegners erreichte er hingegen nicht, ja, er musste es erleben, dass ihm nach dessen Tod in Gestalt von Benedikt XIII. ein neuer Gegenpapst erstand. In Gefahr aber brachte ihn weder der eine noch der andere, da es Bonifaz geschickt verstand, seine römische und italienische Position zu festigen: Gegen das von Klemens VII. mit Neapel belehnte Haus Anjou setzte er mit Geld und Gewalt Ladislaus, Sohn Karls von Durazzo, durch, den er 1390 krönte und der bis 1414 König war.

1417.

Bannfluch über Papst Benedikt XIII, vormals Kardinal Peter de Luna.

An dem dritten tag im mertzen ward ain session und
lüt man ainest mit der grossen gloggen. In der selben
session ward hertzog Fridrich verbannot von des bisch
offs von Trient wegen und versprach sich nit noch
nieman von sinen wegen und ward über in angerüft
das weltlich schwert und ward also in der selben session enpfolhen
unserm herren dem römschen küng umb die sachen und vil ander
sachen über in ze richten mit dem weltlichen gericht als über ain
ungehorsamen man

An dem achtenden tag im mertzen do ward ain sessio über bapst Benedicti
wann er vormals verbannot was und was sin zil uss als er sich
solt verantwurt haben und also gieng usser der session der car-
dinal Florentinus der cardinal de Comitibus und der ertzbischof
von Mayland der bischof Merspurgensis und giengen noch zwen
bischoff und giengen usser dem münster vornan in das helm hus
gen dem undern hoff und rüften im zü dry malen ob er sich ver-
antwurten wölt oder yeman anders von sinen wegen und do nieman
kam do hiessen sy über in lüten Judas fluch singen und wurffen
über in stain und brunend kertzen und do sy das getatten do giengen
sy wider in das münster in die session und dar um ward er glich
ze nüte gemacht und ouch verflücht

Wie im Süden glückte ihm seine Politik auch in Mittelitalien, dem Kerngebiet des Kirchenstaats, indem er die örtlichen Potentaten gewähren ließ, solange sie nicht mit den Tributzahlungen säumten. Und in der Stadt selbst setzte sich der Papst, der zeitweilig nach Perugia und Assisi hatte ausweichen müssen, schließlich diktatorisch durch, hob 1398 die republikanische Verfassung auf, ernannte fortan die Senatoren kraft seiner oberhirtlichen Macht und stellte die beim letzten Aufruhr schwer beschädigte Engelsburg als seine Zwingfeste wieder her.
Mit seiner geduldigen Diplomatie schaffte er es sogar, dass Karl VI. von Frankreich dem avignonesischen Gegner zeitweilig die Unterstützung entzog. Nur in Deutschland setzte er aufs falsche Pferd: Der von ihm mit Zugeständnissen (Zehnten auf Kircheneigentum u. a.) und dem Angebot der Kaiserkrönung geköderte König Wenzel (1378–1400) wurde nämlich von den Kurfürsten gestürzt. Der von ihnen statt seiner gewählte Ruprecht von der Pfalz musste bis 1404 um den päpstlichen Segen werben. Die Erleichterung bei seinem Tod war hörbar, doch das Ende der Kirchenspaltung, um die sich der Verstorbene auch in keiner Weise bemüht hatte, brachte er nicht. Verstrickt in Händel und gebeutelt von Finanznot, war Bonifaz zudem kaum zu kirchlichen Maßnahmen gekommen, sodass die Heiligsprechung Birgittas von Schweden (um 1303–1373) am 7.1.1391 als einzige bemerkenswerte Handlung zu Buche schlägt.

Benedikt (XIII.)

* auf Schloss Illueca (Aragonien) 1328, † Peñiscula bei Valencia 23.5.1423; Gegenpapst 28.9.1394 bis 26.7.1417

Flucht auf eine Küstenfestung

Noch heute hochverehrt in seiner spanischen Heimat als »Papa Luna«, blieb Papst Benedikt XIII. in der übrigen Kirche als uneinsichtiger Verlängerer des abendländischen Schismas im Gedächtnis. Dabei war er als dessen Überwinder angetreten, als er von den avignonesischen Kardinälen nach dem Tod von Klemens VII. gegen den Wunsch vieler zum Nachfolger des Gegenpapstes gewählt wurde.
Als hochadliger Pedro de Luna geboren, war der kommende Papst 1375 von Gregor XI. zum Kardinal ernannt worden, nachdem er sich von Urban VI. wie so viele abgewandt hatte. Vor der Wahl hatte er sich als Vertreter eines Rücktritts beider Päpste profiliert, nach der Wahl weigerte er sich mit Hinweis darauf zurückzutreten, dass ja der römische Kontrahent Bonifaz IX. auch nicht bereit sei, den Heiligen Stuhl zu räumen. So beschied er mehrere französische und englische Delegationen; gegenüber einer deutschen versteifte sich sein Widerstand dahin, dass der Rücktritt eines rechtmäßig gewählten Papstes – und das sei er nun einmal – Sünde sei.
Seine Halsstarrigkeit führte schließlich 1398 zum Entzug der Unterstützung durch Karl VI. von Frankreich und zum Verlust der Gefolgschaft weiterer Staaten. Nun verließen auch viele Kardinäle den glücklosen Pontifex, der sich zudem bald einer Belagerung seines Palastes durch Truppen der Königs gegenübersah. Der Herzog von Orleans, der inzwischen für den verwirrten Karl die Regentschaft führte, verhalf Benedikt 1403 zur Flucht. Benedikt gewann erneut die Unterstützung seiner Kardinäle und konnte zurückkehren.
Mit Gregor XII. war unterdessen seit 1406 in Rom schon der übernächste Papst im Amt, und der Druck auf Benedikt wuchs. Als kundiger Kirchenjurist griff er in dieser

Die Illustration zur Konzilschronik des Ulrich von Riechental zeigt symbolisch die Absetzung des in Konstanz nicht anwesenden Papstes Benedikt (XIII.) am 26.7.1417. (Buchmalerei, 2. Hälfte 15. Jh.)

Lage zunächst zu Ausflüchten und Verschleppungsstrategien. Zuletzt kam er mit der Forderung heraus, dass nur in direkten Verhandlungen mit dem Gegner eine Lösung gefunden werden dürfe. Vor solchen aber drückten sich beide: Als es 1407 endlich gelungen war, einen gemeinsamen Termin für ein Konzil in Pisa auszuhandeln, erschienen die, um die es ging, nicht. Die Empörung war einhellig. Das römische und das Kollegium der Kardinäle Benedikts, der vor der allgemeinen Wut nach Perpignan ausgewichen war, taten sich zusammen und setzten den Gegenpapst ab, was jedoch wirkungslos blieb.

Erst das Konzil von Konstanz schaffte 1417 eine erfolgreiche Absetzung und Exkommunikation, die der Gestürzte aber nicht zur Kenntnis nahm. Er hatte sich 1415 auf eine Festung an der Küste vor Valencia geflüchtet, wo er noch fast sechs Jahre lang als uralter Geisterpapst amtierte, nur noch anerkannt von seinen dortigen Schäfchen.

Innozenz VII.

* Sulmona (Mittelitalien) um 1336, † Rom 6.11.1406; Papst seit 17.10.1404

Von der Droge Macht übermannt

Der aus bürgerlicher Familie stammende Papst, ursprünglich Cosimo Gentile de' Migliorati, hatte als Rechtslehrer Karriere gemacht, war von Urban VI. zehn Jahre lang als Steuereinnehmer nach England entsandt und 1387 zum Erzbischof von Ravenna ernannt worden. Bonifaz IX. hatte ihn 1389 zum Kardinal erhoben und damit zu einem der nur noch acht Mitglieder des Heiligen Kollegiums in Rom, das ihn dann zum Nachfolger gewählt hatte.

Zwar hatte auch er wie sein Gegner Benedikt XIII. in Avignon zuvor geschworen, alles zu tun, notfalls sogar abzudanken, um das Schisma zu überwinden, doch dann übermannte ihn ebenso wie diesen die Droge Macht. Jedenfalls drückte er sich sowohl um das direkte Gespräch mit Benedikt als auch um ein Konzil, das die Frage eines Amtsverzichts hätte erörtern können. Auch fehlte ihm das diplomatische Geschick eines Bonifaz, sodass die Römer gleich nach seiner Wahl zu murren begannen und ultimativ die Rückkehr zur republikanischen Selbstständigkeit der Stadt forderten. Innozenz rief daraufhin Ladislaus von Neapel (König 1386–1414) zur Hilfe, der die Empörung durch Zugeständnisse an die römischen Notabeln beschwichtigte. Der Aufruhr flammte erneut auf, als einer seiner Neffen elf Anführer der Bürger ermorden ließ. Eine wütende Volksmenge stürmte den Vatikan. Mit knapper Not entkam Innozenz mit seinen Kardinälen nach Viterbo, während Ladislaus die Gunst der Stunde nutzte und die Stadt mit Waffengewalt unter seine Kontrolle brachte. Die Römer erkannten bald, dass das neapolitanische Regiment noch weit drückender war als das päpstliche und erbaten die dann auch gern gewährte Rückkehr des Papstes im März 1406. Dem konnte sich Ladislaus nicht widersetzen, weil der römische Papst sein Förderer war, während der avignonesische Neapel gern dem Haus Anjou zugeschanzt hätte. Es wurde in Rom sogar hingenommen, dass Innozenz seinen blutrünstigen Neffen nur milde mit einer Kirchenstrafe belegte und ihn zum Trost auch noch mit Ancona und Ferma belehnte.

Papst Gregor XII. musste abdanken, nachdem das Konzil von Konstanz mit Hilfe des deutschen Königs und späteren Kaisers Sigismund gegen ihn vorging. Der koloriert Holzschnitt aus der Konzilschronik des Ulrich von Riechental (Augsburg 1473) zeigt Sigismund, wie er während des Konzils Heinrich von Ulm den Ritterschlag erteilt.

Gregor XII.

* Venedig um 1325, † Recanati bei Ancona 18.10.1417; Papst 30.11.1406 bis 4.7.1415

Langlebiger als gedacht

»Wie wär's mit diesem Alten da, der nicht mehr lange zu leben hat?«, soll einer der Kardinäle im Konklave zur Regelung der Nachfolge von Innozenz VII. mit Blick auf Angelo Correr gefragt haben. So kam es wie schon ein paar Mal, ein Greis wurde gewählt, dessen Uhr abgelaufen schien, der sich dann aber als langlebiger erwies als mancher der Wähler.

Gregor XII., so nannte sich Correr nach Annahme der Tiara, hatte seit 1390 als Lateinischer Patriarch in Konstantinopel gedient und war 1405 vom Vorgänger zum Kardinalpriester in seiner Heimatstadt berufen worden. Als Papst schien er sich zunächst an sein Versprechen zu halten, durch Verhandlungen mit Benedikt XIII. in Avignon wieder eine einheitliche Führung der Christenheit zu schaffen. Er willigte in ein Gespräch in Savona am 1.11.1407 ein, brach auch dorthin auf, musste dann aber in Lucca halten. Der Druck einiger Herrscher wie Ladislaus von Neapel, die von einem Arrangement Nachteile fürchteten, wurde zu groß. Prompt reiste auch Benedikt nicht weiter und wechselte wenig ergiebige Noten von Portovenere aus mit dem Kollegen. Schließlich scheiterte der Plan einer bilateralen Lösung, was Gregor in schwere Konflikte mit seinen Kardinälen stürzte. Zur Stärkung seiner Hausmacht berief er daher vier neue Kardinäle, darunter zwei seiner Neffen. Die anderen setzten sich jedoch nach Pisa ab und bekamen Zuzug von vier avignonesischen Kollegen, die ihrerseits die Widerspenstigkeit Benedikts nicht mehr hinnehmen mochten.

Nach Pisa luden die hohen Herren für März 1409 zu einem Konzil, auf dem die beiden Päpste erscheinen und das Schisma beilegen sollten. Die allerhöchsten Herren aber kamen natürlich nicht und wurden prompt als Ketzer und Meineidige verurteilt und abgesetzt. Statt ihrer wählten die Kardinäle mit Alexander V. einen dritten Papst. Er vermochte sich nicht durchzusetzen, und auch der als sein Nachfolger bestellte nächste Konzilspapst Johannes XXIII. war nicht stark genug, die beiden bisherigen Heiligen Väter aus dem Felde zu schlagen.

Gregor musste zwar mehrfach fliehen und verlor zeitweilig die Unterstützung Neapels. Gefährlich für ihn wurde es aber erst, als das Konzil von Konstanz Johannes wieder absetzte und nun mit Unterstützung des deutschen Königs (seit 1410) und späteren Kaisers Sigismund (1433–1437) gegen Gregor vorging. Er gab auf und ließ am 4.7.1415 seine Abdankung verlesen. Er konnte aber Kardinal bleiben und sollte im Rang gleich nach dem neu zu wählenden Papst eingestuft werden. Kurz vor der Berufung Martins V. starb er jedoch mit über 90 Jahren.

Porträt des Gegenpapstes Alexander V., kolorierter Holzschnitt von Michael Wolgemut oder Hans Pleydenwurff zur Weltchronik des Hartmann Schedel, Nürnberg 1493.

Alexander V.

* Raré (Kreta) um 1340, † Bologna 3.5.1410; Gegenpapst seit 26.6.1409

Bequem und genussfreudig

Nun hatte die Kirche bereits drei Päpste: Das Konzil von Pisa, das Benedikt XIII. und Gregor XII. zur Überwindung des großen Abendländischen Schismas am 4.6.1409 abgesetzt hatte, ließ durch das nun zusammengelegte Kardinalskollegium mit Petros Philargis (Peter von Candia) einen neuen Heiligen Vater wählen.

Der aus einfachen Verhältnissen stammende Grieche von der damals von Venedig gehaltenen Insel Kreta war ein theologisch hochgebildeter Franziskaner, aber zugleich nach Zeugnis des deutschen Kurienbeobachters Dietrich von Niem (um 1340–1418) ein bequemer, genussfreudiger älterer Herr, dem die Energie zur Verdrängung der beiden Konkurrenten fehlte. Er war zuletzt Erzbischof von Mailand (seit 1402) gewesen und 1407 von Innozenz VII. zum Kardinal ernannt worden und wählte als Papstnamen Alexander V. Er verstand sich gut mit den Visconti, die das Herzogtum Mailand regierten. Alexander genoss auch die Unterstützung der meisten großen Mächte, doch hatte er mit seinen Unternehmungen wegen der Kürze seines Pontifikats wenig Glück.

Gegen Ladislaus von Neapel, der Gregor XII. stützte, schickte er Ludwig von Anjou († 1417) ins Feld, der aber über Rom nicht hinauskam. Immerhin entsandten die Römer eine Delegation an Alexanders Amtssitz in Bologna und baten um seinen Einzug in die Ewige Stadt, doch der Papst zögerte, und die Bitte erledigte sich durch seinen plötzlichen Tod.

Alexander hinterließ leere Kassen, weil er allzu großzügig mit Pfründen und anderen Wohltaten umgegangen war. Obwohl er gemeinhin als Gegenpapst geführt wird, hat sich die Zählung seines Papstnamens durchgesetzt, sodass der nächste Alexander die Ordnungszahl VI. trug.

Johannes (XXIII.)

* Neapel um 1365, † Florenz 22.11.1419; Gegenpapst 17.5.1410 bis 29.5.1415

Der Unwürdige

Baldassare Cossa entstammte einer heruntergekommenen Adelsfamilie und begann seine atemberaubende Karriere als Pirat. Zwar verspürte er bald den Drang nach mehr Seriosität, studierte Jura in Bologna und brachte es unter seinem Landsmann Bonifaz IX. zum Archidiakon der Stadt. Das aber war bloße Fassade, hinter der sich der notorische Abenteurer verbarg, was politisch wie erotisch gemeint ist.

Habsüchtig und bedenkenlos, übernahm der 1402 zum Kardinal aufgestiegene Mann gern kriegerische Aufträge für den Papst, weil sie ihm reiche Beute versprachen. Der ausbleibende militärische Erfolg kümmerte Cossa dabei wenig, wichtiger war ihm der Erfolg bei Frauen: Angeblich soll er es noch nach seiner Wahl mit mindestens 200 getrieben haben. Die Eskapaden aber beschädigten nicht etwa seinen Ruf, sondern verschafften ihm eher Neid und Bewunderung bei den Kardinalskollegen, die er dann auch beim Aufstand gegen Gregor XII. auf dem Konzil in Pisa 1409 zur Wahl Alexanders V. bewegte und damit seine eigene zu dessen Nachfolger programmierte.

Als Johannes XXIII. wurde er eine Woche nach der Erhebung gekrönt und konnte sich nun mit Hilfe Ludwigs von Anjou für einige Zeit in Rom etablieren, musste dann aber 1413 vor dem Gegenangriff neapolitanischer Truppen unter König Ladislaus nach Florenz ausweichen. Kirchlich hatte er bis dahin außer der Bannbulle gegen den böhmischen Reformator Jan Hus (um 1369–1415) wenig bewirkt und war auch nur unter dem Druck des deutschen Königs Sigismund zur Einberufung des 16. ökumenischen Konzils in Konstanz zu bewegen.

Gegen seinen Vorschlag, die beiden Konkurrenten Gregor XII. und Benedikt XIII. abzusetzen und ihn allein als Papst anzuerkennen, beschloss das 1414 zusammengetretene Konzil, alle drei Päpste des Amtes zu entheben. Johannes floh daraufhin als Lands-

knecht verkleidet nach Freiburg, wurde aber ergriffen und als Gefangener zurückgebracht. Die Konzilsväter erklärten ihn am 29.5.1415 »wegen Förderung der Kirchenspaltung durch schimpfliche Flucht, wegen Simonie und wegen verabscheuungswürdigen Lebenswandels« seiner Papstwürde für verlustig und verhängten Hausarrest über ihn. Erst gegen hohes Lösegeld kam Baldassare Cossa 1419 frei und unterwarf sich dem neugewählten Papst Martin V., der ihn zum Kardinalbischof von Tusculum ernannte. Johannes starb bald darauf und erhielt ein prachtvolles Grabmal von Donatello im Baptisterium von Florenz – eine wahrlich unverdiente Ehre.
Bewusst wählte 1958 Giuseppe Roncalli den Papstnamen Johannes XXIII. mit der gleichen Ordnungszahl, um die Unwürdigkeit seines Vorgängers im 15. Jahrhundert zu unterstreichen.

Martin V.

* Gennazano bei Rom 1368, † Rom 20.2.1431; Papst seit 11.11.1417

Entscheidung in Konstanz

Ein solches Konklave hatte es noch nie gegeben und sollte es auch nie wieder geben: Auf dem Konzil in Konstanz hatten die Delegierten die drei verfeindeten Päpste Gregor XII. (Rom), Benedikt XIII. (Avignon) und Johannes XXIII. (Konzilspapst) abgesetzt und beschlossen die Wahl eines alleinigen neuen Heiligen Vaters zur Überwindung des großen Abendländischen Schismas. Zu seiner Legitimierung wollte man eine möglichst breite Basis schaffen und ließ daher nicht nur die 20 anwesenden Kardinäle, sondern auch noch je fünf deutsche, englische, italienische, spanische und französische Bischöfe, Domherren, Äbte und/oder Theologen wählen.
Schon nach drei Tagen einigten sie sich auf den altadligen Römer Oddo Colonna, der den Namen des Heiligen des Wahltages annahm. Von Innozenz VII. zum Kardinal ernannt, hatte er zu den treibenden Kräften des Bruchs mit Gregor XII. und 1409 zu den Wortführern auf dem Konzil von Pisa zur Wahl Alexanders V. gehört. Von Johannes XXIII. hatte er sich erst nach dessen als schmählich empfundener Flucht abgewandt. Jetzt kürte ihn die Konstanzer Versammlung zu dessen Nachfolger, dem endlich die Heilung der Kirchenspaltung gelang, wenn auch Benedikt seine Absetzung nicht akzeptiert und sogar für einen Nachfolger in Gestalt Klemens VIII. gesorgt hatte.
Martin V. hob das Konzil auf und ergänzte das Kardinalskollegium sowohl um römische Prälaten wie um avignonesische. Er selbst wollte unbedingt von Rom aus die Kirche regieren, weil hier allein der wahre Stuhl Petri stehe. Das erwies sich als ein mühevolles Unterfangen und glückte erst durch umfangreiche Zugeständnisse an Johanna II. von Neapel (Königin 1414–1435), die die Ewige Stadt besetzt hielt und nun ihre Truppen abzog, und durch gewaltsames Vorgehen gegen einen Usurpator, der Mittelitalien

Mit Beschluss des Konstanzer Konzils zum Papst gewählt: Martin V., kolorierter Holzschnitt, um 1490.

kontrollierte. Ihn besiegte der Papst in der Schlacht bei Aquila (2.6.1424), einen Aufstand in Oberitalien konnte er 1429 blutig niederwerfen. Auch wenn er so seine Herrschaft in Rom und im Kirchenstaat gesichert hatte, so residierte er anfangs in einem Trümmerfeld. Die vergangenen Wirren hatten aus der einstigen Hauptstadt der Welt ein elendes, entvölkertes Nest gemacht, in dem die Menschen zwischen Ruinen vegetierten. Obwohl Martin wie so viele seiner Amtskollegen für intensive Bereicherung seiner Familie sorgte, gelang ihm mit den Jahren doch ein gewisser Wiederaufbau, wobei vor allem der Lateran sorgfältig wieder instand gesetzt wurde. In San Giovanni in Laterano fand Martin dann auch die letzte Ruhestätte.

Klemens (VIII.)

* Teruel um 1360, † Palma de Mallorca 28.12.1446; Gegenpapst 10.6.1423 bis 26.7.1429

Gespenstisches Konklave

Benedikt XIII. ging in seinem Widerstand gegen den Beschluss des Konstanzer Konzils, ihn abzusetzen, so weit, dass er unverzüglich vier Kardinäle ernannte und sie schwören ließ, dass sie bei seinem Ableben einen Nachfolger wählen würden. In der Bergfeste Peñiscola auf einem Felsvorsprung an der Küste vor Valencia, wo sich Benedikt eingeigelt hatte, kam es dann Ende Mai 1423 zu einem gespenstischen Konklave der nur drei anwesenden Kardinäle von seinen Gnaden, die sich auf den Propst von Valencia und Erzpriester Gil Sanchez Muñoz einigten.

Er war zuletzt der engste Vertraute Benedikts gewesen und wurde von Alfons V. von Aragonien (König 1416–1458) als Papst Klemens VIII. bestätigt. Der Herrscher versprach sich von seinem »Privatpapst« – keine andere Macht anerkannte den Gewählten – ein Druckmittel gegen Martin V., dem er tatsächlich einige Zugeständnisse in Sachen der Ämtervergabe und Besteuerung von Kirchenbesitz abhandelte. Dann aber hatte Klemens seine Schuldigkeit getan, und der König entsandte seinen Privatsekretär Alonso de Borja, den späteren Papst Calixt III., nach Peñiscola und forderte den Gegenpapst zur Abdankung auf. Dem entsprach Klemens ohne Widerstand, nahm die Verurteilung Martins V. zurück und wählte ihn mit seinen Kardinälen nachträglich ebenfalls zum Papst. Dieser söhnte sich mit Sanchez Muñoz aus und ernannte ihn zum Bischof von Mallorca.

Restlos beseitigt aber war das Schisma damit noch nicht, denn noch als Klemens VIII. hatte der Gegenpapst den bei seiner Wahl abwesenden der Benedikt-Kardinäle, den Franzosen Jean Carrier, exkommuniziert, weil dieser das Ergebnis nicht anerkannte und selbstherrlich in Gestalt Benedikts XIV. einen Gegenpapst des Gegenpapstes gekürt hatte.

Benedikt (XIV.)

* Südfrankreich um 1370, † unbekannt; Gegenpapst seit 12.11.1425

Gegenpapst des Gegenpapstes

Einer der vier von Benedikt XIII. ernannten Kardinäle, der Franzose Jean Carrier, war beim Tod des Papstes als dessen Legat in der Grafschaft Armagnac unterwegs, konnte also an der Erhebung des Nachfolgers Klemens VIII. nicht teilnehmen. Zurückgekehrt,

Papst Eugen IV. segnet S. Marco. Fresko von Alessandro Tiarini (1597-1668), Museo di San Marco, Florenz.

weigerte er sich, die Gültigkeit von dessen Wahl anzuerkennen, warf den Kollegen Ämterhandel vor und erhob kraft eigener Machtvollkommenheit einen Gegenpapst des Gegenpapstes, den Domkustos von Rodez Bernard Garnier. Über die Herkunft des plötzlich im Alleingang auf den Heiligen Stuhl gehievten Mannes ist fast nichts bekannt und noch weniger über sein weiteres Schicksal nach der Solo-Wahl. Nur dass er sich aus Verehrung für den Vorgänger Benedikt XIV. nannte, ist überliefert. Anerkannt hat ihn außer seinem von Klemens umgehend exkommunizierten Wahlmann niemand, in den meisten Papst- und Gegenpapst-Listen wird er nicht einmal geführt.

Eugen IV.

* Venedig 1383, † Rom 23.2.1447; Papst seit 3.3.1431

Brüchige Einigung mit der Ostkirche

Ein Zeitzeuge schilderte ihn als großen, hageren Mann mit ehrfurchtgebietendem Auftreten, bei dessen Anblick die tief beeindruckten Menschen regelmäßig zu Tränen gerührt gewesen seien. Tränen vergießen Kirchenhistoriker dagegen eher über die Wirren seines Pontifikats: Eugen IV., bürgerlich Gabriele Condulmer, war von seinem Onkel Gregor XII. in einer umstrittenen Zeremonie 1408 zum Kardinal erhoben worden, hatte am Konzil von Konstanz teilgenommen und war von Martin V. zum Statthalter der Mark Ancona und Bolognas berufen worden.

In einem nur dreitägigen Konklave hatten sich die Kardinäle auf den Augustinermönch als Nachfolger geeinigt, weil sie sich von ihm ein Gegengewicht gegen die Familie Colonna seines Vorgängers versprachen. Diese war von Martin V. reich bedacht worden und hielt viele Schlüsselstellungen in Rom und im Kirchenstaat. Eugen machte sofort Front gegen sie, was zu lang anhaltenden und blutigen Unruhen in ganz Mittelitalien führte. 1434 musste er selbst vor einem Aufruhr, den die Colonna gegen ihn angezettelt hatten, aus Rom nach Florenz fliehen, wobei er trotz Verkleidung erkannt und misshandelt wurde.

Neun Jahre sollten vergehen, ehe er in die Ewige Stadt zurückkehren konnte. Unterdessen verfinsterte sich auch der kirchliche Horizont, denn Eugen hatte zwar, wie vor der Wahl versprochen, ein Reformkonzil nach Basel einberufen, aber gleich wieder aufgehoben, was zu schweren Konflikten mit den Konzilsvätern führte; nur sechs von 21 Kardinälen hielten weiter zum Papst. Ohne die schließlich erfolgreiche Vermittlung des deutschen Königs Sigismund, den Eugen 1433 noch in Rom zum Kaiser krönte, wäre ein neues Schisma unausweichlich gewesen. So aber widerrief Eugen den Auflösungsbeschluss und anerkannte damit zunächst den Vorrang des Konzils. Dessen Beschlüsse freilich, vor allem die, die finanziellen Rechte des Heiligen Stuhls beschnitten, stießen auf die massive Ablehnung des Papstes.

Als er dann gegen den Willen der meisten Kirchenfürsten ein Unionskonzil mit den Ostkirchen 1437 nach Ferrara berief und es 1439 nach Florenz verlegte, also in seinen direkten Einflussbereich, war der endgültige Bruch da. Zwar hatte Eugen einen Teil der Baseler Delegierten inzwischen auf seine Seite zu ziehen verstanden, doch das Rumpfkonzil setzte ihn am 25.6.1439 ab und wählte mit Felix V. noch im gleichen Jahr einen Gegenpapst. Das beantwortete Eugen mit der Annullierung aller Konzilsbeschlüsse, die seine Macht hatten einengen sollen. Die gewann er nun nach und nach zurück, indem er 1443 Alfons V. von Aragonien mit Neapel belehnte, sodass dieser seine Bischöfe aus Basel abberief. Außerdem gelang dem Papst 1443 die Rückkehr nach Rom, von wo aus er wirkungsvoller gegen die restlichen Baseler operieren konnte. Nun ging auch Kardinal Enea Silvio Piccolomini, der spätere Papst Pius II., zu ihm über und vermittelte eine Übereinkunft mit dem neuen deutschen König Friedrich III. (1440–1493), die Eugen die Gefolgschaft aller Fürsten des Reiches sicherte.

Amadeus VIII. von Savoyen ging unter dem Namen Felix V. als letzter Gegenpapst in die Geschichte ein. Kupferstich von Samuel Guichenou, um 1660.

Felix V.

* Chambéry 4.12.1383, † Genf 7.1.1451; Gegenpapst 5.11.1439 bis 7.4.1449

Vom Landesfürsten zum Kirchenführer

An der Wiege war die kirchliche Karriere dem Prinzen von Savoyen sicher nicht gesungen worden, und als er neunjährig als Amadeus VIII. an die Regierung kam, wies noch weniger auf einen Aufstieg zum Kirchenführer hin. Der junge Herrscher entpuppte sich als geschickter Politiker, liebender Ehemann und Vater. Er konnte sein Herrschaftsgebiet bis Ligurien um ganz Piemont erweitern und 1416 die Erhebung zum Herzog durch den deutschen König Sigismund erlangen. Sechs Jahre später kam der Knick: Des Herzogs Frau starb, und Amadeus zog sich in seiner namenlosen Trauer in ein von ihm gegründetes Kloster am Genfer See zurück. Dort ereilte den nun ganz seiner Frömmigkeit lebenden Mann die Nachricht von seiner Wahl zum Papst durch das seit 1431 tagende Baseler Konzil.

Ob es das Gefühl der eigenen Unwürdigkeit war, das Amadeus über einen Monat lang mit der Annahme der hohen Ehre zögern ließ, oder ob er Bedenken trug wegen der zu schmalen Basis der Legitimität, muss offen bleiben. Kirchenrechtlich jedenfalls war die Wahl illegal, denn nur ein Kardinal und 32 recht willkürlich bestimmte Elektoren hatten Felix V., wie er sich schließlich nannte, gekürt. Entsprechend gering blieb die Zustimmung in den Ländern, die fast alle zurückhaltend, wo nicht ablehnend reagierten und weiter zu Eugen IV. standen.

Der Gegenpapst, der auf seine Herzogswürde zugunsten seines Sohnes Verzicht geleistet hatte (6.1.1440), umgab sich mit fähigen neuen Kardinälen, darunter Enea Silvio Piccolomini, dem späteren Papst Pius II., der sich aber bald dem rechtmäßigen Papst unterwarf und es damit noch einsamer um Felix werden ließ. Unter Vermittlung von Karl VII. von Frankreich (König 1422–1461) einigte er sich 1449 mit dem Heiligen Vater in Rom und dankte als bis heute letzter Gegenpapst der Kirchengeschichte ab. Als Entschädigung erhielt er die Würden eines Kardinalbischofs von S. Sabina und eines päpstlichen Vikars in seinem Stammland Savoyen.

Nikolaus V.

* Sarzana bei La Spezia 15.11.1397, † Rom 24.3.1455; Papst seit 6.3.1447

Glanzvolles Pontifikat verdunkelt

»Meine Hand zittert, während ich dies schreibe, und es erschauert meine Seele. Weh der unseligen Christenheit!« Mit diesen Worten berichtete Kardinal Enea Silvio Piccolomini, der spätere Papst Pius II., in einem Brief vom Juli 1453 Papst Nikolaus V. von dem alles überschattenden Ereignis jener Jahre, der Eroberung Konstantinopels, des östlichen Roms, durch die Türken. Der Schock saß so tief, dass er das im Grunde sehr erfolgreiche, ja glanzvolle Pontifikat eines Mannes verdunkelte, der die Kirchenspaltung endgültig überwand und Rom nicht nur wieder zum religiösen, sondern auch zum kulturellen Zentrum des Abendlands machte.

Das türkische Heerlager vor Konstantinopel 1453. Zeitgenössische Buchmalerei aus der Werkstatt des Jean Mielot. Mit der Eroberung des »östlichen Rom« durch die Truppen Sultan Muhammads II. ging das Byzantinische Reich endgültig unter.

Tommaso Parentucelli war Arztsohn, hatte sich sein Studium der Theologie in Bologna als Lehrer in den reichen Florentiner Familien verdient und war so in Kontakt mit den geistigen Strömungen der Zeit und den führenden Humanisten Italiens gekommen. Von Eugen IV. 1444 zum Bischof von Bologna ernannt und mehrfach als päpstlicher Legat nach Deutschland entsandt, war er für die Verdienste um die Verständigung mit Friedrich III. 1446 zum Kardinal erhoben und im Konklave im Jahr darauf zum Papst gewählt worden, weil der Favorit aus der einflussreichen Familie Colonna den Kardinälen zu mächtig erschien.

Der Kompromisskandidat, der als Nikolaus V. den Stuhl Petri bestieg, erwies sich als erste Wahl, indem er mit Hilfe Karls VII. von Frankreich den Gegenpapst Felix V. zum Verzicht bewegte und damit die Einheit der Kirche wiederherstellte. Das ließ Nikolaus V. 1450 in Rom durch ein Jubeljahr begehen, in dem er mit der Heiligsprechung des großen Predigers Bernhardin von Siena allseitigen Beifall fand. Das Verhältnis zum Reich gestaltete sich ebenfalls positiv, sodass Friedrich III. am 19.3.1452 in Sankt Peter die Kaiserkrone empfangen konnte.

Es sollte die letzte Krönung eines Kaisers in Rom durch den Papst sein. Im Jahr darauf verlosch durch die von Jeanne d'Arc (Johanna von Orleans, um 1410–1431) angebahnte Niederlage der Engländer der Hundertjährige Krieg gegen Frankreich (seit 1338), und es schien sich alles zum Guten zu wenden: Selbst im zerrissenen Italien bahnte sich Frieden an, und das päpstliche Rom blühte als Stadt der Bauten und der Bücher. Mit Unsummen hatte Nikolaus V. Kirchen, Brücken und Paläste wiederherrichten lassen und aus aller Welt antike Schriften zusammengekauft und übersetzen lassen, die den Grundstock der Vatikanischen Bibliothek bildeten.

Die Krönung Nikolaus' V. zum Papst am 6.3.1455 hält dieses Tafelbild eines unbekannten Künstlers der sienesischen Schule (um 1449) fest.

Kalixt III.

* Játiva bei Valencia 31.12.1378, † Rom 6.8.1458; Papst seit 8.4.1455

Der erste Borgia-Papst

Wie so oft, wenn sich Favoriten gegenseitig blockierten, kam nach dem Tod von Nikolaus V. ein Greis zum Zuge, mit dem niemand gerechnet hatte: Der Spanier Alonso Borja (italienisch Borgia) war als Jurist eine Zeit lang Privatsekretär Alfons V. von Aragonien gewesen, hatte 1429 die Abdankung von Gegenpapst Klemens VIII. erwirkt und war dafür als Bischof von Valencia mit einer der reichsten Pfründe Spaniens ausgestattet worden.

Für seinen König war er 1443 auch bei Eugen IV. erfolgreich vermittelnd tätig und dafür 1446 mit der Erhebung zum Kardinal belohnt worden. Schon damals war er durch bescheidene Lebensführung – andere sagten: Geiz – aufgefallen, eine Eigenschaft, die er nun als Papst Kalixt III. für sein großes Ziel eines Kreuzzugs zur Rückeroberung von

Konstantinopel noch erheblich intensiver pflegte und auch von seinen Kardinälen verlangte. Von den Bürgern erhob er einen »Türkenzehnten«, verkaufte von seinem Vorgänger angehäufte Schätze und machte nicht einmal vor den kostbaren Büchern halt, die Roms Ruhm in der Geisteswelt hell hatten erstrahlen lassen.

Allerdings kam nur schleppend ein Heer zustande und nur langsam sammelte sich eine Flotte, und als vor Belgrad im Juli 1456 ein Abwehrerfolg gegen die Türken erzielt wurde und einige griechische Inseln nach der Niederlage der türkischen Flotte bei Lesbos (August 1457) wieder in christlicher Hand waren, wurde frenetisch gefeiert, aber nicht nachgesetzt.

Als im Juli 1456 der Halleysche Komet am Himmel erschien, schleuderte Kalixt seinen Bannstrahl gegen ihn und forderte die Christen auf, für die Umleitung dieses »Zeichens für den Zorn Gottes« gegen die Türken zu beten. Das gelang zwar verständlicherweise nicht, doch auch das befürchtete Ungemach für die Christenheit durch den Kometen hielt sich in Grenzen. Er verabschiedete sich bald wieder für weitere 76 Jahre. Und auch Kalixts Pontifikat näherte sich rasch dem Ende. Die Kalkulation der Kardinäle ging wenigstens einigermaßen auf, doch hatten drei Jahre genügt, jeden Glanz aus der Ewigen Stadt zu vertreiben.

Schuld daran war auch der schamlose Nepotismus des Papstes, der seine Neffen mit Pfründen und Wohltaten überschüttete. Einen ernannte er zum Präfekten von Rom, zwei weitere noch nicht einmal 20-jährige erhob er zu Kardinälen und einen davon, Rodrigo, den künftigen Papst Alexander VI., machte er sogar zum Vizekanzler der Kurie. Wegen dieser familiären Korruption brach beim Tod des Papstes ein Aufstand gegen die »Katalanen« aus, die er in Schlüsselstellungen gehievt hatte. Nur die Franzosen gedenken Kalixts eher wohlwollend, sorgte er doch 1456 für die Aufhebung des Urteils im Hexenprozess gegen ihre Nationalheilige Jeanne d'Arc.

Kalixt III., Kupferstich, aus: G. Pinadello, »Invicti Quinarii«, Rom 1589.

Pius II.

* Corsignano (heute Pienza) bei Siena 18.10.1405, † Ancona 15.8.1464; Papst seit 19.8.1458

Wissenschaftliche Leuchte und letzter Kreuzfahrer

Eine wissenschaftliche Leuchte seines Zeitalters: Enea Silvio Piccolomini, der sich nach seiner Wahl zum Papst Pius II. nannte, verfasste Bücher zur Geschichte, Geografie und Politik; seine galanten Dichtungen trugen ihm die Ehrung als »poeta laureatus« durch den deutschen König Friedrich III. ein. Zugleich war er der letzte Kreuzfahrer: Nach dem Fall Konstantinopels im Jahr 1453 warb er unermüdlich für einen Kreuzzug, fand auch beim König von Ungarn, beim Dogen von Venedig, beim Burgunderherzog Philipp dem Kühnen Interesse für seine Pläne. Aber bei Absichtserklärungen blieb es zunächst.

1463 beschloss Pius II., den Kreuzzug selbst zu finanzieren und zu führen, in der Hoffnung, durch sein Beispiel die Zögernden mitzureißen. Die päpstlichen Kassen waren zu dieser Zeit prall gefüllt, in den Ländereien des Kirchenstaates waren bedeutende Alaunvorkommen entdeckt worden, das Salz ließ sich gut verkaufen. Beauftragte des Papstes warben Söldner an und zogen in Ancona eine Galeerenflotte zusammen.

Am 18.7.1464 nahm Pius II., schon ein todkranker Mann, in der Peterskirche zu Rom das Kreuz. Bald darauf machte er sich nach dem Einschiffungshafen auf den Weg. Dort ging schon alles drunter und drüber, keiner der Fürsten, auf die der Papst gehofft hatte, war erschienen, und die Söldner liefen auseinander. Damit er das Chaos nicht sähe, verhängten die Diener des Sterbenden beim Einzug in Ancona die Fenster der Sänfte. An ihm vorbei strömten die Soldaten und Schiffsmannschaften aus der Stadt. Der Papst starb ohne Wissen, dass sein Kreuzzug, der letzte europäische Kreuzzug, zuende gegangen war, noch ehe er richtig angefangen hatte.

Paul II.

* Venedig 23.2.1417, † Rom 26.7.1471; Papst seit 30.8.1464

Widerstand gegen Konzilsforderungen

Am Tag, als der Onkel starb, feierte der Neffe gerade als Kardinal in seiner Heimatstadt seinen 30. Geburtstag: Eugen IV. hatte Pietro Barbo, der ursprünglich Kaufmann hatte werden wollen, zur geistlichen Laufbahn überredet und sein Fortkommen entsprechend gefördert. Der prachtliebende Venezianer Barbo ließ seinen Palast an seiner Titelkirche San Marco großzügig ausbauen, machte sich als Arrangeur bunter Feste beim Volk beliebt und war ein Freund des Karnevals.

»Enea Silvio Piccolomini (der spätere Papst Pius II.) wird in Frankfurt am Main von Kaiser Friedrich III. zum Dichter gekrönt« (1442). Ausschnitt eines Fresko von Bernardino Pinturicchio (um 1454–1513) im Dom von Siena (Libreria Piccolomini), um 1502/05.

Als im Konklave schon im ersten Wahlgang die Mehrheit der Kardinäle überraschend für ihn votiert hatte, erwog der eitle Kirchenfürst denn auch, ob er sich nicht den Papstnamen Formosus (der Wohlgestaltete) zulegen solle, was aber am Protest des Heiligen Kollegiums scheiterte. Das war indes das letzte Mal, dass sich der nun als Paul II. amtierende Papst um die Meinung der Kardinäle scherte. Sie hatten vor der Wahl einen Vertrag formuliert, nach dem ihnen der kommende Heilige Vater gewisse Mitbestimmungsrechte einzuräumen und binnen drei Jahren ein allgemeines Konzil anzuberaumen habe.

Das Papier erklärte Paul kurzerhand für eine bloße Richtlinie und setzte sich über alle Punkte hinweg. Besonders Konzilsforderungen, die immer wieder von ihm feindlich gesonnenen weltlichen wie geistlichen Fürsten gestellt wurden, wusste er geschickt zu hintertreiben, und selbst der ihm sehr gewogene Friedrich III. vermochte ihn nicht zur Einberufung einer solchen Versammlung zu bestimmen.

In der Türkenfrage war er nicht so engagiert wie die Vorgänger, unterstützte aber großzügig den Abwehrkampf der Albaner unter Skanderbeg († 1468) und rief nach dem Fall der letzten ägäischen Bastion Venedigs im Jahr 1470 ebenfalls zu einem Kreuzzug auf. Er erreichte damit allerdings ebenso wenig wie mit seinen Versuchen, Frankreich die »gallikanischen Freiheiten« zu beschneiden. Ludwig XI. (König 1461–1483) ließ sich auch in Kirchendingen (Steuerfragen und Besetzung von Pfründen) vom Papst nicht hineinreden.

Sixtus IV.

* Celle bei Savona (Ligurien) 21.7.1414, † Rom 12.8.1484; Papst seit 9.8.1471

Papst Sixtus IV. wollte sich durch zahlreiche Bauvorhaben in Rom ein architektonisches Denkmal setzen: So ließ er u. a. die nach ihm benannte Sixtinische Kapelle oder die ebenfalls seinen Namen tragende Tiberbrücke »Ponte Sisto« errichten. »Ansicht des Ponte Sisto«, Gemälde von Gaspar van Wittel (1653-1736).

Verstrickt in ein Mordkomplott

Das 1489–1493 von Antonio Pollaiuolo geschaffene Grabmal zeigt ein hochenergisches Gesicht, das ahnen lässt, wie Sixtus seine Rolle als Stellvertreter Christi auf Erden begriff: herrscherlich. In sie wuchs er freilich erst hinein, denn als er berufen wurde, war er noch der bescheidene Franziskaner Francesco della Rovere aus verarmter Familie, der sich einen Namen als scharfsinniger Theologe und mächtiger Prediger gemacht hatte.

So diszipliniert der schließlich als Sixtus IV. Gewählte persönlich war, als so raffgierig sollte sich seine Sippe erweisen, deren Ansprüchen er sich nicht zu entziehen vermochte. Das wurde sofort deutlich, als Sixtus zwei jugendliche Neffen zu Kardinälen ernannte, von denen der eine, Pietro, allerdings schon 1474 seinem sittenlosen Lebenswandel zum Opfer fiel. Der andere, Giuliano della Rovere, sollte als Julius II. selbst noch Kirchengeschichte schreiben. An die Stelle des früh verstorbenen Lieblings trat mit dessen Bruder Girolamo der Mann dem Papst nahe, der sein Pontifikat nachhaltig befleckte. Er verstrickte Sixtus in die sogenannte Pazzi-Affäre, als er 1478 mit der gleichnamigen Florentiner Familie ein Mordkomplott gegen die Medici inszenierte. Es scheiterte, weil die Mörder nur Giuliano erwischten, während der mächtige Lorenzo, genannt der Prächtige (1449–1492), ihnen verwundet entkam. Die Folge war ein ergebnisloser Krieg mit Florenz, der 1483/84 von einem ebenso unrühmlichen Waffengang gegen Venedig abgelöst wurde. Dazwischen geriet Italien 1480 in höchste Gefahr durch eine türkische Invasion in Otranto, bei der 12 000 der 22 000 Einwohner niedergemetzelt wurden.

Zwar gelang im Jahr darauf die Rückeroberung, doch fraßen alle diese Operationen ebensolche Unsummen wie die Habgier der päpstlichen Verwandtschaft. Und da Sixtus sich zudem in Rom architektonisch verewigen wollte (u.a. mit der nach ihm benannten Sixtinischen Kapelle), waren die Kassen bei seinem Tod leer, ja, der Nachfolger erbte einen riesigen Schuldenberg. Zur weiteren Verdunklung des päpstlichen Ruhms trug zudem bei, dass er 1478 die Inquisition in Spanien unter dem Großinquisitor Torquemada (1420–1498) etabliert hatte, deren Missbräuche, etwa bei der Austreibung und Ausrottung der spanischen Juden, er selbst nicht mehr in den Griff bekam.

Innozenz VIII., Kupferstich, aus: G. Pinadello, »Invicti Quinarii«, Rom 1589.

Innozenz VIII.

* Genua 1432, † Rom 25.7.1492; Papst seit 29.8.1484

Sorge um die unehelichen Kinder

Die Rovere-Familie war nach dem Tod Sixtus' IV. darauf bedacht, ihren Einfluss in Rom zu behalten. Das gelang durch die Erhebung von Giovanni Battista Cibò, der schon deswegen dankbar sein musste, weil er dem Rovere-Papst die Ernennung zum Kardinal (1473) verdankte. Außerdem war der aus einer römischen Patrizierfamilie stammende Innozenz VIII., wie er sich als Papst nannte, abgelenkt durch die Sorge um seine unehelichen Kinder und ihre Familien. Es glückte ihm als Papst, einen Sohn mit einer Tochter Lorenzos de' Medici zu verheiraten, indem er dessen 13jährigen Sohn zum Kardinal ernannte.

Ähnlich großzügig bedachte er die Familie seines Vorgängers und andere einflussreiche Leute, obwohl er aus leeren Kassen wirtschaftete. Zu ihrer Aufbesserung kam er auf die Idee, allerhand neue, meist unnütze, Ämter zu erfinden und sie an den Meistbietenden zu vergeben. Das half natürlich nur vorübergehend, vor allem weil sich Innozenz von Giuliano de Rovere bereden ließ, mit Waffengewalt gegen Ferdinand I. von Neapel (König 1458–1494) vorzugehen, der die päpstlichen Abgaben schuldig blieb. Per Krieg war er zur Zahlung allerdings auch nicht zu bewegen, im Gegenteil: Er gewann Teile des Kirchenstaats und beschädigte damit das Ansehen des Papstes nachhaltig. Erfolgreicher war Innozenz gegen die Türken, freilich nicht mit Waffen, sondern eines Zufalls wegen.

Prinz Dschem, des Sultans Bruder und Rivale, war vor dessen Häschern nach Rom geflüchtet, und der Papst, der als erster Beziehungen zur Hohen Pforte (nach einem Prachttor im Sultanspalast gewählte Bezeichnung für die Regierung des Osmanischen Reiches) aufgenommen hatte, stellte ihn gegen eine namhafte jährliche Summe auf Wunsch des Sultans unter Hausarrest. Das brachte Geld und schützte ein wenig vor dem türkischen Eroberungsdrang.

Ein weiterer Erfolg fiel Innozenz 1492 mit der Eroberung Granadas, des letzten arabischen Vorpostens in Europa, durch Ferdinand von Aragonien (König 1479–1516) und seine Frau Isabella von Kastilien (Königin 1474–1504) in den Schoß. Für diesen Sieg ernannte er die Sieger zu »Katholischen Königen«.

Der Papst sah aber nicht nur äußere Feinde, er sorgte sich auch um die inneren in Gestalt der Hexen und ermahnte insbesondere die deutsche Inquisition, unnachsichtig gegen die »Seelenverderber« vorzugehen. 1484 erließ er die Bulle »Summis desiderantes«, die dem Dominikaner Heinrich Krämer, genannt Institoris, als Leitlinie für seinen berüchtigten »Hexenhammer« diente.

Alexander VI.

* Játiva bei Valencia 1.1.1431, † Rom 18.8.1503; Papst seit 11.8.1492

Brutaler Machtmensch

In den Stammtafeln der spanischen Dynastie Borja (italienisch Borgia) steht Rodrigo als Papst Alexander VI., und unter seinem Namen finden sich die Namen von vier seiner Kinder mit der römischen Adligen Vanozza de Cattanei sowie Bemerkungen wie »17 weitere uneheliche Nachkommen mit unbekannten Frauen«. Das stimmt nicht ganz, denn zumindest eine seiner Mätressen während seines Pontifikats ist durchaus bekannt, und das Verhältnis hat politisch eine nicht geringe Rolle gespielt: Die schöne Giulia Farnese-Sforza nämlich hatte einen Bruder namens Alessandro Sforza, der von Alexander VI. zum Dank für die schwesterlichen Liebesdienste 1493 zum Kardinal erhoben wurde und der als Paul III. vier Jahrzehnte später die Gegenreformation einleiten sollte.

Das Gemälde »Weibliches Brustbild« von Bartolomeo Veneto (tätig 1502–1546) wird gemeinhin als Porträt Lucrezia Borgias (1480–1519) gedeutet, der Tochter Papst Alexanders VI.

Der in seinen 37 Kardinalsjahren seit der Ernennung durch den Onkel Kalixt III. 1455 als Vizekanzler der Kurie tätige Rodrigo de Borja y Borja häufte immense Reichtümer auf, griff aber zunächst vergebens nach der Tiara. Erst als Innozenz VIII. Rom und Kirchenstaat in ein politisches Chaos gestürzt hatte, kam seine Stunde. Massive Bestechung der anderen Kardinäle tat das Übrige. Nach der Wahl sank deren Bedeutung rapide unter der autoritären und skrupellosen Amtsführung des Neuen.

Er erklärte die vier mit Vanozza gezeugten Kinder kurzerhand für legitim, gab ihnen seinen Namen, ernannte den Sohn Cesare 18-jährig zum Kardinal und überschüttete ihn und die anderen beiden Söhne mit Pfründen und Titeln. Die Tochter Lucrezia verheiratete er mehrfach, und weil das wegen der Unauflöslichkeit der Ehe nur durch Ableben des nicht mehr benötigten Ehemanns möglich war, wurde dem durch von Cesare gedungene Mörder notfalls nachgeholfen. Dessen Ehrgeiz ließ ihn 1498 auf den Kardinalspurpur zugunsten der Hand einer französischen Prinzessin von Geblüt und der Ernennung zum Herzog von Valence verzichten. Daneben führte Cesare mit Billigung des Papstes Krieg gegen die alten Adelsgeschlechter des Kirchenstaats, die er zur Schaffung eines mittelitalienischen Einheitsstaats auszulöschen versuchte, damit er sich zum König der Romagna aufschwingen könnte.

Julius II. förderte und forderte die angesehensten Künstler seiner Zeit wie Bramante, Raffael oder Michelangelo – zum Ruhm der Kirche und nicht zuletzt zu seinem eigenen. Porträt Papst Julius' II. von Raffael (1483–1520) aus dem Jahr 1511.

Das Geld zu den kostspieligen Feldzügen beschaffte Alexander VI. durch Ämter- und Ablassverkauf sowie durch Beseitigung reicher Fürsten und Einzug ihrer Vermögen. Geld nämlich brauchte er auch für den Kampf gegen den französischen König Karl VIII. (1493–1498), der Neapel beanspruchte und den Papst am 15.1.1495 in Rom zu einem demütigenden Frieden zwang. Das zahlte ihm Alexander durch ein Bündnis mit anderen Mächten heim, die Karl schon im Mai des gleichen Jahres zum Rückzug aus Italien nötigten.

Nicht so teuer, aber langwierig war der Kampf des Papstes gegen den Florentiner Reformator Savonarola (1452–1498), dessen flammenden Predigten er durch seinen sittenlosen Lebenswandel und seine kriminelle Politik wirkungsvolle Munition geliefert hatte. Drei volle Jahre hielt ihn der fanatische Mönch in Atem, ehe Alexander die Aburteilung und Hinrichtung erreichen konnte.

Doch die Amtszeit des Borgia-Papstes bestand nicht nur aus Gewalttaten und Schurkereien. Als Kunstmäzen machte er sich ebenso einen Namen wie als Architekt des Vertrags von Tordesillas (7.6.1494), mit dem er die spanischen und portugiesischen Interessengebiete in Übersee abgrenzte. Dass heute in Brasilien portugiesisch und im restlichen Lateinamerika spanisch gesprochen wird, geht auf diese Teilung zurück. Aber auch die Kirchenspaltung durch die Reformation Luthers ist nicht zuletzt auf diesen brutalen Machtmenschen auf dem Stuhle Petri zurückzuführen. Sein Ende kam unplanmäßig. Indizien sprechen dafür, dass er einem eigenen Anschlag erlag, als er den einem seiner Kardinäle zugedachten Giftbecher versehentlich selbst leerte.

Pius III.

* Sarteno bei Siena 1439, † Rom 18.10.1503; Papst seit 22.9.1503

Allzu kurze Atempause

Das Konklave stand noch unter dem Schock von Alexanders VI. Terror-Pontifikat und musste erst zur Besinnung kommen. Deshalb einigte man sich rasch auf einen Nachfolger, der ob seines Alters und seiner angeschlagenen Gesundheit eine kurze Amtszeit versprach und damit eine Atempause. Dass es nur ein kurzes Luftschnappen werden würde, ahnten die Kardinäle nicht, als sie Francesco Todeschini kürten, den Neffen von Papst Pius II., nach dem er auch den Familiennamen Piccolomini tragen durfte.

Der Onkel hatte für eine steile Karriere des jungen Francesco gesorgt, indem er ihn schon als 21-jährigen zum Erzbischof von Siena und nur Wochen später zum Kardinal erhoben hatte. Als Legat in England und Deutschland hatte der Neffe diplomatische Erfahrungen sammeln und ausgebreitete Sprachkenntnisse erwerben können, die ihm auch unter Paul II. und unter dem Vorgänger Einfluss gesichert hatten.

Ob er freilich eine längere Regierungszeit Alexanders überlebt hätte, ist fraglich. Er hatte nämlich die Stirn gehabt, sich bei dessen Wahl nicht kaufen zu lassen und mehrfach Front zu machen gegen die Familie Borgia und ihre Unersättlichkeit. Gerade das aber schätzten die Kollegen nun, da sie fürchten mussten, dass der skrupellose Papstsohn Cesare Borgia versuchen würde, eine seiner Kreaturen durchzusetzen. Außerdem war Pius III., so nannte er sich nach dem Onkel, Italiener und würde der übermächtig gewordenen spanischen Fraktion entgegentreten. Hätte er wohl auch getan, doch blieben ihm nur etwas mehr als drei Wochen, in denen außer der Krönung am 8.10.1503 keine nennenswerte Amtshandlung möglich war.

Julius II.

* Albissola bei Savona (Ligurien) 5.12.1443, † Rom 21.2.1513; Papst seit 1.11.1503

Strotzend vor Energie

Endlich war die Bahn frei für den Neffen von Sixtus IV., Kardinal (seit 1471) Giuliano della Rovere, der sich vor der Verfolgung durch Alexander VI. an den französischen Hof geflüchtet hatte. Von dort kam er eilends zurück, als der Borgia-Papst gestorben war, aber zu spät, ihn zu beerben. Das Kürzest-Pontifikat von Pius III. eröffnete ihm dann die Chance, die vom Onkel erworbenen Reichtümer wirkungsvoll zur Gewinnung von Wahlmännern im nächsten Konklave einzusetzen. Das gelang so gründlich, dass schon im ersten Wahlgang Einstimmigkeit hergestellt war und der 60-jährige als Julius II. den Stuhl Petri besteigen konnte.

Anders als der kränkliche Vorgänger strotzte der neue Heilige Vater vor Energie und begann sofort mit schier jugendlicher Ungeduld und Kraft, aus dem Kirchenstaat wieder einen wirklichen Staat zu machen. Er war durch Vergabe von Teilen an Mitglieder der Familie Borgia und durch Zugriff lokaler Potentaten sowie Annexionen vor allem durch Venedig dezimiert und als Machtfaktor fast ausgeschaltet worden. Das war nur durch Krieg zu revidieren, und Julius zögerte keinen Moment, zu den Waffen zu greifen. Im Bündnis mit Maximilian I. (deutscher König 1486–1519, Kaiser seit 1508) und Frankreich gewann er 1504 die ganze Romagna zurück und gliederte 1506 Bologna und Perugia wieder ein, die sich empört hatten. 1509 schlug er sich auf die Seite der im Vor-

Folgende Doppelseite: Papst Julius II. hatte Michelangelo 1505 den Auftrag zu einem monumentalen Grabmal gegeben, das allerdings nur in Teilen vollendet wurde. Die imposante Statue des Moses wurde erst knapp 30 Jahre nach dem Tod Julius' II. um 1540 in das Grabmal in San Pietro in Vincoli in Rom integriert.

jahr entstandenen deutsch-spanisch-französischen Liga von Cambrai, die Venedig auch Rimini und Faenza wieder entriss und unter päpstliche Botmäßigkeit zwang. Hier aber bereitete der Papst einen Schwenk vor, da ihm eine zu große Schwächung der Republik schon wegen der Türkengefahr nicht ins Konzept passte. Er stellte sich nun gegen Frankreich, das seit der Besetzung des Herzogtums Mailand auf Dauer in Oberitalien bleiben zu wollen schien.
Er gewann Spanien für diese antifranzösische Politik durch Belehnung Ferdinands von Aragonien mit Neapel-Sizilien und zog das eben noch feindliche Venedig auf seine Seite. Dennoch gab es nach Anfangserfolgen herbe Rückschläge für diese 1511 gebildete Heilige Liga. Erst das Eintreffen Schweizer Söldner unter einem seiner Kardinäle rettete den Papst und erfüllte dessen Kampfruf »Fuori i Barbari – Hinaus mit den Barbaren!« Die Franzosen zogen 1512 ab, Parma, Piacenza und Reggio Emilia fielen an den Kirchenstaat und machten ihn wieder zu einer italienischen Großmacht.
Auch an der kirchenpolitischen Front war Julius siegreich geblieben, denn das 1511 vom französischen König Ludwig XII. (1498–1515) einberufene Konzil von Pisa suspendierte zwar den Papst, doch fand dieser Beschluss keinen Widerhall und konnte von Julius mittels Einladung zu einem Gegenkonzil im Lateran 1512 leicht abgewehrt werden. Nur eine Kraftnatur wie Julius II. konnte auf die Idee kommen, ein so gewaltiges Werk wie den Neubau des Petersdoms in Angriff zu nehmen. Er ließ Alt Sankt Peter von seinem Baumeister Bramante (1444–1514) ungerührt abreißen und forcierte zur Finanzierung der gigantischen Basilika den Ablasshandel.

Leo X.

* Florenz 11.12.1475, † Rom 1.12.1521; Papst seit 11.3.1513

Wiederherstellung der Medici-Macht

Ein Mann von Geist und Bildung, redegewandt, freigebig, heiterem Lebensgenuss zugetan, ein Freund des Jagens, üppiger Gelage und rauschender Feste, ein Verschwender, der nie genug hatte und deshalb hemmungslos immer neue Finanzquellen erschloss, die Frömmigkeit ausbeutend, der er selbst ferne stand; als er zum Papst gewählt wurde, soll er gesagt haben: »Lasst uns das Papsttum genießen, das Gott uns verliehen hat.«
Giovanni de' Medici, geboren am 11. Dezember 1475, seit dem 14. Lebensjahr Kardinaldiakon, begann sein Pontifikat als Leo X. im März 1513. Seine italienische Politik war auf Erhöhung des Hauses Medici und auf Stärkung des Kirchenstaats gerichtet. Zunächst antifranzösisch eingestellt, vollzog er nach dem Sieg des französischen Königs Franz I. über die Schweizer bei Marignano 1515 eine Wendung. Das Konkordat von 1516 richtete die päpstliche Autorität in Frankreich wieder auf, überließ aber gleichzeitig der französischen Krone den Einfluss auf die Besetzung der Bistümer und Abteien. Seinem Vetter Lorenzo Medici verschaffte Leo X. mit gewaltigem militärischen Aufwand das Herzogtum Urbino. Anhänger des vertriebenen Herzogs planten ein Mordkomplott gegen den Papst, das im letzten Moment entdeckt wurde. Der Hauptschuldige wurde hingerichtet, den übrigen Verschwörern wurden riesige Geldbußen auferlegt, wie auch sonst der päpstlichen Finanzverwaltung jedes Mittel recht war, die Kassen zu füllen.
Eines dieser Mittel war der Ablasshandel. Leo X. verlangte vom Prinzen Albrecht von Brandenburg, der sich um das Erzbistum Mainz bewarb, eine Bestätigungsgebühr von

Leo X. interpretierte das Papsttum und nicht zuletzt sein Pontifikat in einem überaus fürstlichen Sinne. Raffael (1483-1520) verewigte in seinem Gemälde von 1517/18 »Papst Leo X. mit den Kardinälen Luigi de' Rossi und Giulio de' Medici«.

24 000 Dukaten. Das Bankhaus Fugger streckte die Summe vor, und der Papst empfahl dem Brandenburger, die Schulden mittels eines Ablasses (Geld für das Versprechen, von Sündenstrafen verschont zu werden) abzuzahlen.
Dagegen erhob sich Protest in Deutschland. 1517 veröffentlichte Luther seine Thesen gegen den Ablasshandel. Leo X., durch seine politischen Händel abgelenkt und auch ohne Einsicht in die theologische Bedeutsamkeit der Vorgänge, ließ den Streitigkeiten in Deutschland zunächst ihren Lauf. Erst im Juni 1520 bezog er mit der Bulle »Exsurge Domine« Stellung gegen Luther, am 3. Januar 1521 verhängte er den Bann über ihn – was folgenlos blieb.

Hadrian VI.

* Utrecht 2.3.1459, † Rom 14.9.1523; Papst seit 9.1.1522

Landsmann und Partner des Kaisers

Seit Jahrhunderten hatte es das nicht mehr gegeben und nie wieder sollte es vorkommen: Papst und Kaiser aus ein und derselben Nationalität und zudem auch privat engstens verbunden.
Adrian Florisz Boeyens, ein Handwerkersohn, hatte sich als Gelehrter und sittenstrenger Kirchenmann in Löwen einen Namen gemacht, als ihn 1507 die Bitte Kaiser Maximilians I. erreichte, als Erzieher des Thronfolgers Karl in seine Dienste zu treten. Adrian von Utrecht, so nach seiner Heimatstadt genannt, prägte Kaiser Karls V. Weltbild, seine ernste Frömmigkeit und sein Selbstverständnis als späterer Monarch von Gottes Gnaden nachhaltig. Der junge Mann bestimmte seinen fast zwei Generationen älteren Lehrer nach dem Tod Ferdinands von Aragonien zum Regenten in Spanien und hatte in ihm einen loyalen Statthalter, der zugleich Bischof von Tortosa, Großinquisitor und seit 1517 Kardinal war.

Das Porträt Papst Hadrians VI. ist im 16. Jahrhundert als Kopie eines anonymen Meisters nach einem Gemälde des niederländischen Malers Jan van Scorel (1495–1562) entstanden.

Am 9. Januar 1521 geschah dann etwas, das sich die Zeitgenossen nur als abgekartet vorstellen konnten: Adrian wurde zum Nachfolger Leos X. auf den Stuhl Petri erhoben, woran aber der Kaiser wohl kaum einen Anteil hatte, zu spontan klingen die erfreuten ersten Briefe nach Rom, in denen es unter anderem heißt: »Wir halten für gewiss, dass Gott selbst diese Wahl gemacht hat.« Überhaupt kam jetzt eine intensive Korrespondenz zwischen beiden in Gang (erstmals publiziert 1859), die herzlich, aber nicht ohne Trübungen war.
Hadrian VI., diesen latinisierten Namen gab sich der neue Papst, verstand sich nämlich als obersten Herrn der Christenheit und war zunächst nicht gesonnen, Karls Italienpolitik gegen Franz I. von Frankreich unbedingt zu unterstützen. Er mahnte vielmehr die Bündelung der christlichen Kräfte gegen die Türken an, die gerade die Johanniter von Rhodos vertrieben hatten, und forderte energisch die Eindämmung der Reformation in Deutschland. Er selbst

war bereit, das dafür Nötige zu tun, und dazu gehörte auch das Versprechen radikaler Reformen an Haupt und Gliedern.
In diesem Sinn ließ Hadrian seinen Legaten Chieregati auf dem Nürnberger Reichstag im Winter 1522/23 sprechen, freilich unter gleichzeitigem Beharren auf dem Wormser Edikt gegen Luther und das »Gift der Häresie«. Vielleicht hätte ein längeres Pontifikat eine Verständigung ermöglicht, doch Hadrian, bis 1978 letzter Nicht-Italiener auf dem Heiligen Stuhl, starb früh.

Klemens VII.

* Florenz 26.5.1478, † Rom 25.9.1534; Papst seit 19.11.1523

Reumütige Unterwerfung

Giulio war eigentlich nur ein illegitimer Medici, Sohn des während der Pazzi-Affäre unter Sixtus IV. ermordeten Giuliano de' Medici und seiner Mätresse Fioretta. Das hemmte nicht den Aufstieg Giulios zum Erzbischof von Florenz und Kardinal (1513), denn auf dem Heiligen Stuhl saß Leo X., ebenfalls ein Medici. Von ihm protegiert, machte Giulio weiter Karriere und war federführend beteiligt an den Maßnahmen gegen die Reformation Luthers. Hier war er ganz auf einer Linie mit dem jungen Kaiser Karl V., der Giulios Wahl zum Papst Klemens VII. als Nachfolger Hadrians VI. im Jahr 1523 unterstützte und begrüßte.
Die Enttäuschung folgte auf dem Fuße, denn der hervorragende zweite Mann in Rom wuchs nicht mit dem Aufstieg zum ersten, sondern verfiel in Wankelmütigkeit und Schwäche. Als der französische König Franz I. im Jahr 1524 Erfolge in Norditalien verbuchte, ging Klemens mit fliegenden Fahnen zu ihm über und wurde in dessen Niederlage nach der Schlacht von Pavia gerissen. Reumütig unterwarf er sich dem Kaiser, um wenig später erneut die Seite zu wechseln, was ihm ein ungleich bittereres Strafgericht durch den Sacco di Roma, die Plünderung der Ewigen Stadt durch kaiserliche Truppen 1527, eintrug.
Nach einem Sonderfrieden in Barcelona mit des Kaisers Kanzler Gattinara im Juni 1529 und der intensiven Aussprache mit Karl anlässlich der Kaiserkrönung in Bologna am 24.2.1530 schien er endgültig seinen Frieden mit dem Kaiser gemacht zu haben, auf den er gegen die Protestanten und die Türken angewiesen war. Zur Bekräftigung verweigerte er die Scheidung des englischen Königs Heinrich VIII. (1509–1547) von Karls Tante Katharina von Aragonien, was zur Abspaltung der englischen Kirche führte. Noch einmal wandte er sich zu Karls Erbitterung Frankreich zu, starb aber bald danach.
Er hinterließ ein durch die von ihm geförderten Künstler Cellini, Raffael, Michelangelo und andere geschmücktes kirchliches Haus, um das es theologisch und politisch jedoch schlecht bestellt war.

Sebastiano del Piombo (um 1485–1547) porträtierte um 1526 den zwar gebildeten, aber ohne Herrscherqualitäten ausgestatteten Giulio de' Medici während seines Pontifikats als Papst Klemens VII.

FIRMITATEM COMMODAM VTILITATEM

Paul III.

* Canino 29.2.1468, † Rom 10.11.1549; Papst seit 13.10.1534

Seltene Einmütigkeit im Konklave

Hatte das Konklave zur Wahl seines Vorgängers Klemens VII. geschlagene 50 Tage gedauert, so verständigte sich das Kardinalskollegium in seltener Einmütigkeit schon nach zwei Tagen auf die Wahl Alessandro Farneses zum Papst Paul III. Man versprach sich von dem energischen Organisator die überfällige Kirchenreform und einen entschlossenen Kampf gegen »die Pest der lutherischen Häresie«. Für uns Heutige wirkt diese Hoffnung etwas seltsam, war Paul doch deutlich geprägt vom Renaissancefürstentum und selbst in jungen und mittleren Jahren Vertreter klerikaler Sittenlosigkeit gewesen, die er nun bekämpfen sollte.

Früh war der Sohn einer am Lago di Bolsena begüterten Familie vom wohl skrupellosesten aller Päpste, Alexander VI. aus dem Hause Borgia, in hohe Ämter berufen und mit dem Spitznamen »Kardinal Unterrock« belegt worden. Seine Schwester Giulia nämlich war eine Geliebte des Papstes. Auch Farnese selber hatte mit einer Mätresse gelebt, von der er vier Kinder hatte. Mit der moralischen Erneuerung wurde es dann auch während seines Pontifikats wenig, erfolgreicher schon war Paul in der Kirchenpolitik, indem er das bisher immer von Rom blockierte allgemeine Konzil zu seiner allerdings wenig energisch betriebenen Sache machte.

So konnte es wegen zahlloser Einwände und Hindernisse erst 1545 in Trient zusammentreten, doch wurde es zum Ausgangspunkt der Erneuerung der Altkirche. Die Versöhnung mit den Protestanten aber erschwerte es nachhaltig. Dazu trug auf lange Sicht auch die wohl folgenreichste Entscheidung des Papstes bei, nämlich den Jesuitenorden zuzulassen (Bulle vom 27.9.1540), der zum Träger der Gegenreformation werden sollte. Mit Karl V. kam es nie zu einem gedeihlichen Verhältnis, weil oberste Priorität in Pauls Politik die Stärkung der Macht des Hauses Farnese und die Versorgung seiner Kinder und Enkel hatte. Das führte ebenso zu häufigen Konflikten wie die päpstlichen Versuche, durch Unterstützung Frankreichs die kaiserliche Macht einzudämmen. Ein Denkmal setzte sich der Papst dadurch, dass er Michelangelo 1546 die Bauleitung des Petersdoms übertrug.

Julius III.

* Rom 10.9.1487, † ebd. 23.3.1555; Papst seit 8.2.1550

Gewählt statt eines Engländers

Zehn Wochen schon zog sich das Konklave zur Wahl eines Nachfolgers für Paul III. hin; dem von Kaiser Karl V. unterstützten Engländer Reginald Pole (1500–1558) fehlte noch immer eine Stimme. Endlich verständigten sich die Franzosen mit den Anhängern des verstorbenen Papstes gegen den Willen des Kaisers auf Giovanni Maria Ciocchi del Monte, den Sohn eines bekannten Juristen.

Der neue Papst nahm nach seinem ersten Förderer Papst Julius II. dessen Namen und fragwürdigen Lebenswandel an. Einmal kam es sogar im abgehärteten Rom zum Skandal, als der Papst einem 15-jährigen Straßenjungen namens Innocenzo hörig wurde und ihn zum Kardinal ernannte. Politisch aber besann er sich auf seine Erfahrungen als Bischof von Pavia (1520) und als Statthalter von Rom, als der er beim Sacco di Roma, der

Die sogenannte Sala Paolina, das Appartement Papst Pauls III. in der Engelsburg in Rom (Ausmalung von Perino del Vaga, nach 1547 von Pellegrino Tibaldi vollendet).

Die Villa Giulia in Rom wurde nach Plänen Jacopo Barozzi da Vignolas (1507–1573) in den Jahren 1551–1553 als Teil eines umfangreicheren Gebäudekomplexes als päpstliche Sommerresidenz für Papst Julius III. errichtet.

Plünderung der Ewigen Stadt 1527, von den kaiserlichen Truppen als Geisel genommen worden war. Das ließ ihn gegenüber Karl V. vorsichtig taktieren und führte 1551 zur Neueinberufung des Konzils von Trient unter Rückverlegung von Bologna an den vom Kaiser geforderten Ursprungsort. Julius geriet damit in Gegensatz zu Heinrich II. von Frankreich (König 1547–1559), der sich weigerte, Vertreter zu entsenden.
Innerkirchlich gelangen ihm einige Reformen und mit der Förderung der Jesuiten der Aufbau einer loyalen »Truppe« des Papsttums. Sein größter Erfolg fiel Julius in den Schoß und war auch nicht von Dauer: Mit Regierungsantritt Marias I., der Katholischen (1553–1558), kehrte England vorübergehend zur römischen Kirche zurück; schon die Nachfolgerin Elisabeth I. (Königin 1558–1603) machte den Schritt rückgängig.

Marcellus II.

* Montepulciano 6.5.1501, † Rom 1.5.1555

Die große Hoffnung der Reformer

Fast bis zur Abdankung musste Karl V. warten, ehe ein Mann auf dem Stuhl Petri Platz nahm, der die Hoffnungen zu erfüllen versprach, die der Kaiser auf eine Reform der Kirche an Haupt und Gliedern gesetzt hatte: Marcello Cervini war Sohn eines päpstlichen Beamten, der eine dringend erforderliche Verbesserung des Julianischen Kalenders erarbeiten sollte. In diese Funktion rückte Cervini auf Wunsch von Papst Klemens VII. nach, kam aber nicht wesentlich weiter; erst Papst Gregor XIII. schloss die Kalenderreform 1582 ab. Cervini nämlich wurde von Klemens' Nachfolger Paul III. zum Erzieher seines Neffen Alessandro Farnese berufen und stieg 1539 zum Kardinalpriester von S. Croce auf. Er übernahm auch nacheinander verschiedene Bistümer, die er trotz dauernder Abwesenheit gewissenhaft leitete. Er konnte sich nicht viel vor Ort um sie kümmern, weil er vielfach als Legat des Papstes an die Höfe Europas, darunter auch den Karls V. entsandt wurde. 1543 hielt er sich deswegen in Deutschland auf und bereitete das Konzil von Trient vor, das er seit 1545 als einer der drei Vorsitzenden leitete.

Der Papst berief Cervini 1548 auch in eine Reformkommission und betraute ihn damit mit einer Aufgabe, die dem Kardinal zum Lebensziel wurde. Das wurde offenbar, als er unter Julius III. unnachsichtig Kritik an dessen Günstlingswirtschaft und Luxusleben übte. Dafür aus Rom in sein Bistum Gubbio verbannt, erlebte Cervini im Konklave nach dem Ableben des Kritisierten, dass auch viele Kollegen begriffen hatten: Nur mit einer gründlich reformierten Kirche würden sich die Herausforderungen der Zukunft bewältigen lassen. Sie wählten ihn nach wenigen Sitzungen zum Nachfolger.

Cervini gab sich als Papstnamen seinen latinisierten Vornamen. Mit der gewohnten Energie nahm er sein Reformwerk in Angriff, indem er sofort die Ausgaben für die Papstkrönung drastisch kürzte. Seinen zahllosen Verwandten verbot er als Zeichen gegen den sonst üblichen Nepotismus das Betreten Roms und machte sich an die Formulierung einer Reformbulle. Doch der Tod nahm ihm nach nur 21-tägigem Pontifikat die Feder aus der Hand. Welche Hoffnungen die Zeitgenossen in ihn gesetzt hatten, lässt die »Missa Papae Marcelli« erahnen, die Giovanni Pierluigi da Palestrina (1525–1594), der bedeutendste Komponist der Epoche, 1562 ihm zu Ehren schrieb.

Marcellus II., Kupferstich, aus: G. Pinadello, »Invicti Quinarii«, Rom 1589.

Paul IV.

* bei Benevent 28.6.1476, † Rom 18.8.1559; Papst seit 23.5.1555

Konflikt mit dem Kaiser

Dem Kurzzeitpapst Marcellus II. folgte ein Mann, der zu den härtesten politischen Brocken werden sollte, die der Kaiser und das Haus Habsburg zu bewältigen hatten: Gian Pietro Carafa war Sohn eines Barons aus dem Königreich Neapel und von Kindheit an gegen die spanisch-habsburgische Herrschaft in seiner Heimat eingenommen. In Rom aufgewachsen und solide humanistisch gebildet, machte er rasch kirchliche Karriere.

Hadrian VI. berief den als untadelig geltenden und asketisch lebenden Geistlichen 1524 in seine Reformkommission, in der sich Carafas Überzeugung festigte, dass der Reformation nur mit Reformen beizukommen sei. Er lehnte daher alle Kompromisse mit den Protestanten ab und setzte ganz auf innere Erneuerung. Er gehörte zu den Gründern der Theatiner, einem radikaler Armut gewidmeten Orden, und war ihr erster Superior. 1536 zum Kardinal ernannt, übernahm er die Führung der Inquisition und verfolgte tatsächliche oder angebliche Häretiker mit brutaler Härte.

Als Erzbischof von Neapel seit 1549 konnte er sich im Konklave 1555 trotz seines hohen Alters durchsetzen, wählte den Namen des von ihm verehrten Farnese-Papstes und schien die Reformen seines Vorgängers nahtlos fortsetzen zu wollen. Sein neapolitanischer Fanatismus aber trieb ihn und die Kirche in einen Konflikt mit dem Kaiser und in die Arme Frankreichs. Karl V. ließ seinen Vertrauten und Feldherrn Alba deswegen beim Papst vorstellig werden und mit Gewalt drohen, wenn die »Tollheiten Seiner Heiligkeit« nicht aufhörten. Paul IV. ignorierte die Warnung.

»Papst Paul IV. übergibt dem venezianischen Gesandten ein Breve«, Gemälde von Palma il Giovane (eigentl. Jacopo Negretti, 1544–1628), 1583/91.

Obwohl sich der Kaiser im Ruhestand im spanischen Yuste sonst strikt politischen Wünschen verweigerte, hier machte er eine Ausnahme und setzte sein ganzes Prestige ein für die Beschaffung von Mitteln zur Rüstung gegen Paul IV. Die Spanier, vom Papst als »Brut von Mauren und Juden« verteufelt, schlugen unter der Führung Albas das päpstliche Heer und zwangen die Kurie am 12.9.1557 zum Frieden von Cave.

Auch andere päpstliche Maßnahmen erwiesen sich als kontraproduktiv: Paul IV. verlangte von Elisabeth I. von England, Nachfolgerin von Maria der Katholischen, die Rückgabe der Kirchengüter und beschleunigte damit nur den Sieg der Reformation in England. Er zementierte die konfessionelle Spaltung in Deutschland durch Verurteilung des Augsburger Religionsfriedens von 1555 als »Pakt mit der Ketzerei«, und er verweigerte dem Kaisertum Ferdinands I. (1558–1564) die Anerkennung, weil er nicht um Zustimmung gebeten worden sei.

In seinem vom Alter gesteigerten krankhaften Argwohn rief er den »Index librorum prohibitorum« zum Verbot unliebsamer Publikationen ins Leben, verfolgte die Juden als angebliche Sympathisanten des Protestantismus und zwang sie im Kirchenstaat in Gettos und zum Tragen einer besonderen Kopfbedeckung. Viel zu lange förderte der Papst zudem korrupte Verwandte. Der lange angesammelte Hass der römischen Bevölkerung entlud sich bei seinem Tod: Demonstranten stürmten den Palast der Inquisition und schlugen die Büste des Papstes in Stücke.

Pius IV.

* Mailand 31.3.1499, † Rom 9.12.1565; Papst seit 25.12.1559

Ausgiebige Vetternwirtschaft

Noch immer war die Reform der Altkirche Stückwerk, das Konzil von Trient ruhte schon seit 1552. Wegen der gegenseitigen Blockade der französischen und der spanischen (habsburgischen) Partei kam es zur Wahl eines Kompromisskandidaten, der zwar kein ausgewiesener Reformer, aber ein tüchtiger und realistischer Mann war: Giovanni Angelo Medici, kein Spross der Florentiner Dynastie, sondern schlichter Sohn eines Notars, hatte Medizin und die Rechte studiert, war Familienvater und von Paul III. zum Gouverneur des Kirchenstaats berufen worden. Die eigentliche kirchliche Karriere hatte mit der Berufung zum Erzbischof von Ragusa (1545) begonnen, war aber

unter dem Kaiserfeind Paul IV. gebremst worden. Das brachte ihm nun die Tiara ein, denn man war an einem Ausgleich mit dem weltlichen Herrscher der Christenheit interessiert.
Die Verständigung leitete der unter dem Namen Pius IV. amtierende neue Papst sogleich ein, trat in gedeihliche Beziehungen zu Kaiser Ferdinand I. und zu dessen Neffen Philipp II. von Spanien (König 1556–1598) und machte einigen korrupten Neffen des Vorgängers den Prozess.
Das hinderte Pius nicht, selbst ausgiebig Vetternwirtschaft zu betreiben, allerdings mit wesentlich positiveren Folgen: Der von ihm 1560 zum Kardinal ernannte blutjunge Schwestersohn Carlo Borromeo (Borromäus, 1610 heiliggesprochen) – erwies sich als Glücksgriff. Als »rechtes Auge des Papstes« sorgte er für die geistliche Flankierung der päpstlichen Politik und hatte maßgeblichen Anteil an der eigentlichen Großtat während des Pontifikats des Onkels, der Fortsetzung und erfolgreichen Beendigung des Konzils von Trient. Es trat am 18.1.1562 wieder zusammen und arbeitete die unterbrochene Tagesordnung bis zum 4.12.1563 ab.
Am 30.6.1564 kanonisierte die Bulle »Benedictus Deus« ihre Beschlüsse, darunter vor allem das »Tridentinische Glaubensbekenntnis« (Professio fidei Tridentinae), das alle Theologen und Kirchenoberen unterschreiben mussten. Dem nicht zuletzt wegen seiner schier unverwüstlichen Gesundheit gewählten leidenschaftlichen Fußgänger Pius

Papst Klemens VII. nötigte Michelangelo geradezu die Ausschmückung der Sixtinischen Kapelle zu vervollständigen. Sein »Jüngstes Gericht« an der Altarwand ist heute eine der Ikonen der Renaissancemalerei; wenngleich Michelangelo selbst weit lieber seine Arbeiten am Julius' Grabmal fortgeführt hätte. Indes schien das Kunstwerk auch noch zu modern bzw. sittenlos geraten zu sein, sodass unter dem Pontifikat Papst Pius' IV. die Übermalung allzu freizügiger Stellen angeordnet wurde.

blieb allerdings nicht die erhoffte lange Zeit für das Reformwerk, dem erst der Nachfolger durch eigenes Vorbild den entscheidenden Schub geben konnte.
Am 21.1.1564 ordnete die Kongregation des Konzils von Trient übrigens an, dass die zahllosen Nackten in Michelangelos »Jüngstem Gericht« in der Sixtinischen Kapelle übertüncht werden müssten. Allerdings setzte sich der ursprüngliche Untergrund immer wieder durch, so dass der Überstrich unter Sixtus V. und Klemens VIII. erneuert werden musste.

Pius V.

* Bosco bei Alessandria (Piemont) 17.1.1504, † Rom 1.5.1572; Papst seit 7.1.1566, hl., Fest 30.4. (früher 5.5.)

Im Glaubenseifer unübertroffen

Zeitgenössische Chronisten berichten, dass die Menschen meinten, einen so frommen Papst habe es noch niemals gegeben, und man erzähle sich, dass sein bloßer Anblick Protestanten bekehrt habe.
Fromm war der Schafhirt Antonio Ghisleri, so der bürgerliche Name, schon als Kind gewesen, hatte sich als 14-jähriger den Dominikanern angeschlossen (Ordensvorname: Michele), war von Julius III. zum Generalkommissar der Inquisition bestellt und von Paul IV. zum Bischof (1556) und Kardinal (1557) ernannt worden. Die Beförderungen spiegeln die Kehrseite der Frömmigkeit: Der auf Initiative des ebenfalls sehr frommen Kardinals und späteren Heiligen Carlo Borromeo (1538–1584) zum Papst gewählte Ghisleri nahm den frommen Namen des Vorgängers an, füllte ihn aber anders als dieser mit Sinn, indem er sich von niemandem im Glaubenseifer übertreffen ließ, Ketzer und solche Menschen, die er dafür hielt, gnadenlos verfolgen ließ und gegen Juden, sofern er sie nicht aus ökonomischen Gründen brauchte, und Muslime unnachsichtig vorging.
Pius vollendete das Werk des Vorgängers durch die strenge Durchsetzung der Beschlüsse des Konzils von Trient bis in die engste Umgebung, die unter dem sparsamen und asketischen Mann stöhnte, der zeitlebens die rauen Unterkleider des Mönchs trug. Pius V. führte den »Catechismus Romanus« (1566) ein und reformierte weitere Glaubensregeln (Breviarium, Missale u.a.). Als er 1570 Elisabeth I. von England absetzte und exkommunizierte, trug das nur zur Verschärfung der Katholikenverfolgung in Britannien bei. Auch die Hilfstruppen, die er nach Frankreich zur Bekämpfung der Hugenotten sandte, konnten die Gewährung von Religionsfreiheit im Frieden von Saint-Germain 1570 im größten katholischen Land nicht verhindern.

Porträt Papst Pius V., Gemälde von Scipione Pulzone (vor 1550–1598).

Maximilian II. (Kaiser 1564–1576) und dessen Vetter Philipp II. von Spanien verärgerte der Papst mit seinem Anspruch auf alleinige Kontrolle über die Landeskirchen. Abendländischen Ruhm aber errang Pius V. 1571 als Architekt eines Bündnisses zwischen Spanien, Venedig und dem Kirchenstaat gegen den türkischen Sultan: Die von den drei Mächten gegen die osmanische Flotte aufgebotene Seestreitmacht siegte im Oktober des gleichen Jahres bei Lepanto (Golf von Patras) unter der glänzenden Führung des illegitimen Kaisersohnes Juan d'Austria (1547–1578) und bannte auf Jahre die Gefahr aus dem Osten für Kirche und Reich. Wohl eher deswegen als wegen seiner demonstrativen Frömmigkeit wurde Pius V. 1672 selig- und 1715 heiliggesprochen.

Gregor XIII.

* Bologna 1.1.1502, † Rom 10.4.1585; Papst seit 14.5.1572

Initiator der Kalenderreform

Ugo Boncompagni, der sich als Papst Gregor XIII. nannte, stammte aus einer Kaufmannsfamilie, hatte die Rechte studiert und war als Professor in seiner Heimatstadt tätig gewesen, ehe ihn Paul III. mit kirchlichen Aufträgen beschäftigt, Paul IV. ihn zum Bischof (1558) gemacht und Pius IV. ihn zum Kardinal (1565) erhoben hatte. Durch eine langjährige Tätigkeit als Legat am spanischen Hof hatte er sich die Unterstützung Philipps II. erworben, was für seine Wahl zum Nachfolger Pius' V. ausschlaggebend war.

Der »Augsburger Kalenderstreit« 1584/85. Der kolorierte Holzschnitt eines unbekannten Künstlers thematisiert die Ablehnung des von Papst Gregor XIII. 1582 eingeführten Kalenders durch die Protestanten, 1584 (Flugblatt mit Porträt des Predigers Georg Müller und des Aufstands vom Mai 1584).

Gregor XIII., ursprünglich weltlichen Freuden nicht abhold und unheiliger Vater eines illegitimen Sprösslings, wandelte sich als Papst nach dem Vorbild des Vorgängers, dessen Frömmigkeit ihm von seiner Umgebung immer wieder vor Augen geführt wurde, zu einem auf geistliche Erneuerung der Kirche bedachten Oberhaupt der katholischen Christenheit. Da inzwischen die von Luther ausgelöste Kirchenspaltung irreversibel war, sah es der Papst als seinen Auftrag, den Protestantismus um jeden Preis einzudämmen. Selbst das Opfer von unzähligen Menschenleben beim Massaker der Bartholomäusnacht, als in Paris am 23./24.8.1572 die zur Königshochzeit angereisten Hugenotten abgeschlachtet wurden, schien ihm daher nicht nur nicht zu groß, sondern ein feierliches Tedeum wert zum Dank für den Sieg über die Ketzer.

Kein Wunder also, dass Gregor bei seinen gegenreformatorischen Maßnahmen besonders auf die Jesuiten setzte und sich um solide Ausbildung der Theologen und Kleriker bemühte. Dafür schuf er neue Kollegs, reformierte die vorhandenen, vor allem das für Deutschland zuständige Collegium Germanicum, und stattete sie großzügig mit Mitteln aus.

Den gesamtabendländischen Anspruch der alleinseligmachenden Kirche unterstrich die Kalenderreform von 1582: Die von Gregor initiierte neue Zeitrechnung löste 1582 die von Cäsar 1600 Jahre zuvor entwickelte und inzwischen um anderthalb Wochen vom astronomischen Sonnenjahr abweichende Julianische ab, indem sie elf Tage ausfallen ließ. Zunächst verweigerten die protestantischen und orthodoxen Länder die Übernahme, folgten dann aber nach und nach der vernünftigen Regelung. Heute hat der Gregorianische Kalender weltweite Geltung.

Sixtus V.

* Grottamare (Mittelitalien) 13.12.1521, † Rom 27.8.1590; Papst seit 24.4.1585

Tatkräftig und entschlossen

Als Felice Peretti geboren, hütete der spätere Papst Sixtus V. als Knabe die Schweine, bekam Unterricht im Franziskanerkloster in Montalto, trat dann zwölfjährig selbst in den Franziskanerorden ein und wurde später Vorsteher verschiedener Klöster und Generalvikar seines Ordens, machte sich einen Namen als machtvoller Prediger und besonders harter Inquisitor und wurde auch deswegen von Pius V. zum Bischof und 1570 zum Kardinal ernannt.

Unter Gregor XIII., mit dem er auf gemeinsamer Mission in Spanien Auseinandersetzungen gehabt hatte, in Ungnade gefallen, dann aber nach dessen Tod in nur dreitägigem Konklave zum Papst gewählt, zeigte sich Sixtus als einer der tatkräftigsten und entschlossensten Päpste. Mit unbarmherziger Strenge rottete er das unter dem Vorgänger aufgekommene Räuberwesen im Kirchenstaat aus, sanierte die Finanzen durch energische Sparmaßnahmen, aber auch durch vermehrten Ämterverkauf und andere nicht minder bedenkliche Künste und sammelte bis zu seinem Tod einen beträchtlichen Geldschatz in der Engelsburg.

Der römische Architekt, Maler und Bildhauer Domenico Fontana (1543–1607) ging 1586 als Sieger eines von Papst Sixtus V. ausgelobten Wettbewerbs hervor, der die Verlegung des 500 Tonnen schweren Obelisken auf den Petersplatz zur Aufgabe hatte. Die ingenieurtechnische Meisterleistung beschreibt er in seinem Buch »Della transportatione dell' obelisco Vaticano e delle fabriche di Sisto V.«, Rom, 1590.

Ackerbau und Gewerbe förderte er, wo er konnte. Sixtus machte auch einen ersten Versuch, die Pontinischen Sümpfe trockenzulegen, und sorgte dafür, dass die Ewige Stadt über neue Leitungen mit Wasser aus den Bergen versorgt wurde: Die Aqua Felice hat nach ihm ihren Namen. Die Verwaltung der Kurie ordnete er neu, vor allem durch die Schaffung von 15 Kardinalskongregationen (Fachressorts), die den Anspruch des Heiligen Kollegiums auf politische Mitbestimmung konterkarierten.

In der Außenpolitik zeigte sich Sixtus beweglich. Für die von den Vorgängern unnachsichtig bekämpfte Elisabeth I. von England empfand er persönlich Bewunderung, betrieb zwar die Entsendung der spanischen Armada gegen England (1588), verweigerte aber Philipp II. von Spanien die dafür zugesagten Hilfsgelder. In den französischen Wirren stand er zunächst gegen Heinrich IV. von Navarra (König 1589–1610), wandte sich dann aber zur Wahrung des politischen Gleichgewichts gegen die spanische Hegemonie und brüskierte damit Philipp II. erneut. Seine Tatkraft bewies »der eiserne Papst« auch als Bauherr und setzte in Rom kräftige barocke Akzente durch breite Straßen, Vollendung der Kuppel des Petersdoms, den Bau einer neuen Vatikanischen Bibliothek und durch die technisch hochschwierige Verlegung des 500 Tonnen schweren Obelisken des antiken Kaiser Neros auf den Petersplatz. Das Kreuz auf der Spitze sollte den Sieg des Christentums über alles Heidnische symbolisieren, wurde aber von vielen auf der »gottlosen Säule« als »ragende Verhöhnung« des heiligsten Zeichens empfunden.

Urban VII.

* Rom 4.8.1521, † ebd. 27.9.1590; Papst seit 15.9.1590

Von der Malaria dahingerafft

Obwohl fast siebzig Jahre alt bei seiner Wahl, war Giambattista Castagna, der sich den Papstnamen Urban VII. gab, alles andere als eine Verlegenheitslösung. Er machte einen robusten Eindruck und versprach wenigstens in Maßen die Fortsetzung der energischen Politik seines Vorgängers Sixtus V.

Sohn eines genuesischen Patriziers, hatte Castagna Jurisprudenz studiert und war in die Dienste eines Onkels getreten, der als Kardinal wichtige päpstliche Missionen übernommen hatte. Das hatte dem Neffen eine steile Karriere beschert: 1553 Erzbischof von Rossano in Kalabrien, 1559 Gouverneur des Kirchenstaats in Perugia, 1562/63 päpstli-

cher Gesandter beim Konzil von Trient in der entscheidenden Schlussphase, 1564 mit dem späteren Papst Gregor XIII. Legat Pius' IV. in Spanien, dort bis 1572 Nuntius, 1573 Nuntius in Venedig, im Jahr darauf Gouverneur von Bologna und Ratgeber der Inquisition.
In den spanischen Jahren hatte sich Castagna bleibende Verdienste dadurch erworben, dass ihm die Verhinderung des völligen Bruches zwischen Madrid und dem Heiligen Stuhl gelungen war. Spanischer Einfluss war es nun auch, der dem 1583 zum Kardinal erhobenen Kirchendiplomaten die Tiara brachte.
Am Tag nach der Wahl beabsichtigte er, aus der brütenden Septemberhitze in der Stadt und im Vatikan in den gesünderen Quirinal überzusiedeln, doch wurde ihm bedeutet, dass dies vor der Krönung nicht anginge. Die erlebte er dann gar nicht mehr: In der folgenden Nacht befiel Urban heftiges »römisches Fieber«, damals Bezeichnung für die Malaria, dem er nach nur zwölftägigem Pontifikat erlag.

Porträt Papst Urbans VII. von Scipione de Pulzone (um 1550–1598), um 1590.

Gregor XIV.

* Somma (Provinz Como, Lombardei) 11.2.1535, † Rom 16.10.1591; Papst seit 5.12.1590

Im spanischen Fahrwasser

Zwei Monate brauchte das Kardinalskollegium nach dem plötzlichen Tod Urbans VII. zur Bestimmung des Nachfolgers. Niccolò Sfondrato war Sohn eines Mailänder Senators, hatte Jura studiert und war geistlich durch Kardinal Carlo Borromeo, dem späteren heiligen Borromäus, geprägt worden, bei dem er zeitweilig gelebt und der die weitere Karriere befördert hatte: 1560 Bischof von Cremona, Gesandter in der Endphase des Konzils von Trient 1562/63, 1583 Ernennung zum Kardinal durch Gregor XIII.
Nach seiner Wahl nahm er den Namen dieses päpstlichen Förderers an und beeindruckte durch asketische Lebensweise und tiefe Frömmigkeit, aber auch durch häufige Unpässlichkeit und mangelnde Energie. Das versuchte er wettzumachen, indem er seinen noch nicht 30-jährigen Neffen Paolo Sfondrato an seinen Hof holte und ihn die eigentlichen Geschäfte führen ließ. Das nutzte der zwar ebenso unerfahrene, aber skrupellose junge Mann zu persönlicher Bereicherung und zum Ausbau einer Machtbasis durch Platzierung von Verwandten in Schlüsselstellungen. Entsprechender Unmut sammelte sich gegen Gregor an. Wenig Begeisterung weckte auch seine Außenpolitik, die ganz ins spanische Fahrwasser geriet. Der Papst entsandte gegen den noch hugenottischen Heinrich IV. von Frankreich Hilfstruppen für die spanisch geführte Katholische Liga, deren Untaten aber nur die gemäßigten Katholiken in die Arme des Königs trieben. Innerkirchlich bemühte sich Gregor, die Bischöfe zur Residenz in ihren Diözesen zu verpflichten, verbot das Lesen der Messe in Privathäusern und den Abschluss von Wetten auf den Ausgang von Papstwahlen oder auf die Ernennung von Kardinälen. Seine kurze Regierungszeit und die noch kürzeren Pontifikate des Vorgängers wie des Nachfolgers heizten jedoch die Wettleidenschaft eher an.

Folgende Doppelseite:
Neben seinen kirchenpolitischen Aktivitäten setzte Sixtus V. im barocken Rom einige bedeutende bauliche Akzente: So ließ er die Kuppel des Petersdoms vollenden, eine neue Vatikanische Bibliothek errichten und den Obelisken Kaiser Neros auf den Petersplatz verbringen und mit einem Kreuz als Symbol des Sieges des Christentums versehen.

Innozenz IX.

* Bologna 20.7.1519, † Rom 30.12.1591; Papst seit 29.10.1591

Lange kirchliche Karriere

Der 73-jährige Giovanni Antonio Facchinetti aus einer Veroneser Familie hatte eine lange kirchliche Karriere hinter sich: Studium der Jurisprudenz und Promotion 1544, Eintritt in den Dienst des Kardinals Alessandro Farnese, eines Enkels von Paul III., und sein Gesandter in Avignon, 1560 Erhebung zum Bischof von Nicastro (Kalabrien) durch Pius IV., Gesandter Pius' V. in der Schlussphase des Konzils von Trient 1562/63, Architekt der antitürkischen Liga und damit maßgeblich am Sieg von Lepanto 1571 über die türkische Flotte beteiligt, 1576 Lateinischer Patriarch von Jerusalem, 1583 Kardinal.

Bildnis Papst Innozenz' IX., Kupferstich des 18. Jahrhunderts.

Mehrmals hatte Facchinetti auf der Kandidatenliste für die Papstnachfolge gestanden, jetzt kam er dank seiner Gebrechlichkeit zum Zuge, weil die Gegner der spanischen Fraktion im Konklave eine Atempause wünschten. Dass die mit knapp zwei Monaten allzu kurz ausfallen würde, ließ nicht einmal der angeschlagene Zustand des als Innozenz IX. amtierenden Papstes ahnen. Er entwickelte nämlich sogleich allerhand Initiativen: Das Engagement gegen den immer noch protestantischen Heinrich IV. von Frankreich reduzierte er aus Gründen der Sparsamkeit, er verschärfte das Verbot der Veräußerung von Kirchenbesitz, und er teilte die Aufgaben seines Staatssekretariats in drei Abteilungen für Frankreich und Polen, für Italien und Spanien sowie für deutsche Angelegenheiten. Maßnahmen zur Tiberregulierung und zur Hebung des sanitären Standards in Rom konnte er nur noch in Gang bringen, ihre Ausführung erlebte er nicht mehr.

Klemens VIII.

* Fano (Mittelitalien) 24.2.1536, † Rom 5.3.1605; Papst seit 30.1.1592

Festigung der Altkirche

Zwar litt auch Ippolito Aldobrandini schwer an der Krankheit der Wohlhabenden der Zeit, der Gicht, doch er war stabiler als manch anderer. Der Sohn eines florentinischen Rechtsanwalts, der wegen seiner Opposition gegen die Medici schon früh die Heimatstadt hatte verlassen müssen, studierte Jura, wurde von Pius V. gefördert und mit Missionen nach Frankreich und Spanien betraut. Nach einer Zeit stiller geistlicher Tätigkeit berief ihn Sixtus V. 1585 zum Kardinalpriester und schickte ihn nach Polen, wo er großes Geschick bewies bei der Schlichtung eines Konflikts zwischen König Sigismund III. Wasa (1587–1623) und dem Hause Habsburg.

Mehrmals stand er im Konklave auf der Liste der »papabile«, also der Kandidaten der ersten Wahl, doch erst nach den drei Kurzpontifikaten von Urban VII., Gregor XIV. und Innozenz IX. einigte sich die Mehrheit auf ihn, der den Papstnamen Klemens VIII. annahm. Er gehörte in die Reihe der Reformpäpste, was schon an seiner Personalpolitik erkennbar wurde: Unter den von ihm ernannten Kardinälen waren so profilierte Theologen wie Roberto Bellarmino (1542–1621), der mit den »Disputationes« (1586–1593) die erste umfassende Auseinandersetzung mit dem Protestantismus vorgelegt hatte. Auch der harte Kurs gegen angebliche oder vermeintliche Häretiker, den Klemens einschlug, rührte her von seinem Reformverständnis. Eines der zahlreichen Opfer seiner

Als Gesandter Pius' V. und Architekt der antitürkischen Liga war der spätere Papst Innozenz IX. maßgeblich am Sieg über die Osmanen beteiligt. »Schlacht von Lepanto«. Gemälde von Paolo Veronese (eigentl. Paolo Caliari, 1528–1588), um 1571.

und dafür 1622 die »Congregatio de propaganda fide« (Gesellschaft zur Verbreitung des Glaubens) und damit einen Begriff schuf, der noch unheilig-politische Karriere machen sollte.
Außenpolitisch engagierte sich Gregor für die Katholische Liga im Böhmisch-Pfälzischen Krieg (1618–1623), der ersten Phase des Dreißigjährigen Krieges, indem er den Kaiserlichen mit erheblichen Summen unter die Arme griff und einen Legaten entsandte, der bei der buchstäblichen Ausrottung des Protestantismus in Böhmen mitwirkte. Seinen Willen zur spirituellen Erneuerung bekundete der Papst 1622 durch die Heiligsprechung des Gründers und ersten Ordensgenerals der Jesuiten Ignatius von Loyola (1491–1556), des bedeutenden Missionars Franz Xaver (1506–1552) sowie der Reformerin der Unbeschuhten Karmelitinnen Theresia von Avila.

Urban VIII.

* Florenz 5.4.1568, † Rom 29.7.1644; Papst seit 6.8.1623

Abwendung vom Haus Habsburg

Maffeo Barberini war ein gebildeter, künstlerisch interessierter Mann, er verfasste Gedichte, 1626 weihte er den Petersdom. Dazu ein Förderer der Wissenschaften, allerdings fällt in sein Pontifikat auch der Prozess gegen den Physiker und Astronomen Galileo Galilei (1564–1642).
Im Dreißigjährigen Krieg nahm er, anders als seine Vorgänger Gregor XV. und Paul V., eine distanzierte Haltung gegen das katholische Habsburg ein, besonders natürlich zur Zeit des Mantuanischen Erbfolgekrieges (1628–1631), der die Interessen der Kurie in Oberitalien direkt betraf. Geldzuwendungen an die Kriegsparteien, die früher reichlich geflossen waren, wurden unter Urban spärlicher. Die Klage des Mainzer Erzbischofs, in Rom sei »schwerlich etwas fruchtbarlichs zu verrichten, bin es fast mied und verdrüsslich«, kann als typisch für die Enttäuschung der deutschen Katholiken über die Knauserigkeit des Heiligen Vaters gelten.
Urban hielt den Krieg nicht für einen Religionskrieg, schon gar nicht, seit auch das katholische Frankreich beteiligt war. Dagegen öffnete er bereitwillig die päpstlichen Kassen, um seinem Bruder Carlo Barberini und dessen drei Söhnen Ämter und Fürstentümer zu verschaffen. 1642 verstrickte sich Urban in einen äußerst kostspieligen Krieg gegen den Herzog von Parma. Er brachte diesen immerhin noch kurz vor seinem Tod zu einem Ende. Aber die Finanzen der Kurie waren nun endgültig zerrüttet.

Papst Innozenz X., Gemälde von Diego Velásquez (1599-1660), um 1650.

Innozenz X.

* Rom 7.5.1574, † ebd. 7.1.1655;Papst seit 15.9.1644

Protest gegen den Westfälischen Frieden

Das Porträt von Diego de Velázquez (1650) lässt ein bäuerisches Gesicht mit harten misstrauischen Augen erkennen, ein Gesicht, das Entschlossenheit, ja die Bereitschaft zur Gewalttätigkeit ausstrahlt. Über Giambattista Pamphili, der 1644 zum Papst ge-

wählt wurde und den Namen Innozenz X. annahm, gehen unerfreuliche Geschichten um. Auf der Straße sollen die Kinder vor ihm davongelaufen sein, und seine Schwägerin soll ihn für ihre Geschäfte und ihr gesellschaftliches Fortkommen eingespannt haben.

Wichtigstes Ereignis während der Amtszeit des Papstes war der Abschluss des Westfälischen Friedens, der den Dreißigjährigen Krieg (1618–1648) beendete. Im Namen des Heiligen Vaters hatte Fabio Chigi, später Alexander VII., an den Verhandlungen in Münster teilgenommen, aber so wenig für die Kirche erreichen können, dass er und sein Chef gegen den Vertrag protestierten. Im kriegsermatteten Europa aber verhallte der päpstliche Protest ohne Resonanz; es blieb beim Verlust von zwei Erzbistümern, 13 Bistümern und Dutzenden von Abteien für die römische Kirche.

Theologisch wurde für Innozenz der Jansenismus zur Herausforderung. Der Papst berief 1651 eine Kommission zur Prüfung, an deren Sitzungen er zeitweilig teilnahm und die den Jansenismus 1653 nach kontroversen Debatten verurteilte. Damit befand sich Innozenz in Übereinstimmung mit dem absolutistischen Staat Ludwigs XIV. von Frankreich (König 1643–1715), dem die jansenistische Betonung der Gewissensfreiheit verdächtig war.

Grabmal Papst Alexanders VII. von Gian Lorenzo Bernini (1598–1680) in St. Peter in Rom.

Alexander VII.

* Siena 13.2.1599, † Rom 22.5.1667; Papst seit 7.4.1655

Aufstieg trotz diplomatischer Misserfolge

Selten hat sich jemand durch Verdienste, die er selbst als Misserfolg verurteilte, so empfohlen wie Fabio Chigi. Der seit 1644 als päpstlicher Nuntius beim Friedenskongress von Münster zur Beendigung des Dreißigjährigen Krieges fungierende Bischof von Nardò (seit 1635) protestierte energisch gegen den schließlich ausgehandelten Vertrag und beklagte den Verlust von vielen Bistümern und Abteien an die evangelischen Kontrahenten. Erfolg hatte er damit nicht, wurde aber 1651 von Innozenz X. zum Kardinal und päpstlichen Staatssekretär berufen, weil die Schlappe für die katholische Seite nicht noch verheerender ausgefallen war. Sein danach bewiesenes Verwaltungsgeschick bestätigte die päpstliche Einschätzung und führte – allerdings erst nach 80tägigem Konklave – zur Erhebung auf den Heiligen Stuhl als Alexander VII.

Das Geschick verließ ihn dann erstaunlicherweise rasch, denn obwohl er zunächst seinen Verwandten sogar das Betreten Roms verboten hatte, ließ er sich schon ein Jahr nach der Krönung von Schmeichlern ohne große Mühe davon überzeugen, dass die Angehörigen eines Stellvertreters Christi standesgemäß leben müssten – also keinesfalls so bescheiden wie der Heiland selbst. Als Feingeist überließ Alexander fortan die Verwaltungsarbeit weitgehend seinen Neffen und kümmerte sich beispielsweise lieber um die Ausgestaltung des Petersplatzes, die er dem genialen Barockbaumeister Bernini (1598–1680) übertrug. Die eindrucksvollen umarmenden Kolonnaden aus 284 Travertinsäulen sind sein Werk.

Folgende Doppelseite:
Unter Papst Alexander VII. wurde der ellipsenförmige Petersplatz nach Plänen Gian Lorenzo Berninis (1598-1680) mit Kolonnaden aus 284 knapp 15 Meter hohen dorischen Säulen eingefasst, auf deren Brüstung sich 144 Heiligenfiguren erheben.

Politisch hielt Alexander auch nicht, was seine Münsteraner Erfahrungen versprachen: Er legte sich mit Ludwig XIV. von Frankreich an und verlor an ihn die Exklaven Avignon und Venaissin im demütigenden Frieden von Pisa (12.2.1664), und er riskierte die Abspaltung der portugiesischen Kirche, weil er aus Sorge vor spanischen Reaktionen König Johann IV. (1640–1656) nicht anerkennen wollte. Als einzigen, freilich zweifelhaften, Erfolg konnte er den Übertritt Christines von Schweden (Königin 1632–1654) zum Katholizismus vermelden – problematisch insofern, als die exzentrische Dame abgedankt und sich in Rom niedergelassen hatte, wo sie zur persönlichen und finanziellen Belastung für den Papst wurde.

Papst Klemens IX., Gemälde von Carlo Maratti (1625-1713), 1669.

Klemens IX.

* Pistoia 28.1.1600, † Rom 9.12.1669; Papst seit 20.6.1667

Finanzielle Verluste

Gegen andere, nicht gegen sich selbst wolle er nachsichtig und mild sein (»aliis, non sibi clemens«), begründete Giulio Rospigliosi die Wahl seines Papstnamens. Die Zeitgenossen aber übersetzten »clemens« bald mit »schwach«, denn der Papst erwies sich politisch als nachgiebiger, als es seinen Kritikern geraten erschien.

Klemens IX. verdankte seine Wahl vor allem der Sehnsucht vieler Kirchenführer nach einer Überwindung des vom Vorgänger gepflegten Konflikts mit Ludwig XIV. von Frankreich, zu dem der Gewählte selbst in seiner Zeit als Kardinalstaatssekretär (seit 1657) trotz der Feindschaft zwischen seinem Chef Alexander VII. und dem Hof in Versailles gute Beziehungen unterhalten hatte. Hinzu kam, dass auch Spanien den Mann aus dem Landadel favorisierte, der sich als Legat in Madrid 1544–1553 gute Beziehungen aufgebaut hatte. Die knüpfte er leicht auf Grund seiner profunden Bildung: Klemens war studierter Theologe und Philosoph, hatte religiöse Dramen verfasst und kannte die zeitgenössische Literatur wie wenige. Sein Porträt von Carlo Maratti (1625-1713) zeigt denn auch ein gefurchtes, feingeschnittenes Antlitz mit geistvollen Zügen, die den Gelehrten verraten; das Buch, das ihm der Maler in die Hand gab, wäre als Hinweis gar nicht erforderlich gewesen.

In seiner relativ kurzen Amtszeit konnte Klemens die Kluft zu Frankreich verringern, allerdings um den Preis der Zementierung gallikanischer Freiheiten wie der Besetzung

von Kirchenämtern ohne Mitsprache Roms. In Portugal erlaubte ihm die spanische Anerkennung der Unabhängigkeit des Landes endlich auch die Ordnung der kirchlichen Verhältnisse, und für Venedig brachte der Papst internationale Hilfe zum Kampf gegen die Türken, die die Republik von San Marco von den letzten ägäischen Stützpunkten zu vertreiben drohten. Dennoch scheiterte das Unternehmen 1668/69; Venedig verlor mit Candia (heute Heraklion) die letzte Bastion auf Kreta – und der Papst Riesensummen, weil sich viele Verbündete nach dem Desaster nicht an ihre finanziellen Zusagen erinnern konnten und den in Vorlage getretenen Heiligen Stuhl im Regen stehen ließen. Das untergrub endgültig die ohnedies schwache Gesundheit des Papstes, der eher als »Erfinder« der komischen Oper (er schrieb 1637 das Libretto zu »Chi soffre speri – Wer bietet Hoffnung« von Marazzoli/Mazzochi) denn als Politiker im Gedächtnis blieb.

Klemens X.

* Rom 12.7.1590, † ebd. 22.7.1676; Papst seit 29.4.1670

Hilfe für den Polenkönig

CLEMENS X PONT MAX ÆMILIVS ALTIERI ANTEA DICTVS. ROMANVS

Klemens X., zeitgenössischer Kupferstich.

Emilio Altieri, Spross einer römischen Patrizierfamilie, promovierte 1611 zum Doktor der Rechtswissenschaft, war Anwaltsgehilfe bei Giambattista Pamfili, dem späteren Innozenz X., und empfing erst als 34jähriger die Priesterweihe. Drei Jahre später ernannte ihn Urban VIII. zum Bischof von Camerino, was er bis 1654 blieb. Eine zwischenzeitliche Nuntiatur in Neapel 1644–1652 verlief wenig erfolgreich und blockierte den weiteren Aufstieg, ehe Alexander VII. sich die Erfahrung des altgedienten Bischofs als Berater zunutze machte.

Klemens IX. schließlich krönte die eigentlich schon beendete Laufbahn Altieris wenige Tage vor dem Tod mit der Erhebung zum Kardinal.

Dass der endlich Purpurgeschmückte die Tiara gewinnen würde, schien ausgeschlossen. Es kam dann aber gerade wegen seines Alters zur Wahl nach über viermonatigem Konklave, weil sich die diversen Fraktionen neutralisierten und nur eine Übergangslösung blieb. Als fast Achtzigjähriger wurde Altieri gewählt und nannte sich nach seinem Gönner Klemens X.

Ihm war bewusst, dass er in seinem Alter die Geschäfte nicht würde allein führen können, und er berief den Onkel eines angeheirateten Neffen, Paluzzi Paluzzo, zum Kardinal, dem er das Wappen und den Namen Altieri verlieh. Daraus leitete dieser das Recht zu ständiger Ausweitung seiner Kompetenzen und zu schamloser Bereicherung ab.

Viel auszurichten vermochte Klemens bei seinem Alter und einem derart mit sich beschäftigtem Geschäftsführer nicht, so dass allenfalls die Hilfe für Polen gegen die auch nach Norden vordringenden Türken erwähnenswert ist. Sie setzte den Feldherrn Jan Sobieski in den Stand, die türkischen Heere 1673 am Dnjestr zurückzuschlagen und sich im Jahr darauf als Johann III. zum König (bis 1696) wählen zu lassen.

Die Großmächte kümmerten sich kaum um den Greis auf dem Stuhl Petri, ja Ludwig XIV. von Frankreich führte ihn mit seinen Angriffsplanungen gegen Holland dreist hinters Licht, indem er sie als Rekatholisierungversuch ausgab. Ansonsten sah sich Klemens massivem Druck zur Erhebung von Kardinälen nach den Wünschen der diversen Höfe ausgesetzt. Das reichte bis zu physischer Gewalt: Als Klemens sich weigerte, einen französischen Kandidaten zu ernennen und die entsprechende Sitzung abbrechen wollte, hielt König Ludwigs Gesandter den gebrechlichen Papst auf seinem Stuhl fest und wich erst, als Wachen gerufen wurden.

Innozenz XI.

* Como (Norditalien) 19.5.1611, † Rom 12.8.1689; Papst seit 21.9.1676, sel., Fest 12.8.

Genügsamkeit und Mildtätigkeit

Froh wurde Ludwig XIV. von Frankreich nicht darüber, dass er im Konklave nach dem Ableben Klemens' X. und fast achtwöchigem Tauziehen seinen Widerstand gegen den Kandidaten der Mehrheit, Benedetto Odescalchi, aufgegeben hatte. Innozenz XI., so nannte sich der Gewählte, erwies sich nämlich als harter Brocken.

Der neue Papst kam aus reicher Kaufmannsfamilie und hatte zunächst ebenfalls im väterlichen Bankgeschäft arbeiten sollen. Er war dann aber doch Jurist geworden und in die Dienste Urbans VIII. getreten, der ihn rasch hatte aufsteigen lassen. Unter Innozenz X. war Odescalchi 1645 zum Kardinal ernannt worden, die spätere Namenswahl als Papst war der Dank dafür. Als Bischof von Novara (seit 1650) hatte der kommende Heilige Vater durch Bürgernähe, persönliche Genügsamkeit und Mildtätigkeit bewiesen, dass ihm an weltlicher Macht nur dann lag, wenn damit das kirchliche Wohl gefördert wurde.

Papst Innozenz XI., Gemälde von Giovanni Battista Gaulli (1639-1709).

Es wurde daher kühl in Rom, als Innozenz den Stuhl Petri bestieg. Er räumte mit Korruption und Ämterwildwuchs auf, sparte, wo immer es ging, und erreichte bald eine Gesundung der päpstlichen Finanzen. Er nutzte sie zu energischen Anstrengungen im Kampf gegen die Türken, die ins Herz Europas vorzustoßen drohten. Mit Geld und geschickter Diplomatie brachte Innozenz ein Bündnis zwischen Leopold I. (Kaiser 1658–1705) und Johann III. Sobieski von Polen (König 1674–1596) zustande, einem Mann, dem schon einmal die Abwehr der Türken gelungen war. Auch jetzt brachte der Pole mit einem Entsatzheer die Entscheidung in der Schlacht am Kahlenberg (12.9.1683), die Wien aus der tödlichen Umklammerung der türkischen Heere befreite.

Innozenz aber setzte nach und festigte schließlich das Bündnis durch Einbindung von Venedig. Diese Heilige Liga erreichte 1686 die Befreiung Ungarns und kurz vor dem Tod des Papstes 1688 auch die Wiedereroberung von Belgrad. Das glückte dem fast einsiedlerisch lebenden Papst trotz des ständigen Störfeuers durch die expansive Politik Ludwigs XIV., die Mitteleuropa nicht zur Ruhe kommen ließ. Innozenz setzte aber kirchlich an und verlangte die Wiederherstellung der Rechte Roms bei der Besetzung von kirchlichen Ämtern. Ludwig antwortete mit einer Art Nationalkonzil, das unter Federführung des bedeutenden Literaten Jacques Bénigne Bossuet (1627–1704) die sogenannten Gallikanischen Artikel formulierte, nach denen dem Papst jegliche Oberhoheit abgesprochen wurde.

Das Verhältnis zu Rom entwickelte sich entsprechend wenig gedeihlich. Wenigstens mit einer Maßnahme hoffte der selbstherrliche König, dem Papst zu gefallen, nämlich 1685 mit der Aufhebung des Toleranzedikts von Nantes, das den Hugenotten Bürgerrechte und Gewissensfreiheit gewährt hatte. Gewiss begrüßte Innozenz den Kampf gegen die Häresie, doch verurteilte er die Brutalität, mit der Ludwig die Protestanten jagen ließ. Nur mit Mühe konnte der völlige Bruch zwischen Papst und König und damit der Abfall Frankreichs von der römischen Kirche vermieden werden.

Alexander VIII.

* Venedig 22.4.1610, † Rom 1.2.1691; Papst seit 6.10.1689

Wiederaufleben des Nepotismus

Rasch und ohne viel Rücksicht auf die Ausgaben müsse er arbeiten, denn die 23. Stunde habe schon geschlagen, erklärte Alexander VIII. nach seiner Wahl, und sein Pontifikat wurde dann auch eine fast völlige Abkehr von der disziplinierten, ja frommen Amtsführung des Vorgängers.

»Die heilige Familie« von Carlo Maratta (1625–1713) aus dem Jahr 1704 zeigt Maria mit dem Kind und dem Johannesknaben; an der Mauer das Wappen des Kardinals Pietro Ottoboni, des späteren Papstes Alexander VIII.

Pietro Ottoboni, Sohn eines erst kürzlich geadelten Venezianers, war Jurist und schon als 20jähriger in den Dienst der Kurie getreten. Als Richter an der Rota Romana, dem obersten Gericht des Kirchenstaats, hatte er sich 1643–1652 profiliert und war danach zum Kardinal und kurz darauf zum Bischof von Brescia ernannt worden. Als Vertrauter Innozenz' XI. hatte er genauen Einblick in die päpstlichen Geschäfte gewonnen, so dass er nun bestens vorbereitet darauf war, sie selbst zu führen.
Der fast achtzigjährige Papst ernannte sogleich seinen Großneffen Pietro zum Kardinal, bestellte seinen Neffen Giambattista zum Staatssekretär und ließ den von Innozenz verurteilten Nepotismus unbekümmert wieder aufleben. Zu Ludwig XIV. von Frankreich suchte er ein gutes Verhältnis herzustellen; der Franzose lohnte es ihm durch Rückgabe der päpstlichen Enklaven Venaissin und Avignon, daneben konnte er die Ernennung einiger seiner Wunschkandidaten zu Kardinälen erreichen.
Damit aber war der Vorrat an Entgegenkommen schon erschöpft, denn zu einer Anerkennung der nationalkirchlichen (gallikanischen) Praktiken in Frankreich mochte sich auch Alexander nicht verstehen und verweigerte die Bestätigung der königlich eingesetzten Bischöfe. Innerkirchlich erneuerte Alexander die Verurteilung des Jansenismus, der ein Zutun des Menschen zur Erlösung für unmöglich erklärte und religiöse Einkehr forderte. Quietistische Lehren, nach denen fromme Passivität oberste Tugend sei, lehnte er ebenso ab. Dazu stand schon der weltzugewandte Lebensstil des Literaturfreundes in Gegensatz, dem die Vatikanische Bibliothek den Erwerb der Buch- und Manuskriptsammlungen der 1689 in Rom verstorbenen Königin Christine von Schweden verdankt.

Innozenz XII.

* bei Spinazzola (Basilicata, Apulien) 13.3.1615, † Rom 27.9.1700; Papst seit 12.7.1691

Das zeitgenössische Ölbild eines unbekannten römischen Künstlers zeigt das Brustbild Innozenz' XII.

Besorgt um die Bürger des Kirchenstaates

Viele Stationen brauchte Antonio Pignatelli, ehe er ganz oben war: Der hochadlige Jesuitenzögling trat unter Urban VIII. in den Kuriendienst, übernahm mehrere Gesandtschaften, war Gouverneur von Viterbo und ging 1652 als Nuntius nach Florenz, 1660 nach Polen und 1668 nach Wien. Dann schob ihn Klemens X. als Bischof nach Lecce ab. Von Innozenz XI. zum Kardinal erhoben, amtierte Pignatelli seit 1686 als Erzbischof von Neapel, wo er auch seine letzten Jahre der Fürsorge für seine Schäfchen widmen wollte. Dass daraus nichts wurde, lag daran, dass er nach fünfmonatigem Gefeilsche im Konklave nach dem Tod Alexanders VIII. wegen seines hohen Alters der geeignetste Kompromisskandidat schien und in Verehrung für den Odescalchi-Papst als Innozenz XII. die Tiara übernehmen konnte.
Schon im Jahr nach der Amtsübernahme verbot er nach Beratungen insbesondere mit Kardinal Albani, dem späteren Klemens XI., mit der »Constitutio moderatoria« jegliche nepotistischen Praktiken. Diese für die damalige Zeit revolutionäre Bestimmung ließ er jeden Kardinal unterschreiben, so dass einem Rückfall weitest möglich vorgebeugt war. Die Maßnahme passte zur sonstigen Sparsamkeit, was Repräsentation anging. In Wohltätigkeit und Sorge für die Bürger des Kirchenstaats aber ließ sich Innozenz nicht übertreffen: Er gründete Hospitäler, ließ einen zentralen Justizpalast, die »Curia Innocentiana«, errichten, sorgte für den Ausbau der Häfen von Civitavecchia und Nettuno, kümmerte sich um neue Straßen und Zollämter.

Außenpolitisch stand für ihn als Hauptproblem der Ausgleich mit Frankreich im Vordergrund. Es traf sich günstig, dass Ludwig XIV. in Bedrängnis war und dringend Verbündete brauchte. Daher gelang dem Papst ein vorteilhaftes Geschäft: Er bestätigte die vom König seit 1682 eigenmächtig berufenen Bischöfe und erreichte dafür die Annullierung der Bestimmung, nach der diese die gallikanischen Freiheiten unterschreiben mussten. Der Papst hatte damit wieder wenigstens ein Recht zur Mitsprache, denn abzuschaffen vermochte er den Gallikanismus – also die nationalkirchlichen Verfahren bei der Ämtervergabe – natürlich nicht völlig.
Erfolg hatte Innozenz auch beim Frieden von Rijswijk 1697, der den Pfälzischen Erbfolgekrieg beendete: Zwar war er nicht direkt beteiligt, doch konnte er einen Passus einbringen, dass beim Wechsel eines Gebiets in protestantische Herrschaft die bisherige Konfession der betroffenen Menschen nicht berührt werden dürfe.

Klemens XI.

* Urbino 22.7.1649, † Rom 19.3.1721; Papst seit 23.11.1700

Unfreiwilliger Parteigänger in den europäischen Kriegen

Giovanni Francesco Albani aus römischer Senatorenfamilie hatte Philosophie und Jura studiert und war noch unter Alexander VIII. zum Kardinal erhoben worden. Seine eigentliche Prägung aber hatte er im Dienst des Nachfolgers empfangen, für den er die radikale Ächtung des Nepotismus formuliert hatte. Das empfahl ihn bei den eher unpolitischen Kardinälen, die wegen der – auch inneren – Zerstrittenheit der deutschen und französischen Partei schließlich den Ausschlag gaben.

Klemens XI., Porträt der Schule des Carlo Maratta (Agostino Masucci?, um 1691-1758).

In Europa ging es drunter und drüber, woran schon der Vorgänger nicht ganz unschuldig war. Innozenz hatte noch kurz vor seinem Ende als Erbe des kinderlos verstorbenen letzten spanischen Habsburgers den Enkel des machtbesessenen Ludwig XIV. von Frankreich, Philipp von Anjou, empfohlen (als Philipp V. spanischer König 1700–1746). Klemens hielt natürlich daran fest und erbte damit seinerseits den Groll Kaiser Leopolds I.
Der Habsburger griff zu den Waffen, denn es ging um weit mehr als um Spanien: Das Königreich Sizilien mit Neapel gehörte ebenso zum Erbe der spanischen Habsburger, deren österreichisch-deutscher Zweig es für Erzherzog Karl (später Kaiser Karl VI., 1711–1740) beanspruchte. Außerdem konnte es das Reich nicht hinnehmen, dass die Macht der Bourbonen nicht nur auf die Iberische Halbinsel, sondern auch auf Süditalien ausgedehnt wurde.
Es kam zum Spanischen Erbfolgekrieg (1700–1714), aus dem sich der Papst vergeblich herauszuhalten versuchte: Er war bei den verwaisten Thronen als Lehnsherr gefragt und wurde nun von beiden Seiten bedrängt. Schließlich rückten kaiserliche Truppen in den Kirchenstaat ein und zwangen Klemens, Karl anzuerkennen. Es kam dann anders, weil im Frieden von Utrecht (1713) doch andere Lösungen gefunden wurden, nun aber gänzlich ohne päpstliche Mitwirkung. Selbst die Rechte des Papstes auf italienische Gebiete wurden einfach ignoriert. Proteste verhallten ungehört.

Die weltliche Rolle Roms schwand unter Klemens zusehends, denn auch die Türkengefahr wurde durch den kaiserlichen Feldherrn Prinz Eugen (1663–1736) gebannt. Blieb der geistliche Bereich, in dem die erneute Verurteilung des Jansenismus durch den Papst 1713 (Bulle »Unigenitus«) zu schweren Konflikten führte. Auch in der Missionsfrage agierte Klemens unglücklich: Er untersagte die Duldung überkommener chinesischer Riten in christlichen Weihehandlungen und provozierte damit eine Christenverfolgung in Fernost und die Schließung der Missionsstationen in China.

Innozenz XIII.

* Poli bei Palestrina 13.5.1655, † Rom 7.3.1723; Papst seit 8.5.1721

Innozenz XIII., Kupferstich des 18. Jahrhunderts.

Auf Ausgleich bedacht

Das lange, wenig erfolgreiche Pontifikat Klemens' XI. hatte Überdruss erzeugt, so dass die Kardinal-Elektoren sich auf einen relativ betagten und zudem gesundheitlich angeschlagenen Kandidaten einigten, der nicht noch einmal einen »Beförderungsstau« an der Spitze befürchten ließ: Michelangelo de' Conti stammte aus derselben hochadligen Familie wie der bedeutendste Papst des Hochmittelalters, Innozenz III., nach dem er seinen Namen wählte. Er hatte seit 1695 drei Jahre in der Schweiz und dann bis 1709 in Portugal als Nuntius gedient und war in dieser Zeit (1706) zum Kardinal erhoben worden.

Innozenz XIII. war bei seiner Wahl ein fülliger Mittsechziger mit schwammigem Gesicht, das von einer gewaltigen Nase beherrscht wurde. Was ihn auszeichnete, war sein ausgleichendes, friedfertiges Wesen, das sich sogleich auch politisch bemerkbar machte: Er verpflichtete sich Kaiser Karl VI. durch die Belehnung mit Neapel-Sizilien, ernannte wunschgemäß einige französische Kardinäle und setzte dem noch immer auf den englischen Thron hoffenden Stuart-Spross Jakob III. feste Bezüge und eine namhafte Summe für den Fall aus, dass es ihm gelänge, seine Heimat zu rekatholisieren.

Es gab aber auch Rückschläge: Der Kaiser verfügte, ohne zu fragen, über päpstliche Lehen in Italien und zögerte den Abzug seiner Truppen aus der Region um Ferrara und Ravenna hinaus. Spannungen entwickelten sich innerkirchlich mit den Jesuiten, die sich über das Verbot chinesischer Riten hinweggesetzt hatten, so dass Innozenz bereits die Aufhebung des Ordens erwog. Als der Papst seinen Bruder Bernardo zum Kardinal erhob, fürchteten viele ein Wiederaufleben des Nepotismus, doch erwies sich das als grundlos, denn Innozenz beschränkte Macht und Einkünfte Bernardos rigoros.

Benedikt XIII.

* Gravina (bei Bari, Apulien) 2.2.1649, † Rom 21.2.1730; Papst seit 29.5.1724

Weltfremd und ohne Menschenkenntnis

Pietro Francesco Orsini sollte seinem Vater als Herzog von Gravina folgen, trat aber als 18jähriger dem Dominikanerorden bei und verschrieb sein Leben der Seelsorge. Den Purpur bekam er schon als 23jähriger, dennoch lebte er trotz Bischofsamt weiter als einfacher Mönch und empfahl sich so und durch sein hohes Alter als Nachfolger Innozenz' XIII. bei den Kardinälen, die auf seine geringe politische Erfahrung und entsprechende Lenkbarkeit setzten.

Auch als Papst blieb der Dominikaner bescheiden, wies allen Pomp von sich und amtierte eher als fürsorglicher Bischof von Rom denn als Herr der Christenheit. Seine Weltfremdheit paarte sich mit mangelnder Menschenkenntnis, so dass Benedikt dem abgefeimten Egoisten Niccolò Coscia sein Vertrauen schenkte und ihn 1725 zum Kardinal erhob. Alle Hinweise darauf, dass der Günstling sich durch Ämterhandel, Bestechungsnahme und Umleitung von Einnahmen in die eigene Tasche bereicherte, tat Benedikt als Verleumdungen ab und wollte den schreienden Gegensatz zwischen seiner bedürfnislosen Demut und dem Lotterleben seiner Ausbeuter nicht sehen.

Als der Papst starb, stand der Kirchenstaat vor dem Ruin, und die Wut der Römer entlud sich gegen Coscia und seine Clique. Mit knapper Not kamen die Gauner mit dem Leben davon, später erst ereilte sie ein Gerichtsverfahren des Nachfolgers Klemens XII. Kein Wunder, dass das Pontifikat Benedikts politisch ein Fiasko war: Der Papst absorbiert von geistlichen Interessen, die Kurie im Griff einer skrupellosen Mafia, die päpstliche Schatulle geplündert – da gab es kaum gedeihliche Ansätze für eine Außenpolitik, die den Namen verdient hätte.

Klemens XII.

* Florenz 7.4.1652, † Rom 6.2.1740; Papst seit 12.7.1730

Gichtkrank und erblindet

Aufzuhalten wäre der weltliche Machtverfall der Kirche letztlich wohl ohnedies nicht gewesen, doch durch die ständige Berufung alter, gebrechlicher Päpste wurde er noch beschleunigt. Nach dem Tod Benedikts XIII., der 75jährig die dreifache Krone errungen hatte, fiel die Wahl auf den fast achtzigjährigen Lorenzo Corsini, weil nach viermonatigem Gezerre wieder einmal auf einen Übergangspapst ausgewichen wurde. Das sollte sich zwar als Fehlspekulation erweisen, doch Klemens XII., wie sich der neue Heilige Vater nannte, war gichtkrank und erblindete nach zwei Amtsjahren völlig. Energische Politik war von ihm nicht zu erwarten.

Der Jurist aus reicher Adelsfamilie war erst 1685 Kleriker, aber dann schon 1691 Nuntius in Wien geworden, wo er freilich wegen des Konflikts zwischen Kaiser und Papst vom Hof geschnitten worden war. Nach Rom zurückgekehrt, hatte er 1696 das Kämmereramt übernommen und dabei wichtige Verwaltungskenntnisse erworben. Seit 1706 Kardinal, machte er sich als Papst denn auch gleich an die Sanierung der zerrütteten Finanzen und ließ den daran schuldigen Günstling des Vorgängers, Kardinal Coscia, zu hoher Geldstrafe und zehnjährigem Kerker verurteilen. Es gelangen Klemens aber nur bescheidene Erfolge, denn die Einnahmen aus den katholischen Staaten, die immer unbekümmerter um die Meinung Roms agierten, gingen zunehmend zurück und die Schulden aus dem Krieg seines Namensvorgängers Klemens XI. gegen den Kaiser ließen sich kaum mehr abtragen.

Immerhin war die Familie des Papstes wohlhabend und konnte 1732 das Palais erwerben, in dem Christine von Schweden gelebt hatte. Auch fanden sich noch Gelder für einige Bauten in Rom, unter denen die Fontana di Trevi wohl die berühmteste ist. Politisch fast ohnmächtig, erreichte Klemens auch kirchlich-theologisch wenig. Nennenswert, aber ebenfalls fast folgenlos, war seine Verurteilung der aufkommenden Freimaurerei (28.4.1738). Und ein kleiner Erfolg war die engere Bindung der Maroniten im Libanon an die römische Kirche.

Während seines Pontifikats bemühte sich Klemens XII. vor allem um die Konsolidierung der zerrütteten Finanzen. Dennoch blieb Geld für einige großartige Bauvorhaben wie der Fontana di Trevi, dem zwischen 1732 und 1762 nach Entwürfen Nicolo Salvis (1697-1751) errichteten größten Brunnen Roms.

CLEMEN XII PONT·MAX
AQUAM VIRGINEM
COPIA ET SALVBRITATE COMMENDATAM
CVLTV MAGNIFICO ORNAVIT
ANNO DOMINI MDCCXXXV·PONTIF·VI
PERFECI
BENEDICTVS XIV
PON·M

Benedikt XIV.

* Bologna 31.3.1675, † Rom 3.5.1758; Papst seit 17.8.1740

Experte für Selig- und Heiligsprechungen

Manchmal zahlt sich langes Verhandeln aus: Im mit sechs Monaten längsten Konklave der Neuzeit wurde nach dem Tod Klemens' XII. ein Mann zum Papst gewählt, dem der englische Schriftsteller Horace Walpole (1717–1797) unverdünntes Lob zollte: »Priester ohne Eigennutz oder Anmaßung, Fürst ohne Günstlinge, Papst ohne Nepoten.«

Prospero Lorenzo Lambertini war Theologe und Jurist, hatte als enger Vertrauter Benedikts XIII. mehrere Bischofsämter verwaltet, war zum Kardinal erhoben worden (1728) und hatte sich mit einem bis heute gültigen Standardwerk »Über die Beatifikation und die Kanonisation der Diener Gottes« (4 Bände, 1734-38) einen Namen als Experte für Selig- und Heiligsprechungen gemacht.

Als Papst rechtfertigte Benedikt, wie er sich nach seinem Gönner nannte, seinen Ruf als geist- und humorvoller Kirchenfürst, dem jegliche Eitelkeit abging. Das machte ihn ebenso unempfindlich für Schmeichelei wie für Kränkungen und bewahrte dem milden und versöhnlich gestimmten Heiligen Vater die Unabhängigkeit. Hinzu kam ein ausgeprägter Realismus, der ihm einen unverstellten Blick für die gesunkene weltliche Macht der Kirche und entsprechende Kompromisse erlaubte: Benedikt schlug den Weg des Ausgleichs ein, schloss mit Sardinen (1741), Neapel (1741), Spanien (1753) und Österreich (1757) Konkordate, die dem geistlichen Auftrag der Kirche den nötigen staatlichen Rückhalt verschafften.

»Papst Benedikt XIV. und Kardinal Silvio Valenti Gonzaga« (1690-1756). Gemälde, um 1749/50, Pierre Subleyras (1699-1749) zugeschrieben.

Er anerkannte anders als die Vorgänger das preußische Königtum und konnte so verhindern, dass Friedrich der Große (König 1740–1786) die durch die Annexion Schlesiens gewachsene Schar seiner katholischen Untertanen zu einer romunabhängigen preußischen Staatskirche zusammenfasste. Gegenüber der großen Gegenspielerin des Preußenkönigs, Maria Theresia von Österreich (Königin 1740–1780), agierte der Papst zeitgemäß ungeschickter, weil er wie so viele die Frau auf dem Thron nicht recht ernst nahm. Er korrigierte das aber rasch, indem er das Kaisertum ihres Mannes Franz I. (1745–1765) akzeptierte, obwohl dieser sich mehrfach über päpstliche Lehnsrechte ohne Bedenken hinwegsetzte. Aufsehen erregte sein Appell zu humanerer Behandlung der Indios in Südamerika.

Kulturell bemühte sich der Papst trotz angespannter Kassenlage um Förderung von Wissenschaft und Künsten und bewies Toleranz gegenüber Nichtkatholiken, indem er etwa die Bestimmungen für Mischehen liberalisierte. Dennoch stand er der geistigen Bewegung der Aufklärung zwiespältig gegenüber, verurteilte etwa den »Esprit des lois« (Vom Geist der Gesetze, 1748) des Staatsphilosophen Montesquieu (1689–1755), fühlte sich aber geehrt davon, dass ihm dessen Kollege Voltaire (1684–1778) seine Tragödie »Mahomet« (1742) widmete, weil darin der Stifter des Islam als Betrüger gezeichnet ist.

Klemens XIII.

* Venedig 7.3.1693, † Rom 2.2.1769; Papst seit 6.7.1758

Gewählt in einer Zeit schwerer Prüfungen

Goethe war hingerissen, als er im Februar 1788 im Palais des Fürsten Abbondio Rezzonico in Rom vor einem Gemälde des böhmischen Malers Anton Raphael Mengs (1728–1779) stand. Das heute in der Pinacoteca Ambrosiana in Mailand ausgestellte Porträt zeigt Carlo della Torre Rezzonico als Papst Klemens XIII. in vollem Ornat. Was den deutschen Dichterfürsten so begeisterte, dürfte die feine psychologische Zeichnung gewesen sein, die die Milde und Liebenswürdigkeit des Bischofs von Rom sichtbar macht, zugleich aber in seinen weichen Zügen die Unsicherheit und Ängstlichkeit dieses in einer Zeit schwerer Prüfungen gewählten Heiligen Vaters spiegelt.

Klemens XIII., Gemälde von Anton Raphael Mengs (1728-1779) aus dem Jahr 1758, Museo del Settecento Veneziano, Venedig.

Rezzonico war Jesuitenzögling, Jurist und Theologe und war 1716 in den Kuriendienst getreten. Klemens XII. hatte ihn 1737 zum Kardinal erhoben, weswegen der Nach-Nachfolger diesen Namen ebenfalls wählte. Er errang die Tiara, weil die Mehrheit der Elektoren keinen Mann wie Benedikt XIV. mit antijesuitischen Vorbehalten wollte. Er erbte aber dadurch auch als größte Belastung seines Pontifikats den Streit um den Orden, der in der Zeit der Aufklärung vielen führenden Geistern und Potentaten als Inbegriff kirchlicher Machtanmaßung galt.
Der Ärger begann in Portugal, dessen Hof mit Argwohn die indianerfreundliche Praxis der Fratres in Paraguay sah, die dort so etwas wie einen eigenen Staat aufgebaut hatten. Massiv schlug Lissabon nun zu, beschuldigte die Missionare des Komplotts gegen den König, ließ 1759 viele ins Mutterland verschleppen und aburteilen, konfiszierte ihre Güter in Paraguay und hob den Orden schließlich ganz auf. Frankreich folgte, denn dort war die Truppe des Papstes den Gallikanern ein Dorn im Auge, die mehr Freiheit von Rom anstrebten. 1764 wurde die Societas Jesu von Paris verboten, woran auch ein scharfer Protest durch Klemens XIII. nichts zu ändern vermochte. Drei Jahre später mussten die Jesuiten auch Spanien räumen, und fast gleichzeitig wurden sie aus Neapel-Sizilien vertrieben.
Die Kämpfe ruinierten die Gesundheit des Papstes, er erlag einem Schlaganfall. Innerkirchlich hatte er sich mit weiteren nationalen Absetzbewegungen herumzuschlagen gehabt: In Deutschland meldete sich seit 1763 der sogenannte Febronianismus des Johann Nikolaus von Hontheim (1701–1790), der die Begrenzung der Papstmacht auf rein geistliche Jurisdiktion forderte. Der Papst verlangte von den Bischöfen ein Einschreiten gegen diese Bewegung, der deutsche Episkopat aber folgte dem nur halbherzig. Auch an dieser Front blieb Klemens weitgehend erfolglos. Und als Kunstförderer machte er sich sogar lächerlich: Er ließ nackte Figuren auf Gemälden und Fresken, insbesondere in der Sixtinischen Kapelle, an den entsprechenden Stellen züchtig verhüllen.

Klemens XIV.

* Sant'Arcangelo bei Rimini 31.10.1705, † Rom 22.9.1774; Papst seit 19.5.1769

Gegner der Jesuiten

Während des Konklaves nach dem Ableben Klemens' XIII. hielt sich Joseph II. (Kaiser 1765–1790) in Rom auf. Als ihn Kardinäle um Schutz für das künftige Kirchenoberhaupt baten, erklärte er: »Dafür können Sie besser sorgen als ich, indem Sie einen Mann wählen, der das Wort ›Ne quid nimis‹ versteht« – also einen, der nichts auf die Spitze treibt. Damit zielte der »Reformkaiser« auf den Vorgänger und seine unnachgiebige Haltung in der Frage des Jesuitenordens. Der dann gewählte Kardinal (seit 1759) Lorenzo (eigentlich Giovanni Vinzenzo Antonio) Ganganelli, Sohn eines Landarztes, schien jedoch in dieser Sache wieder wenig verheißungsvoll, denn er setzte die Reihe der Klemens-Päpste fort und war mit einer Schrift bekannt geworden, die er ausgerechnet dem heiligen Ignatius von Loyola, dem Begründer der Societas Jesu, gewidmet hatte (»Diatriba theologica«, 1740).

Es erwies sich aber, dass der französische Gesandte bei der Kurie den neuen Papst richtig eingeschätzt hatte, als er feststellte: »Er ist heiter, möchte Frieden haben mit der ganzen Welt und lange leben.« Beides war nur möglich bei scharf antijesuitischer Politik, zu der sich Klemens XIV. allerdings erst zögernd durchzuringen vermochte. Schließlich knickte er unter dem Druck vor allem Portugals, Frankreichs und Neapels ein und hob den Orden am 16.8.1773 auf, indem er in einem Breve kommentarlos alle gegen ihn erhobenen Vorwürfe (Bereicherung, politische Konspiration, Unterstützung von Aufständen) aufzählte. Deswegen »heben wir genannte Gesellschaft auf, unterdrücken sie, löschen sie aus und schaffen sie ab«.

Zeitgenössische Darstellung von Papst Klemens XIV.

Wie wörtlich das zu verstehen war, erfuhren die Ordensoberen am eigenen Leibe: Viele wurde trotz hohen Alters und schwerer Krankheiten in langjährige Haft genommen. Die Güter des Ordens wurden eingezogen, wobei sich herausstellte, dass der sagenhafte Reichtum der Jesuiten nur in der Fantasie ihrer Kritiker existierte. Die europäische Öffentlichkeit feierte das Verbot frenetisch als einen Sieg der Aufklärung über die »Truppe der Finsternis«, nur in Preußen und Russland durfte das päpstliche Breve nicht verbreitet werden.

Politisch erlebte Klemens mit der nicht zu verhindernden Teilung des katholischen Polens 1772 eine Schlappe, und die wirtschaftliche Gesundung durch Ankurbelung von Handel und Manufakturwesen misslang ebenfalls. Die Machtlosigkeit stürzte den alternden Papst in Depressionen und in panische Attentatsfurcht. Damit steckte er seine Umgebung derart an, dass man bei seinem Tod eine Autopsie anordnete; Gerüchte über eine Vergiftung bestätigten sich allerdings nicht.

Pius VI.

* Cesena (Emilia Romagna) 25.12.1717, † Valence an der Rhône 29.8.1799; Papst seit 14.2.1775

Tragisches Pontifikat

Erst mit über 40 Jahren trat der aus verarmter Adelsfamilie stammende Giovanni Angelo Braschi in den geistlichen Stand, nachdem er als Sekretär bei Kardinal Ruffo, dem päpstlichen Legaten in Ferrara, und als dessen Berater beim Konklave von 1740 gewirkt hatte und von ihm mit der Verwaltung seiner Diözesen Ostia und Velletri betraut worden war. Benedikt XIV. holte Braschi 1753 als seinen Privatsekretär nach Rom, wo ihn Klemens XIV. 1773 zum Kardinal erhob. Als Purpurträger hielt sich Braschi aus allen Querelen um den Jesuitenorden und mit den Großmächten heraus und empfahl sich so allen Parteien als geeigneter Papstnachfolger.

Ihm stand als Pius VI. ein langes, aber auch ein fast tragisch zu nennendes Pontifikat bevor. Goethe erlebte den Papst 1786 in Rom und zeigte sich beeindruckt von dieser »schönsten, würdigsten Männergestalt«. Pius war sich seiner Ausstrahlung bewusst und legte entsprechenden Wert auf herrscherliches Gepränge. Unbekümmert ließ er den Nepotismus wieder aufleben, was die ohnedies verbreitete antipäpstliche Stimmung nur weiter anheizen musste. Zu spät erkannte Pius, was die Stunde geschlagen hatte: In Österreich ging Kaiser Joseph II. konsequent den Weg zum Staatskirchentum und war davon auch nicht durch den für damalige Zeiten spektakulären Schritt des Papstes abzubringen, der 1782 persönlich nach Wien kam. Mehr als Begeisterung bei der Bevölkerung vermochte er damit allerdings nicht zu erzielen. Noch blinder zeigte er sich der 1789 ausbrechenden Französischen Revolution gegenüber: Als der Konvent aus den Geistlichen Staatsbeamte machte und ihnen einen Eid auf die revolutionäre Konstitution abverlangte, untersagte er die Eidesleistung und setzte Zuwiderhandelnde ab. Er verwarf die Erklärung der Menschenrechte und verärgerte die Franzosen mit seiner Unterstützung des Krieges der europäischen Fürsten, die 1792 die Wiederherstellung der Monarchie in Frankreich mit Gewalt durchzusetzen versuchten.

Beim Auftauchen der Revolutionstruppen unter Napoleon Bonaparte, dem späteren Kaiser, 1796 in Italien, blieb Pius weiter auf Konfrontationskurs und wurde daher im Frieden von Tolentino 1797 zu erheblichen Zugeständnissen, Gebietsabtretungen und Reparationen gezwungen. Immerhin konnte er Rom zunächst behaupten.

Papst Pius VI. spendet den Segen am Ostertag 1782 vom Balkon der Kirche zu den neun Chören der Engel in Wien; gezeichnet und gestochen von Carl Schütz (1745–1800).

Der Konflikt aber eskalierte 1798 erneut, französische Truppen drangen am 15.2. in die Ewige Stadt ein, setzten den Papst als Staatsoberhaupt ab und riefen die Römische Republik aus. Pius floh in die Toskana, von wo ihn die französische Regierung im folgenden Jahr über die Alpen nach Valence verschleppen ließ. Die Kräfte des greisen und kranken Papstes waren damit erschöpft; er starb im Exil. 1802 genehmigte Napoleon die Überführung seiner Gebeine in den Petersdom.

Pius VII.

* Cesena (Emilia Romagna) 14.8.1742, † Rom 20.7.1823; Papst seit 14.3.1800

Statist bei Napoleons Krönung

Den Fehler Karls des Großen wollte er nicht machen: Napoleon I., Kaiser der Franzosen, bat zwar den Papst zu seiner Krönung am 2.12.1804, aber nur als Statisten. Als es galt, die Krone aufzusetzen, griff der Kaiser höchstselbst zu und krönte sich und seine Frau Josephine. Pius VII. stand daneben als Zeichen der kirchlichen Billigung für die katholischen Untertanen des Kaisers. Er war gegen den Rat seiner Kardinäle nach Paris

Der »Krönung Napoleons« (Ausschnitt) zum Kaiser am 2.12.1804 in der Kathedrale Notre-Dame in Paris wohnte Papst Pius VII. gegen den Rat seiner Kardinäle bei. Seine Rolle blieb allerdings die eines Statisten. Der Klassizist Jacques-Louis David (1748-1825) hielt den Augenblick der feierlichen Krönung in seinem Gemälde aus dem Jahr 1806/07 fest.

gereist, das durch den kleinen Kaiser inzwischen zur Hauptstadt Europas geworden war, und dokumentierte damit den dramatischen Machtverlust der römischen Kirche.
Luigi Barnabà Chiaramonte, so der ursprüngliche Name des Papstes, kam aus derselben Stadt wie sein Vorgänger, konnte aber anders schon als dieser nur noch unter dem Schutz österreichischer Truppen in Venedig gewählt werden, denn der Kirchenstaat war zur »Römischen Republik« von Frankreichs Gnaden geworden. Er wählte denselben Papstnamen wie sein Förderer, der ihn 1785 zum Kardinal erhoben und auch schon vorher ausgezeichnet hatte.
Als Papst kehrte Pius VII. sogleich nach Rom zurück und konnte die von Neapel und Österreich besetzten Teile des Kirchenstaats wieder in Besitz nehmen, die Franzosen aber blieben zunächst. Es gelang Pius aber 1801, mit Napoleon, damals noch Erster Konsul, ein Konkordat auszuhandeln, das zwar den Status der Staatskirche in Frankreich nicht mehr änderte, aber die Freiheit der Religionsausübung garantierte. Gegen Napoleon ging damals nichts, und die Reise zu dessen Krönung hätte der Papst nur unter erheblichen Risiken zu verweigern vermocht.
Wie bedenkenlos sich der Diktator nämlich über kirchliche Belange hinwegsetzte, hatte er schon im Jahr zuvor gezeigt, als er die deutschen Verhältnisse zu Lasten der Kirche regelte und die Kirchengüter mit einem Federstrich säkularisieren ließ. Proteste verhallten ungehört, ja sie führten bei der Weigerung des Papstes, sich den Sanktionen gegen England (Kontinentalsperre) anzuschließen, 1808 zu erneuter Besetzung Roms. Als Pius dann noch die Exkommunikation aller »Räuber des Erbguts Petri« aussprach, wurde er festgenommen und 1812 nach Fontainebleau verbracht.
Erst als Napoleons Stern sank, konnte er 1814 wieder nach Rom zurückkehren und auf dem Wiener Kongress 1815 auch die Rückgabe fast aller früheren päpstlichen Gebiete

erreichen. Die nach dem Kongress einsetzende Restauration brachte auch dem Papsttum neue Geltung. Pius konnte sogar gegen den Widerstand vieler Mächte den Jesuitenorden wieder zulassen und Konkordate mit dem orthodoxen Russland (1818) und dem evangelischen Preußen (1821) schließen.

Leo XII.

* auf Schloss Genga (bei Spoleto) 22.8.1760, † Rom 10.2.1829; Papst seit 28.9.1823

Keine Kompromisse in theologischen Fragen

1783 Privatsekretär Pius' VI., im Jahr darauf dessen Botschafter in Luzern, 1793 Titularerzbischof von Tyrus, 1794–1805 Nuntius in Köln und Bayern, 1806 erfolglose Gespräche im Auftrag von Pius VII. mit Napoleon, 1814 Nuntius in Paris am Hof Ludwigs XVIII. (König 1814/15–1824), 1816 Kardinal, 1820 Generalvikar von Rom – mit Annibale Sermattei della Genga wählten die Kardinäle im kontroversen Konklave von 1823 einen erfahrenen Diplomaten. Den Ausschlag aber gab seine schlichte Frömmigkeit, denn nach den politischen Wirren der Napoleon-Zeit wünschten die meisten eine Konzentration auf religiöse Fragen.

Zeitgenössisches Profilbildnis Leo XII.

Leo XII., so der Papstname des Gewählten, erfüllte die Hoffnungen in gewissem Maße, freilich um den Preis politischer Rückschritte in seinem eigenen Territorium, dem Kirchenstaat. Er restaurierte die Rechte des Feudaladels, verschärfte die kirchliche Gerichtsbarkeit, ersetzte Laien in der Verwaltung durch Geistliche, ließ Universitätslehrer bespitzeln und verbannte die Juden wieder in Gettos. Kurz, er machte aus dem Patrimonium Petri den reaktionärsten Staat des Abendlands, in dem selbst Schnüffelei im Privatleben der Bürger an der Tagesordnung war.
Auch außenpolitisch operierte er zunächst unglücklich, erkannte aber bald, dass es zur Konkordatspolitik des Vorgängers keine Alternative gab und kam zu guten Abschlüssen etwa mit Hannover (1824) und den Niederlanden (1827). In theologischen Fragen kannte Leo keine Kompromisse, bekämpfte alle liberalistischen Tendenzen und unterstützte die Restauration des katholischen österreichischen Staatskanzlers Metternich ebenso wie die des evangelischen Friedrich Wilhelm III. von Preußen (König 1797–1840).
Im Heiligen Jahr 1825 bemühte er sich um Verstärkung des Kontakts zu seinen Schäfchen, die in hellen Scharen nach Rom strömten, vielfach aber enttäuscht waren von der kalten Pracht der Inszenierung. Einen Erfolg seiner außenpolitischen Initiativen erlebte der Papst nicht mehr: Einen Monat nach seinem Tod verabschiedete das englische Parlament den Roman Catholic Relief Act, der die katholischen Untertanen der Krone den protestantischen rechtlich gleichstellte.

Pius VIII.

* Cingoli bei Ancona 20.11.1761, † Rom 30.11.1830; Papst seit 31.3.1829

Frontstellung gegen liberalistische Tendenzen

Francesco Saverio Castiglione stammte aus altadliger Familie, bildet sich zu einem Experten für Kirchenrechtsfragen und erhielt im Jahr 1800 die Ernennung zum Bischof

Papst Pius VIII., Stahlstich des 19. Jahrhunderts.

von Montalto. Wie sein Ernenner Pius VII. geriet er in Gegensatz zum napoleonischen Regime in Italien, dem er den Treueid verweigerte und das ihn dafür 1808–1814 in Haft hielt. Erst nach Ende der französischen Herrschaft konnte er die Erhebung zum Kardinal und zum Bischof von Cesena (Emilia Romagna), der Heimatstadt des Papstes, entgegennehmen. Nach dem Tod seines Gönners verfehlte er im Konklave von 1823 nur knapp die Wahl zum Nachfolger. 1829 aber setzte er sich als Kandidat der Gemäßigten durch, auch weil wegen seiner angeschlagenen Gesundheit kein langes Pontifikat zu erwarten stand.

Er bestieg als Pius VIII. den Heiligen Stuhl und widmete sich wie sein Namensvorgänger vornehmlich geistlichen Aufgaben, denn er sah in der wachsenden Kirchenferne den Grund für die zunehmende Erosion der Moral. Entsprechend scharf machte er Front gegen liberalistische Tendenzen und nahm in dem in Preußen durch den Anschluss der katholischen Rheinlande entbrennenden Konflikt um die Mischehen eine harte Haltung ein. Gegen die staatliche Auffassung, dass sich die religiöse Erziehung der Kinder aus solchen Ehen nach der Konfession des Vaters richten müsse, verweigerte er allen Ehen den kirchlichen Segen, bei denen nicht vorher die katholische Konfession der Nachkommen versprochen wurde. Mit dieser starren Position machte er sich ebenso wenig Freunde wie durch die demonstrative Verurteilung der Unabhängigkeitsbestrebungen in den katholischen Ländern Irland, Belgien und Polen, die gerade während seines kurzen Pontifikats aufbrachen und von der europäischen Öffentlichkeit mit viel Sympathie begleitet wurden. In der Julirevolution in Frankreich (1830) stellte sich Pius jedoch auf die Seite des »Bürgerkönigs« Louis Philippe (bis 1848), der die Bourbonenherrschaft beendete.

Gregor XVI.

* Belluno (Venetien) 18.9.1765, † Rom 1.6.1846; Papst seit 2.2.1831

Intensivierung der Mission

1799, in einer Zeit, da Papst Pius VI. Gefangener der französischen Revolutionäre war und die politische Macht der Kirche rapide bröckelte, erschien eine Kampfschrift mit dem Titel »Der Triumph des Heiligen Stuhls und der Kirche über die Angriffe der Neuerer«. Ihr Verfasser, der Rechtsanwaltssohn, Professor und Kamaldulensermönch (Ordensname: Mauro) Bartolomeo Alberto Capellari, wurde 1831 zum Papst gewählt. Seinen Namen wählte er wohl in bewusstem Rückgriff auf Gregor VII., der den Kaiser zum Bußgang nach Canossa gezwungen hatte. Mit den »Neuerern«, denen er den Kampf ansagte, meinte er natürlich alle, die dem Heiligen Stuhl nicht den seiner Ansicht nach schuldigen Respekt entgegenbrachten, aber auch schlicht Techniker: Er verbot beispielsweise Eisenbahnen im Kirchenstaat und sprach von ihnen nicht als »chemins de fer« (Schienenwege), sondern als »chemins d'enfer« (Wege zur Hölle). Ausgerechnet aber Gregor XVI. sah sich zeit seines Pontifikats Aufständen gegenüber und musste mehrfach Österreicher und Franzosen um Waffenhilfe ersuchen, was schließlich derart ins Geld ging, dass die Römer seufzten: »Früher brachte die Kirche etwas ein, heute kostet sie viel.«

Auch geistlich und geistig sah der Papst allenthalben Ketzerei und Indifferentismus, verurteilte mit der Enzyklika »Mirari vos« (15.8.1832) die Trennung von Kirche und Staat, Presse- wie Gewissensfreiheit. Noch mehrfach sandte er seinen Bannstrahl gegen

liberale theologische Richtungen und Bestrebungen etwa der Schweizer Katholiken, sich aus der Abhängigkeit von Rom zu lösen. Einerseits geißelte er die polnischen Aufständischen gegen die russische Fremdherrschaft, andererseits protestierte er beim Zaren gegen die Verfolgung der Katholiken in Russland. Mit Preußen geriet er wegen der Mischehen erneut aneinander, konnte dieses Mal nach der Thronbesteigung des »Romantikers« Friedrich Wilhelm IV. (König 1840–1858/61) aber als Erfolg verbuchen, dass der Staat sich aus dieser Frage zurückzog und sogar eine katholische Abteilung im Kultusministerium einrichtete.
Bleibende kirchliche Verdienste erwarb sich Gregor durch eine starke Intensivierung der Mission in Amerika wie in Asien, wo er den einheimischen Klerus förderte, und durch die Verurteilung der Sklaverei und des Sklavenhandels als unchristlich mit einem Breve vom 3.12.1839. Auch als Mäzen und Förderer der Archäologie machte er sich einen Namen; die Gründung der etruskischen und ägyptischen Sammlungen im Vatikan geht auf ihn zurück.

Pius IX.

* Senigallia (bei Ancona) 13.5.1792, † Rom 7.2.1878; Papst seit 16.6.1846

Pius IX. im Jahr seiner Wahl zum Papst 1846. Gemälde von Alessandro Capalti (1810–1868).

Längstes Pontifikat der Kirchengeschichte

8.12.1869: Das 1. Vatikanische Konzil tritt zusammen. Es soll Zeitirrtümer abwehren und die kirchliche Gesetzgebung verbessern. Das alles überschattende Thema aber ist die Stellung des Papstes in der Kirche. Die Kurie will die schwebende Frage entscheiden, ob die Unfehlbarkeit in Glaubenssachen ihr Organ in den allgemeinen Konzilien oder im Papst selbst habe. Die Mehrheit der Anwesenden, soviel ist rasch deutlich, ist für die Unfehlbarkeit des Papstes. Opposition kommt von deutschen, französischen und ungarischen Bischöfen. Am 1.7.1870 erkennt die Minderheit, dass sie nichts ausrichtet, und erscheint nicht mehr zu den Diskussionen.
Am 13.7., dem Tag, da in Berlin die berühmte Emser Depesche veröffentlicht wird, die Frankreich in den Krieg mit Preußen treibt, wird im Vatikan abgestimmt. Von den anwesenden Vätern stimmt die überwältigende Mehrheit mit »Placet« (Ja) oder mit »Placet iuxta modum« (Ja mit Einschränkungen). Es kommt zu dramatischen Szenen. Bischof Ketteler von Mainz, Vertreter der Opposition, wirft sich vor dem Heiligen Vater nieder und fleht ihn an, den Frieden der katholischen Welt nicht aufs Spiel zu setzen. Vergeblich. Darauf verlassen die Gegner des neuen Dogmas die Ewige Stadt, weil ihre »kindliche Pietät und Ehrfurcht« ihnen verbiete, dem Papst öffentlich zu widersprechen.
Am 18.7., dem Tag der Verkündung des Dogmas, tobt ein fürchterliches Gewitter über Rom. Es ist so dunkel, dass der Papst sich eine Kerze vorhalten lassen muss, als er die Konstitution »Pastor aeternus« (Ewiger Hirte) vorliest. Der Kernsatz lautet: »… dass der römische Papst, wenn er vom Lehrstuhl (ex cathedra) spricht, d.h. wenn er des Amtes als Hirt und Lehrer aller Christen waltet und kraft seiner höchsten apostolischen Amtsgewalt endgültig entscheidet, er sich jener Unfehlbarkeit erfreut, mit welcher der göttliche Erlöser seine Kirche bei endgültiger Entscheidung über eine Lehre in betreff des Glaubens oder der Sitten ausgerüstet haben wollte.«

Das mit 33 Jahren längste Pontifikat der Kirchengeschichte hatte mit diesem Tag den Höhepunkt erreicht. Der nach nur zweitägigem Konklave gewählte Giovanni Maria Mastai-Ferretti hatte als Papst Pius IX. die liberalen Hoffnungen, die in ihn gesetzt worden waren, nicht erfüllt. Die Revolutionäre von 1848 hatten ihn vertrieben, mit Hilfe französischer Bajonette war er 1850 nach Rom zurückgekehrt, verlor seinen weltlichen Besitz aber endgültig, als diese Waffen der Franzosen 1870 gegen die Deutschen gebraucht wurden, just in der Stunde seines Unfehlbarkeits-Triumphes. Denn nun besetzten italienische Truppen das Patrimonium Petri und gliederten es dem jungen italienischen Königreich ein. Jenseits der Alpen erstand zudem in Gestalt des »eisernen« deutschen Reichskanzlers Bismarck dem Papst ein weiterer mächtiger Gegner. Doch aus dem vom preußischen Staat gegen den Papst geführten Kulturkampf ging schließlich die katholische Zentrumspartei in Deutschland gestärkt hervor.

Auf der Habenseite seiner Amtszeit konnte Pius auch Geistliches verbuchen: Das Dogma von der Unbefleckten Empfängnis Mariä (also der sündelosen Zeugung der Muttergottes) von 1854 gab dem Marienkult Auftrieb. Hingegen versetzte der »Syllabus« gegen die »hauptsächlichen Irrtümer der Zeit« zehn Jahre darauf dem liberalen Katholizismus einen Schlag, von dem er sich nicht erholen sollte.

Porträt Papst Leos XIII., Stich, um 1878

Leo XIII.

* Carpineto bei Anagni 2.3.1810, † Rom 20.7.1903; Papst seit 20.2.1878

Dauerhafte Zwischenlösung

Wieder einmal eine Zwischenlösung, die sich als äußerst dauerhaft erweisen sollte: Giocchino Vincenzo Pecci war 1827 Priester geworden und hatte über eine Nuntiatur in Belgien (1843-1846), das Bischofsamt in Perugia (seit 1846) und die Erhebung zum Kardinal 1853 schon fast sein 70. Lebensjahr erreicht, als er zum Nachfolger Pius' IX. gewählt wurde. Das war auch insofern ungewöhnlich, als ihn der Papst im Jahr zuvor zum Camerlengo bestellt hatte, also zu dem Kirchenfürsten, der während einer Sedisvakanz die Geschäfte führt und damit gewöhnlich als Kandidat ausscheidet. Leo XIII., wie sich der neue Heilige Vater nannte, war jedoch nicht nur alt, sondern auch krank und erschien damit für eine kurze Besinnungsphase als geeigneter Übergangspapst in einer Zeit des Konflikt mit dem italienischen Staat, der 1870 den Kirchenstaat annektiert hatte.

Ein volles Vierteljahrhundert dauerte der Übergang, und das zahlte sich für die Kirche aus, denn Leo bewies politisches Geschick, indem er mit Bismarck zu einem Ausgleich fand, den Kulturkampf beilegen und die Gängelung der katholischen Kirche in Deutschland weitgehend rückgängig machen konnte. Mit Italien kam es hingegen zu keiner Einigung, da auch Leo an der uneingeschränkten Rückgabe des Kirchenstaats festhielt und zudem die Gläubigen etwa durch Aufforderung zur Wahlverweigerung gegen die Regierung einzunehmen trachtete. Immerhin anerkannte er – obschon recht vorsichtig – auch die demokratische Staatsform, allerdings unter der Bedingung, dass sie sich dem Allgemeinwohl widme. Hier kam die Seite seines Wesens und seiner Politik zum Tragen, für die er bis heute bewundert wird: So unversöhnlich er gleich nach Amtsantritt gegen Kommunismus, Sozialismus und Nihilismus Front machte, so entschieden sprach er sich in seiner berühmten Sozialenzyklika »Rerum novarum« vom 15.5.1891 für Arbeiterrechte, Gewerkschaften und gerechten Lohn aus.

Statue des Apostels Paulus vor dem Petersdom, Rom.

GHESI
CIPIS·A

Das Etikett »Arbeiterpapst«, das er sich damit zuzog, ist jedoch zu einseitig, denn es gab daneben den Außenpolitiker Leo, der zum Beispiel Großbritannien gegen die irischen Aufständischen unterstützte, damit aber ebensowenig eine Annäherung an London erreichte, wie seine Kompromisse mit der Reichsregierung Berlin zum Einsatz für die Rückgewinnung des Kirchenstaats zu bewegen vermochten. Auch Frankreich, dem sich der Papst daraufhin zuwandte, ließ sich nicht vor diesen Karren spannen. Und dann gab es natürlich auch den frommen Leo, der allein elf Rundschreiben dem Marienkult widmete. Das war Ausdruck seiner hochkonservativen Theologie, mit der er den Graben zu den anderen Konfessionen vertiefte. Die liberale Haltung Leos in Fragen der Wissenschaft – er öffnete beispielsweise die Archive des Vatikans für Forscher jedweden Glaubens – änderte daran kaum etwas, verschaffte dem Papsttum allerdings wieder etwas von der Achtung, die es durch die Modernitätsverweigerung der Vorgänger verloren hatte.

Pius X.

* Riese bei Treviso 2.6.1835, † Rom 20.8.1914; Papst seit 4.8.1903, hl., Fest 21.8.

Unpolitisch und undiplomatisch

Aus einfachsten Verhältnissen stammend – Vater Postbote, Mutter Näherin –, besuchte Giuseppe Sarto das Priesterseminar, erhielt 1858 die Weihen und war lange Gemeindepfarrer. Nach seiner Dozententätigkeit in Treviso übernahm er als Bischof die Diözese Mantua und wurde von Leo XIII. 1893 zum Kardinal und Patriarchen von Venedig ernannt.

Illustration zur Papstwahl Pius' X., aus: »Le Petit Journal«, 16.8.1903.

Die Wahl zum Nachfolger verdankte er dem Einspruch des österreichischen Kaisers gegen den eigentlichen Favoriten und dem Wunsch vieler Kardinäle nach einem energischen Vertreter kirchlicher Interessen. Dass der Gewählte dem entsprach, machte er sogleich in der Wahl seines Namens klar. Er verkündete damit, dass er anders als der konziliante Vorgänger eher wie Pius IX. zu regieren gedachte. Er nahm den Bruch mit Frankreich in Kauf, als er gegen die dort 1905 beschlossene Trennung von Kirche und Staat protestierte, und überwarf sich 1911 aus demselben Grund mit Portugal. Die USA brüskierte er 1910 durch Nichtempfang des in Italien weilenden ehemaligen Präsidenten Roosevelt, London verärgerte er durch Unterstützung der rebellischen Iren, und den Zarenhof machte er sich durch Einsatz für die katholischen Polen zum Feind. Kurz: Er glänzte durch unpolitische und undiplomatische Amtsführung und wandte sich zudem gegen alle liberalen katholischen Strömungen, ja er forderte von allen Priestern den Antimodernisteneid (1.9.1910).

Auch mit der arbeiterfreundlichen Haltung des Vorgängers brach Pius und akzeptierte nur strikt katholische Gewerkschaften. Innerkirchlich regelte er die Bestimmungen der Papstwahl neu, indem er jede äußere Einmischung, wie sie zu seiner eigenen Wahl geführt hatte, untersagte. Er gliederte die Ressorts der Kurie neu und gründete eine Hochschule für Bibelstudien. Besonderes Gewicht legte der Papst auf die Hebung des geistlichen Niveaus der Priester, aber auch der Laien, die er stärker zur Mitarbeit in der Kirche heranzuziehen bemüht war. Selbst von tiefer Frömmigkeit, widmete sich Pius der Renaissance des Gregorianischen Gesangs und der Reform der Liturgie, eine Leistung, die mitentscheidend war für seine 1923 eingeleitete und am 29.5.1954 verkündete Heiligsprechung.

Benedikt XV.

* Genua 21.11.1854, † Rom 22.1.1922; Papst seit 3.9.1914

Papst Benedikt XV., Gemälde von Antonio Maria Fabres y Costa (1854-1938).

Distanz zu den Parteien des Ersten Weltkrieges

Giacomo Della Chiesa, so der bürgerliche Name, hatte die beste diplomatische Schule hinter sich, war nach der Priesterweihe 1878 vier Jahre an der päpstlichen Akademie ausgebildet worden, hatte dem Nuntius in Spanien als Sekretär gedient (bis 1887), war ihm an die Kurie gefolgt und 1901 zum Unterstaatssekretär aufgestiegen. 1907 zum Erzbischof von Bologna ernannt, hatte er erst wenige Wochen vor seiner Wahl zum Heiligen Vater den Kardinalshut erhalten.

Im Ersten Weltkrieg, der bei seinem Amtsantritt gerade ausgebrochen war und der sein Pontifikat überschattete, hielt Benedikt XV. strikt gleiche Distanz zu den beteiligten Staaten und wurde daher von beiden Seiten der Unterstützung des Feindes verdächtigt.

Nach Kriegsende bemühte er sich um Einfluss auf die Friedensordnung, musste aber feststellen, dass die Sieger mit Italien seinen Ausschluss von den Verhandlungen schon 1915 verabredet hatten.

Benedikt schlug daher den Umweg über die einzelnen Mächte ein, entsandte den späteren Pius XI. nach Polen und Litauen und den späteren Pius XII. nach Deutschland. Mit Frankreich normalisierte er die 1905 abgebrochenen Beziehungen und brachte als Gabe dazu die Heiligsprechung der französischen Volksheldin Jeanne d'Arc ein (9.5.1920). Großbritannien hatte schon 1915 erstmals seit dem 17. Jahrhundert wieder einen Botschafter beim Vatikan und zeigte Verständnis dafür, dass der Papst die harten Friedensbedingungen für die Verliererstaaten als »rachsüchtig« kritisierte; London war selbst nicht wohl bei dem von Paris durchgesetzten »Friedensdiktat«.

Zu den wichtigsten kirchlichen Leistungen des Papstes gehörten die schon vom Vorgänger begonnene Kodifizierung des kanonischen Rechts (1917), die Beilegung des Modernistenkonflikts und schließlich die Belebung der Mission, die er aber ausdrücklich zum Wohl der Menschen und nicht zu imperialistischen Zwecken ausgeübt sehen wollte. Viele der Pläne Benedikts blieben allerdings unausgeführt, weil der kleine, kränkliche und etwas verwachsene Mann schon im Jahr 1922 als gerade einmal 67-jähriger einer Lungenentzündung zum Opfer fiel.

Folgende Doppelseite:
Blick in den »Salone Sistino« der Vatikanischen Bibliothek. Die Bibliothek des Heiligen Stuhls in Rom zählt zu den bedeutendsten der Welt.

Pius XI.

* Desio bei Monza 31.5.1857, † Rom 10.2.1939; Papst seit 6.2.1922

Kampfansage an das »Neuheidentum« der Nazis

Achille Ratti erhielt 1879 die Priesterweihe, war 1888–1911 an der Ambrosianischen Bibliothek in Mailand tätig, wurde 1914 Präfekt der Vatikanischen Bibliothek und 1919 Nuntius in Polen. 1921 zum Kardinal und Erzbischof von Mailand erhoben, fiel die Wahl der Kardinäle nach dem Tod Benedikts XV. auf ihn als einen Kompromisskandidaten, der sich aus Parteiungen weitgehend herausgehalten hatte.

Der Beginn seines Pontifikats fiel mit dem Aufstieg des italienischen Faschismus zusammen und stand zugleich unter dem Schock der bolschewistischen Kirchenverfolgung in Russland. Die Angst vor der kommunistischen Gefahr prägte die Politik des als Pius XI. amtierenden Papstes nachhaltig. Intensiv bemühte er sich daher, kirchliche Positionen gegen staatliche Übergriffe vertraglich abzusichern und ließ seinen Nuntius in Deutschland, den späteren Pius XII., Konkordate mit Bayern, Preußen, Baden und Österreich abschließen.

So kam es 1929 auch zu den Lateranverträgen mit der faschistischen Regierung des »Duce« Mussolini, die den Kirchenstaat in Form der kleinen Vatikanstadt wiederherstellten und ihm für den 1870 erlittenen Verlust der übrigen Gebiete Entschädigungszahlungen einbrachten. Wie das Arrangement mit Mussolini sah Pius auch die 1933 in einem Reichskonkordat getroffenen Abmachungen mit der neuen deutschen Regierung unter Hitler, nicht ahnend, dass er hier auf einen in ganz anderer Weise skrupellosen Kontrahenten traf.

Die Enttäuschung folgte auf dem Fuß und veranlasste Pius bis 1936 zu insgesamt 34 Protestnoten an die Reichsregierung. Da jegliche Wirkung ausblieb, ließ er 1937 die Enzyklika »Mit brennender Sorge« von den Kanzeln der deutschen Kirchen gegen das »Neuheidentum« des Nationalsozialismus verlesen. Es folgte zwar sogleich eine ebenso scharfe Verurteilung des Kommunismus, doch besänftigte er Hitler damit nicht. Der deutsche Diktator sah die Kirchen als Störfaktor und sorgte für ihre entsprechend brutale Verfolgung. Vielen Priestern wurde der Prozess gemacht wegen angeblicher Devisen- oder Sittlichkeitsvergehen, und manch offener Bekenner verlor sein Leben in den Konzentrationslagern.

Innerkirchlich appellierte Pius einerseits an die Ostkirchen, über eine Wiedervereinigung zu verhandeln, womit er wenig Gegenliebe fand. Andererseits verbot er Katholiken die Teilnahme an ökumenischen Tagungen und Diskussionen und beschädigte damit den Dialog mit den Protestanten für lange Zeit. Ein gutes Zeichen setzte der gelehrte Papst hingegen mit der positiven Würdigung moderner wissenschaftlicher Forschung. Zu seinem Programm für mehr Weltoffenheit gehörte 1931 auch die Gründung eines vatikanischen Rundfunksenders.

Pius XII.

* Rom 2.3.1876, † Castel Gandolfo 9.10.1958; Papst seit 2.3.1939

Vergebliche Warnung vor dem Krieg

»Deutscher Papst« wurde er genannt wegen der vielen Jahre, die Eugenio Pacelli, der spätere Pius XII., in Deutschland verbrachte, wo er die Konkordatspolitik seines Vor-

Am 11. Februar 1929 unterzeichnet der italienische Diktator Benito Mussolini im Vatikan die sogenannten Lateranverträge zwischen dem Heiligen Stuhl und dem Königreich Italien

gängers erfolgreich umsetzte. 1899 zum Priester geweiht, hatte der Juristensohn 1901 den Dienst im päpstlichen Staatssekretariat aufgenommen, war 1917 in München und 1920–1927 bei der Reichsregierung als Nuntius akkreditiert gewesen und hatte die Verträge mit Bayern (1924), Preußen (1929), Baden (1932), Österreich (1933) und im gleichen Jahr das Reichskonkordat mit der Regierung Hitler geschlossen, die dadurch international erst hoffähig wurde. Zum Muster hatten dem seit 1930 als Kardinalstaatssekretär amtierenden Pacelli dabei die Lateranverträge mit der faschistischen Regierung Mussolini gedient, doch sollte sich zeigen, dass Hitler sich anders als der Italiener an Verträge nicht zu halten gedachte.

Hatte Pacelli gehofft, das Arrangement mit dem »Führer« sichere das Abendland vor dem »gottlosen Bolschewismus«, so musste er bald und besonders leidvoll nach seiner Wahl zum Papst an seinem 63. Geburtstag erfahren, dass er dem Versuch erlegen war, den Teufel mit Beelzebub auszutreiben. Vergeblich warnte er vor einem Krieg, und ohnmächtig musste er dem Völkermord an den Juden zusehen. Dass er es auch wortlos tat, »um größere Übel zu vermeiden«, wie er am 30.4.1943 dem Berliner Bischof Preysing schrieb, hat seine Bemühungen um Hilfe für Verfolgte und Gefangene nachhaltig verdunkelt. Die Anklage im Theaterstück »Der Stellvertreter« (1963) von Rolf Hochhuth hat sich nicht entkräften lassen. Selbst zeitweilig gefährdet im seit 1943 deutsch besetzten Rom – SS-Chef Himmler erwog mehrmals seine Verhaftung –, befreiten alliierte Truppen ihn und die Ewige Stadt am 4.6.1944.

Pius machte sich sogleich an die Festigung der kirchlichen Nachkriegsposition, internationalisierte das Kardinalskollegium, ermutigte die Kirchen in der Dritten Welt und wies in zahlreichen Enzykliken geistliche Wege in den ethischen, sozialen und politischen Problemen dieser Notzeit. Inwieweit er nach Kriegsende über die vatikanischen

Fluchtwege mancher prominenter Nazis informiert oder gar in die Fluchthilfe verstrickt war, wird kontrovers diskutiert. Von seinen theologischen Maßnahmen war vor allem das Dogma von der Himmelfahrt Mariä (1950) folgenreich, das dem Kult der Muttergottes Auftrieb gab. Den von ihm verehrten Vorgänger und Namenspatron Pius X. ließ er heiligsprechen.

Johannes XXIII.

* Sotto il Monte (bei Bergamo) 25.11.1881, † Rom 3.6.1963; Papst seit 28.10.1958

Initiator des 2. Vatikanischen Konzils

Angelo Giuseppe Roncalli war eigentlich ein Verlegenheitskandidat: Beim Tod des aristokratischen Pacelli-Papsts Pius XII. war das Kollegium der Kardinäle derart geschrumpft und die Gestalt des Verblichenen so übermächtig, dass kein recht geeigneter und wohl auch kaum ein williger Kandidat für die Nachfolge zu finden war. Man brauchte eine Pause der Sichtung und Regeneration, also verständigte man sich auf den 77jährigen Patriarchen von Venedig. Der war von Gestalt und Wesen völlig anders als sein asketischer Vorgänger, was schon beim ersten Auftritt auf der Loggia über dem Petersplatz deutlich wurde. Gewohnt, die hohe königliche Gestalt Pacellis auf den Balkon treten zu sehen, erschrak die Menge sichtlich beim Anblick des gedrungenen Roncalli. »Un grasso – ein Dicker!« rief eine Dame erschüttert und fiel in Ohnmacht.
Niemanden freilich hätte so etwas weniger beeindrucken können als Johannes XXIII. Die hohe kirchliche Karriere hatte den Bauernsohn nicht verbiegen können. Er war be-

Papst Pius XII. wird am 18.05.1939 auf dem »sedia gestatoria«, dem thronähnlichen Lehnstuhl für besondere Anlässe, zur Basilika San Giovanni in Laterano in Rom getragen. In seinem Gefolge kirchliche Würdenträger und Soldaten der Schweizergarde.

scheiden geblieben, fühlte sich immer als einer der kleinen Leute, deren Seelsorge ihm in allererster Linie am Herzen lag: »Das Gefühl meiner Unzulänglichkeit leistet mir stets gute Gesellschaft; es macht mir das Vertrauen zu Gott zur Gewohnheit.« Mit der sakralen Distanz und mit dem autoritären kirchlichen Zentralismus konnte er sich daher nicht befreunden. Er suchte Kollegialität und Gemeinschaft und durchbrach die üblich gewordene vornehme »vatikanische Gefangenschaft« der Päpste, besuchte die römischen Bezirke und unternahm Wallfahrten.
Einfachheit und Herzensgüte hinderten Johannes XXIII. nicht, wegweisende Entscheidungen zu treffen. Die folgenreichste, in ihren Wirkungen noch immer gar nicht ganz abschätzbare wurde die Einberufung des 2. Vatikanischen Konzils 1962, zu dem der Papst Vertreter aller christlichen Kirchen einlud und damit in den bis dahin verweigerten ökumenischen Dialog eintrat.
Es war Johannes XXIII. nicht vergönnt, sein großes Reformwerk zu Ende zu führen, das zeichnete sich schon bald wegen eines Krebsleidens ab. Der Papst aber nahm selbst dies in Demut an: »Wir haben große Dinge unternommen, aber wenn Unsere Stunde schlägt, bevor sie zu ihrem Ziel geführt worden sind, empfinden Wir darüber keine Unruhe: Gott wird jemanden bestimmen, sie fortzusetzen.«

Papst Johannes XXIII., Aufnahme vom 3.6.1963, Rom.

Paul VI.

* Concesio bei Brescia 26.9.1897, † Rom 6.8.1978; Papst seit 21.6.1963

Soziales Engagement

Ein Foto, das in die Geschichtsbücher einging, zeigt den 35jährigen Giovanni Battista Montini neben seinem Gönner Eugenio Pacelli, dem späteren Pius XII., Ex-Reichskanzler von Papen und dem Chef der deutschen Zentrumspartei Kaas. Der junge Montini war 1933 beim Abschluss des Konkordats mit der Regierung Hitler in Rom zwar nur Statist, doch die Lektion, dass Paktieren mit Diktatoren riskante Politik ist, lernte er gründlich.
Der 1920 zum Priester geweihte Anwaltssohn war wegen seiner Introvertiertheit und Kränklichkeit nie als Gemeindepfarrer tätig gewesen, sondern gleich in den Dienst der Kurie getreten und 1931 Hausprälat am Heiligen Stuhl geworden. Pius XII. ernannte ihn 1952 zum Unterstaatssekretär und gab ihm 1954 mit dem Erzbistum Mailand einen hochschwierigen Posten. Die durch Faschismus und Krieg physisch und moralisch verwüstete lombardische Metropole forderte von dem stillen Mann öffentliches Engagement, und der Erzbischof zeigte, dass er auch zu energischem Tun durchaus befähigt war.
1958 zum Kardinal erhoben, wurde Montini Vertrauter von Johannes XXIII. und schließlich sein Nachfolger als Paul VI. Er vollendete das Reformwerk des Vorgängers durch Fortsetzung des 2. Vatikanischen Konzils, das er mit zahlreichen Neuerungen, darunter die Einführung der Liturgie in der jeweiligen Landessprache, 1965 abschließen konnte. Der Papst erwies sich überhaupt als unerwartet liberal und weltoffen, jedenfalls in den ersten Jahren seines Pontifikats. Er unternahm als erstes Kirchenoberhaupt 1964 eine Pilgerreise ins Heilige Land, wo er sich mit dem Patriarchen der Ostkirche traf und

in einen ständigen Dialog mit ihm eintrat. Er mahnte vor den Vereinten Nationen in New York zum Frieden (1965), fand sich zum – obschon dann gescheiterten – Gespräch mit der anglikanischen Kirche bereit, und er sprach 1969 in Genf vor dem Weltkirchenrat und beim Internationalen Gewerkschaftsbund.

Stand die Enzyklika »Populorum progressio« (1967) mit ihrer Betonung der sozialen Gerechtigkeit noch ganz im Zeichen dieser Öffnung, so zeigte schon »Humanae vitae« (1968), dass dies nicht für den theologischen Bereich galt. Weder in Sachen Empfängnisverhütung (daher der Spitzname »Pillen-Paul«) noch beim Zölibat oder in der Frage der Frauenordination kannte der Papst Konzessionen, was die Kontakte zu den anderen Konfessionen nachhaltig beschädigte und das Bild des so engagiert gestarteten Heiligen Vaters trübte. Überhaupt neigte Paul zunehmend zu einem ängstlichen Konservatismus, der durch die Wirren der 70er Jahre gefördert wurde. Sie betrafen ihn im letzten Amtsjahr ganz persönlich, als sein Freund Aldo Moro, der ehemalige italienische Ministerpräsident, von den Terroristen der Roten Brigaden entführt und ermordet wurde.

Einzug der Bischöfe zur Fortführung des von dem verstorbenen Papst Johannes XXIII. 1962 eröffneten 2. Vatikanischen Konzil im Petersdom, das von dem neuen Papst Paul VI. geleitet wurde (1963).

Johannes Paul I.

* Forno di Canale (seit 1964 Canale d'Agordo, Provinz Belluno) 17.10.1912, † Rom 28.9.1978; Papst seit 26.8.1978

Der lächelnde Papst

Aufnahme Papst Johannes Pauls I. im September 1978.

So extrem kurz sein oberhirtliches Wirken war, so lange wird der »lächelnde Papst« im Gedächtnis der Gläubigen bleiben. Albino Luciano, aus ärmstem, sozialistisch geprägtem Arbeitermilieu, war 1935 zum Priester geweiht und zwei Jahre danach zum Vizerektor des Priesterseminars von Belluno ernannt worden, wo er auch zu Kommunisten gute Beziehungen unterhalten hatte; später hielt er Christentum und Kommunismus allerdings für unvereinbar. 1958 hatte ihn Johannes XXIII. zum Bischof von Vittorio Veneto ernannt, 1973 war durch Paul VI. die Erhebung zum Kardinal und zum Patriarchen von Venedig gefolgt.
Im Konklave von 1978 fiel die Wahl sofort auf den unverbildeten, freundlichen Luciano, der mit seiner Namenswahl einen fortschrittlichen Kurs wie den des Roncalli-Papsts ankündigte, verbunden mit strikter Wahrung traditioneller kirchlicher Positionen, wie es der Vorgänger gehalten hatte. Prachtentfaltung schätzte Johannes Paul I. gar nicht und verzichtete daher auf die übliche pomphafte Krönung; nur das Pallium zum Zeichen seines Hirtenamtes ließ er sich bei diesem Anlass öffentlich umlegen und bat danach zur Pressekonferenz. Über 1000 Journalisten und die Öffentlichkeit an den Bildschirmen erlebten einen spontanen, herzerwärmenden Heiligen Vater, den manche als »Kandidaten Gottes« priesen. Kaum drei Wochen später fanden Bedienstete den gefeierten Mann des Morgens tot in seinem Bett. Er war beim späten Aktenstudium einem Herzinfarkt erlegen. Die Nachtischlampe brannte noch.
Das jähe Ende des Papstes rief sofort Legendendichter und Verschwörungstheoretiker auf den Plan, die in Zeitungsartikeln, Büchern und Filmen nachzuweisen versuchten, Johannes Paul I. sei ermordet worden, weil er vorgehabt habe, bestimmte Kirchenfürsten wegen Verbindung zur Mafia zu entmachten.

Johannes Paul II.

* Wadowice 18.5.1920, † Rom 2.4.2005; Papst seit 16.10.1978

Unermüdlich unterwegs

»Habemus papam!«, hallte es über den Petersplatz. Weißer Rauch ringelte sich aus dem Schornstein der Sixtinischen Kapelle. Erregte Debatten in der nach Zigtausenden zählenden Menge, auf wen wohl die Wahl gefallen sein mochte. Dann: »Sanctae Ecclesiae Cardinalem (der Heiligen Kirche Kardinal) Wojtyla!«
Schon die Tatsache, dass nach mehreren Jahrhunderten die Wahl erstmals nicht auf einen Italiener gefallen war, machte die Sensation perfekt. Und dennoch war das nichts verglichen mit dem, was die Welt mit diesem »Ausländer«, dem Polen Karol Wojtyla, der sich nun Johannes Paul II. nannte, noch erleben sollte. Der für das hohe Amt ziemlich junge, lebenssprühende Mann machte Mission im weitesten Sinn zu seinem Programm. Doch er verkündete es nicht nur vom Balkon des Petersdoms, sondern brachte

es höchstpersönlich in aller Herren Länder (insgesamt 104 Auslandsreisen). Und das sollte ein politisches Erdbeben auslösen: Eine seiner ersten Reisen nämlich führte Johannes Paul II. in seine Heimat, wo ihm die Menschen zu Millionen zujubelten und dem kommunistischen Regime demonstrierten, dass es eines ohne Volk war. Die Herrschenden unternahmen zwar noch verzweifelte Versuche, die Entmachtung abzuwenden, doch der Wind, den das Signal aus Rom entfacht hatte, wuchs zum Sturm an und brachte nicht nur an der Weichsel, sondern im ganzen Ostblock die Despotie zum Einsturz.

Der triumphierende kapitalistische Westen aber hatte sich verrechnet, wenn er glaubte, im Papst einen bedingungslosen Verbündeten gefunden zu haben. Konsequent mahnte Johannes Paul II. soziale Reformen an, brandmarkte die Ausbeuter, geißelte den Konsumwahn, zog gegen den Werteverfall zu Felde und suchte selbst dort den Dialog, wo Politiker eine »Achse des Bösen« ausgemacht haben wollten. Dahinter standen persönliche Erfahrungen aus dem Zweiten Weltkrieg. Der junge Wojtyla musste damals Zwangsarbeit für die deutschen Besatzer leisten, er erfuhr am eigenen Leib, was Krieg bedeutete, und erlebte, was entmenschte Ideologien anrichten können; das Vernichtungslager Auschwitz lag nur wenige Kilometer von seinem damaligen Wohnort Krakau entfernt. In jene Zeit fiel auch sein Entschluss, Priester zu werden, und sein Studium an einem Untergrundseminar. Diese Erfahrungen wirkten nach bis in sein Pontifikat. Auch das theologische Fundament wurde damals und im Kontrast zur kommunistischen Ideologie gelegt.

Papst Johannes Paul II. während eines Besuchs der englischen Stadt Coventry im Jahr 1982.

Aus diesen Gefährdungen heraus lassen sich daher einige sehr konservative Züge in der Auslegung seines Glaubens bei Johannes Paul II. verstehen: Trotz Betonung der Rolle der Frau für das geistliche Leben ließ er es beim kategorischen Nein zum weiblichen Priestertum. Trotz hoher Wertschätzung von Dialog und Debatte suchte er abweichende Meinungen durch Treueschwüre im Vorwege zu entschärfen und maßregelte Kritiker aus der Universitätstheologie. Trotz scharfer Attacken gegen kapitalistische Auswüchse rief er die Anhänger einer »Theologie der Befreiung« zur Ordnung. Trotz intensiver Mahnungen zur Schonung der Schöpfung torpedierte er Initiativen zur Eindämmung des Bevölkerungswachstums, wie er denn überhaupt das Recht auf Leben schon vor die Zeugung verlegte und alle Formen der Empfängnisverhütung ablehnte. Seine Bischöfe in Deutschland zwang er, sich aus der Schwangerenkonfliktberatung zurückzuziehen.

Johannes Paul aber setzte auch Zukunftszeichen. 1986 und 2002 rief er Vertreter aller Religionen zu Weltgebetstagen nach Assisi. Er forderte die Mitchristen auf, über eine Papstrolle nachzudenken, die alle mittragen könnten. Er bat um Vergebung für alle Verbrechen, die im katholischen Namen begangen worden seien, und vor allem verbeugte er sich vor dem Leiden der Juden, die er seine »älteren Brüder« nannte, als er im Heiligen Jahr 2000 Jerusalem besuchte. Da war er nur noch ein Schatten jenes Mannes, der fast ein Vierteljahrhundert zuvor das »schwerste Amt der Welt«

Kardinäle während der Begräbnisfeierlichkeiten für Papst Johannes Paul II. auf dem Petersplatz, Rom, 8.4.2005.

übernommen hatte. Schon die Verwundung durch einen Attentäter am 13.5.1981 auf dem Petersplatz hatte er als Zeichen dafür angenommen, dass ihm auch im Leiden Christi Nachfolge auferlegt sei.

Schwere Krebsoperationen und die in den 1990er Jahren ausbrechende Parkinsonsche Krankheit trug er mit der gleichen Demut und verbarg sie nicht. Die ganze Welt nahm teil an seinem langen Sterben. In seinen letzten Stunden war der Petersplatz schwarz von stumm trauernden, vor allem jungen Menschen, die ihm immer besonders am Herzen gelegen hatten. Ihnen ließ der todgeweihte Johannes Paul ausrichten: »Ich bin froh – seid ihr es auch!«

Benedikt XVI.

* Marktl am Inn (Oberbayern) 16.4.1927; Papst seit 19.4.2005

Bescheidener Arbeiter im Weinberg des Herrn

Fast das gesamte Pontifikat von Johannes Paul II. begleitete der bayerische Theologe Joseph Ratzinger als dessen engster Berater. Seit 1981 war er Chef der Glaubenskongregation und damit in der Nachfolge der berüchtigten Inquisition oberster Hüter der reinen Lehre. Manche hart erscheinende Maßnahme des polnischen Papstes gegen zu selbstständig denkende und agierende Theologen oder Gliedkirchen ging auf den »Panzerkardinal« zurück, wie Ratzinger aufgrund seiner Unbeugsamkeit manchmal erbittert genannt wurde. Dabei hatte er zunächst als einer der jüngsten Teilnehmer des Konzils in den 1960er Jahren als aufmüpfiger Liberaler gegolten, den ein so kritischer Geist wie der Tübinger Theologe Hans Küng zum Kollegen berief. Und auch die Studenten des 1951 zum Priester geweihten und 1957 habilitierten Ratzinger schätzten den fesselnd lehrenden Professor in Bonn, Münster, Tübingen und Regensburg; die größten Hörsäle konnten kaum die Zuhörerschaft fassen. Er füllte Kirchen als einfacher Priester, und er

begeisterte die Gläubigen als 1977 zum Erzbischof von München-Freising ernannter Prediger ebenso wie als Kardinal.

Das rührt wohl auch daher, dass er bei allen geistlichen Höhenflügen nie den einfachen Boden unter den Füßen verloren hat, aus dem er stammt: Aufgewachsen ist der Polizistensohn in kleinen bayerischen Gemeinden. Immer hielt er engen Kontakt zur Familie, zu den Eltern, zu seinem Bruder und Mitpriester Georg und zu seiner Schwester Maria, die ihm bis zu ihrem Tod 1991 den Haushalt führte. Das förderte zugleich seinen Aufstieg in Rom, denn es verlieh ihm Glaubwürdigkeit und natürliche Autorität. Sie überzeugte wohl auch die Kardinalskollegen, als sie ihn in einem mit 26 Stunden Dauer extrem kurzen Konklave zum Papst wählten. Aus Ratzinger wurde Benedikt XVI.; diesen Namen (wörtlich »der Gesegnete«) hat er mit Bedacht gewählt, denn Segen braucht er für die Aufgabe, die an Schwere der des Namensvorgängers Benedikt XV. (1914-1922) in der Kriegszeit ähnelt. Hinzu kommt der übermächtige Schatten des Vorgängers, an dem er immer gemessen wird. Bei der Vorstellung auf der Loggia des Petersdoms tat er es daher bewusst – und vielleicht auch ein wenig augenzwinkernd – mit den Worten: »Nach dem großen Papst Johannes Paul II. haben die Herren Kardinäle mich, einen einfachen und bescheidenen Arbeiter im Weinberg des Herrn, gewählt. Mich tröstet die Tatsache, dass der Herr auch mit ungenügenden Werkzeugen zu arbeiten und zu handeln weiß.«

Die erste Reise des neuen Papstes führte ihn im August 2005 zum Weltjugendtag nach Köln, wo er begeistert gefeiert wurde. Und ein halbes Jahr darauf besuchte er Polen, die Heimat seines Vorgängers, die ihn ebenso freundlich empfing. Es folgten weitere Reisen, bei denen Benedikt sich auch mit kritischen Stimmen auseinandersetzen musste; etwa im Mai 2007, als er in Brasilien behauptete, das Christentum sei den Ureinwohnern Amerikas nicht aufgezwungen, sondern von ihnen insgeheim herbeigesehnt worden.

Schon wenige Monate zuvor war es beim zweiten Deutschlandbesuch des Papstes zu Kontroversen mit muslimischen Organisationen gekommen, als Benedikt ein islamkritisches Wort eines byzantinischen Kaisers zitierte; sein Vortrag wurde daraufhin von Islamsprechern als »Hasspredigt« qualifiziert. Hingegen reagierten die orthodoxen Kirchen auf Signale der Annäherung des Vatikans durchaus positiv, während die evangelischen Kirchen über Verschleppung des ökumenischen Prozesses durch Rom klagen. Probleme bereiten zudem die weitere strikte Ablehnung der Frauenordination, der Empfängnisverhütung, der Priesterehe und der Gleichstellung homosexueller Partnerschaften. Die von Papst Ende 2007 erteilte Erlaubnis, die Messe auch wieder in der traditionellen lateinischen Form zu feiern, gilt als Zeichen einer gewissen Reformmüdigkeit.

Viel Aufmerksamkeit fanden die beiden bisherigen päpstlichen Rundschreiben (Enzykliken) Benedikts XVI.: Im Januar 2006 erschien »Deus caritas est« (Gott ist Liebe), eine umfassende Deutung der christlichen Hinwendung zu Gott als Kraftquell für die Hinwendung zum Mitmenschen und Notleidenden (Nächstenliebe) und zur Weitergabe des Geschenks der Liebe an Ehepartner und Kinder. Ende November 2007 gab der Papst das Schreiben »Spes salvi« (In der Hoffnung gerettet) heraus. Gegenstand ist die zweite göttliche Tugend der Trias Glaube, Hoffnung, Liebe als eines Innewerdens des Erlösungsversprechens; irdischer Fortschritt dürfe damit nicht verwechselt werden. Die Hoffnung werde gelebt in der »Gemeinschaft der Heiligen«, also der Glaubenden in der Kirche. Dies verlange gebieterisch, dass die »große Gottesgabe« der Vernunft stets an den Glauben geknüpft bleibe und nicht zum Selbstzweck entarten dürfe.

Benedikt XVI. während der Pfingstmesse am 11.5.2008 im Petersdom.

Glossar

Abendländisches Schisma
Die große Kirchenspaltung des Abendlandes 1378–1417, als zwei bzw. drei Päpste in Avignon und Rom, später auch in Pisa, gleichzeitig Anspruch auf die oberste Gewalt in der Kirche erhoben; mit dem Konzil von Konstanz beendet.

Ablass
Das Dekret des Konzils von Clermont, mit dem 1095 die Kreuzzugwerbung begann, versprach jedem, der zur Befreiung des Heiligen Grabes aufbrach, dass seine Reise auf jede Buße (poenitentia) angerechnet werden würde. Gemeint war der Erlass der kanonischen Kirchenstrafen (z.B. bei Übertretungen kirchenrechtlicher Bestimmungen, Verstößen gegen das Fehdeverbot). Das wurde aber in der populären Predigt als allgemeine Sündenvergebung ausgelegt, und die Kirche widersprach dem nicht, duldete vielmehr einen immer schwungvolleren Handel mit Ablasszertifikaten (Beichtbriefen), der im 16. Jh. zu einem Auslöser der Reformation werden sollte.

Akakianisches Schisma
Nach dem Patriarchen Akakios von Konstantinopel (471–489) benanntes erstes großes Schisma zwischen der römischen und der griechischen Kirche, hatte seinen Ursprung in einer von Akakios aufgesetzten christologischen Formel, mit der die Ostkirche das Glaubensbekenntnis des Konzils von Chalkedon ersetzen wollte.

Altkatholiken
In Deutschland hatte die Dogmatisierung der päpstlichen Unfehlbarkeit Folgen: Es spaltete sich unter Führung des Theologen Ignaz von Döllinger die Gruppe der »Altkatholiken« ab, die 1873 ihren ersten eigenen Bischof wählten und sich 1889 mit gleichartigen Bewegungen in Österreich, der Schweiz und den Niederlanden zusammenschlossen. Heute gehören der Altkatholischen Kirche in Deutschland etwa 30 000 Menschen an.

Anathema
Verfluchungsformel, die bei der Verhängung des großen Kirchenbannes ausgesprochen wird.

Antimodernisteneid
Der Eid, den katholische Geistliche seit 1910 vor Empfang der höheren Weihen abzulegen hatten, zielte auf den Modernismus, eine aus der Begegnung mit den modernen Wissenschaften entstandene Richtung in der katholischen Theologie, die Glaube und Wissen sowie Kirche und Staat trennen wollte. Der Antimodernisteneid wurde im Jahr 1967 abgeschafft.

Apollinarismus
Auf Bischof Apollinaris von Laodikeia († nach 390) zurückgehende monophysitische Lehre.

Apostolischer Stuhl (Heiliger Stuhl)
Bezeichnung für das Amt des Papstes, den Papst selbst als Inhaber und Träger des Amts und die Hilfsorgane des Papstes. Im internationalen Bereich steht »Heiliger Stuhl« für den Papst als rechtliche Vertretung der gesamten römisch-katholischen Kirche mit völkerrechtlicher Souveränität.

Archidiakon (Erzdiakon)
Ursprünglich Leiter des Kollegiums der Diakone an der Bischofskirche, später Stellvertreter des Bischofs.

Archipresbyter (Erzpriester)
Ursprünglich Senior des Presbyterkollegiums an der Bischofskirche, später Stellvertreter des Bischofs in gottesdienstlichen Funktionen.

Arianismus
Nach Arius, einem Priester aus Alexandria († 336), benannte Lehre von der nur gottähnlichen, nicht gottgleichen Natur Christi (Leugnung der Dreifaltigkeit); vom Konzil von Nicäa (324/325) abgelehnt. Der Arianismus hielt sich v.a. unter Goten, Wandalen und Langobarden noch bis ins 6. Jahrhundert.

Babylonische Gefangenschaft
Das Exil der Päpste in Avignon 1309–1376; die Bezeichnung spielt auf die Zwangsverschleppung der Juden nach Babylon 597 und 587 v. Chr. an.

Bettelorden

Im 13. Jahrhundert bildete sich eine neue Form des Ordenslebens heraus, die Bettelorden. Zu ihnen gehörten Dominikaner, Franziskaner, Karmeliter und Augustiner-Eremiten sowie noch eine Reihe kleinerer Gemeinschaften. Die Bettelorden wollten die Forderungen des Evangeliums erfüllen, in der Nachfolge Jesu und der Apostel leben und sich der Verbreitung des Wortes Gottes widmen. Im Anschluss an die Armutsbewegung des Hochmittelalters forderten die Bettelorden nicht bloß die individuelle Armut ihrer Mitglieder, sondern auch den Verzicht der klösterlichen Gemeinschaft auf Besitz. Der Unterhalt wurde durch Bettel auf den Straßen gewonnen.

Bischof

Der oberste kirchliche Würdenträger in einem Sprengel (Diözese), das Wort leitet sich ab vom griechischen episkopos = Aufseher. Nach katholischer Auffassung ist der Bischof Nachfolger der Apostel, er wurde in der älteren Zeit von den Gemeindeältesten, später von Klerus und Volk der Bischofsstadt gewählt, schließlich vom Papst ernannt.

Bulle

Versiegelte Urkunde des Mittelalters, vornehmlich die feierlichen Erlasse der byzantinischen und abendländischen Kaiser sowie der Päpste, auf Pergament geschrieben, die angehängten Siegel oft in kostbaren Behältern.

Cäsaropapismus

Vereinigung von weltlicher und geistlicher Herrschergewalt in einer Hand, vor allem in Byzanz und in Russland bis Peter d.Gr. Cäsaropapistische Züge gab es auch im Karolingerreich.

Dekretalen

Päpstliche Rechtsentscheidungen in Einzelfällen, schon im frühen Mittelalter gesammelt.

Diakon

In der altchristlichen Kirche ein dem Bischof untergeordneter Gehilfe beim Gottesdienst und Armenpfleger. Das Diakonat ist die niederste Weihestufe (nach Episkopat und Presbyterat).

Donatismus

Im 4. Jh. in Nordafrika entstandene Sekte, benannt nach Donatus (seit 313 Bischof von Karthago). Die Donatisten forderten strenge Kirchenzucht und machten die Gültigkeit der Sakramente von der persönlichen Würdigkeit derer, die sie spendeten, abhängig. Vom Glauben Abgefallene nahmen sie nur nach einer Wiedertaufe in ihre Gemeinschaft auf.

Dreikapitelstreit

Schisma innerhalb der abendländischen Kirche, das von der Mitte des 6. bis zum Ende des 7. Jh. dauerte. Es ging aus von den »Kapiteln«, d.h. Personen oder Werken dreier Theologen, die von der Ostkirche des Nestorianismus beschuldigt wurden. Der Konflikt wurde unter anderem in Nordafrika aufgegriffen und führte in verschiedenen Bistümern Mittel- und Norditaliens sogar zum Bruch mit Rom.

Enzyklika

Rundschreiben des Papstes an die Bischöfe der Welt oder eines Landes, herausgegeben bei besonderem Anlass, enthält grundsätzliche Stellungnahme zu aktuellen politischen, sozialen oder kulturellen Fragen. Enzykliken werden nach ihren Anfangsworten benannt.

Exarchat

Byzantinische Außenprovinz; am bekanntesten das Exarchat von Ravenna, seit 552 Sitz des militärischen und zivilen Generalgouverneurs (Exarchen) von Italien, endete Mitte des 8. Jh. durch die Langobardenkriege, die Einfälle der Sarazenen in Süditalien und die Gründung des Kirchenstaats.

Exkommunikation

In der katholischen Kirche die Strafe, durch die ein Gläubiger aus der Gemeinschaft der Kirche ausgeschlossen wird. Die Exkommunikation ist einstweilig, der Bestrafte hat nach Aufgabe seiner »verstockten« Haltung einen Anspruch auf Lossprechung.

Fälschungen

Gefälscht wurde im Mittelalter nach Kräften; die geringen Möglichkeiten der Zeitgenossen, eine Fälschung zu erkennen, werden den Tätern ihre Arbeit erleichtert haben. Mit Vorliebe wählte man ehrwürdige historische Personen, etwa römische Kaiser, als Aussteller von Urkunden. Damit kam man der landläufigen Vorstellung entgegen, dass je älter ein Dokument, umso begründeter die darin beschriebenen Rechte seien.

Filioque

Der Einschub »filioque« (und aus dem Sohn) wurde im 7. Jh. von der abendländischen Kirche ins Glaubensbekenntnis eingefügt. Er besagt, dass der Heilige Geist vom Vater und vom Sohn ausgeht. Von der Ostkirche abgelehnt, war das Filioque eine der Ursachen für das Morgenländische Schisma.

Gnosis

In der Religionsphänomenologie das systematisch gefasste Wissen um göttliche Geheimnisse, das aus dem Menschen selbst und nicht aus einer Offenbarung stammt. Auf der Gnosis beruhten mehrere Sekten v.a. des 2. Jh., die behaupteten, dass zur Erkenntnis nur gelange, wer den »Geist« besitze, die übrigen müssten sich mit dem »Glauben« begnügen.

Häresie

Im katholischen Verständnis eine schwerwiegende Abweichung vom christlichen Glauben. Im frühen Christentum wurde der Begriff im Sinne einer willkürlichen Auswahl aus dem Lehrgut der Kirche und einer Abweichung von deren Dogma benutzt. Im Mittelalter wurde er identisch mit dem der Ketzerei. Die Verfolgung der Häretiker oder Ketzer nahm in dem Maße zu, wie die Kirche ihr Erscheinungsbild nach außen festigte und vereinheitlichte.

Heiliges Jahr

Das erstmals von Bonifaz VIII. für 1300 ausgerufene Heilige Jahr, auch Jubeljahr genannt, bot den Gläubigen durch Besuch der Basiliken der Apostelfürsten in Rom einen vollkommenen Ablass. Ursprünglich sollte es nur alle 100 Jahre stattfinden, doch wurden die Zeitintervalle gekürzt; seit 1475 wird es alle 25 Jahre begangen.

Heiligsprechung

Menschen, die sich durch Martyrium oder zeichenhafte Lebensführung die volle Gemeinschaft mit Gott erworben haben, werden von der Kirche durch einen Heiligsprechungsprozess als Fürsprecher bei Gott anerkannt. Der Heilige wird in das Verzeichnis (Kanon, daher auch Kanonisation) der Heiligen eingereiht. Voraussetzung zur Heiligsprechung ist die seit langem bestehende öffentliche Verehrung oder eine vorausgegangene Seligsprechung. Ursprünglich nur Brauch im christlichen Volk, wurde die Verehrung der Heiligen von den Bischöfen gutgeheißen und schließlich dem Apostolischen Stuhl zur Approbation vorbehalten. Die Regeln der Heiligsprechung wurden erstmals unter Alexander III. festgelegt.

Hierarchie

In der katholischen Kirche die Gesamtheit aller, die Vollmacht zur Repräsentation Jesu Christi und zum führenden Dienst besitzen. Die Weihehierarchie gliedert sich in die drei sakramentalen Stufen Diakon – Priester – Bischof, die Ämterhierarchie in die Hauptstufen Bischofskollegium und Papst mit den den von diesen abgeleiteten geistlichen Ämtern.

Hexenhammer

Das »Handbuch« des Hexenwahns, der Hexenhammer (sein eigentlicher Titel lautet »Malleus maleficarum«, Hammer der Übeltäter oder der Unholden, wie man vielfach sagte), stammt von 1487. Es bringt die Hexenlehre zum Abschluss, fordert die weltlichen Gerichte zu Hexenprozessen auf und gibt praktische Anweisungen zu ihrer Durchführung. Bis 1629 erschienen insgesamt 28 Auflagen. Der neben Heinrich Krämer (Institoris) als Mitverfasser genannte Jakob Sprenger trug vermutlich nur seinen Namen bei.

Inquisition

Verfolgung der Ketzerei durch kirchliche Glaubenstribunale, unterstützt von staatlichen Gewalten. Ursprünglich kannte das Christentum nur geistliche Bußmittel gegen die amtkirchlich definierte Häresie, nutzte aber nach Aufstieg zur Staatskirche ihren Einfluss durch Einsatz von staatlichen Zwangsmaßnahmen. Im Hochmittelalter kam es zur Ausbildung einer regelrechten Inquisitionsgerichtsbarkeit. In den katholischen Ländern blieb die Inquisition teilweise bis ins 19. Jh. tätig.

Interdikt

Kirchenrechtliche Strafmaßnahme des Papstes, Untersagung aller kirchlichen Tätigkeit. Das Interdikt wird ausgesprochen gegen eine Einzelperson, eine Gemeinschaft oder ein Land, es verbietet, Gottesdienste abzuhalten und Sakramente zu spenden.

Inthronisation

In der katholischen Kirche die feierliche Besitzergreifung des päpstlichen oder bischöflichen Stuhles. Die Inthronisation fand gewöhnlich im Anschluss an die Konsekration (Weihe) des Papstes in der Peterskirche statt; Amtshandlungen waren erst danach gestattet (galt bis 1059). Im Avignonesischen Exil (1309–1376) unterblieb die Inthronisation, sie wurde später nicht wieder eingeführt.

Investitur
Im Mittelalter die Zeremonie der Belehnung von Klerikern, die ursprünglich durch den weltlichen Grundherrn erfolgte, sie bedeutete anfangs nur die Belehnung mit gewissen Gütern und Rechten, die mit einem geistlichen Amt verbunden waren; in der Zeit der päpstlichen Machtlosigkeit (v.a. im 10. Jh. und Anfang des 11. Jh.) verwischten sich die Grenzen zwischen weltlicher Belehnung und kirchlicher Amtseinsetzung, die Investitur bedeutete nun auch zugleich die Betrauung mit einem geistlichen Amt. Aus dem Widerstand der Kirche gegen diese »Laieninvestitur« entwickelte sich der Investiturstreit zwischen Papsttum und Kaisertum, der mit dem Kompromiss des Wormser Konkordats (1122) beendet wurde.

Jansenismus
Von dem niederländischen Theologen Cornelius Jansen (1585–1638) ausgehende Bewegung in der katholischen Kirche Frankreichs und der Niederlande, verfocht die ungeminderte augustinische Lehre von der Erbsünde und der Gnade und näherte sich durch strikte Anerkennung der Prädestinationslehre dem Calvinismus. Der Jansenismus wurde von den Päpsten verworfen und von der französischen Krone unterdrückt; seine Anhänger zogen sich nach Holland zurück (Kirche von Utrecht).

Jesuiten
Der Jesuitenorden (Societas Jesu, SJ) entwickelte sich aus einer Gemeinschaft von jungen Leuten, die der spanische Priester Ignatius von Loyola seit 1534 in Paris um sich versammelt hatte. Der Orden sah seine Aufgabe v.a. in der Volksseelsorge und in der Abwehr des Protestantismus. Seine hohe Effektivität rührte her von der militärisch-hierarchischen Gliederung: Vom auf Lebenszeit gewählten General als oberstem Befehlshaber über die von ihm ernannten Provinzialen als Obere der Kirchenprovinzen und über die Rektoren als Obere der Schulen bis zu den Superioren an der Basis gab es nur einen Befehlsweg.

Kanon
Verzeichnis der von der Kirche als unbedingt bindend angesehenen Bücher der Bibel; der Kanon des Neuen Testaments wurde durch den Patriarchen Athanasius 367 festgelegt. Als kanonisch gilt, was der katholischen Lehre und Disziplin entspricht.

Kardinal
Höchster Würdenträger nach dem Papst, maßgeblich beteiligt an der Regierung der Kirche, mit Sitz und Stimme auf den Konzilen. Ursprünglich trugen alle an einer römischen Hauptkirche tätigen Geistlichen den Titel Kardinal; im 11. Jh. wurde es Brauch, nur die 25 bzw. 28 leitenden Kleriker der römischen Hauptpfarrkirchen Kardinal zu nennen; sie vereinten sich mit den 7, später 18 Regionaldiakonen und den 7 Bischöfen aus den Kirchensprengeln der Umgebung Roms zum Heiligen Kardinalskollegium, dem seit 1059 allein das Recht der Papstwahl zusteht.

Ketzertaufstreit
Auseinandersetzung in der Kirche des 3. Jh. über die Frage, ob die von einem Häretiker vorgenommene Taufe gültig sei.

Kirchenväter
Die überragenden, um die Kirchenlehre verdienten und heiligmäßig lebenden großen Schriftsteller der christlichen Kirche des 4.–7. Jh., am bekanntesten die vier »Griechen« Athanasius († 373), Basilius d.Gr. († 379), Gregor von Nazianz († 389) und Johannes Chrysostomos († 407), sowie die vier »Lateiner« Ambrosius († 397), Hieronymus († 420), Augustinus († 430) und Gregor d.Gr. († 604).

Kluniazenser
909/910 bei Mâcon (Burgund) gegründet, stieg das Kloster von Cluny zum angesehensten monastischen Reformzentrum in Europa auf. Asketisch und weltabgewandt, nach einer verschärften Benediktinerregel lebend, waren die Kluniazenser von jeglicher weltlicher und bischöflicher Oberhoheit befreit und allein dem päpstlichen Schutz unterstellt. Die kluniazensische Reformbewegung wandte sich u.a. gegen das zunehmende Fehdewesen und versuchte es durch die Verkündung des Gottesfriedens (»treuga Dei«) einzudämmen.

Konklave
Ort (zumeist im Vatikan), wo die Kardinäle unter strengem Abschluss von der Außenwelt zur Papstwahl zusammentreten und den sie erst nach erfolgter Wahl verlassen dürfen; auch Bezeichnung für das wählende Kardinalskollegium.

Konkordat

Vertrag zwischen einem Staat und der katholischen Kirche, repräsentiert vom Apostolischen Stuhl, zur Regelung der wechselseitigen Beziehungen.

Konzil

Zusammenkunft der Würdenträger der katholischen Kirche zur Fassung von gesamtkirchlichen Beschlüssen, besonders in Sachen des Glaubens und der Lehre. Die allgemeinen (ökumenischen) Konzile gingen aus dem Apostelkonzil zu Jerusalem und den Versammlungen der Bischöfe seit dem 2. Jh. hervor. Vom 4.–11. Jh. wurden sie oft von den Kaisern einberufen, später nur noch vom Papst. Die ersten sieben Konzile wurden auch von der Ostkirche anerkannt. Insgesamt gab es 22 (nach anderer Zählung 21) ökumenische Konzile, das letzte fand 1962–1965 statt (Vatikanum II).

Kulturkampf

Der Kampf zwischen dem preußischen Staat und der katholischen Kirche in den 1870er Jahren, nach einem Wort des Pathologen Rudolf Virchow als »Kulturkampf« bezeichnet, war von innen- und außenpolitischen Erwägungen bestimmt (Polenfrage, Freundschaft des Reichs mit Italien, das sich gleichfalls mit der Kurie in Konflikt befand). Preußen versuchte die Kompetenzen des Staates gegenüber der katholischen Kirche zu erweitern und den kirchlichen Einfluss besonders im Schulwesen zu schwächen. Der Vorstoß erlahmte am geschlossenen passiven Widerstand von Geistlichkeit und katholischer Bevölkerung; bis 1887 wurden die meisten Kampfgesetze rückgängig gemacht.

Kurie

Päpstliche Zentralbehörde, die »Regierung« der katholischen Kirche.

Lateran

Palast in Rom, ursprünglich Besitz der Familie Laterani, um 320 dem Bischof von Rom geschenkt und bis 1308 Residenz der Päpste, die nach der Rückkehr aus dem Avignonesischen Exil 1378 im Vatikan Quartier nahmen. Die Lateranbasilika war Bischofskirche des Papstes.

Liber pontificalis

Sammlung von Papstbiographien, fortgeführt bis 1431. Der älteste Teil, »Catalogus Felicianus« (bis 530), ist wahrscheinlich unter Benutzung älterer Quellen unter Bonifaz II. (Papst 530–532) zusammengestellt worden.

Manichäismus

Von dem babylonisch-iranischen Gnostiker Mani (216–277) gestiftete religiöse Lehre, die hellenistische Lichtkulte mit altiranischen und indischen Elementen verband und einen extremen Dualismus vertrat. Nach dem Manichäismus galt als alles beherrschend der Kampf des Lichtreichs gegen das der Finsternis, die sich im Materiellen, Leiblichen manifestierte und nur durch radikale Askese überwunden werden könne; im 4. und 5. Jh. von der christlichen Kirche, v.a. durch Augustinus, bekämpft.

Maroniten

Die Maroniten, die einzige geschlossen mit Rom unierte orientalische Kirche, haben ihren Namen von dem heiligen Maro († vor 423), dessen Schüler in Syrien ein Kloster gründeten. Durch die Invasion der Araber im 7. Jh. in den Libanon abgedrängt, nahmen sie 1181/82 offizielle Beziehungen zu Rom auf. Beim Konzil von Florenz 1445 wurde die Union bestätigt.

Metropolit

In der katholischen Kirche der Vorsteher einer Kirchenprovinz mit gewissen Rechten über seine Suffraganbischöfe; sein Abzeichen ist das Pallium.

Mission

Um 500 nahmen die Franken den christlichen Glauben an. In den nächsten drei Jahrhunderten folgten ihnen die übrigen Germanenstämme Mitteleuropas. Die Gewöhnung an die neue Religion war aber oft nur äußerlich, heidnische Sitten und Gebräuche lebten zähe fort. Für die fränkischen Herrscher, besonders die Karolinger, deren Reich zahlreiche verschiedene Ethnien überspannte, wurde das Christentum zur wichtigsten Klammer, um die Einbindung der unterworfenen Völker in ihre Herrschaft zu bewerkstelligen. Daher förderten sie die Mission und unterstützten den Aufbau einer Kirchenorganisation.

Modalismus

Altkirchliche Lehre, die die Einheit Gottes bewahren wollte und deswegen Christus und den Heiligen Geist nur als Erscheinungsweisen (modus = Weise) Gottes auffasste. Ab 215 war Sabellius von Rom das Haupt der Modalisten, daher auch die Bezeichnung Sabellianer.

Monophysitismus

Lehrmeinung von der einen und einzigen Natur Christi, dessen menschliche Natur geleugnet wird, v.a. im Orient seit dem 4./5. Jh. weit verbreitet. Der Monophysitismus wurde auf dem Konzil von Chalkedon 451 verdammt.

Montanismus

Altkirchliche Bewegung, benannt nach Montanus († vor 179), der sich als Gottesgesandter ausgab, das Tausendjährige Reich vorhersagte und strenge Bußvorbereitungen forderte. Der Montanismus war in Kleinasien, Nordafrika, Gallien und Italien verbreitet. Er verebbte, als die Voraussagen sich nicht erfüllten.

Monotheletismus

Im 7. Jh. im Oströmischen Reich entwickelte Lehre, nach der es in Christus zwei Naturen, eine göttliche und eine menschliche, aber nur eine Wirkweise und einen Willen gibt.; durch das 6. ökumenische Konzil von Konstantinopel (680/681) verurteilt.

Morgenländisches Schisma

Trennung der Ost- und der Westkirche, ausgelöst durch die gegenseitige Exkommunikation des römischen Kardinals Humbert von Silva Candida und des Patriarchen Michael Kerullarios in Konstantinopel 1054.

Nepotismus

Bevorzugung von Verwandten bei der Vergabe von Ämtern, Vetternwirtschaft, blühte v.a. unter den Päpsten der Renaissance.

Nestorianismus

Nach dem Patriarchen von Konstantinopel Nestorius († um 450) benannte Lehre, die im Gegensatz zum Monophysitismus die Trennung der zwei Naturen und zwei Personen in Christus behauptete und Maria zur »Christusgebärerin« statt »Gottesgebärerin« erklärte; auf dem Konzil von Ephesus 431 verurteilt. die Nestorianer wanderten ins Sassanidenreich aus und gründeten eine eigene Kirche.

Ordination

Sakramentale Weihe eines Klerikers in der katholischen Kirche durch einen Bischof während der Eucharistiefeier durch Handauflegen und Gebet, Salbung und Übergabe liturgischer Geräte und Gewänder.

Orthodoxie

Rechtgläubigkeit, Festhalten an einer in bestimmter Form niedergelegten Meinung oder Lehre. Als orthodoxe Kirche wird heute die seit dem Schisma von 1054 von der römischen Kirche getrennte »morgenländische« oder »griechische« Ostkirche bezeichnet.

Osterfeststreit

Auseinandersetzung in der frühen christlichen Kirche um das Datum des Osterfestes. In den kleinasiatischen Gemeinden war es üblich, das Fest am jüdischen Passahfest, dem 14./15. Nisan, zu feiern, der Westen dagegen legte Ostern auf den Sonntag nach dem 14. Nisan. 325 verurteilte das Konzil zu Nicäa die Osterfeier »mit den Juden«. Erst die Ostertafeln des Dionysius Exiguus von 525 schufen die Grundlage für eine präzise Berechnung des jährlich wechselnden Osterdatums.

Papstlisten

Von den römischen Bischöfen der ersten dreihundert Jahre ist wenig Sicheres überliefert, am wenigsten naturgemäß über die ersten Nachfolger des Apostels Petrus. Um 185 stellte Bischof Irenäus von Lyon zum ersten Mal eine Papstliste zusammen. Es ging dabei um die apostolische Nachfolge, und die mitgeteilten Namen stellten wohl wenig mehr als vage Erinnerungen an die angesehensten Mitglieder der Gemeinde dar. Auf die chronologischen Daten ist auch kein Verlass; sie wurden erst später den Namen beigegeben.

Papstnamen

In der Frühzeit des Papsttums war es verschiedentlich zu Namensänderungen gekommen, etwa wenn ein auf den Stuhl Petri Gewählter noch einen „heidnischen“ Namen trug, der für ein christliches Amt nicht passte. Erst im 10. Jahrhundert wurde es üblich, dass die Päpste neue Namen annahmen, und zwar mit Vorliebe solche aus der Liste ihrer Vorgänger. Das ermöglichte ihnen, in einer Art ersten symbolischen Amtshandlung, anzudeuten, an welchen Strang der Tradition sie anzuknüpfen gedachten.

Patriarch

Ehrentitel christlicher Bischöfe, seit dem 5. Jh. auf die Metropoliten, dann auf die Bischöfe von Rom (»Abendländischer Patriarch«), Konstantinopel (»Ökumenischer Patriarch«), Alexandria, Antiochia und Jerusalem beschränkt bis zur Ausprägung des Papsttums. Später wurde Patriarch der Titel anderer, besonders orientalischer Bischöfe, in der katholischen Kirche heute auch als Ehrentitel für die Bischöfe von Venedig, Lissabon und Goa gebräuchlich.

Patrimonium Petri
Der Kirchenstaat in Mittelitalien galt als Erbgut (Patrimonium) des Petrus, das von den Päpsten verwaltet wurde. Er entstand aufgrund einer Schenkung des fränkischen Königs Pippin (754); 1870 wurde er ins Königreich Italien eingegliedert. Im jahr 1929 erhielt der Papst die Souveränität nur über das Gebiet der Vatikanstadt in Rom zurück.

Pelagianismus
Lehre des irischen Mönchs Pelagius (354–418), dass es keine Erbsünde gäbe und dass der Mensch aus freiem Willen Gutes tun könne; vom Kirchenvater Augustinus bekämpft, 431 vom Konzil von Ephesus verdammt, lebte in veränderter Form (Semipelagianismus) in Gallien bis ins Mittelalter fort.

Peterspfennig
Ursprünglich von den christlichen Fürsten geleistete Abgabe an den Papst, die später auf die Bevölkerung in Form einer Herd- oder Kopfsteuer umgelegt wurde. Seit dem frühen 13. Jh. interpretierten die Päpste den Peterspfennig als Ausdruck ihrer Oberherrschaft gegenüber den weltlichen Gewalten.

Pontifikat
Amtszeit eines Papstes; der altrömischen Priester-Titel »Pontifex maximus« (Oberster Brückenbauer) wurde 455 auf die Päpste übertragen.

Presbyter
Im Urchristentum die Gemeindevorsteher, später dem Bischof untergeordnet; in der katholischen Kirche Bezeichnung für Priester.

Primat des Papstes
Vorrangstellung des Bischofs von Rom als Nachfolger des Apostels Petrus vor allen anderen Bischöfen.

Priscillanismus
Gnostisch-manichäische asketische Lehre des Priscillian (386 unter Kaiser Magnus Maximus hingerichtet)

Quietismus
Mystische Strömung des Katholizismus, die eine kontemplative, individuell geprägte Frömmigkeit mit passiver Grundhaltung anstrebte.

Reconquista
Die muslimische Herrschaft über die Iberische Halbinsel (seit 711) war nie ganz vollständig. Im Norden, in Asturien und Kantabrien, hielten sich christliche Herrschaften, von denen aus die Rückeroberung (span. Reconquista) ins Werk gesetzt wurde. Die Bewegung bekam im 11. Jh. besondere Dynamik. Den Teilnehmern an den Kriegszügen wurde von der Kirche nicht nur Vergebung ihrer Sünden versprochen, sondern auch materieller Gewinn: Was sie den Muslimen abnahmen, durften sie behalten. Keimzelle der Kreuzzugbewegung.

Schisma
Spaltung der kirchlichen Einheit; im katholischen Kirchenrecht die Weigerung, sich dem Papst und der Kirche unterzuordnen.

Sedisvakanz
Freistehen des päpstlichen oder eines bischöflichen Stuhles nach dem Tod des Inhabers.

Seligsprechung
Erklärung des Papstes, dass ein Verstorbener an bestimmten Orten kirchlich verehrt werden darf; Vorstufe zur Heiligsprechung.

Semipelagianismus
Weiterentwicklung des Pelagianismus (»halber Pelagianismus«), der es vor allem um den Beitrag des Menschen zum Heilgeschehen ging.

Simonie
Der Handel mit geistlichen Würden und schließlich Gewalt der Laien über geistliche Ämter allgemein. Das Wort war abgeleitet vom neutestamentarischen Bericht über den Juden Simon Magus, der sich die Gabe der Wundertäterei zu erkaufen suchte. Die Simonie wurde heftig bekämpft von der kluniazensischen Reform.

Subordinationslehre
Deutung der Trinitätslehre im Sinne der Unterordnung (subordinatio) Gott-Sohnes unter Gott-Vater, von Bi-

schof Dionysius von Alexandrien (Mitte 3. Jahrhundert) begründet.

Synode

In den christlichen Kirchen die Versammlung von Bischöfen und Gemeindevorstehern zu Beratung, Beschlussfassung und Gesetzgebung. Die ersten Synoden fanden um 160 in Kleinasien statt

Theopaschitenstreit

Die Theopaschiten vertraten die Lehre, dass Gott gelitten habe. Die theopaschitische Bekenntnisformel „Der für uns gekreuzigt worden ist" wurde in der Fassung „Einer aus der Dreifaltigkeit hat (im Fleische) gelitten" 533 von Kaiser Justinian und 534 von Papst Johannes II. anerkannt.

Tiara

Kopfbedeckung des Papstes für feierliche Anlässe in Form einer hohen Mütze, die mit drei übereinanderstehenden goldenen Kronen umgeben ist.

Translation

Versetzung eines Bischofs von einem Diözesansitz auf einen anderen oder auf den Papstthron, war bis ins 9. Jh. verpönt

Vatikan

An die Peterskirche anschließender Palast auf dem Vatikanischen Hügel in Rom, Residenz der Päpste seit 1378. Der erste Bau von 1278 wurde im Laufe der Jahrhunderte bedeutend erweitert und ausgeschmückt und bildet heute mit der Peterskirche, dem Petersplatz, den Gärten mit den Vatikanischen Sammlungen und dem Vatikanischen Archiv das Staatsgebiet der Vatikanstadt.

Vatikanische Bibliothek

Die Büchersammlungen, die frühere Päpste hatten anlegen lassen, waren durch politische Wirren und die häufigen Umzüge der päpstlichen Verwaltung immer wieder dezimiert worden. Erst im 15. Jh. kam es zur Gründung einer neuen Bibliothek im Vatikan, die nun nicht allein den Päpsten, sondern der gesamten Kurie dienen sollte. Seit 1475 wurden Ausleihregister geführt, die einen Einblick in die Benutzung der Bestände erlauben. Heute zählt die Vatikanische Bibliothek etwa 1,1 Mio. Bände und 72 000 Handschriften.

Wormser Konkordat

Die Vereinbarung von Worms (1122) sah vor, dass der König auf die Investitur der Bischöfe verzichtete, es blieb ihm jedoch in Deutschland ein gewisses Maß an Einfluss erhalten, indem die Wahl eines Bischofs in Gegenwart des Königs oder seiner Abgesandten zu vollziehen war. Mit dem Konkordat wandelte sich die Stellung der deutschen Bischöfe. Ihre Abhängigkeit vom Königtum war gelockert, aus Reichsbeamten waren sie zu Reichsvasallen geworden, die mit den weltlichen Lehensfürsten nun das gleiche Interesse der Machtstärkung und -sicherung verband.

Zölibat

Ehelosigkeit und Keuschheit der Priester, in der katholischen Kirche seit dem 4. Jh. verbindlich und nach der Reformation mehrfach bestätigt, seit dem 2. Vatikanischen Konzil nur für Diakone nicht bindend.

Engel mit einem der Marterwerkzeuge Christi (Arma Christi) auf der Ponte di Sant' Angelo in Rom. Nach einem Entwurf Berninis von Domenico Guidi (1625–1701) geschaffen.

Alle Päpste (und Gegenpäpste)

Bildnachweis

akg, Berlin: S. 22, 23, 37, 39, 40, 46, 50, 67, 68, 76, 82, 87, 91, 97, 101, 103, 104/105, 106, 113, 114, 119, 120, 121, 134, 137, 140, 156, 159, 185, 186, 188,205, 208, 209, 220, 224, 227, 236, 237, 239, 243, 245, 251;
M. Büsgen: S. 4, 51, 60, 283;
dpa/picture alliance, Frankfurt am Main: S. 9, 10, 12, 13, 14, 16, 18, 20, 25, 26, 27, 30, 32, 33, 34, 36, 43, 47, 53, 55, 56, 57, 58, 62, 63, 66, 69, 73, 78, 84, 89, 93, 94, 95, 108/109, 112, 117, 124, 128, 131, 135, 139, 143, 145, 148, 150, 152, 157, 160, 161, 162, 163, 164, 165, 166, 168, 171, 172 (oben), 175, 176, 178/179, 181, 182, 183, 184, 187, 191, 192, 193, 194, 195, 198, 201, 204, 211, 212, 216, 218, 219, 222, 225, 226, 228, 229, 230/231, 233, 235, 238, 244, 246, 249, 250, 252, 253, 254, 257, 258, 261, 265, 266, 267, 268, 269, 270, 271, 273, 275;
Interfoto, München: S.8, 11, 17, 19, 21, 24, 31, 35, 38, 41, 42, 52, 54, 59, 70, 71, 74, 75, 77, 84, 85, 90, 92, 96, 98, 99, 102, 107, 110, 111, 115, 118, 122, 123, 126, 127, 130, 136, 138, 146, 147, 151, 153, 158, 167, 172 (unten), 173, 174, 180, 196, 199, 203, 206, 207, 210, 223, 232, 242, 247, 255, 256, 260;
Mauritius – Die Bildagentur: S. 6/7, 28/29, 44/45, 49, 64/65, 80/81, 132/133, 154/155, 214/215, 240/241, 262/263

Gesamtherstellung Naumann & Göbel Verlagsgesellschaft mbH, Köln

ISBN 978-3-625-12035-3

www.naumann-goebel.de

14,95€

14,95€